HISTOIRE DE LA GASCOGNE

DEPUIS LES TEMPS LES PLUS RECULÉS

JUSQU'A NOS JOURS.

TOME III.

HISTOIRE
DE LA
GASCOGNE

DEPUIS LES TEMPS LES PLUS RECULÉS
JUSQU'A NOS JOURS,

DÉDIÉE

A MONSEIGNEUR

L'ARCHEVÊQUE D'AUCH

ET A NOSSEIGNEURS

LES ÉVÊQUES
DE BAYONNE, D'AIRE, DE TARBES ET DU PUY.

Par l'Abbé J. J. MONLEZUN,
CHANOINE HONORAIRE D'AUCH.

TOME TROISIÈME.

AUCH,
BRUN, Libraire-Éditeur.

—

1847

Auch, **J. A. PORTES,**
IMPRIMEUR DE LA PRÉFECTURE.

A MONSEIGNEUR

DE MORLHON,

ÉVÊQUE DU PUY,

ANCIEN VICAIRE-GÉNÉRAL
DU DIOCÈSE D'AUCH.

Monseigneur,

Daignez me permettre d'associer votre Nom aux Noms des Evêques de la province, mes Vénérables Protecteurs. Ce sera révéler à tous ce que mon cœur se sent si heureux de pouvoir proclamer, mais que savait depuis longtemps le Diocèse qui vous entoure de tant de respect et de tant d'amour, et où vous laissez d'unanimes et impérissables regrets.

Je suis avec la plus profonde vénération et la plus vive reconnaissance,

Monseigneur,

Votre très-humble
et très-obéissant serviteur,

J. J. MONLEZUN,
Chanoine Honoraire.

Barran, le 24 Juin 1847.
Jour de notre Fête patronale.

HISTOIRE DE LA GASCOGNE
DEPUIS LES TEMPS LES PLUS RECULÉS
JUSQU'A NOS JOURS.

LIVRE IX.

CHAPITRE Ier.

Mort de Géraud comte d'Armagnac. — Bernard VI son successeur. — Gaston vicomte de Fezensaguet. — Coutumes du Fezensac — du Fezensaguet — du Pardiac — des quatre Vallées — de Nogaro. — Fondation de Masseube — de Pavie — de Mirande — de Gimont — de Grenade — de Fleurance — de Viane — de Juillac. — Mort de Bernard comte d'Astarac. — Centule son fils. — Coutumes de Bassoues et de Barran.

Géraud survécut peu à l'expédition qui avait déjà coûté la vie à Philippe-le-Hardi et à Esquivat. Il mourut en 1285 (1) laissant de Mathe de Béarn sa femme, six enfants, trois fils et trois filles. Bernard l'aîné des fils lui succéda dans les comtés d'Armagnac et de Fezensac. Gaston le second forma la seconde tige des vicomtes de Fezensaguet et Roger le dernier eut le Magnoac qu'il

(1) *Grands Officiers de la Couronne. Art de vérifier les Dates.* Un document de la collection Brequigni recule sa mort jusqu'en 1286 et le fait mourir près de Bragairac.

abandonna dans la suite à son aîné pour entrer dans l'Eglise. Des trois filles, l'aînée Mascarose épousa Arnaud-Guillem de Labarthe, vicomte d'Aure et des quatre vallées : Capsuelle et Mathe les deux autres s'unirent, la première à Bernard fils du comte de Comminges et la seconde à Bernard Trencaléon, fils d'Othon, seigneur de Fimarcon. Ni l'une ni l'autre ne laissa de postérité.

Bernard, le sixième de ce nom parmi les comtes d'Armagnac, venait d'atteindre la vingt-unième année, lorsqu'il fut appelé à succéder à son père. Toutefois comme la majorité en Gascogne était fixée à 25 ans, il fut placé sous la tutelle de Gaston de Béarn (1) son grand-père maternel. Géraud avait promis une charte à la noblesse de Fezensac, lorsqu'il disputait ce comté au vicomte de Lomagne. Mais après sa victoire, il oublia sa promesse ou se mit peu en peine de la remplir. A son lit de mort le souvenir de la foi donnée lui revint et il recommanda à son fils d'acquitter sa dette. Cette tardive recommandation ne pouvait inspirer une entière confiance. On craignit de nouveaux délais et dès qu'il eut fermé les yeux, les barons, les chevaliers, les damoiseaux et les autres nobles composant la cour de Fezensac s'assemblèrent (2) dans l'église de Justian, le 7 janvier 1286. On y vit Raymond-Aimeric de Montesquiou, Guillaume de Poudenas, Raymond-Bernard de Gélas, Géraud de Verduzan, chevaliers, Arnaud-Guillem de Monlezun, Odon de Pardaillan, Carbonel de Peyrusse, damoiseaux, Jean Arnaud de Malartic,

(1) Grands Officiers de la Couronne. Art de vérifier les Dates.
(2) Charte du Séminaire. Manuscrit de M. d'Aignan. Coutumes de Fezensac.

Bernard de Pardaillan, Bernard de Ciourac, Bertrand de Lagimbrère, ou Lagutère, Hugues de Marrens, Arnaud de Boussas, Odon de Lartigue, Aner Sans de Bezolles, Bernard de Castagnet, chevaliers, Amaneu de Verduzan, Arnaud-Guillem de Magnaut, Fortaner de Luppé, Géraud de Lisle, Bayle de Gondrin, Pierre-Bertrand de Lisle, son frère, Guillaume de Ferrabouc, Bernard d'Aubian, Géraud de Jaulin, Vital de Séailles, Bernard de Bezolles, Garcias-Arnaud de Bats, damoiseaux, Bernard de Lians, clerc, Bertrand de Lagardère, agissant pour Fortaner de Cazenove, chevalier, Guillaume de Carchet, Bernard de Ferrabouc et Géraud de Saillas, clerc, député par l'abbé de Condom. Ces seigneurs choisirent Odon de Pardaillan, Gaillard de Bezolles, Bertrand de Polastron et Barthélemi de Caillavet, et les chargèrent de poursuivre auprès du jeune Berna.. de Mathe sa mère, de l'archevêque d'Auch, de F..nard de Luppé juge d'appaux dans l'Agenais pour l. .oi d'Angleterre, et des autres exécuteurs testamentaires .. comte, la réalisation des promesses qui venaient d. .re réitérées.

Bernard conseillé par sa mère se prêta de bonne grâce à ces réclamations. Le samedi avant les Rameaux, il octroya les priviléges désirés en présence de Fort de Salis son sénéchal d'Armagnac et de Fezensac, de Pierre de Baulac, archidiacre d'Astarac en deçà du Gers, d'Arnaud Desparbès, chevalier, de Guillaume de Lavardac, chevalier, de Bernard de Campeils chanoine de Lectoure, et de plusieurs notaires, spécialement appelés. Cette charte formait les lois du Fezensac et fixait le rang de la noblesse du pays. Nos lecteurs aimeront à en trouver ici les principales dispositions.

Le comte concède aux seigneurs des châteaux de Montaut, de Montesquiou, de Lisle d'Orbeissan (depuis Lisle de Noé) de Betbèsé(*), de Lagraulet et de Lauraët, barons de Fezensac, le haut et bas domaine, une entière juridiction et la faculté d'ériger des fourches patibulaires dans un lieu de leurs baronnies. Il consent à ce que les seigneurs des châteaux de Marambat, de Gondrin, de Marsan, de Magnaut, de Bonas et de Préneron jouissent des mêmes faveurs. Ces priviléges étaient attachés aux baronnies, aux châteaux et aux terres qui en dépendaient. Dans leurs autres domaines les barons et ces six maisons seigneuriales n'avaient que l'autorité affectée aux fiefs ordinaires.

Après ces familles, toutes les maisons nobles qui possédaient des châteaux anciens et peuplés avaient la basse et moyenne justice, mais le comte réservait le haut domaine et la haute justice pour lui et pour ses successeurs. Enfin, le reste de la noblesse qui ne possédait que des services militaires, des lieux francs et des fiefs nobles (*habentes militias, francasitias et feuda franca*), ne pouvait exercer que la basse justice. Tout le reste appartenait au comte.

Le comte devait avoir un sénéchal qui entendit en son nom les causes civiles et criminelles assisté de deux gentilshommes ou de deux bourgeois, les uns et les autres de bonne réputation. Les deux premiers siégeaient dans toutes les affaires qui concernaient la noblesse, et les seconds dans les affaires qui ne regardaient que la

---

(*) La maison de Pardaillan ayant réuni les baronnies de Betbèsé, de Lauraët et de Lagraulet, il ne resta que quatre barons : ils firent partie du Chapitre métropolitain. La métropole ayant été rétablie, pourquoi leur titre ne le serait-il pas ?

bourgeoisie et le peuple. Mais tout intéressé avait le droit de récuser des assesseurs dont il soupçonnait l'impartialité, à condition toutefois que dans un court délai il pourrait prouver devant la cour les justes motifs de ses soupçons.

Le comte faisait remise aux barons, aux chevaliers, aux religieux, aux clercs, *aux bourgeois et autres nobles*, enfin aux seigneurs de quelque rang et de quelque condition qu'ils fussent, du droit d'alberge ou d'albergade (*) et de tout ce qui se prélevait sous ce prétexte. Il ne conservait l'albergade que dans ses domaines propres.

Il permettait à la noblesse de jouir de ses forêts, de ses eaux et de tout ce qui s'y rattachait. On sait que les Plantagenets d'Angleterre et à leur exemple quelques seigneurs s'étaient réservé presque exclusivement le droit de chasse.

Nul ne pouvait être dépouillé de ses biens sans avoir été jugé; ni saisi, ni incarcéré, quand il donnait une caution suffisante.

Le contumace ne pouvait être condamné qu'à une amende de vingt deniers Morlas, ni l'homme corvéable de corps ou de biens être reçu hors du domaine de son seigneur sans l'assentiment de celui-ci.

(*) On appelait alberge ou albergade le droit de gîte, d'où nous avons fait Auberge et Héberger. Le seigneur pouvait aller demander un gîte à ses vassaux. La religion l'offrait aux voyageurs. Les hôpitaux n'eurent pas d'autre origine. Tous ceux que nous connaissons dans la province avant 1300 et la plupart de ceux que l'on fonda dans le XIVe et XVe siècles n'eurent guère que cette destination. On les bâtissait de préférence sur le chemin des grands pèlerinages, presque toujours en Gascogne sur les chemins de Rome ou de St-Jacques. Après 1300 on commença à mêler aux voyageurs les malades et les infirmes; et peu à peu, à mesure que les hôtelleries s'élevèrent, ceux-ci restèrent seuls en possession des hospices.

Le vassal qui transportait son domicile ailleurs devait laisser entre les mains de son seigneur les immeubles qu'il tenait de lui.

Le comte, en fondant un bourg ou une bastide, ne pouvait donner à ceux qui venaient y habiter, que les terres de ceux qui consentaient à cette transmission, et il ne pouvait bâtir dans les domaines d'un seigneur sans son assentiment.

Tout habitant du comté, accusé d'un délit, devait comparaître en justice devant le comte ou son délégué dans le lieu de son domicile. Les nobles seuls devaient aller chercher les arrêts de la justice à Vic et ils pouvaient refuser de les subir ailleurs.

Il était défendu d'engager ou de saisir pour dette ou amende le linge de corps, les lits, les animaux labourant la terre et les chevaux d'un gentilhomme ou d'un évêque.

Le comte ne pouvait recevoir gage de bataille que dans deux cas : pour un meurtre traîtreusement et scélératement commis, et pour une propriété en litige (*), *pro fundo terræ*, à moins que les deux parties n'y consentissent librement.

Nul ne pouvait être soumis à une punition ou à une amende pour autrui : le fils ne devait pas payer pour son père, ni le père pour son fils.

Nul ne pouvait être condamné que pour chose jugée ou avouée devant la cour, et si quelqu'un était dépouillé de ses biens sans jugement, il devait être rétabli dans ses droits par son seigneur ou par le comte.

(*) Nous croyons que c'est le sens du texte, nous pourrions nous être trompé en traduisant un latin très-incorrect. Nous sommes hors de nos études habituelles ; c'est ce qui nous a fait adopter avec empressement pour le Béarn la rédaction de M. Faget de Baure qui s'est presque toujours contenté de traduire Marca en développant et éclaircissant sa pensée.

Nul ne pouvait, sous prétexte de guerre ou de discorde, sévir contre les maisons, les métairies (*bordas*), les moulins, les pessèles, les arbres, les vignes, les blés, les foins. S'il le faisait, il était tenu de payer au double tous les dommages causés et puis il était puni selon la gravité du délit.

Chacun devait avoir autour du château ou du lieu de son habitation un bédat ou lieu réservé d'une étendue raisonnable, qui devait être respecté sous peine d'une amende de cinq sols outre la réparation des dommages. Enfin tout paysan pouvait posséder deux vaches, et tout gentilhomme six. S'ils excédaient ce nombre, ils devaient payer quatre sols Morlas au seigneur dont ces animaux paissaient les herbes, chaque fois que ce seigneur les trouvait sur ses propriétés.

Peu de mois après ces concessions, Bernard fit hommage (1) de ses comtés d'Armagnac et de Fezensac au roi d'Angleterre. Cet hommage est daté du 2 novembre et signé d'un grand nombre de seigneurs. Bernard y prend le titre de damoiseau, marque de sa minorité. Il ne le prend plus dans un acte du 6 avril 1289, par lequel il remet au monarque anglais les arrérages d'une rente de cent marcs d'argent dont Henri III avait gratifié Géraud V pour l'attacher à son parti. L'Angleterre avait toujours plus d'intérêt à gagner les seigneurs de la Gascogne. Aussi, deux jours auparavant, Édouard avait assigné au jeune Bernard une autre rente de mille livres Morlas à prendre sur les revenus de Bordeaux.

La noblesse du Fezensaguet avait reçu de Géraud d'Armagnac les mêmes promesses que la noblesse de

(1) L'Art de vérifier les Dates.

Fezensac. Elle se réunit dès que Gaston frère de Bernard eut atteint sa quatorzième année (1). Cette assemblée se composait d'Arnaud de Gière seigneur de Mansempuy, Arnaud Desparbès et Arnaud-Asner de Sobole co-seigneurs de Labrihe, Pelisson de Fortine et Fortanier de Sirac co-seigneurs de Sirac, Eimeric et Odon de Latour seigneurs de Latour et de St-Cric, Gauthier de Latour seigneur de Montignac, Pierre Ducos et Bertrand de Monbrun, co-seigneurs de Monbrun avec le baron de Blanquefort, Bernard de Gière co-seigneur de Serempuy, Raymond-Bernard de St-Jean seigneur d'Augnax, Azemar de Maravat seigneur de Maravat, Arnaud et Bernard de Lauret co-seigneurs de Lauret, Raymond-Bernard de Ste-Gemme, Vital de Mongaillard co-seigneur d'Esclignac et de Bajonnette, Nebulo de Grasan et Arnaud de Céran co-seigneurs de Céran, Guillaume de Maurens et Bernard d'Aners co-seigneurs d'Engalin. Elle délégua Arnaud de Gière et Guillaume Asner de Sobole pour provoquer auprès du jeune vicomte l'octroi des concessions.

Gaston imita son frère et se prêta comme lui à des vœux qu'il n'eut peut-être pas été en son pouvoir de repousser. Il accorda aux seigneurs de Mansempuy, de Labrihe, de Sirac, de Latour, de Monbrun et d'Augnax la haute et basse justice, le haut domaine et les fourches judiciaires, avec tous les priviléges qui s'y rattachaient; enfin le droit de créer un notaire ou tabellion. Les autres châtelains reçurent le privilége d'imposer des amendes jusqu'à soixante-cinq sols Toulousains avec le droit de faire fustiger et courir les coupables dans leurs villages. La simple noblesse n'eut

(1) Coutumes du Fezensaguet, Chartier du Séminaire d'Auch.

le pouvoir de condamner qu'à cinq sols. Parmi les nombreux articles de ces coutumes, nous ne mentionnerons que l'avant-dernier. Il y était défendu de saisir les vautours et les éperviers ou d'enlever leurs œufs sous peine de soixante-cinq sols d'amende. En cas d'insolvabilité, le ravisseur devait subir une peine corporelle, au jugement de la cour vicomtale.

Les coutumes du Pardiac se firent attendre quelque temps. Le comte Arnaud Guillem ne les publia qu'en 1300 (1). Cette publication faite le lundi de Quasimodo dans l'église de Monlezun eut pour témoins Raymond Sans d'Antin, frère Eimeric Dastugues abbé de St-Sever de Rustan, Auger Debats, Hugues de Rosis ou de Roziers, Auger de Baulac, Arnaud Guillem Descouloubre, Bernard de Rivière et le supérieur des religieux hospitaliers de St-Antoine. Peu de mois après, Bernard de Labarthe (2) octroya les coutumes des quatre vallées d'Aure, de Magnoac, de Nestes et de Barousse.

Ces coutumes générales ou grandes coutumes, comme on les appela souvent, regardaient surtout les nobles et les bourgeois. Quelques-uns de ceux-ci commençaient à s'enrichir et presque toujours ils profitaient de leurs richesses pour se faire inscrire parmi la noblesse. Guillaume Ferrantier (3), bourgeois de Villefranche dans l'Astarac, s'était attaché à la maison d'Armagnac et avait amassé à son service des sommes considérables. Il acheta pour le prix de cent cinquante livres Morlas, de Bernard de Marestang seigneur de Cogotois et de Hunalde sa fille, la moitié de Bascols, la terre de Camps, la neu-

(1) Coutumes du Pardiac, Chartier du séminaire d'Auch.
(2) Coutumes imprimées des quatre Vallées.
(3) Chartier du Séminaire d'Auch.

vième partie du péage d'Aubiet avec le neuvième des cuisses de porcs et de bœufs qui se tuaient et se vendaient dans cette ville. Toute vente de terre allodiale devait être ratifiée par le suzerain. Ici l'acquiescement n'était pas douteux. Bertrand de Marestang s'engagea à l'obtenir. Géraud de Pouy seigneur de Pouypardin, mari de Hunalde, fut chargé des procurations de sa femme et de son beau-père. Il se transporta à Mauvezin où le comte d'Armagnac résidait alors et lui présenta l'acte passé à Marestang. Le jeune Bernard l'approuva, investit Ferrantier en le touchant avec une verge de bois en présence d'Amanieu archevêque d'Auch, de Raymond Garsie de Mauvezin chanoine de Dax, de Bernard de Condom sénéchal d'Armagnac, de Bernard de Riscle, et de quelques autres témoins. Fortanier de Marestang, frère du comte de Cogotois, approuva la vente au château de Corné le 28 novembre suivant.

Ces fiefs devaient au comté d'Armagnac une lance à chaque changement de possesseur. Guillaume Ferrantier paya ce tribut et prêta serment de fidélité dans le Padouenc de Villefranche en 1296. Il quitta bientôt après le comte d'Armagnac et passa au service du roi de France. Sous son nouveau maître, sa fortune s'accrut. Il acheta alors d'Odon de Montaut et de son fils la terre de Gariepuy près de Fleurance et agrandit son domaine d'Aubiet. Il prend dans cet acte, passé à Villefranche le 28 mai 1304, le titre de valet du roi de France. A voir ses trésors grossir rapidement, le valet paraît digne du maître.

Le servage allait s'affaiblissant tous les jours. Le peuple avait achevé d'éclore au soleil des Croisades. Dès son berceau il lui fallut des franchises plus larges que n'en possédaient les serfs. Ces franchises, connues sous le nom de fors dans le Béarn et le Bigorre, se nommèrent coutumes dans le reste de la Gascogne ou plutôt dans toute la France. Les plus anciennes que nous connaissions dans les domaines des comtes d'Armagnac sont celles de Nogaro. Elles portent la date du mois de novembre 1249. Bernard III les octroya en présence de toute la cour d'Armagnac. Outre Odon de Montaut, Odon de Cazaubon, Aisius de Montesquiou, Odon de Pardaillan, Bertrand de Lagraulet, barons du Fezensac, il avait encore près de lui Audebert de Mascaron, Arnaud Guillaume d'Armagnac, Guillaume de Montandre, Raymond-Guillaume de Gaure, Sans du Coussol, Arnaud-Guillaume du Lau, Roger de Lanux et Vital de Labarthe. Les coutumes de la vicomté de Corneillan suivirent de près. Pierre-Raymond de Corneillan les donna en 1222. Les autres ne datent que de la dernière moitié du XIIIe siècle. Nous n'en connaissons point dans l'Astarac, le Pardiac, la Lomagne et le Comminges qui dépassent cette époque. Ainsi les comtes de Bigorre et surtout les vicomtes de Béarn avaient devancé leurs voisins dans cette carrière.

Mais ces coutumes furent-elles un don libre et gratuit, une gracieuse concession des seigneurs, ou bien une reconnaissance, une consécration légale et authentique de ce qui était, avec une extension de priviléges arrachée par les circonstances ou par le développement de la société? La question a été diversement résolue et elle devait l'être. Les coutumes qui précédèrent la fondation des villes appartiennent évidemment à la première catégorie. La communauté n'était pas formée. Pour l'attirer dans les murs qui s'élevaient, on lui offrait des franchises. Là il y avait don. Le maître préexistait. Mais à part celles-là, toutes les franchises octroyées par les seigneurs particuliers à leurs vassaux et surtout les coutumes générales accordées par les comtes aux gens de leur comté seraient-elles une pure concession? Nous avons déjà fait pressentir que nous ne le pensions pas. Ce serait admettre que de vastes aggrégations existèrent longtemps sans lois et par conséquent sans droits; qu'elles étaient abandonnées au bon plaisir et aux caprices de leurs maîtres, ce qui ne fut jamais dans notre France, ce que ne pouvait admettre la libre et unanime pratique des principes humanitaires du christianisme.

Nous croyons que le texte est souvent formel. *Nous avouons qu'il y a coutume.* Nous établissons, *parce que c'est la coutume : quia mos est.* Les seigneurs, comme nous l'avons observé ailleurs, paraissaient le reconnaître. Avant de recevoir le serment de leurs vassaux ils leur prêtaient serment eux-mêmes. Il y avait contrat réciproque, et dans ce contrat le seigneur se liait le premier. Ce fait, on le retrouve non seulement dans le midi où le souvenir de la municipalité romaine ne s'était jamais entièrement effacé, mais encore dans le nord où l'élément germanique se mêla davantage au despotisme de la victoire et où par conséquent l'asservissement fut plus grand. Ainsi d'après nous, il n'y eut pas toujours concession, mais il y eut quelquefois aussi constatation de droits.

Ce point acquis, reste à savoir ce que furent ces droits dans l'origine. N'eurent-ils pour objet que la sûreté des biens et des personnes, la liberté des industries, etc., etc? En un mot ne regardaient-ils que la vie civile et fallut-il attendre des circonstances favorables pour conquérir des droits politiques ? La réponse nous paraît plus difficile. La société si agitée par les Barbares qui se succédèrent durant trois ou quatre siècles, et ensuite si horriblement bouleversée par les Normands, s'organisa sourdement au milieu d'éléments complexes. Le travail fut lent ; les hommes y eurent peu de part, quoiqu'on ait souvent nommé, et toujours assez gratuitement ce nous semble, Louis-le-Gros et ses premiers successeurs. La religion (*) et le temps le mûrirent seuls. Eux seuls créent les institutions durables. Mais la religion et le temps agissent dans le silence. La chrysalide se forme insensiblement loin des regards, et à l'heure marquée par la providence, le papillon s'envole complet et brillant au souffle des airs. A travers

(*) Nous sommes quelquefois tentés de croire que la féodalité naquit sous l'action de la religion chrétienne qui ne pénétra les hordes barbares que pour atténuer leur despotisme et ramener la société aux principes sagement égalitaires du Sauveur. Elle fut une époque de transition entre l'esclavage presque général venu du polythéisme ou amené par la conquête et la liberté des temps modernes. On dirait qu'elle se modela sur la hiérarchie ecclésiastique. Il y eut un suzerain, des seigneurs vassaux et arrière-vassaux et enfin des bourgeois et des serfs, comme l'église avait son pape, ses évêques, son clergé inférieur et ses fidèles. La féodalité commença à poindre sous Charlemagne et Louis-le-Débonnaire quand l'action religieuse commença à dominer et son organisation est complète à l'avènement de la 3e race ou un peu plus tard, quand l'action religieuse a tout pénétré. Un publiciste d'un haut talent et d'une science non moins profonde, M. Granier de Cassagnac, notre compatriote, dans deux ouvrages trop peu connus, mais bien dignes de fixer l'attention des savants, a cru retrouver la féodalité dans l'antiquité grecque et romaine. Homère la lui a montrée sous les murs de Troyes. Hérodote, Platon, Aristote, Pausanias lui servent de garants pour Sparthe et Athènes. Pour Rome il invoque Denis d'Halicarnasse, Plutarque, Appien, le code de Théodose tout entier. Selon lui la féodalité est l'apanage de toute époque où les pouvoirs généraux

ces mystères comment assigner avec certitude les limites ? Néanmoins s'il nous était permis de livrer notre appréciation à nos lecteurs, nous dirions qu'ici encore il y eut quelquefois dans l'origine, droits civils seulement et quelquefois aussi droits politiques.

Dans les campagnes peuplées de serfs et dans les villes nouvellement fondées on s'arrêta aux droits civils. La première émancipation ne va pas plus loin. Elle ne saurait même le faire. On ne connaîtrait, on n'apprécierait, et surtout on n'utiliserait point un bienfait ultérieur. Le seigneur en émancipant son serf lui abandonna une partie de sa propriété, et en échange il en exigea des redevances en argent ou en nature. Mais ces concessions d'abord verbales étaient souvent mal définies et plus souvent encore dénaturées par le mauvais vouloir. Le maître se montrait dur, exigeant, rapace : le serf mécontent, insoumis, avare ; de là des commotions fréquentes. Ajoutez que la plupart du temps il fallait lutter pour les franchises des portes, des ponts, des marchés, pour la faculté de bâtir ou de réparer sa maison. Ces luttes étaient quelquefois couron-

---

s'organisent et où les idées libérales éclosent pour enfanter une constitution définitive, aboutissant selon le génie des peuples, ici à un archonte, là à un sénat, ailleurs à la royauté. Loin d'avoir contribué à désorganiser la société, à mettre partout, comme on l'a dit si souvent et si légèrement, le caprice, la violence, le désordre à la place de la règle, elle a servi à hiérarchiser les forces vives des nations, à dompter l'individualisme, enfin à faire sortir l'ordre du cahos. Les raisons dont il étaye son argumentation nerveuse et serrée paraissent très-plausibles. Nous-même nous inclinions jadis vers le sentiment qui faisait naître la féodalité du paganisme. Mais nous lui donnions pour berceau les forêts de la Germanie, d'où elle aurait envahi l'Europe à la suite des hordes conquérantes. Aussi nous sommes loin de rien affirmer. Il faudrait une autorité plus grave que la nôtre pour résumer et conclure.

nées par la victoire et chaque triomphe augmentait les franchises. Le besoin fréquent qu'avait le seigneur du bras de son vassal au milieu des combats journaliers, et de ses redevances parmi l'imprévoyance, la dissipation, les prodigalités et les dépenses d'une vie presque toute consacrée aux armes, ce besoin les augmentait encore davantage. De ces agrandissements successifs naquirent les droits politiques, sinon pour les campagnes, du moins pour la plupart des bourgs et des villes de création postérieure au XIIe siècle. Dans leur sein, sous la féodalité, l'esclave devint serf, le serf devint bourgeois ou citoyen et le bourgeois ou citoyen devint homme politique : l'homme politique s'éleva même quelquefois à la noblesse.

Mais les villes antérieures au XIIe siècle et les agglomérations qui avaient échappé aux Barbares, n'ayant jamais entièrement subi le joug, n'eurent jamais besoin d'émancipation. Elles jouirent ainsi toujours non seulement de droits civils, mais encore de droits politiques. Ces droits furent sans doute longtemps assez précaires. Ils avaient été affaiblis par les malheurs des temps, par l'anarchie publique, par les efforts des seigneurs qui plus d'une fois sans doute profitèrent des circonstances pour étendre leur puissance, par le besoin incessant de protection et de secours qu'on éprouvait durant ces deux ou trois siècles où l'Europe paraissait n'être qu'un vaste camp; mais si affaiblis qu'on les suppose, ils avaient survécu à la chute de l'empire romain et à celle de nos deux premières races royales et ils avaient pris leur place dans la féodalité, c'est-à-dire dans l'organisation sociale d'alors. Le temps, l'expérience, l'exemple donné ailleurs ou plutôt toutes ces causes successives les étendirent et les fortifièrent. Les membres de ces cités ou de ces agrégations avaient vu leur seigneur s'unir à d'autres seigneurs et grâce à cette union triompher de leur suzerain : ils s'unirent à leur tour. Rassemblés dans l'église et quelquefois sur la place publique, ils jurèrent sur les saints évangiles de se prêter mutuellement secours contre toute exigence odieuse ou nouvelle, toute violence réelle ou prétendue. On appela cet acte faire une conjuration ou établir une commune. Quelquefois le seigneur l'établissait lui-même : plus souvent il souscrivait de bonne ou de mauvaise grâce à ce qui avait été fait ou faisait acheter son acquiescement. *Les jurés, conjurés,* ou *communiers,* nos anciennes chartes leur donnent ces trois noms, avaient leurs armes, leur sceau, leur justice, leur prison, leurs consuls ou maires, leurs jurats ou échevins. Nous retrouvons ici notre conseil municipal avec des attributions bien autrement larges. Le vote de l'impôt, la police, le jugement des délits et des crimes leur appartenaient. C'étaient autant de petites républiques qui avaient laissé derrière elles les municipes romains.

Une chose manqua à ces communes et l'on ne saurait assez s'étonner qu'il en ait été ainsi. Chacune d'elles demeura isolée comme son seigneur était seul. Si elles eussent fait un pas de plus, si l'association se fût formée sur une plus vaste échelle comme dans l'Italie, nous aurions eu des états de Lucques, de Venise, de Gênes, de Pise, de Florence. Mais le ciel, qui préparait à la France de glorieuses destinées, lui épargna ces morcellements. Peut-être aussi faut-il remarquer qu'en deçà de la Loire où l'association paraissait plus naturelle et plus facile à cause des anciennes traditions romaines, la puissance des grandes maisons seigneuriales avait déjà grandi rapidement quand naquirent et se formèrent les communes. Les comtes de Toulouse, d'Armagnac et de Foix, les sires d'Albret et surtout les rois de France dont l'autorité domina bientôt le système féodal eussent sans doute opposé des obstacles insurmontables à toute tentative d'association générale.

Quoiqu'il en soit de nos appréciations, les franchises s'étaient développées à l'époque que nous décrivons. Sous cette extension la population s'accrut. Rien ne vivifie les états comme la liberté. Une foule de villes s'élevèrent aussitôt. L'église concourut à la construction de presque toutes celles que l'on bâtit dans le diocèse d'Auch. Son concours devait se prêter naturellement à cette œuvre. Vraisemblablement antérieure à la féodalité et autrement constituée qu'elle, loin de proclamer des exclusions et des incapacités, elle avait toujours ouvert les divers rangs de sa hiérarchie au serf, et au vassal, aussi bien qu'à l'homme libre et au chevalier. D'ailleurs plus instruite alors que ce qui l'entourait et par conséquent plus intelligente de ses vrais intérêts, elle dut comprendre plutôt et mieux qu'en fondant des villes on obéissait à d'irrésistibles nécessités, et on s'assurait des forces et des revenus. Ajoutons enfin qu'elle était et devait nécessairement être mieux pénétrée que les barons des principes de l'évangile. Quelquefois elle agissait seule.

Bonel abbé de l'Escale-Dieu fonda la ville de Masseube (*). La plaine sur laquelle elle est assise avait d'abord été une vaste forêt possédée par l'abbaye de

---

(*) Dom Brugelles fait dériver Masseube de *manus silvæ*, main de la forêt, parce que, dit-il, la forêt se développait en forme de main.

Sère qui la céda aux moines de l'Escale-Dieu moyennant une légère redevance. Les moines y bâtirent une grange ou manoir qui, s'élevant au milieu des bois, prit le nom de Masseube (*mas sylvæ*, habitation de la forêt) (1). Quelques habitants se groupèrent presque aussitôt autour de la grange. Bonel y appela plus tard d'autres habitants et y forma une ville. Mais comme elle se peuplait trop lentement, dès les premiers jours de janvier 1274, il en céda le paréage à Bernard comte d'Astarac. Deux ans plus tard l'abbé et le comte donnèrent à la ville des coutumes que leurs successeurs renouvelèrent et étendirent en 1382.

L'abbé de Faget avait devancé l'abbé de l'Escale-Dieu auprès du comte d'Astarac. Ne pouvant au milieu des troubles qui agitaient la province protéger et défendre les habitants de Seissan, il appela Bernard à son aide et acheta sa protection par quelques concessions qui toutefois laissaient le haut domaine entre les mains des religieux (2). Les habitants seraient tenus de payer au comte, à chaque fête de la Toussaint, douze deniers et un sétier d'avoine par feu, de lui vendre les denrées dont il pourrait avoir besoin au prix de leur marché, et enfin de le suivre dans toutes les chevauchées où marcheraient les gens de Simorre et de Faget. Bernard, par le conseil de ses nobles et en particulier de toute sa cour d'Astarac, acquiesça à ces propositions. Il s'engagea à défendre les habitants et toutes leurs possessions et leur accorda pour eux et leurs troupeaux le droit d'herbage, de pacage et de pêche, avec les bois morts et les fruits secs dans tout son comté, à condition

(1) Dom Brugelles. M. d'Aignan.
(2) Manuscrit de l'hôtel de ville de Tarbes.

toutefois que chaque nuit ils pourraient rentrer sur le territoire de la commune. Cet accord fut passé dans le cloître de Simorre le 25 avril 1266. Il eut pour témoins le comte de Comminges et sa cour, la cour d'Astarac, Raymond abbé de Simorre, Jean abbé de Sère et prieur de Ste-Dode, Odon d'Espau chanoine de Lectoure, Sans-Aner d'Esparros, Gaston de Panassac et Arnaud de St-Roman.

Bernard s'associa encore avec Hugues de Cadens abbé de Berdoues pour bâtir les villes de Pavie et de Mirande (1). La première placée aux portes d'Auch s'appelait alors Sparac et avait appartenu au couvent de Pessan, qui l'avait cédée à Berdoues. On assigna pour y poser solennellement la première pierre le dimanche après l'Ascension 1281 (2). Les habitants d'Auch n'apprirent qu'avec dépit qu'une ville allait s'élever presque sous leurs murs. Ils s'assemblèrent la veille du jour fixé et choisirent, en présence de Jean de Melet official de l'archevêque et des consuls, Jean de Bats pour aller protester en leur nom contre le projet arrêté. Mais Hugues et Bernard passèrent outre et les fondements furent jetés. Pour mieux braver les Auscitains, il fut statué que les habitants de la nouvelle ville ne pourraient jamais leur rien donner, vendre ou engager. Par une autre clause plus étonnante encore, il leur fut défendu de payer aucun subside au roi de France; mais on sentit presqu'aussitôt qu'on s'attaquait trop haut. La dernière défense fut abrogée. On alla plus loin; on appela le roi en paréage et on lui assura six deniers par feu allumant. La protection royale n'arrêta

(1) Manuscrit de Mirande.
(2) Hôtel de ville d'Auch, diverses pièces qui constatent ces faits.

pas les Auscitains. Ils allèrent attaquer Pavie et y commirent tous les excès où se porte une multitude poussée par la jalousie.

Trop faibles pour se venger par eux-mêmes, les habitants de Pavie recoururent au sénéchal de Toulouse qui condamna les Auscitains à donner à leurs victimes deux mille cinq cents sols d'indemnité et à payer une amende deux fois plus forte au trésor royal. Mais comme ils ne se pressaient pas de verser ces sommes, une seconde sentence les condamna à y ajouter soixante-trois livres et douze des principaux citoyens devaient *tenir prison* jusqu'à ce que le jugement fût exécuté. On se soumit alors et l'on compta aux habitants de Pavie les deux mille cinq cents sols qui leur avaient été assignés (août 1297). Deux ans plus tard, Philippe-le-Bel, à la prière du comte d'Armagnac, fit remise à la ville d'Auch de la prison et de l'amende qui revenait au fisc. Rien n'est vivace comme les rivalités haineuses de clocher. Après six siècles la paix n'est pas encore signée entre Auch et Pavie.

Le lieu qu'allait occuper Mirande se nommait Lesian ou St-Jean de Lesian (1). Le premier paréage entre Hugues et Bernard fut passé en 1279 ou 1280. L'abbé mourut peu après l'avoir conclu. Pierre de Lamaguère qui le remplaça continua l'œuvre de son prédécesseur et fit associer Philippe-le-Hardi à la souveraineté. Eustache de Beaumarchès sénéchal de Toulouse représentait son maître. Dans cet accord qui nous a été conservé, Bernard comte d'Astarac, et l'abbé Pierre de Lamaguère abandonnaient au roi un cens de six deniers par feu sur tous les habitants. Cette somme devait être

(1) Cartulaire de l'hôtel-de-ville de Mirande.

payée chaque année à la Toussaint, entre les mains du sénéchal de Toulouse. Le palais que le comte s'était réservé dans l'enceinte des murs et la maison que l'abbé avait gardée pour lui étaient les seules habitations que l'impôt n'atteignît pas. Le roi promettait, au prix de cette redevance, protection et défense à la nouvelle cité. Le comte et l'abbé engagèrent leurs biens pour la sûreté du paiement. L'abbé s'obligeait en outre à faire ratifier la transaction par l'abbé de Morimont dont dépendait son monastère. L'acte daté de Brives est du 26 mai 1281. Il fut ratifié à Toulouse quatre ans après (avril 1285) par l'abbé et le comte.

Alors un nouveau paréage plus explicite que le premier, vint déterminer tout ce qui peut constituer une ville naissante et contribuer à son développement (*). Peu après la fondation le comte et l'abbé donnèrent des coutumes que nous avons sous les yeux et qui devaient être communes à Mirande et à Pavie.

La ville ne tarda pas à être régulièrement constituée; mais une fois admis à la liberté, les habitants de Mirande se sentirent mal à l'aise dans les bornes étroites où ils étaient renfermés. De là nàquirent quelques luttes avec le monastère; celui-ci prit l'avis de Bernard de Lustar son prieur, et de quelques autres moines, et cédant aux vives instances des consuls, il accorda aux habitants de Mirande et des lieux voisins ce qu'ils demandaient, promit de ne prendre désormais que deux sols Toulousains et s'obligea à enterrer gratuitement les pauvres qui lui seraient portés. L'acte fut passé au parloir du monastère le lundi après la St-Laurent 1292 sous Centule III, en présence de Géraud de Cortade chevalier, Arnaud de Cortade rec-

(*) Nous donnerons au 6e volume le paréage et les coutumes.

teur de Mazerettes et Arnaud de Lesian recteur de Monclar.

D'un autre côté les seigneurs n'avaient pas vu sans jalousie la nouvelle ville s'élever (1). Le comte de Pardiac Arnaud Guillem de Montlezun et Othon de Las se prétendirent lésés et exercèrent des violences. On arma de part et d'autre; c'était la justice d'alors. Après la guerre vint l'arbitrage, qui fut remis entre les mains de Pierre d'Orbessan, chevalier, d'Etienne de Nerestan, bailli de Mirande pour le roi, et de Pierre Othon de Beaupuy ou (Bet-pouy). Les arbitres arrêtèrent que le passé serait oublié, que le comte et la ville se prêteraient mutuellement secours et assistance; que le comte permettrait à jamais à tous les habitants de Mirande de voyager librement dans toutes ses terres, sans payer de tribut et d'y conduire à leur gré leurs bestiaux et leurs marchandises; enfin qu'il leur laisserait le droit de dépaissance dans tout son comté. De plus en réparation des dommages causés par le comte ou ses gens aux habitants de Mirande, il devait leur compter cinq cents sols Morlas dont le paiement fut garanti par des cautions. Le comte et les consuls jurèrent ces articles en 1295 en présence de Bertrand de Montlezun, damoiseau, de Pierre de Lamaguère, abbé de Berdoues et de Vital curé de Mirande.

Dans les différends qui s'élevèrent entre la ville et ses voisins, on voit aussi Géraud de Marrens, seigneur de Monclar et de Valentées réclamer sur l'extension de la justice que les consuls de la nouvelle ville venaient exercer autour d'eux. Il y eut quelques violences, mais des amis communs intervinrent, et le seigneur

(1) Cartulaire de l'hôtel de ville de Mirande.

assisté de ses deux fils, Hugues et Bellus, transigea le 4 janvier 1297.

Pendant que Berdoues fondait ainsi Pavie et Mirande, l'abbaye de Gimont, fille de Berdoues, avec le concours d'Alphonse de Poitiers et de Jeanne sa femme héritière du comté de Toulouse d'où relevait la vicomté du Gimois, fondait les villes de Gimont et de Solomiac. La première s'éleva (1) presqu'aux portes de l'abbaye sur le penchant d'un coteau baigné par la rivière de la Gimone : double voisinage qui lui valut sans doute son nom. L'abbé et les moines offrirent le terrain appelé alors St-Justin, firent un entier abandon de tout droit sur les fours, les murs, et les fossés de la ville future et sur tous ceux qui viendraient la peupler et consentirent à entrer pour moitié dans les frais de construction des moulins. Pierre de Landerville sénéchal de Toulouse accepta ces offres au nom d'Alphonse et de Jeanne (août 1280). Il se chargea du reste et les murs s'élevèrent rapidement. La richesse de l'abbaye et la fertilité du sol y attirèrent des habitants nombreux et en peu de temps la nouvelle bastide compta parmi les cités les plus importantes de la contrée.

La ville de Solomiac s'appela d'abord Villefranche (2), nom générique commun à presque toutes les bastides nouvelles à cause des franchises particulières dont elles étaient dotées. L'acte de fondation nous est inconnu. Il paraît qu'il fut soustrait ou qu'il s'égara de bonne heure, car quarante ou cinquante ans après les moines et les officiers du roi se disputaient le haut domaine que chaque partie réclamait exclusivement. Après de

(1) Manuscrits de Gimont et de l'hôtel de ville de Tarbes.
(2) Idem de la commune de Solomiac.

longs et vifs débats, il fut passé un compromis qui est encore conservé dans les archives de la commune et qui établit un complet paréage. Ce compromis fut passé à Buset le 4 mars 1322 et ratifié par le roi à Paris (mai 1327). Quatre mois après Bertrand de Solomiac sénéchal de Toulouse fit jouir les habitants des mêmes coutumes qu'un de ses prédécesseurs venait d'octroyer à la ville de Trie. Ces privilèges furent accordés en présence de Raymond de Prez et d'Othon de Terride vicomte de Gimois. Dom Vaissette (1) à qui nous empruntons cette circonstance se trompe en donnant le sénéchal pour fondateur à la ville. Elle avait déjà près de cinquante ans d'existence ; elle changea seulement alors son nom et prit celui de Solomiac qu'elle a gardé depuis.

Eustache de Beaumarchès contribua aussi vers la même époque à la fondation de Grenade et de Fleurance (2). Grenade s'étend sur la rive gauche de la Garonne à quelque distance de Toulouse. L'abbé de Grandselve fournit le terrain et entra en paréage avec le roi. Le lieu choisi pour bâtir Fleurance s'appelait d'abord Aineval ou plutôt Aigueval (*vallée pleine d'eau*). Il était situé sur une petite éminence baignée par le Gers à l'extrémité de la forêt au milieu de laquelle s'élevait le couvent de Bouillas. Suivant un document que nous avons sous les yeux, cette éminence portait le nom de Mont-Aiglon (*), que rappelle encore

(1) Histoire du Languedoc, tom. 4.
(2) Idem.

(*) Avec Montaiglon on a expliqué les armes de la ville qui porte d'argent à l'aigle exployée de sable surmontée en chef de l'écu de France; mais ces armes, si l'on excepte le chef dû à quelque concession royale, ne sont autres vraisemblablement que celles d'Eustache de Beaumarchès, ou peut-être que les armes du comté de Gaure.

la rue de Montablon; mais nous soupçonnons que cette dénomination a été altérée et qu'il faut lire Montaglan (*mont des glans*). La forêt de Bouillas s'appela primitivement *porte-glans* à cause de ses chênes. Nous n'avons pu retrouver l'acte de fondation de Fleurance, aussi nous ne saurions assigner l'époque précise de sa fondation, mais elle fut incontestablement antérieure à l'année 1291 qu'on désigne ordinairement, car en 1287 nous la verrons remise à Edouard Ier roi d'Angleterre.

Ce prince essaya de son côté d'étendre et de consolider sa puissance dans les terres qui reconnaissaient sa domination; mais le clergé lui étant généralement peu dévoué, il s'adressa aux seigneurs que le prestige de sa puissance et l'appât de sa gloire militaire et le service des armes pouvaient plus facilement lui gagner. Jean de Grailli son sénéchal s'unit à Jourdain de Lisle seigneur de Montgaillard pour bâtir la ville de Viane dans la paroisse de Ste-Marie de Villelongue. Le paréage en fut passé à Montgaillard le 24 septembre 1284 en présence de Jean de St-Geri, de Guillaume Garsias de Pins et de Bertrand de Faudoas. Cinq années plus tard (1) Guillem de Malvin vicomte de Juillac, voulant bâtir la ville qui a pris le nom de sa vicomté, appela aussi le monarque anglais en paréage. L'acte eut pour témoins Othon de Caussens supérieur des Dominicains de Condom, Amanieu de Loubens, Pons de Cours (*de curtibus*) et Jacques de Mont nommé cinq jours après (7 juin) juge ordinaire de l'Agenais; Jean de Charitte ou Charrette, *de rhedd*, y représenta Edouard Ier.

(1) Collection Brequigni, ad annum 1284.
(2) Idem ad annum 1284.

Du reste toutes ces villes étaient fondées sur le même plan. Nous ne connaissons point d'exception à cette loi dans le département du Gers. L'église commençait à s'amoindrir; les maisons ne se groupaient plus autour d'elle. La commune dominait. Aussi elle s'élevait au centre de la place toujours carrée, et parallèlement à elle s'étendaient les diverses rues toutes coupées à angles droits. Le plan n'était ainsi qu'un vaste parallélogramme ayant la commune ou hôtel de ville au milieu et l'église sur un côté. Les villes antérieures au XIIIe siècle n'ont jamais cette ordonnance.

Les comtes du pays prirent peu de part à ces fondations qui paraissent être nées d'une pensée politique. La royauté voulant abattre la puissance des seigneurs et n'osant l'attaquer de front la mina sourdement. D'un côté au moyen de ces paréages, elle s'établissait à leurs portes, et de l'autre elle leur donnait des voisins inquiets, jaloux, turbulents, comme l'est tout ce qui est nouveau, précaire, mal assis. Des vilains nés d'hier à la liberté à côté de vieux barons, les rixes étaient inévitables et grâces à ces rixes la royauté allait par ses officiers, par ses sénéchaux, par ses parlements, mettre la main sur tout ce qui lui faisait ombrage. Les malheurs des premiers Valois suspendirent seuls quelque temps ces projets.

Bernard d'Astarac le seul comte qui s'associa franchement aux idées nouvelles, vécut dans l'union la plus étroite avec les religieux de Berdoues. Malgré cette union il n'eut pas moins de longs démêlés avec l'archevêque d'Auch, les abbés de Pessan et de Faget et le commandeur de l'Ordre de la Paix. Il voulait les empêcher de jouir de biens nobles qu'ils possédaient dans ses domaines. C'était la grande querelle de Rome avec les empereurs d'Allemagne rabaissée aux étroites proportions de l'Astarac. Le comte fut encore en litige avec l'abbé de Simorre à qui il disputait la haute justice dans la ville qui s'était formée autour du monastère. Comme les barons de son époque, il appela la violence à son secours et porta le ravage sur les terres de son adversaire. L'archevêque surtout eut à se plaindre de ses vexations (1). Son château de Lamaguère fut assailli et subit toutes les dévastations d'une irruption armée. Le prélat se défendit par les armes spirituelles et frappa des foudres ecclésiastiques le terrible Bernard. Le comte, qui eût sans doute bravé une défense soutenue par la force, s'émut de l'excommunication et accepta un arbitrage; mais voyant qu'il allait être condamné, il releva appel et poursuivit ses violences. La mort le surprit en 1291 au milieu de ses démêlés. Il venait alors de jeter les fondements de Villefranche que son fils aîné Centule acheva de bâtir. Outre ce fils il laissait Jean et Bernard dont on ignore le sort et Arnaud qui entr'autres biens eut en partage le fief de Mazamat près de Castel Sarrazin. Arnaud épousa Jeanne de Faudoas et fut suivant un docte Bénédictin, la souche des Mazamat de Canasilles établis dans la Lomagne.

Centule était associé au comté depuis plus de dix ans. Il avait signalé sa valeur sur plus d'un champ de bataille, et pris une part glorieuse à l'expédition d'Espagne qui réunit sous les drapeaux de Philippe-le-Hardi la principale noblesse de la Gascogne. Malgré son courage il ne voulut pas lutter avec l'église. A peine se vit-il seul maître de l'Astarac, qu'il offrit d'accepter le compromis

(1) *Gallia Christiana*. Dom Brugelles. M. d'Vignau.

rejeté par son père. Arnaud de Cazenove, abbé de Condom, qui avait succédé à Auger d'Andiran et Odet de Lomagne seigneur de Fimarcon furent choisis pour arbitres. Ils prononcèrent la sentence suivante (1) : Les deux parties se tiendront mutuellement quittes des dommages essuyés. L'archevêque lèvera les censures. Le commandeur de la foi abandonnera à Centule Pédarieux et quelques autres châteaux moins importants et recevra en échange le château de Samazan en toute justice sous la réserve qu'il ne pourra jamais être distrait de l'Ordre. Le comte reconnaîtra tenir en fief noble de l'archevêque tout ce qu'il possède dans le terroir des Affites, et en signe de vasselage, lui et ses successeurs donneront à chaque nouvel archevêque une paire de gants blancs : Le comte rendra au clergé toutes les dîmes dont il s'est emparé et il s'emploira à lui faire restituer celles qu'ont saisies les seigneurs de son comté. Enfin pour dédommager l'archevêque de toutes les violences commises dans le château de Lamaguère il lui paiera six mille sols Toulousains. Cet accord fut passé dans l'église de Gimont le 29 novembre 1291, et pour lui donner plus de force, on pria le roi de France de le confirmer.

L'archevêque venait de recevoir une autre donation. Bertrand Dessosille excité par l'exemple du comte d'Astarac avait traité le monastère de St-Frix de Bassoues (2) comme le comte avait traité le château de Lamaguère ; mais l'âme de Bertrand s'ouvrit bientôt au repentir, et pour expier ses excès il abandonna au prélat, du consentement de Gaillarde de Lapalu sa femme et de ses deux fils, un vaste terroir qui s'étendait du monastère

1) Cartulaire d'Auch. Dom Brugelles. M. d'Aignan.
2 Idem.

vers Montesquiou dans le voisinage du château de Lamothe dont la vieille et massive tour après avoir longtemps bravé les injures du temps n'est plus qu'une ruine prête à disparaître. L'acte en fut publié dans l'église de Saintrailles le 5 de l'*issue* d'avril, c'est-à-dire le 25 ; car les chartes de cette époque comptent les jours presqu'aussi souvent par la fin que par le commencement du mois. Il eut pour témoins Pierre d'Aspe, Arnaud de Crastes, Voisin de Vic, Fort d'Eauze habitant de Barran, Guillaume-Arnaud de Lagors, et Sans de Montesquiou.

Il n'était resté qu'un moine dans le monastère de Bassoues dont les murs avaient extrêmement souffert. On ne songea plus ni à le rebâtir, ni à le repeupler. On l'unit à la mense archiépiscopale. L'archevêque étant ainsi devenu seigneur temporel de la ville donna des coutumes aux habitants l'an 1295. Ces coutumes étaient entièrement semblables à celles de Barran (*). Géraud comte d'Armagnac s'était associé à l'archevêque Amanieu pour octroyer celles-ci. Elles furent rédigées l'an 1279 en présence de Raymond Eimeric de Montesquiou, de Bernard de Montpesat, de Guillaume de Serillac, de Guillaume de Grésillac, d'Odon de Lisle d'Arbechan, de Fort de Salis et de quelques autres seigneurs. Odon d'Arbechan seigneur de Lisle abandonna trois ans après aux Barrannais sous la redevance de trois sols Morlas toutes les terres incultes qui lui appartenaient entre Lisle et Barran; il ajouta ensuite à ce premier don la libre exploitation des bois taillis, la

---

(*) Extrait du Cartulaire de Barran maintenant égaré, mais dont l'auteur a entre les mains plusieurs pièces collationnées qu'il déposera au Séminaire d'Auch.

dépaissance pour leurs animaux et le pouvoir de construire sur les terres concédées des bordes ou maisons. Odon mourut peu après laissant un fils Hugues d'Arbechan encore jeune. Les Barrannais profitèrent de sa jeunesse pour lui arracher quelque nouvelle faveur. Il y eut quelque résistance ; mais enfin le 27 avril 1292 Hugues, avec le consentement de Géraud d'Arbechan son oncle et son tuteur, transigea sous la médiation de Vital de Gagnan curé ou chapelain de Barran et d'Arnaud d'Ydrac choisis pour arbitres. Les concessions précédentes furent confirmées. Les habitants de Barran durent payer le péage accoutumé lorsqu'ils traversaient le gué de Lisle ou parcouraient l'ancienne route pour aller vendre leurs denrées : mais ils ne devaient aucun cens lorsqu'ils portaient des objets destinés à leur nourriture ou à leur usage. Le seigneur de Lisle pouvait établir pour les étrangers un péage au dessous de Barran; mais ce péage serait levé les jours de foire. Alors les deux routes principales devenaient entièrement libres. Quatre cents sols Morlas payèrent ces concessions et quelques autres.

L'archevêque d'Auch dut subir aussi une transaction, peu de mois après avoir donné les coutumes à Barran. Le couvent du Brouil lui disputait quelques dîmes. Par un compromis passé au château de Mazères (1) le vendredi de l'octave de l'Epiphanie 1278 ou plutôt 1279, en présence d'Odon d'Arbechan, de Fort de Salis sénéchal d'Armagnac, d'Arnaud de Troncens et d'Arnaud de Thieste, on déféra le jugement à Raymond chanoine de Dax et au granger de Conques. La sentence fut rendue le même jour dans le château. Les arbitres

(1) Chartier du Séminaire.

adjugèrent au monastère la moitié des dîmes dans les églises de Mirannes, du Brouil, de St-Simon, d'Esparros, de Lamazère, de Labenne et de quelques autres dont les noms se sont perdus et le quart dans celle de St-Yors. Le monastère devait payer lui-même à l'archevêque six deniers de rente pour les droits de suprématie. Enfin au prélat appartenaient toutes les dîmes dans les églises de Lacassaigne, de Massas, du Mas d'Ardenne, de la Sourrouille et de Coucuron. L'archevêque accepta aussitôt le jugement. Les religieuses ne le ratifièrent que deux mois après. Leur communauté était nombreuse ; nous y trouvons plusieurs membres des grandes familles d'Armagnac (*).

(*) A ce titre nous croyons devoir les faire connaître. On y comptait Gallicie de Maignaut, prieure claustrale, N. d'Astorg prieure du Cellier, Béatrix de Montaut, Mabilie d'Arbechan, Longue Desbarats, ou Debats, Anglesie de Magnaut, Hispanie de Castera, Assarite de Cezan, Condors de Castel-Pujo, Assarite de Caussens, Gentiane de Bernède-Corneillan, Simonne de Bois-Vin, Patronne de Soubaignan, Bonne Debats, Blanche-Fleur de Péguilhan, Richarde de Bois-Vin, Anglesie de Stansans, Mabilie de Lastafières, Comtesse de Beraut, Esclarmonde de Biran, Marie de Ligardes, Martine-Bonne de Pouy, Esperon de Lagraulas, Indie de Montagnan, Bertrande d'Estang, Blanche de St-Lary, Guiraude de Pausadé, Anglesie de Merens, Longue de Ligardes, Bonne-Martine de Pinolin et Agnès de Baulat.

CHAPITRE II.

Plusieurs Prétendants au comté de Bigorre. — Philippe-le-Bel s'en saisit. — Plusieurs seigneurs Gascons et les villes de Condom, de Lectoure, de Dax et de Bayonne cautionnent pour le prince de Salerne. — Le roi d'Angleterre séjourne à Condom. — Mort de Gaston vicomte de Béarn. — Marguerite sa fille et le comte de Foix lui succèdent. — Mathe d'Armagnac et son fils disputent cet héritage. — Guillemette troisième fille de Gaston. — Maison de l'Isle-Jourdain. — Marquèse héritière de la vicomté de Lomagne la cède à Elie de Talayran son père. — Hommage des seigneurs de Lomagne. — Comtes d'Astarac et de Comminges.

La saisie du Bigorre n'avait fait qu'enhardir et multiplier les prétentions à la possession du comté. Constance ne fut plus la seule à interjeter action devant le sénéchal de Gascogne. La vicomtesse de Turenne, Mathilde comtesse de Thiet, Guillaume Teysson et Mathe comtesse d'Armagnac intervinrent aussi (1). Constance s'appuyait toujours de la substitution et opposait en outre la nullité du mariage de son ayeule Pétronille avec Guy de Montfort. Laure invoquait le testament de son frère Esquivat. Guillaume réclamait le tiers des biens contestés comme fils unique de Pétronille de Montfort. Mathe s'étayait de la coutume de Gascogne qui à défaut de mâles appelait toutes les filles et à ce titre demandait le quart du Bigorre. Enfin Mathilde soutenait que la vieille Pétronille avait donné du consentement d'Esquivat la moitié du Bigorre à Alix sa mère et à ses enfants, lorsqu'elle la maria

1 Marca liv. 9 ch. 13.

en secondes noces à Raoul de Courtenai. Ces diverses prétentions et les débats qu'elles amenèrent aidèrent à la lenteur des juges qui ne cherchaient qu'à laisser le plus longtemps possible le comté entre les mains de l'Angleterre. Leurs lenteurs dégoûtèrent Constance. Se voyant veuve et sans enfants, elle céda le Bigorre (1) à Marguerite de Foix sa sœur bien-aimée, en se réservant le pays de Rivière et de Marsan; et dans le cas où elle serait troublée dans la possession des domaines qu'elle choisissait, elle devait avoir la seigneurie de St-Gaudens et le Nébousan.

Mais le roi d'Angleterre ne devait pas jouir longtemps d'une séquestration peu loyale (*). Le parlement de Paris annula la cession faite à son père par l'église du Puy, et anéantit ainsi ses prétentions. Constance rentra alors en possession du comté et l'administra deux ans. La reine de France née sur le trône de Navarre, invoquant la cession faite à Thibaut de Champagne son

(1) Marca, liv. 9 chap. 13. — Chartier du Séminaire, inventaire du tit. de Pau.

(*) S'il fallait en croire deux documents que l'on trouvait jadis au château de Pau, l'archevêque d'Auch et la métropole élevant des prétentions que rien ne justifie auraient alors disputé l'hommage du Bigorre à l'église du Puy et au roi d'Angleterre. Philippe-le-Bel, à qui le prélat et les chanoines en auraient appelé, aurait jugé en faveur de l'église d'Auch (mai 1291). Enfin ce jugement attaqué à son tour aurait été confirmé plus tard et Constance, retenue à Mont-de-Marsan par une maladie, aurait chargé Roger-Bernard son beau-frère de prêter à notre métropole l'hommage ordonné par le roi de France. Collection Doat, tomes 11 et 12 à la bibliothèque royale de Paris. Nous avons dépouillé cette collection que nous citerons désormais assez souvent, mais la plupart des originaux ont été perdus et on ne peut plus en vérifier l'authenticité. Quelques-uns portent des traces évidentes de supposition ou d'interpolation. Le XVe siècle surtout compta de nombreux faussaires. La procuration de Constance ne nous paraît rien moins qu'authentique.

père par le dernier comte de Leycester, se mit alors ouvertement sur les rangs. Elle avait provoqué le premier arrêt. Elle en obtint un second qui ordonnait la séquestration entre les mains de Philippe-le-Bel son mari. Jean de Long-Perrier lieutenant d'Eustache de Beaumarchès fut commis pour la faire exécuter. Le château de Lourdes avait toujours demeuré sous la domination de la maison de Navarre depuis que Leycester l'avait livré. Tout le reste du Bigorre reconnaissait les lois de Constance. Long-Perrier le réclama au nom de son maître. En même temps il défendit aux états assemblés dans l'église de Séméac d'obéir à d'autres qu'au chapitre du Puy. L'assemblée n'accueillit qu'avec la plus grande froideur cet acte de prétendue suzeraineté. Arnaud-Guillaume de Benac abbé de St-Pé de Générès qui la présidait prit la parole (1) et représenta avec fermeté au commissaire que les états avaient reconnu Constance pour leur légitime comtesse et qu'ils lui avaient prêté serment de fidélité. En même temps il forma opposition à la procédure et en appela de vive voix à la cour de France. Les états applaudirent au discours et à la démarche de leur président. Constance qui était dans l'assemblée se joignit à l'abbé de St-Pé; mais toutes ces résistances furent inutiles. Le commissaire réitéra aux états l'ordre d'obéir au chapitre du Puy et défendit à Constance de s'y opposer.

Long-Perrier alla ensuite au château de Vic. Le comte de Foix qui avait accompagné sa belle-sœur s'y était rendu non pour en appeler aux armes, mais pour invoquer le droit. Dès que le commissaire l'aperçut, il

1. Chartier du Séminaire d'Auch. Inventaire des titres du Chapitre de Pau.

entra en fureur, et sans respect pour le noble sang qui coulait dans ses veines, il le saisit par les habits, le mit hors du château (1) et fit planter au haut de la tour les bannières du roi, et de l'église du Puy. Ainsi fut traité près des états qui soutenaient sa famille le descendant des comtes de Foix, le gendre de ce Gaston qui avait abaissé devant lui la majesté de la couronne d'Angleterre. Nul bras ne se leva, nulle épée ne s'agita pour venger la dignité comtale si indignement outragée : tant la royauté avait grandi en peu de temps, ou plutôt, on vit alors ce qu'on remarque si souvent dans notre patrie ; le Français si fort, si mâle sur le champ de bataille, en face d'un ennemi avoué, courbe sa tête devant les moindres apparences de légalité. Cette brutale énergie arrêta toute opposition. Long-Perrier put ensuite arborer à son gré ses bannières à Tarbes, à Bagnères, dans la vallée de Lavedan et au château de Mauvesin.

Toutefois les états n'abandonnèrent point Constance. Ils se réunirent de nouveau à Séméac le 9 octobre 1292. Jamais l'assemblée n'avait été plus nombreuse : on y vit (2) Raymond-Arnaud de Coarrase évêque de Tarbes, Arnaud Guillaume de Benac abbé de St-Pé, Auger de Benac abbé de l'Escale-Dieu, Fortaner abbé de St-Sever de Lavedan, Pierre de Gavarret commandeur de Bordères, Raymond Garsie de Lavedan, Pierre d'Antin, Bos de Benac, Bernard de Coarrase, Thibaut des Angles, Arnaud-Guillaume de Barbazan, Arnaud-Raymond de Castelbajac, Amerie de Bazillac, Peregrin de Lavedan, Bernard d'Asté, Raymond Arnaud de Cuguron, barons; Raymond

---

(1) Marca, liv. 9 chap. 15. — (2) Chartier du Seminaire.

d'Ossun, Pierre des Angles, Pierre de Castelbajac, Auger de Loït, Garsias-Arnaud de Ville-Pinte, Guillaume Garsie de Tusaguet, Pierre de Begolle, Raymond-Arnaud d'Arsizans, Gaultier de Lacassaigne, Bernard d'Artaignan, Pierre de Domec, Auger et Gaston d'Esièle, Pierre de Bisquers, Guillaume Arnaud de Barbazan, Pelegrin de Coarrase, Auger de Balaubix, Arnaud-Guillem de Roède, Bernard de St-Paul, chevaliers; Arnaud de Béon, Bernard de Castelnau, Auger de Domec, Fole d'Ozon, Arnaud de Beussens, damoiseaux, tous composant la cour du comté de Bigorre. Ils rédigèrent une supplique où ils constatèrent les droits de Constance, et conjurèrent Philippe-le-Bel de lui rendre justice. Cette requête n'eut pas plus de succès que les précédentes; Philippe-le-Bel loin de l'accueillir fit enquérir en 1300 sur la valeur des fiefs et arrière-fiefs du comté.

Le commissaire Jean Fronton procureur du roi en Agenais partagea (1) le Bigorre en six bailliages ou vigueries; en même temps il constata les revenus du comté; ils s'élevaient à sept mille deux cent trente-neuf livres Tournois (*) : et si on y ajoutait pour le pays de Rivière trois cents livres Morlas ou neuf cents livres de France, on aurait huit mille cent trente-neuf livres pour le Bigorre entier aux premiers jours du xive siècle.

En 1301 quand l'enquête eut commencé, Philippe confirma les coutumes que Centule avait jadis accordées aux villes du Bigorre, et quatre ans après par de nouvelles lettres patentes adressées comme les premières au sénéchal de Bigorre, il lui enjoignit de faire jouir

(1) Marca, liv. 9 chap. 15. Manuscrit du Séminaire.
(*) Voir la note 1re à la fin du volume.

les habitants de tous les priviléges dont ils jouissaient lorsque le comté fut placé sous sa main. Il voulait par là faire oublier Constance et les comtes particuliers. En même temps il cherchait à légitimer cette possession en achetant les droits de l'évêque et du chapitre du Puy. Ceux-ci, voyant que le haut domaine dont les avait investis les deux derniers arrêts n'étaient que de vains honneurs assez précaires, cédèrent leurs prétentions au roi en échange d'une rente de trois cents livres. Philippe avait déployé dans cette affaire la rapace légalité qui le distinguait ; et quand il eut triomphé, il prit hautement le titre de comte de Bigorre qu'il transmit ensuite à Charles son second fils.

Gaston vicomte de Béarn vit à peine le commencement de cet interminable procès. Il s'était ému avec toute l'Europe de la captivité du prince de Salerne tombé au pouvoir d'Alphonse d'Aragon et devenu dans les fers roi de Sicile par la mort de Charles d'Anjou son père. Le pape et le roi d'Angleterre, beau-frère du captif, s'intéressèrent surtout à sa délivrance. Le monarque anglais (1) s'aboucha d'abord dans la ville d'Oleron avec Alphonse successeur de Pierre : ils eurent une seconde entrevue à Campfranc dans les gorges des Pyrénées. Edouard obtint enfin la délivrance de son beau-frère, mais à des conditions assez dures qu'il dut faire jurer (2) par les communautés de Bordeaux, de Bayonne, de Dax, de Lectoure, de Condom, de Bazas, de Marmande et de La Réole ; et comme si ce n'était pas assez de ces garanties, il s'engagea à livrer comme otages au roi d'Aragon quarante notables bourgeois choisis

(1) Marca, liv. 7 chap. 28. — (2) Rymer, tom. 1er, pars tertia, pages 29 et suiv.

dans ces villes et trente-six des principaux seigneurs de sa suite, parmi lesquels nous distinguons Gaston de Béarn, Arnaud de Gironde, Arnaud de Marmande, Pierre de Castillon, Roger de Lamothe, Arnaud de Gavaston, Guillaume de Pins, Seguin de Maubourguet, Guillaume de Savignac, Bernard de Bidanos, Amat de Gayrosse, Etienne frère du vicomte d'Orthe, Raymond Robert vicomte de Tartas, Amanieu d'Albret, Fortanier seigneur de Lescun, Pierre de Grailly, Arnaud d'Asté fils du vicomte d'Asté; Guillaume de Seguin seigneur de Rioms et Gaston vicomte de Fezensaguet. Celui-ci ne fut pas livré, on ne sait trop pourquoi, et un autre lui fut substitué.

La Communauté de Condom (1) se réunit sur la place publique le 25 novembre 1288 et désigna quatre de ses membres, Guillaume Mothe, Pierre d'Agen, Géraud d'Argentan et Bernard-Guillaume de Cassaigne pour offrir leur garantie au prince espagnol et jurer sur leur âme qu'ils feraient tous leurs efforts afin d'amener Edouard et le prince de Salerne à remplir les clauses du traité. La délibération eut pour témoins Othon de Lomagne, Arnaud-Bernard de Preschat ou Preyssac, Géraud d'Escatalens, chevaliers; Géraud de Cazaubon, Gaillard de Preschat, Pierre Baqué, Jean Rancé, clercs, et Géraud, avocat. La Communauté de Lectoure (2) s'était assemblée quelques jours auparavant dans l'église du St-Esprit et avait nommé Bertrand de Calvet, Arnaud de Romans, Pierre dit Palisse et Pierre de Car tous les quatre bourgeois. Les Communautés de Dax et de Bayonne se réunirent dans

---

1 Marca. liv. 7. chap 28. Rymer. tom 1. — (2) Idem.

le cloître de leur cathédrale. A Dax le choix (1) tomba sur Guillaume-Raymond de Francès, Jean de Labache, Bernard de Pouillon et Jean de Cabanet; et à Bayonne (2) sur Auger de Gavarret, Pierre de Ville, Arnaud de Salvagnac et Guillaume de Martre.

Le roi d'Angleterre fut si satisfait du zèle que le vicomte de Béarn avait déployé dans cette affaire que dans le séjour assez long qu'Edouard fit à Condom (3) avec toute sa cour, il lui rendit le 21 avril 1289 le château de Castillon dans le Vicbilh dont il s'était emparé. Le 11 juin suivant se trouvant à Condat près de Lectoure, il lui abandonna, sa vie durant, le château de Lados en Gascogne avec toutes ses dépendances (4).

Edouard passa trois ans entiers sur le continent occupé à rétablir la paix entre les princes de la maison de France et la couronne d'Aragon. Pour reconnaître des soins si peu ordinaires chez les souverains de la Grande-Bretagne, Philippe-le-Bel paya enfin à Edouard la rente de mille livres qu'il lui avait promise par le dernier traité, et qu'il devait asseoir sur une terre du royaume. Il lui abandonna le comté de Gaure (5) dont il se réserva toutefois la suzeraineté. Jean de Lamothe châtelain du St-Puy, par ordre de Raoul de Nesle connétable de France, remit les clefs du château du St-Puy et de la ville de Fleurance à Gausbert abbé de St-Maurin diocèse d'Agen et à deux autres commissaires délégués par le monarque anglais. Cet acte de tardive justice eut lieu le 29 avril 1287. Edouard repassa enfin

(1) Marca, liv. 7, chap. 30. Rymer, tom. 1. — (2) Froissart, tom. 3, chap. 7. Coll. Brequigni, tom. 7. — (3) Idem. — (4) Idem. — (5) Hôtel de ville de Lectoure.

la mer, mais avant de rentrer dans son île il parcourut l'Aquitaine. Il arriva à Condom le plus tard le 24 février 1289.

Un de ses premiers soins fut de confirmer la fondation du couvent de Prouillan (1). Ce couvent venait d'être doté par Diane de Gontaut (2) qui fit jeter en 1280 les fondements de l'église et du monastère, mais elle mourut avant que les ouvrages fussent achevés. Sa mort n'interrompit point les constructions et vers la St-Michel 1283 on y introduisit treize religieuses sorties de Prouille ou Prouillan célèbre monastère bâti dans le Languedoc par St-Dominique durant la guerre des Albigeois. C'est sans doute à cette circonstance qu'est dû le nom qui fut substitué au nom primitif de Pontvert.

Les seigneurs de Fimarcon disputaient à Othon de Lomagne la justice haute et basse dans leurs châteaux. Le roi ordonna une enquête (3) où parurent Bernard de Fourcès, Arnaud de Pouy, Peregrin de Cazaux, Bernard de Berrac, Bertrand de Labat, seigneur de Lasbouzigues, Arnaud de Roquepine, Othon de Lisle-Bouzon, Arbert de Goyne et Géraud de St-Orens, qui tous déclarèrent qu'Othon avait jusque là joui des droits qu'on lui contestait sur Berrac, St-Mézard, St-Martin de Goyne, Laroque, Pouycarregelard et Roquepine. Après une pareille déposition, la sentence ne pouvait être douteuse : mais le prince la prononça ailleurs. Il quitta Condom le 5 ou 6 mai, passa à Lectoure et s'y arrêta dans un château voisin nommé

---

(1) Rymer. Collection Brequigni, tom. 7. — (2) Manuscrit de M. Lagutère. — (3) Collection Brequigni, tom 7.

Condat (1). Il y ratifia un accord passé entre les habitants de Condom et Bernard de Monlezun.

Celui-ci s'étant déclaré pour Géraud comte d'Armagnac contre les Condomois avec lesquels Géraud était alors en guerre, les Condomois allèrent attaquer le château de Montastruc près de Fleurance appartenant à Bernard; et après y avoir blessé et même tué quelques-uns de ceux qui essayaient de le défendre, ils y mirent le feu et le réduisirent en cendres. Bernard usa de représailles. La lutte fut longue; mais après quinze ans de violences on transigea et on plaça (2) la transaction sous la garantie du roi d'Angleterre. Quatre jours après, 24 mai 1289, Edouard donna la baylie de Maignas (3) à Géraud de Lambert et la baylie de Fleurance et de Pauillac à Pierre de Gousene en chargeant ces deux seigneurs de payer à l'évêque de Lectoure, le premier vingt-cinq livres et le second cinq cent quatre-vingts livres. Quand il eut touché le sol de la Grande-Bretagne, il n'oublia pas Fleurance. Il ordonna à ses officiers de délivrer à ses habitants les sommes qu'ils sollicitaient pour clore de murailles leur ville ouverte jusque là à l'oppression et au pillage (*).

Les glaces de l'âge n'avaient pas éteint chez le vicomte

(1) Collection Brequigni, tom. 7. Rymer, tom. 1. — (2) Collection Brequigni, tom. 7. — (3) Idem.

(*) Par quelques autres actes mentionnés dans Rymer, tom. 1er, ou dans la collection Brequigni, tom. 6, 7 et 8, Edouard nomma Odon de Montgiscard habitant de Fleurance gouverneur du St-Puy et de tout le pays de Gaure aux gages de quarante livres Tournois noirs. Il écrivit aux habitants de St-Clar qu'il leur avait donné pour premier bailly Arnaud-Bernard de Preissac déjà grand bailly de Lomagne: cette nouvelle charge valait à Arnaud Bernard cinquante livres Bordelaises.

de Béarn l'amour des combats. Il se joignit au roi d'Aragon et entra avec lui dans la Castille. Les deux confédérés y remportèrent une victoire éclatante dans le mois de juillet 1289; mais Philippe-le-Bel, étant accouru au secours du prince attaqué, empêcha les vainqueurs de profiter de leurs succès. Gaston rentra alors dans le Béarn et se retira au château de Sauveterre où il ne tarda pas d'être atteint d'une maladie qui le conduisit bientôt au tombeau. Il mourut le 26 avril 1290 et fut enseveli *en l'église des Frères prédicateurs moult solennellement à Orthès et là verriez comme il fut grand de corps et puissant de membres, car en son vivant en beau leton il se fit former et tailler* (1). Sur sa tombe on fit élever une chapelle qui fut consacrée à la sépulture des vicomtes de Béarn et enrichie de leurs bienfaits. Aujourd'hui ce St-Denis de nos souverains, ajoute un écrivain Béarnais, n'est plus qu'une masure exposée aux injures des passants, et les cendres de Gaston reposent sans honneur.

Il fut *moult vaillant aux armes*, dit Froissard; mais quoiqu'il ait passé presque toute sa vie dans les combats, néanmoins il se mêla de législation (*) plus qu'on ne l'attendrait d'un esprit aussi actif et aussi ami des combats.

Gaston avait prévu les divisions que sa mort allait porter dans sa famille. Déjà en 1286, voyant que sa fille aînée s'était vouée à un veuvage éternel, il avait donné le Béarn (2) à Marguerite sa seconde fille, en retirant de ses mains le Bruillois, le Gavardan et les

1. Froissart, tom. 3 chap. 7.
*. Voir la note 2 à la fin du volume.
2. Marca, liv. 7 chap. 30. Inventaire de Pau.

terres d'Espagne. Il était stipulé expressément que le Béarn et le comté de Foix seraient désormais irrévocablement unis. Marguerite et Guillemette, émancipées à cette occasion, souscrivirent à ses dispositions aussi bien que Constance. La comtesse d'Armagnac n'avait pas donné son assentiment, mais elle promit au moment où son père partait pour l'Espagne, d'avoir pour agréable tout ce qu'il statuerait touchant le partage de ses terres tant en deçà qu'en delà des Pyrénées. Guillemette se lia par les mêmes promesses que sa sœur. Malgré ces promesses, toutes les précautions précédentes ne rassurèrent pas Gaston. Sur son lit de mort (1), il ratifia les dispositions déjà faites en faveur de Marguerite, il légua à Mathe le Bruillois, le Gavardan et l'Eusan (Eauze et Manciet) et à Guillemette, Moncade, Castel-Viel, et les terres de Catalogne. Constance conservait seulement la jouissance de quelques-unes des seigneuries assignées à ses sœurs.

Bernard d'Armagnac et Mathe sa mère espéraient une plus large part dans la succession. Aussi Arnaud évêque de Lescar, Gaillard évêque d'Oleron, Assius de Navailles, Arnaud de Jaces et Arnaud d'Anguis exécuteurs du testament de Gaston ayant, comme le portait une des clauses, sommé Mathe de jurer qu'elle l'observerait, la comtesse s'y refusa hautement en présence de Guillaume d'Andouins, d'Arnaud de Gerderest, de Raymond de Miossens et de Peregrin de Lambert (2). Bientôt elle prétendit que l'acte avait été falsifié par le comte et la comtesse de Foix. Quelques auteurs ont écrit que Mathe avait d'autant plus de

1. Marca, liv 7, chap 30, Invent. de Pau. — 2 Collection Doat, tom. 11.

raison de se plaindre, qu'elle était aînée de Marguerite, et qu'ainsi elle avait été déshéritée par son père. Froissard l'enseigne formellement (1), et en indique même la cause. Voici son récit que le bon chroniqueur prétend tenir du chevalier Espaing du Lyon.

Gaston seigneur du Béarn avait deux filles dont il donna par mariage l'aînée au comte d'Armagnac qui pour le temps estait et la maisnée, *la seconde*, au comte de Foix qui neveu étoit au roi d'Aragon; et encore en porte le comte de Foix les armes, car il descend d'Aragon et sont paillées d'or et guelles, *pallées d'or et de gueules*. Si advint que ce seigneur de Béarn eut une dure guerre et forte au roi d'Espagne qui pour ce temps estoit, lequel vint parmi le pays de Bisquaye, à grand gent, entrer au pays de Béarn. Messire Gaston de Béarn, qui fut informé de sa venue, assembla les gens de tous les costés là où il les pouvait avoir et écrivit à ses deux fils le comte d'Armagnac et le comte de Foix qu'ils vinsent à toute leur puissance servir et aider à défendre sa terre et son héritage. Ces lettres veues, le comte de Foix au plustôt qu'il peut assembla ses gens : et pria tous ses amis, et fit tant qu'il eut cinq cents chevaliers et écuyers, tous à heaumes, et deux mille varlets à lances, et à dards et pavois, tous de pié, et vint au pays de Béarn ainsi accompaigné pour servir son seigneur de père, lequel en eut grande joie, et passèrent toutes ses gens, au pont d'Ortais, la rivière Gave et se logèrent entre Sauveterre et l'hospital, et le roi d'Espaigne, qui avait bien vingt mille hommes, estoit logé assez près de là. Messire Gaston de Béarn et le comte de Foix

---

1 Froissard, tom. 3 chap. 7.

attendaient le comte d'Armaignac et cuidoient qu'il deust venir et l'attendirent trois jours. Au quatrième jour, le comte d'Armaignac envoya ses lettres, par un héraut à Messire Gaston de Béarn : et lui mandait qu'il n'y pouvoit venir et qu'il ne lui convenait pas encore armer pour le pays de Béarn, et qu'il n'y avait riens. Quand messire Gaston ouyt ces nouvelles d'excusance et vit qu'il ne seroit point aidé ni conforté du costé d'Armaignac, s'y fut tout ebahy ; et demanda conseil au comte de Foix, et aux barons de Béarn comment il se maintiendroit. Mon seigneur (dit le comte de Foix) puisque nous sommes cy assemblés, nous irons combattre vos ennemis. Ce conseil fut tenu. Tantost s'armèrent et ordonnèrent leurs gens : lesquels estoient environ douze cents hommes à heaumes, et six mille hommes de pié. Le comte de Foix prit la première bataille, et s'en vint courir sur le roy d'Espaigne, et ses gens, en leurs logis : et là eut grande bataille et felonne, et morts plus de dix mille Espaignols : et prit le comte de Foix le fils et le frère du roy d'Espaigne, et les envoya devers son seigneur, messire Gaston de Béarn qui estoit en arrière-garde, et furent là les Espaignols si déconfits, que le comte de Foix les chassa jusques aux portes de St-Adrien en Biscaye, et se bouta le roy d'Espaigne en l'abbaye, et vestit l'habit d'un moine, autrement il eut esté pris et se sauvèrent par leurs vaisseaux ceux qui sauver se peurent. A donc le comte de Foix retourna devers monseigneur Gaston de Béarn quy lui fit grande chère et bonne, et ce fut bien raison, car il luy avoit sauvé son honneur, et gardé le pays de Béarn, qui eut esté perdu. Pour cette bataille et cette déconfiture que le comte de Foix fit en ce temps sur les Espaignols, et pour la prise qu'il eut du fils et du frère du roy d'Espaigne, le roy vint à paix envers le sire de Béarn ainsi comme il la voulut avoir, et quand messire Gaston de Béarn fut retourné à Ortais, présens tous les barons de Foix et de Béarn qui là estoient, il prit son fils le comte de Foix et dit ainsi : beau fils, vous estes mon fils bon, certain, et loyal, et avez gardé à tousjours mon honneur, et l'honneur du pays. Le comte d'Armaignac, qui a l'aisnée fille des miennes s'est excusé à mon grand besoing et n'est pas venu défendre ni garder mon héritage, où il avait part. Pourquoy je dy que telle part qu'il y attendoit il la forfaite et perdue, et vous hérité de toute la terre de Béarn, et prie, vueil et commande à tous mes habitants et sujets, qu'ils scellent et accordent avec moy cette hérédité, beau fils de Foix que je vous donne. Tous respondirent : Monseigneur, nous le ferons volontiers. Ainsi ont esté, et par telle vertu que je vous compte, anciennement les comtes de Foix qui ont esté comtes et seigneurs du pays de Béarn et en portent le cry, les armes et le profit.

Mais Espaing se trompait ou il trompait Froissard en faisant naître Mathe avant Marguerite, et ce n'est pas la seule erreur que renferme le récit du chroniqueur. Marca ne laisse aucun doute sur l'ordre de la naissance de Mathe. Un arrêt de Philippe-le-Bel l'appelle expressément la troisième née du vicomte de Béarn, *tertio genitam* (1). Le comte d'Armagnac ne se contenta pas d'exhaler son dépit en vaines protestations. Il plaça ses droits sous la sauve-garde de son épée; il en appela au jugement de Dieu et provoqua son ennemi

(1) Marca, liv. 8, chap. 20.

en champ clos. Malgré la disproportion d'âge et les liens du sang, la provocation fut acceptée et déjà les deux champions s'étaient élancés l'un sur l'autre; Bernard même, s'il fallait en croire un manuscrit (1) dont la partialité n'est pas douteuse, aurait été déjà renversé, lorsque le roi de France, qui présidait à la lice jeta, à la prière du comte d'Artois, sa baguette dans l'arène et mit fin au combat, se réservant le jugement de cette affaire. Le comte de Foix sollicita peu de jours après et obtint (2) de lui une déclaration par laquelle Philippe attestait que sa démarche n'avait pas eu pour but d'infirmer les droits d'aucun des deux concurrents. Cette déclaration eût été complètement inutile, si le comte de Foix eût remporté sur son neveu l'avantage que lui prête le manuscrit.

Guillemette, la dernière fille de Gaston, ne prit aucune part aux différends qui divisaient ses deux sœurs. Elle jouissait déjà de la terre de Rivière qui lui avait été assignée avec quelques autres domaines pour sa part de l'héritage maternel; mais elle eut besoin de vingt mille sols Morlas. Elle les emprunta au roi d'Angleterre, et en nantissement de cette somme elle lui engagea sa terre. Dès que cet arrangement eût été conclu (3) le sénéchal d'Aquitaine convoqua à Castelnau la cour de Rivière et jura le premier au nom de son maître d'observer les fors et les coutumes du pays. Après avoir ainsi reçu le serment de leur nouveau seigneur, Arnaud de Peyrusse, prieur de Maubourguet, Arnaud de Catracinio, sous-prieur de Madiran, Centule de Tron-

---

(1) Baluze cité par D. Vaissette. — (2) Marca, chap. cité par le même, p. 68. — (3) Collection Doat tom. 2.

cens, Bernard vicomte de Rivière, Garsie-Arnaud d'Antin, Jourdain de Canet, Garsie-Arnaud d'Antin, Garsie-Arnaud de Pujols, Pierre de St-Lary, Fortaner de Baulat, Jourdain de Lafitole et Bernard de Mont lui rendirent hommage pour tout le temps que l'engagement durerait. Ce temps fut assez court. Peu de mois après la mort de son père, le 28 août, Guillemette épousa (1) l'infant don Pierre d'Aragon, frère du roi Jacques II et trouva dans cette riche alliance la somme que lui avait prêtée le roi Edouard. Elle demanda alors à rentrer dans la possession du domaine qu'elle avait aliéné, mais pendant qu'elle était tout entière au bonheur de recouvrer ses anciens vassaux, la mort lui ravit son époux avec lequel elle avait à peine vécu deux ans. Ce malheur la dégoûta de l'hymen, et à l'exemple de Constance sa sœur aînée, elle se voua à un éternel veuvage.

La maison de Foix, jusque là assez retirée dans les montagnes ou occupée à s'agrandir vers les Pyrénées Espagnoles, se plaçait maintenant à la tête des familles comtales de la Gascogne. On s'empressa de rechercher son alliance. Jourdain V, seigneur de l'Isle-Jourdain, demanda la main de la fille de Roger Bernard pour son fils à peine âgé de huit ans, et en vue de ce mariage il l'émancipa et lui donna tous ses biens. Ce Jourdain était le neveu de Bertrand de Lisle un des plus grands et des plus riches prélats qui se soit assis sur le siége de Toulouse; car il bâtit le chœur de la cathédrale avec les quatre chapelles qui l'entourent. Cette dispendieuse construction ne l'empêcha pas de faire à ses

(1) Marca. liv. 8. chap. 29.

derniers moments des libéralités dignes plutôt d'un prince que d'un évêque (*).

Jourdain IV, frère de ce Bertrand, lui survécut plus de trois années, quoique le Père Anselme le fasse mourir avant l'évêque de Toulouse. Il appela les Franciscains à l'Isle-Jourdain et leur donna un emplacement pour y construire un monastère. Il avait épousé d'abord Faydide de Cazaubon dont il eut outre son successeur, Indie qui épousa Bertrand seigneur de Caumont et Marguerite mariée à Guy de Comminges. Après la mort de Faydide, Jourdain épousa Vaquesie de Mon-

(*) Bertrand légua une multitude d'ornements sacerdotaux et mille calices de vermeil du poids d'un marc chacun aux églises de la province de Narbonne, à laquelle appartenait la métropole actuelle de Toulouse alors simple suffragante, et aux abbayes de Grandselve, de Gimont et de Belleperche. Il assigna une somme d'argent pour envoyer six chevaliers servir dans la Terre-Sainte pendant un an, et des fonds pour habiller mille pauvres et marier plusieurs filles. Il fit divers autres legs pour cent vingt mille livres Tournois et institua pour ses héritiers les églises, les monastères et les pauvres de son diocèse et de la province de Narbonne. Il nomma pour exécuteurs testamentaires son frère et son neveu, et voulut être enterré dans le chœur de la cathédrale où sa famille lui fit élever un tombeau de cuivre porté par quatre lions de même métal, mais le mausolée fut consumé dans l'embrasement que subit cette église en 1607. Avant Bertrand de Lisle les évêques de Toulouse avaient leur sépulture dans la basilique de St-Sernin. Bertrand mourut à la fin de janvier 1285. D'après son testament qui nous a été conservé, on voit que sa maison était composée de douze clercs ou chapelains, de quatre damoiseaux ou gentilshommes, douze écuyers, trois coureurs, divers fourriers et cuisiniers, et d'un grand nombre de bas officiers. Il avait trois médecins et un professeur ès-lois à ses gages. Il possédait trois bibliothèques, la première de droit civil, la seconde de droit canon et la troisième de théologie. Son argenterie vendue après sa mort monta à plus de mille marcs d'argent. Au sein de tant d'opulence et sous tant de monceaux d'or, les vertus des grands dignitaires de l'église loin de briller d'un plus vif éclat, s'éclipsent presque toujours.

teil-Adhemar veuve de Pierre I*, vicomte de Lautrec. De ce second mariage naquit Bertrand qui eut pour sa part huit cents livres Tournois de rente, s'unit à Assalide de Bordeaux et mourut avant l'âge de vingt-cinq ans sans postérité. Sa succession se partageait en 1304 et sa veuve se remariait en 1307. Après Bertrand vinrent Jeanne épouse d'Amalric, vicomte de Narbonne, Tiburge dame de Pybrac, mariée d'abord à Gauthier du Fossat seigneur de Bramebaque et ensuite à Bernard troisième comte d'Astarac, mais elle n'eut point d'enfants de ces deux époux et laissa Pybrac à Bernard de Lisle-Jourdain son neveu : enfin Gosseraude, mariée par procureur en novembre 1285 et solennellement dans le mois de février suivant avec Etienne Colonne chef de l'illustre famille de ce nom dans la Romagne; celle-ci eut pour dot les biens que son père possédait dans la Calabre et trois mille sols Tournois noirs.

Jourdain V fils aîné et héritier de Jourdain IV était en Italie à l'époque de la mort de son père (1). Il chargea Jacques de Bologne d'administrer son comté en son absence. Jacques députa Bertrand de Faudoas, Guillaume-Garsias de Pins, Adhemar et Roger de Mauleon, et Bernard d'Azet, tous chevaliers, et les chargea d'aller recevoir le serment de fidélité des nombreux vassaux relevant de la seigneurie de l'Isle-Jourdain. Il possédait déjà du chef de sa mère la vicomté de Castillon et la seigneurie de Cazaubon que le comte d'Armagnac essaya de lui disputer. Il fit à ce titre en 1280 hommage au roi d'Angleterre des terres de Dunes, de Puymirol et d'une partie de Fumel dans l'Agenais (2). Dans

(1) Dom Vaissette, tom. 4. — (2) Rymer, tom. 1. *pars secunda.*

son bas âge il avait été poussé par ses parents à prendre l'habit de chanoine régulier dans le cloître de St-Étienne de Toulouse. Il y passa quelques années, sans néanmoins prononcer des vœux. Mais il s'ennuya de cette vie paisible, dépouilla l'habit religieux et épousa le 15 décembre 1270 Guillemette de Durfort, dame de Clermont-Soubiran. Le souvenir de son ancien état le poursuivit dans le monde. Il craignit d'être encore lié par son premier engagement qui n'avait pourtant pas reçu la consécration religieuse, et pour calmer les scrupules de sa conscience, il s'adressa à l'évêque de Toulouse son oncle. Le prélat fit examiner l'affaire en 1278. L'abbé de St-Sernin, chargé de ce soin déclara, après un long et mur examen que Jourdain était parfaitement libre et qu'ainsi ses scrupules n'étaient point fondés (1).

Jourdain se repentit aussi d'avoir promis son fils à la fille de Roger-Bernard, et chercha à nouer un autre mariage plus près de lui. Philippe vicomtesse de Lomagne n'avait eu que deux filles d'Elie Talayran VII comte de Périgord, Marquèse ou Marquesie et Heremburge. Celle-ci mourut au berceau et sa mère la suivit de près dans la tombe. A son lit de mort elle donna (4 avril 1286) à son mari (2) la vicomté d'Auvillars et quelques terres dans le Comminges, et reconnut lui devoir vingt mille marcs d'argent qu'Elie Talayran avait comptés le jour de leur mariage et qui devaient demeurer à elle et à ses héritiers si elle survivait au comte de Périgord. Malgré cette donation assez contestable, la fille de Philippe n'en était pas moins une des

(1) Cartulaire de l'Isle-Jourdain. — (2) L'Art de vérifier les Dates. Inventaire de Pau.

plus riches héritières de la Gascogne. Jourdain rechercha sa main pour son fils; mais le comte de Foix ne voulut pas lui rendre sa parole; et plutôt que d'encourir le reproche de foi mentie et de promesses violées, le comte de Lisle renonça à l'alliance de Marquèse. Marquèse, de son côté, était entraînée vers le cloître. En 1294 elle fut conduite à Toulouse et émancipée en présence de Pierre de Ferrières et de Guillaume de Villele. Elie de Talayran préparait l'acte qui ne tarda pas à s'accomplir. Le 7 mai de l'année suivante, la jeune vicomtesse confirma juridiquement sous l'autorité de Bernard de Lamothe son curateur devant le sénéchal de Toulouse et l'évêque de Bazas, la donation faite par Philippe à Elie son père et reconnut que la vicomté de Lomagne lui était engagée pour vingt mille marcs d'argent. Ne pouvant la retirer en payant cette somme, elle abandonnait à jamais à son père tous les droits qu'elle y pouvait prétendre et ne gardait pour elle que Lachapelle et Poupas. Ainsi dégagée, elle prit l'habit de Ste-Claire dans un des couvents de Périgueux et y mourut jeune.

Cependant la noblesse de Lomagne s'assemblait dans l'église de Castéra-Lectourois (mai 1294). On y vit accourir Othon de Montaut seigneur de Gramont, terre donnée à son père par Simon de Montfort, Sans-Garsie de Manas, seigneur d'Avensac, Arnaud de Pressac, Elie de Léaumond, Gautier du Bosq, Montarsin de Cocumont, Bernard de Serillac, Othon de Bonnefond, Pierre de Lomagne, Boson de Vicmon, Bernard de Vivès, Gauthier d'Artiguelongue, Arnaud Guillaume de Mauroux, Barrau du Bouzet, Pons de Loubens,

Vital de Montgaillard, Raymond de Seguenville, Bernard de Lamothe, Géraud de Galard et Vital du Brouil. L'assemblée reconnut la cession de Marquèse et prêta hommage à Elie.

Tandis que la jeune vicomtesse de Lomagne, cédant sans doute aux obsessions dont on avait entouré sa jeunesse, se dépouillait de ses riches domaines, le comte de Foix unissait Mathe sa quatrième fille avec Bernard fils aîné de Centule comte d'Astarac. Ces deux derniers s'étaient transportés au château d'Orthès. Là en présence de Raymond évêque de Lescar, de Gaillard évêque d'Oleron, d'Arnaud de Navailles, de Boémond d'Astarac, de Roger de Comminges et de Jourdain de l'Isle, Centule émancipa Bernard, lui abandonna son comté et ne se réserva que les terres de Miramont, de Labejan, de Castillon et de St-Jean avec vingt mille Tournois noirs de rente (dimanche avant la Toussaint 1294). Roger Bernard ne donna à sa fille que six mille livres Tournois. Le mariage se célébra aussitôt et le lendemain de la Toussaint, Bernard déclarait avoir reçu la dot de sa jeune épouse et lui assignait le château de Montcassin pour son douaire.

Centule ne tarda pas à se repentir d'avoir renoncé à l'Astarac; il se plaignit de s'être laissé égarer par sa tendresse et chercha à recouvrer son comté les armes à la main; mais des amis s'interposèrent entre le père et le fils. Celui-ci ajouta aux terres déjà possédées par Centule les châteaux de Castelnau-Barbarens, de Durban et de Pavie et une nouvelle rente de deux autres mille livres de petits Tournois. Cet accord fut passé (août 1299) dans le château de Castelnau-Barbarens et eut pour témoins, Othon de Lomagne seigneur de

Fimarcon, Arnaud Othon de Lomagne abbé de Condom, Pierre d'Orbessan, Pierre de Montagut, Guillaume-Arnaud de Bazordan, Bernard de Respaillès, Adhemar de St-Victor, Bernard de Trencaléon et Foulcaud de Latour.

Avant de marier son fils aîné, Jourdain V comte de l'Isle, arrêta en 1287 le mariage de Jourdain son second fils avec Catherine de Grailly fille de Pierre de Grailly vicomte de Benanges. Ce n'étaient guère que deux enfants. Aussi les noces furent différées. Elles se célébrèrent à Agen vers la fin de 1299. Catherine apportait à son époux tous les biens que Thalésie sa mère possédait dans la basse Guyenne.

Bernard VII comte de Comminges avait toujours vécu en bonne intelligence avec la maison de l'Isle-Jourdain. L'évêque Bernard l'avait choisi pour un de ses exécuteurs testamentaires conjointement avec les deux Jourdains son frère et son neveu. Cette marque de confiance n'empêcha pas Bernard d'entrer en lutte sous cet épiscopat avec le chapitre de Toulouse. Il lui disputait la ville de Lombez. Après quelques débats on s'arrêta à des arbitres. Le chapitre représenté par Sicard de Labarthe abbé de Lombez, un de ses membres, nomma Hugues de Mascaron prieur de Muret, et le comte choisit Fort de Monts. Hugues et Fort décidèrent (1) que le haut domaine et la justice de la ville appartenaient exclusivement au chapitre; que les habitants étaient exempts de tous cens à l'égard du comte; que celui-ci ne pourrait rien acheter dans Lombez et que s'il avait à soutenir une guerre personnelle, il ne pourrait y entrer en armes, ni les citoyens se joindre à

(1) Chartier du Séminaire.

lui pour l'aider qu'avec l'autorisation de l'abbé ; qu'il y aurait échange réciproque entre les gens de la ville et les habitants de Samatan pour les procédures, les dépositions en justice et la mouture aux moulins; que seulement on pourrait en appeler des sentences de l'abbé ou de ses officiers devant le comte, mais qu'alors celui-ci devrait tenir les assises à Samatan et non à Lombez : la sentence fut portée vers la fin de février 1283 en présence d'Adoa de Saillas et de quelques autres seigneurs. Bernard s'obligeait à la faire ratifier par son fils, et Sicard par le chapitre sous peine de cinq cents marcs d'argent. Le chapitre donna sa ratification peu de jours après. Le jeune comte de Comminges fit un peu plus attendre la sienne. Il ne la signa que le 10 avril en présence d'Arnaud de Mollère, de Guillaume Garsie de Blanquefort et de Jean de Labarthe, chevaliers. Bernard contestait aussi à Arnaud d'Ornezan quelques droits dont celui-ci prétendait jouir dans sa terre de St-Blanquat. Il les lui délaissa enfin et ne réserva que le haut domaine (1277).

Averti par son âge et ses infirmités, le comte songeait depuis longtemps à abandonner le comté à son fils nommé Bernard comme lui. Quelques obstacles retardèrent l'exécution de ce dessein. Il l'accomplit enfin le 24 mars 1295 et écrivit au roi de France pour qu'il l'admît à prêter son serment de fidélité (1). On ignore l'époque de sa mort. Elle suivit de près sa cession quoique quelques auteurs (2) trompés par le nom de Bernard que portait aussi le fils, la reculent de 17 ans. Cette identité de nom fait confondre les enfants de ces

(1) Dom Vaissette. — (2) L'Art de vérifier les Dates. Grands Officiers de la Couronne.

deux générations. On a donné au père ceux qui paraissent appartenir au fils. Celui-ci communément désigné sous le nom de Bernard VIII, était depuis longtemps marié lorsqu'il prit en main l'administration du Comminges. Il avait épousé Laure de Montfort, fille de Philippe de Montfort et de Jeanne de Lévis. Laure hérita bientôt de son père et de sa mère et partagea leurs biens avec Jean et Eléonore de Montfort son frère et sa sœur. Cette succession augmenta la puissance de Bernard VIII. Elle devait s'augmenter encore. Jean attaché aux rois de Sicile mourut en Italie sans postérité, mais Laure l'avait précédé dans la tombe et le parlement de Paris jugeant selon la coutume de France adjugea tous ses domaines à Eléonore la seule sœur alors vivante.

CHAPITRE III.

Guerre de Gascogne. — Lettres d'Edouard Ier roi d'Angleterre aux prélats et aux seigneurs de la province. — Prise de Bayonne et de St-Sever par les Anglais. — Les Français reprennent la plupart des places. — Fondation de Marciac. — Disgrâce de Guinchard de Marciac son fondateur. — Fondation de Plaisance. — Paréage de Simorre — de St-Sever de Rustan. — Fondation de Tournay — de Trie — de Barcelonne — de Cazères — de Montréal — de Cazaubon.

Philippe-le-Bel, en suspendant la querelle entre les comtes de Foix et d'Armagnac espérait attacher les deux rivaux à son parti. La guerre venait de s'allumer avec l'Angleterre. Le sujet en est raconté avec tant de partialité par les historiens des deux nations, qu'il serait difficile d'en assigner la cause véritable : ou plutôt elle est toute entière dans cette soif du vol et du pillage qui semblait alors dévorer tous les cœurs. Le silence des lois presque toujours réduites à se taire devant la force encourageait la licence. Aussi la faiblesse ne trouvait sûreté nulle part. La mer n'était pas moins infestée que la terre. Les matelots et les commerçants poursuivaient avec autant d'ardeur que le baron ou l'homme d'armes la proie que pouvait conquérir la violence. L'église seule au milieu de ces scènes déplorables, prenant en main les intérêts de la justice, élevait une voix souvent méconnue, mais quelquefois écoutée ; à elle, à son influence salutaire, à la crainte de ses foudres était dû le peu de sûreté et de bonne foi que présentaient les relations sociales de l'époque. Maintenant nous expliquerons sans peine la guerre qui s'ouvre.

Bayonne et les côtes de Gascogne rivalisaient d'activité et d'industrie avec Honfleur, Calais et les villes maritimes de la Normandie. Cette rivalité amena des déprédations suivies de représailles. Bientôt les pertes mutuelles furent si grandes que Philippe se prétendant le plus lésé crut devoir en demander réparation à Edouard. Celui-ci, occupé alors à soumettre l'Écosse, offrit quelques satisfactions, mais le monarque français loin de s'en contenter fit citer son vassal à comparaître au parlement peu de jours après Noël (1292). En même temps il se disposa à se faire rendre justice les armes à la main et publia un ban général pour avertir la noblesse du royaume de se tenir prête à marcher à son service. Pour rendre la lutte plus solennelle, il fit défendre toute joûte ou tournois sous peine de confiscation de biens. Edouard refusa d'obéir à la citation, toutefois il députa en France Edmond comte de Lancastre son frère marié à la reine douairière de Navarre, mère de la princesse Jeanne épouse de Philippe. Un traité secret paraît avoir été signé; mais au milieu de la négociation Philippe avait fait partir le connétable de Nesle avec ordre de se saisir de l'Aquitaine et de toutes les possessions anglaises en deçà de la mer. Le connétable arriva à Toulouse (1) dans les premiers jours de janvier 1294 et y assembla une armée nombreuse. Pour subvenir aux frais de cet armement, il imposa un subside de dix sols Tournois par feu. Plusieurs seigneurs de nos contrées et entr'autres les comtes de Foix et d'Armagnac réclamèrent une exception. A travers l'obscurité du document qui nous sert de guide, on dirait que leurs réclamations furent écoutées. Dès que l'orage avait com-

(1) Dom Vaissette, tom. 4.

mencé de se former, le roi d'Angleterre avait fait passer en Aquitaine un des plus vaillants chevaliers de sa cour, John de St-John (1) avec le titre de sénéchal de la province. Avant d'employer la force le connétable de Nesle envoya au nouveau gouverneur une députation composée de quelques chevaliers ayant à leur tête les abbés de Grand-Selve et de Belleperche pour le sommer de remettre le pays entre ses mains, et sur son refus il fit avancer ses troupes. Cependant un ordre arrivait de France émané du prince Edmond (2 février 1294), commandant à John de St-John, à tous les gouverneurs des places, aux maires et aux baillis des villes de ne pas opposer de résistance et de tout livrer aux Français dès qu'ils se présenteraient. Grâce à cet ordre la saisie fut facile. Edmond et le roi d'Angleterre espéraient qu'elle serait promptement levée comme portait une des clauses du traité; mais nul prince ne fut moins scrupuleux que Philippe-le-Bel. Loin de restituer ce qu'on lui avait abandonné, il se rendit au parlement, fit condamner Edouard comme contumace et le fit citer à comparaître de nouveau en personne pour répondre tant sur le passé que sur quelques méfaits nouveaux (2), comme d'avoir maltraité le châtelain de Castel-Sarrazin et d'avoir pris, pillé et détruit le château de Buzet, placé sous la sauve-garde de la couronne de France.

Outré d'une pareille conduite, le roi d'Angleterre résolut de tout employer pour recouvrer les places que sa crédulité avait livrées à son ennemi. Pour exciter l'esprit national contre la France, il demanda des prières publiques à son église et lui recommanda la

(1) Rymer, tom. 1er, pars tertia. — (2) Rymer, tom. 1er, pars tertia, pag. 129.

justice de sa cause. Deux jours plus tard, il fit un appel à tous les barons pour qu'ils eussent à se tenir prêts à passer avec lui la mer. En même temps il écrivit aux prélats et aux seigneurs de Gascogne pour s'excuser d'avoir traité sans eux avec un ennemi dont il ne soupçonnait pas la perfidie, et leur avoua tristement que s'ils avaient été trompés, il l'avait été lui-même plus que personne, comme pourraient le leur raconter de sa part Hugues de Vère et Raymond de Ferières chargés de négocier le traité à la cour de France. Cette lettre collective fut suivie de près d'une foule de lettres spéciales dont deux nous ont été conservées. La première adressée à l'archevêque d'Auch est ainsi conçue (1) :

Au vénérable Père en Jésus-Christ Amanieu archevêque d'Auch, salut.

Ayant été, comme vous le savez bien méchamment trompé et chassé de notre terre de Gascogne par le roi de France et par ses gens nos ennemis, nous requérons affectueusement votre paternité et nous la conjurons de vouloir venir en aide à nous et aux nôtres pour nous aider à la recouvrer. Nous la conjurons encore de requérir et de presser les gens de cette province de nous prêter assistance dans cette entreprise, et de les sommer de vouloir rentrer et demeurer dans l'ancien état et souveraineté dans lesquels vécurent eux et leurs ancêtres. Nous espérons que vous vous rendrez si bien à nos instances, que nous vous serons spécialement obligé comme vous l'avez toujours mérité et comme vous le mériterez toujours avec la grâce de Dieu.

1. Rymer. tom. 1er. pars tertia. pag. 133.

Hugues de Bazas, Bertrand d'Agen, Arnaud de Dax, Dominique de Bayonne, Gaillard d'Oleron, Pierre d'Aire, Raymond de Lescar, Géraud de Lectoure, l'abbé de Clairac et le prieur du Mas reçurent une lettre semblable. Celle qui fut écrite aux barons était conçue en ces termes (1) :

Le roi, à Arnaud de Blanquefort son amé et féal. Vous avez assez appris et vous savez bien le différend élevé entre le roi de France et nous, et comment ce roi nous a malicieusement trompé et chassé de notre Gascogne et privé de nos bons peuples. C'est pourquoi nous vous requérons aussi instamment que possible et nous vous conjurons de nous aider à recouvrer, maintenir et défendre notre terre susdite comme vous et vos ancêtres avez dans tous les temps passés fait et à nous et à nos prédécesseurs. Nous espérons que vous vous conduirez dans cette occasion de manière que nous et les nôtres vous serons obligés, comme nous reconnaissons l'être pour les bons services que vous nous avez rendus jusqu'à ce jour.

Parmi ceux à qui cette lettre fut adressée, nous trouvons dans la cour de Bordeaux Aymeric de Bourg, Reinde de Chantemerle, Pierre de Lamothe, Arnaud d'Espagne, Gaillard de Lalande, Bertrand de Noaillan, Arnaud-Garsie de Goth, Pierre de Montpezat, Bertrand de Caumont, Pierre de Gavarret, Guillaume Sanche de Pomiers, Arnaud de Gironde, Pierre de Pompejac. Dans la cour de St-Sever, les vicomtes de Béarn et de Tartas, et après eux Auger de Mauléon, Affin de Navailles, Bernard de Castelnau, Sans-Aner de Poudens, Arnaud de Marsan, Arnaud de Monneins, Gail-

(1) Rymer, tom. 1er. pars tertia. pag. 133 et suiv.

lard du Thil, Renton de Ste-Croix, Sance-Loup de Castandet, Fravet de Campeils, Arnaud-Guillaume de Mauvezin ou Malvin. Dans l'Agenais, Amanieu de Fossat, Reinfred de Montpezat, Odon de Lomagne, Bertrand de l'Isle, Barthélemi de Pins, Auger de Puybardac, Randulfe de Galard, Reinfred de Durfort, le seigneur de Podenas, Vital et Gaston de Gontaut, Bedz de Cazenove, Arnaud Guillaume d'Andouins, Noit de Sariac, Randulfe de Gerderest, Assin de Castelpujo, Raymond Garsie de Coarrase. A la cour de La Réole, Guillaume de Pins; à Lectoure Géraud de St-Gery, Bertrand de Calvet, Fort de Larroque, Rendulfe de Pleine-Saine. Ailleurs nous trouvons plusieurs Mauléons et enfin Vital de Luppé qualifié du titre de parent du roi.

Edouard ne pouvant s'embarquer lui-même aussitôt qu'il l'eût désiré se fit précéder d'une flotte nombreuse qu'il plaça sous les ordres de Jean de Bretagne comte de Richemont son neveu. Il l'investit du titre de son lieutenant en Guyenne et de capitaine de la province, et le chargea de négocier un traité d'alliance avec le comte de Foix et les autres principaux seigneurs du pays qu'il allait conquérir. Les Anglais débarquèrent à l'embouchure de la Garonne vers la fin de décembre et s'emparèrent presqu'aussitôt de Bourg, de La Réole et de quelques places situées sur les rives de ce fleuve. Ils soumirent le 1ᵉʳ janvier 1295 la ville de Bayonne(*) où ils avaient des intelligences, et peu de jours après

(*) Un manuscrit que nous avons sous les yeux prétend que Bayonne ne fut point prise, et que pour reconnaître la bravoure et la loyauté qu'avaient déployées les habitants, Robert d'Artois leur accorda par lettres patentes du 16 novembre 1296 une exemption de tout droit et de toute imposition, non seulement dans la Guyenne mais dans tout le royaume.

celle de Sordes et de St-Sever (1). La province entière se soulevait; ses intérêts la rendaient anglaise. En peu de temps c'en eût été fait de la domination française, si le comte de Valois frère de Philippe ne fût accouru au secours du connétable. Ils assiégèrent ensemble Podensac ville assez voisine de La Réole et contraignirent en peu de jours le gouverneur Giffard à accepter une capitulation favorable aux Anglais, mais qui laissait les Gascons prisonniers à discrétion. Charles en fit pendre une cinquantaine comme rebelles. Cette sévérité jeta la terreur dans les esprits et acheva ce qu'avait commencé le lâche et impolitique abandon des partisans de l'Angleterre. De Podensac, Charles marcha sur La Réole, où le comte de Richemont commandait en personne. Comme la place ne paraissait pas tenable, le général anglais retira ses troupes vers le rivage dans l'intention de les embarquer avec la plus grande partie de l'armée. Les Gascons furieux de se voir ainsi abandonnés, tombèrent sur son arrière-garde (2), et en même temps ils ouvrirent leurs portes aux Français qui firent leur entrée dans la place le vendredi de Pâques.

Hugues de Vère fils du comte d'Oxford défendit St-Sever avec plus de courage. Le siège dura plus de trois mois et amena toutes les horreurs qui n'accompagnent que trop souvent la guerre. La peste et la famine désolèrent également les assiégeants et les assiégés et contraignirent enfin ceux-ci à accepter la médiation du comte de Foix qui s'était joint à Charles de Valois. Sous ses auspices il fut conclu une trêve de quinze jours, après lesquels la place serait rendue si le gouverneur de Bayonne n'envoyait pas à son secours des

(1) Dom Vaissette. — (2) Naugis, ad annum 1294.

forces capables de la délivrer. Le secours n'ayant point paru, la capitulation s'exécuta fidèlement et la garnison se retira avec armes et bagages.

Le comte de Foix avait embrassé chaudement le parti des Français et avait grandement servi leurs intérêts dans toute cette expédition. Aussi le comte de Valois et le connétable récompensèrent-ils son zèle durant le siège de St-Sever. Le second lui donna le 29 avril main-levée de toutes les terres qu'avaient saisies les divers sénéchaux de Carcassonne. Le comte de Valois plus généreux encore lui abandonna, le 30 juin, tant en son nom qu'au nom de Philippe-le-Bel son frère tous les droits que le roi de France en sa qualité de duc d'Aquitaine avait sur les lieux et châteaux de Castelnau-Rivière-Basse, de Maubourguet, de Roquefort et de Viella (1), ne réservant à la couronne que la souveraineté. Un mois plus tard et quand la ville eut été soumise, les deux généraux français se trouvant à Mont-de-Marsan, ajoutèrent à ces libéralités le Mas d'Aire et la Bastide de Ste-Gemme, ou plutôt Geaune, petite ville à l'extrémité de la Chalosse. Enfin voulant lui témoigner de plus en plus leur reconnaissance et la pleine confiance qu'ils avaient en sa fidélité, ils le nommèrent *recteur gouverneur et commandant* dans les diocèses d'Auch, d'Aire, de Dax et de Bayonne, excepté dans les terres du comte d'Armagnac et lui donnèrent le commandement particulier de cinquante hommes d'armes et de mille sergents à pied aux gages du roi. Parmi les seigneurs qui signalèrent leur valeur sous les drapeaux de la France, l'histoire (2) signale Dieudit de Montlaur, Raymond de Villeneuve, Sicard de Lordat et

(1) Dom Vaissette, tom 4. — (2) Dom Vaissette.

surtout Pierre-Raymond de Rabastens le fondateur de la ville qui porte son nom dans le Bigorre.

Les Français eussent poussé plus loin leurs avantages si le comte de Valois n'eût été rappelé dans le Nord et n'eût amené avec lui une partie de l'armée. Ce départ ranima les espérances de leurs ennemis. Edouard s'empressa de faire passer en Aquitaine le prince Edmond comte de Lancastre, négociateur principal du fatal traité. Il écrivit (1) en même temps à plusieurs seigneurs de la Gascogne parmi lesquels nous signalerons Amanieu d'Albret, Pons de Castillon, Pierre de Bordeaux, Raymond-Guillaume de Gensac, Pierre de Gavarret, Pierre de Mélignan, Bertrand seigneur de Caumont, Arnaud de Marmande, Hugues seigneur de Pujols, Amanieu de Fossat, Reinfred seigneur de Montpezat, Raymond de Buglon, Garsias-Arnaud seigneur de Navailles. Il n'oublia pas Bertrand de l'Isle, Othon de Lomagne, Roger-Bernard comte de Foix, Bernard comte d'Armagnac, ni les deux sœurs Constance de Marsan et Mathe d'Armagnac qu'il appelle ses cousines.

Il exhortait toute cette noblesse à lui demeurer fidèle et à l'aider à venger l'insulte faite à sa couronne, et leur ordonnait en même temps d'obéir au comte de Lancastre comme à lui-même. Le roi de France de son côté fit marcher vers le théâtre de la guerre Robert d'Artois chargé de remplacer le comte de Valois frère du monarque. Pour subvenir aux frais de cette nouvelle expédition, le nouveau général fit divers emprunts aux principales villes de la province et assigna leur remboursement sur les revenus du grenier à sel de Carcassonne (2). Il imposa de plus un subside de six

(1) Rymer, *pars tertia*, pag. 131. — (2) Dom Vaissette, tom. 3, page 89.

sols par feu, mais à la place de six sols le comte d'Artois exigea qu'on lui envoyât un homme armé. Le comte de Foix (1) protesta contre cette taxe à laquelle on voulut le soumettre. Les comtes d'Armagnac et d'Astarac durent l'imiter, car par une ordonnance du 2 août 1275, Philippe-le-Bel défendit d'étendre la nouvelle taille aux possessions de ces trois seigneurs.

Pendant que Robert d'Artois réunissait ces nouvelles milices, les Anglais étaient entrés en campagne. Leurs débuts furent heureux, ils firent quelques progrès sur le connétable et allèrent assiéger la ville de Dax commandée par Aimeric de Narbonne. Les habitants soutenus par Roger-Bernard et par Guy de Clermont maréchal de France, opposèrent une si vigoureuse résistance (2), qu'ils forcèrent les ennemis à lever le siège et à se retirer à Bayonne. Jourdain de l'Isle, Othon de Montaut et Izarn de Lagraulet prirent part à cette défense, et sous les feux des combats, Jourdain de l'Isle promit (3) sa fille Condors à Arnaud-Raymond vicomte de Tartas damoiseau, avec trois mille sols Tournois noirs de dot. Le comte d'Artois n'arriva à Dax que le 15 août. Il voulut récompenser les braves citoyens et les exempta de tout péage dans toute l'étendue du duché d'Aquitaine. Après cet acte de politique presqu'autant que de justice, il profita de l'ardeur de ses troupes et les conduisit contre le château de Bellegarde.

Le duc de Lancastre l'ayant appris fit sortir son armée de Bayonne et l'envoya au secours de la place sous les ordres du sénéchal de St-John et d'Henri comte de

(1) Coll. Doat, tom. 13. — (2) Dom Vaissette, tom. 4. Marca, liv. 8, chap. 28. — (3) Cartulaire de l'Isle-Jourdain.

Lincoln. Quelques-uns veulent qu'il en ait pris lui-même le commandement. Quoiqu'il en soit, Robert averti de la marche et du dessein de l'armée anglaise, résolut de se porter à sa rencontre. Laissant seulement quelques compagnies devant le château assiégé, il part secrètement, s'avance avec rapidité, tombe à l'improviste sur les ennemis au moment où ils débouchaient d'une forêt et remporte sur eux une victoire assez considérable (1) pour la faire avouer des auteurs anglais. Il est vrai que selon leur coutume, ils l'affaiblissent autant qu'ils peuvent et l'attribuent à une terreur panique qui saisit d'abord le comte de Lincoln et lui fit prendre la fuite. Le sénéchal, le comte de Mortimer et quelques autres Anglais de distinction restèrent entre les mains des Français. L'histoire ne nomme parmi les prisonniers aucun seigneur Gascon. Ce qui nous porte à croire qu'ils avaient presque tous abandonné le parti de l'Angleterre. Quelques-uns néanmoins se montrèrent plus constants et payèrent leur fidélité de la perte de leurs biens.

Le comte de Lancastre survécut peu à cette défaite. Déjà atteint depuis longtemps d'une maladie qui avait retardé son départ d'Angleterre, il mourut à Bayonne laissant le commandement de la province à Henri de Lasci. Ce nouveau gouverneur reçut une lettre de son souverain qui lui recommandait de pourvoir à la subsistance de Raymond de Campagne, de sa femme, de ses enfants dont la fidélité à l'Angleterre avait causé la ruine. Edouard, trois jours auparavant, 3 mai 1297, écrivit (2) à quelques autres seigneurs Gascons victimes

(1) Le P. d'Orléans, Révolutions d'Angleterre, tom. 2. — (2) Rymer tom. 1. pars tertia.

comme Raymond de leur attachement à une cause malheureuse. Il leur disait : qu'ayant appris tout ce qu'ils avaient souffert pour ses intérêts, il les remerciait vivement et que sa reconnaissance s'empresserait de leur faire passer tout ce qui serait en son pouvoir pour les indemniser. Sa cause s'affaiblissait tous les jours. La présence du comte d'Artois n'était plus nécessaire. Il fut rappelé comme son prédécesseur et quitta l'Aquitaine à la fin de juin 1297. S'il fallait en croire une ancienne chronique de Toulouse (1), le roi serait venu vers cette époque assiéger en personne la ville d'Auch; mais ce voyage de Philippe-le-Bel et ce siège n'ont laissé de trace nulle part : ce qui les fait généralement ranger parmi les fables.

Au départ du comte d'Artois, Guichard de Marciac ou de Massac sénéchal de Toulouse fut nommé gouverneur et capitaine de l'Aquitaine et de la terre de Gascogne. Guichard était originaire du Lyonnais, et avant de devenir sénéchal il avait rempli les fonctions de bailli à Montpellier. Il continua la guerre commencée par ses prédécesseurs, mais il n'eut pas le temps de signaler son commandement par aucune action d'éclat. Une trêve entre les deux couronnes conclue cette année même sous les auspices du pape Boniface VIII vint suspendre les hostilités.

Roger-Bernard comte de Foix jugeant alors que le champ était désormais ouvert aux querelles particulières, chercha à se fortifier contre le comte d'Armagnac. Dans cette vue il s'unit étroitement (2) ainsi que son fils Gaston avec Jourdain seigneur de l'Isle-Jourdain et Bernard Jourdain fils de ce dernier. Par leur traité,

(1) Gallia Christiana, D. Brugelles, D. Vaissette. — (2) Cartulaire de l'Isle-Jourdain, D. Vaissette.

ils promirent de s'entr'aider eux et leurs successeurs et tous leurs amis *avec armes et sans armes*, en cour et hors de cour contre Bernard d'Armagnac et ses associés, et de ne jamais conclure avec lui paix ou trêve sans le consentement des uns et des autres. L'acte est daté du 20 janvier 1297. Roger rechercha aussi l'alliance du roi de Castille et promit (1) ses deux filles Constance et Brunissinde aux infants Alphonse et Ferdinand petits-fils du roi. Mais le pape ayant refusé la dispense nécessaire à cause d'une parenté éloignée, Constance l'aînée fut mariée depuis avec Guy de Lévi seigneur de Mirepoix, et Brunissinde la cadette épousa Élie comte de Périgord veuf de Philippe de Lomagne et père de Marquèse. Pendant qu'il donnait ainsi de nouveaux soutiens à sa cause, Roger levait des subsides, armait ses vassaux, fortifiait les places les plus exposées aux incursions de son ennemi. La grandeur de ses préparatifs ne servit qu'à les rendre inutiles. Informé de ce qui se tramait, Guichard lui signifia au nom du roi son maître qu'il eût à exécuter sous peine d'encourir son indignation l'ordonnance qui défendait tout différend armé entre des sujets de quelque condition qu'ils fussent, durant la guerre de Gascogne, et même un an après. Le comte de Foix refusa de se soumettre à cette défense; ce qui obligea le sénéchal à la lui notifier dans les formes le 2 juin suivant. Roger-Bernard ne se montra pas plus soumis. Il protesta que rien ne l'empêcherait de poursuivre ses ennemis partout où il les rencontrerait, et finit par en appeler au roi lui-même. Néanmoins il n'osa pas se commettre (2) avec la France tourna ses armes contre un seigneur espagnol placé sur le versant

(1) Dom Vaissette. — (2) Le même, tom. 4.

occidental des Pyrénées et conquit presque tout son comté. Au milieu de cette lutte la trêve entre les rois de France et d'Angleterre fut changée en paix définitive. Guichard profita des loisirs qu'elle lui donnait pour laisser un monument durable de sa courte administration.

A l'extrémité du Pardiac, non loin de La Case-Dieu et de l'antique manoir de Monlezun, s'étendait une vaste (1) forêt marécageuse, devenue le repaire d'une foule de brigands ou de gens sans aveu si nombreux dans ces temps de licence parmi des combats sans cesse renaissants. Protégés contre la vindicte publique, par la profondeur du bois et par le marécage, ces brigands sortaient de leur repaire pour rançonner le pays ou pour détrousser les voyageurs qui se dirigeaient vers le Moutier ou vers le Castel. Le comte et l'abbé voulant éloigner des voisins aussi fâcheux, ne trouvèrent pas d'autres moyens que d'abattre la forêt et d'élever sur son emplacement un bourg ou bastide comme on l'appelait alors. Le premier abandonna la justice qu'il possédait toute entière; le second donna le terrain; mais comment élever les murs ? Dans leur impuissance ils s'adressèrent au sénéchal Marciac qui en sa qualité de gouverneur de l'Aquitaine disposait des revenus de la province, et offrirent d'admettre le roi au paréage. Guichard accepta l'offre au nom de son maître. L'acte fut passé à Toulouse le 1er août 1298, et signé par le sénéchal, par Arnaud-Guillem seigneur de Pardiac et par le prieur Guillem de Maubourguet, le sous-prieur Raymond de Castelnau, et par frère Sans de Montesquiou, tant au nom de l'abbé que de la communauté

1 Dom Brugelles. Manuscrit. Paréage de Marciac

entière. Le terrain fut choisi par l'abbé en personne, par noble Bernard de l'Isle sénéchal de Pardiac et par Hugues de Marciac frère du sénéchal. Ils le prirent dans les appartenances des granges d'Audenac et de Feuga; et lui donnèrent cinq cents arpents d'étendue. La nouvelle bastide, tirée au cordeau comme tout ce qui date de cette époque, fut entourée d'une très-haute muraille et d'un large fossé flanqué lui-même d'un second mur moins élevé que le premier, et qui a disparu depuis longtemps. Les premières murailles étaient percées de huit portes surmontées de guérites, et dans leur enceinte s'élevait une maison commune assise au milieu d'une large place. Pour y attirer des habitants, le sénéchal leur octroya des coutumes ou franchises au mois de décembre 1298 (1). Philippe-le-Bel les confirma au mois de juillet 1300, et afin d'honorer son sénéchal et lui témoigner combien il agréait ses soins, il voulut que le nouveau bourg portât le nom de Marciac. Ces franchises eurent leur effet. Marciac compta bientôt des citoyens nombreux.

Le comte de Pardiac jaloux de cette prospérité se repentit de sa concession et tâcha de ressaisir tous ses droits. La communauté et ses consuls protestèrent contre une pareille tentative. Bientôt intervint une sentence arbitrale du 12 juin 1307 qui débouta Arnaud-Guillem de ses prétentions. Philippe ratifia l'année suivante la décision des arbitres, et pour punir le comte, il lui enleva la justice, le condamna à se contenter du tiers du domaine utile et démembra Marciac de son comté. Il l'unit à la judicature de Rivière où elle s'est

(1) Manuscrit de Tarbes. Coutumes de Marciac entre les mains de plusieurs particuliers.

toujours maintenue depuis. Quelques différends s'élevèrent aussi entre les habitants de Marciac et Thibaud de Peyrusse seigneur de Tourdun et Géraud d'Esparros seigneur de Juillac. Il y eut des violences de part et d'autre, mais enfin la paix se fit. Les deux seigneurs accédèrent au paréage et retinrent seulement quelques droits. Cet accord fut passé en présence de Pierre de Faget, d'Arnaud de Las, de Guillaume-Raymond de Gerderest et de Heraut de Ponsan.

Le sénéchal dont la nouvelle ville portait le nom ne jouit pas longtemps du plaisir de la voir s'agrandir. Des plaintes (1) s'élevèrent contre son administration. L'archidiacre d'Auch et le vidame d'Amiens chargés de vérifier les faits le jugèrent coupable. Ils le destituèrent de sa charge et le condamnèrent à verser au trésor de grosses amendes. Blaise de Luppé sénéchal d'Agenais, lui avait déjà succédé au mois de juin dans la sénéchaussée de Toulouse. Le 4 décembre 1301 Philippe, dans un premier moment d'exaspération, manda au bailli de Mâcon de saisir tous les biens de Guichard et de ses deux frères dont il avait fait ses lieutenants dans ces contrées. Cependant l'infortuné protestait de son innocence. Il en appela au roi de la procédure. Sa voix fut longtemps méconnue ; mais au mois d'avril 1312 Philippe, étant passé par Lyon, cassa la sentence tant à la prière du pape qui s'intéressait à l'accusé, qu'à cause des services que le chevalier lui avait rendus. Il le rétablit dans son honneur et lui rendit ses biens, mais non pas sa dignité de sénéchal.

Le comte de Pardiac se plaignait des violences et des usurpations que se permettait Bernard comte d'Arma-

(1) Dom Vaissette, tom. 4.

gnac. Pour opposer à son rival une puissance qu'il n'osât braver, il vendit (1) au roi mille arpents de terre sur les confins de leurs possessions : Philippe s'engageait non seulement à y bâtir une ville dont il céderait le pariage à Arnaud-Guillem, mais encore à défendre le Pardiac contre toute incursion. Cet acte fut négocié et signé par Eustache de Beaumarchès en 1290, et ratifié la même année à Paris par Philippe-le-Bel qui voulut que la bastide nouvelle portât le nom du négociateur.

L'abbé de La Case-Dieu qui avait concouru avec Arnaud-Guillem à la fondation de Marciac, se nommait Etienne de Luppé et appartenait à la famille de St-Jean-Poutge. Il acheta, 15 mars 1299 (*), de Jean de Rive-Haute chevalier seigneur de Ladevèze, la terre dont il portait le nom, pour le prix de trois mille sols Toulousains et une rente annuelle de dix livres Tournois noirs. Il s'engageait en même temps à ne jamais inféoder la moindre parcelle de cette terre à aucun habitant de Beaumarchès, et se chargeait d'obtenir la ratification de la vente de Roger-Bernard de Foix ou de Guillemette sa belle-sœur, de qui dépendait alors le pays de Rivière. Etienne voulant donner un nouveau protecteur à son monastère, appela à son aide le comte d'Armagnac, Jean fils de Bernard, encore sous la tutelle de Roger son oncle; mais il mourut peu après et on profita de cette mort pour susciter à Sans de Canet-Montesquiou son successeur quelques difficultés sur les limites du terrain vendu. Sans en appela à Jean de Rive-Haute qui vint montrer loyalement au bailli de

(1) Manuscrit de l'hôtel-de-ville de Tarbes. Dom Brugelles.

(*) Voir, pour tout ce qui regarde Plaisance, les manuscrits de Tarbes et surtout les tom. 4 et 5.

Rivière et à l'abbé ainsi qu'à Fortaner de Baulat seigneur de Gouts et à Arnaud de Béon seigneur de Béon, jurats de la cour de Rivière (*) *l'endomenjadure* et toute la terre comme il en avait joui et comme en avaient joui avant lui ceux de son lignage. Ce témoignage fut donné en présence des seigneurs qui confrontaient à Rive-Haute, d'Arnaud-Guillaume du Mont, d'Arnaud de Lartigue, et de Raymond Arnaud d'Astugue Donzels et de quelques habitants des lieux voisins (5 juillet 1302).

Guillemette de son côté, à la prière de l'abbé Sans, ratifia la vente en demandant pour toute récompense d'être admise en participation des bonnes œuvres du monastère (Maubourguet 19 juillet 1306). Tous les obstacles étant ainsi levés, le comte d'Armagnac commit Guillaume de Labarthe sénéchal d'Armagnac et Jean d'Armagnac seigneur de Thermes, pour planter le poteau et pour jeter les fondements de la ville que son heureuse position au milieu d'une plaine vaste et fertile fit nommer Plaisance. Quand les murs furent construits, il fut passé à Lamothe-Ando près de Fleurance, le 20 février 1322, entre le jeune comte et le syndic du monastère un paréage plus explicite que le premier (**). Nous le donnerons dans le 6ᵉ volume.

(*) La cour de Rivière se composait de l'abbé de Tasque, des prieurs de Madiran et de Maubourguet et de trois gentilshommes élus par les états.

(**) La communauté se composait alors de Vital de Lagarde, successeur de Sans de Montesquiou abbé, Arnaud du Rose prieur, Guillaume Dorech sous-prieur, Sans de St-Saturnin ou Sernin, pitancier, Guillaume de Maubourguet, Dominique d'Angalin, sacristain, Guillaume de Doat, Vital de Melhon, vestiaire, Bernard de Tasque, Bernard du Poirier, Guillaume de St-Justin, Guillaume de Panassac.

Bernard de St-Estier abbé de Simorre (1) était encore moins paisible dans ses domaines que le comte de Pardiac. Il soutenait depuis longtemps, ainsi que nous l'avons déjà vu, une lutte inégale contre Bernard IV et Centule III comtes d'Astarac, qui, non contents d'avoir promené le fer et la flamme sur presque toutes les possessions du monastère, avaient soulevé contre les moines les habitants de Simorre. Ne pouvant se défendre seul, l'abbé appela le roi en paréage et lui abandonna la moitié de la justice dans Simorre, Ste-Dode et dans trois ou quatre autres paroisses de l'Astarac. Bernard tenta de s'y opposer, et comme il se prétendait seul haut justicier dans tout son comté, le roi démembra de l'Astarac Simorre et les paroisses où son autorité avait été établie, et les incorpora au pays de Rivière.

L'élan était donné. Presque tous les monastères le suivirent. Pierre de Saman abbé de St-Sever de Rustan appela (2) Philippe-le-Bel en paréage dans Séméac et dans le village qui s'était formé autour du monastère (1297). Le sénéchal de Toulouse agissant au nom de son maître admit à son tour l'abbé en paréage de Chelles. Les habitants de St-Sever s'obligèrent à donner au roi ce qu'on lui donnait dans la plupart des bastides nouvelles, six deniers par feu, et le roi leur promit d'ériger leur village en ville et s'engagea à les

---

Jean de Vidallan, Raymond de Sarran, proviseur, Arnaud de Montlezun, Dominique d'Angaïs, Guillaume de Ponsan, Guillaume de Casaux, Dominique de Lomagne, Bernard de Béon, Jean d'Armagnac, Guillaume de Fabrique, ou peut-être Labric, Bernard de Lafitte, et Pierre de Pérès, syndic.

(1) Dom Brugelles. Manuscrit du Séminaire. — (2) Manuscrit de St-Sever de Rustan.

faire jouir des mêmes priviléges qu'il avait accordés à Gimont. Malgré des promesses aussi formelles et surtout malgré son site vraiment enchanteur, St-Sever ne fut jamais qu'un petit bourg à peine égal à Tournay, qui à la même époque fut fondé dans son voisinage.

Boémond d'Astarac (1) à qui appartenait ce lieu appelé alors Ransou, s'adressa au sénéchal de Toulouse, l'agent ordinaire du roi de France, et lui offrit l'emplacement. Le sénéchal l'accepta aux mêmes conditions qu'il avait accepté celui de Gimont (août 1307). Il bâtit la ville, et trois ou quatre mois après (5 décembre) il lui octroya des coutumes particulières.

Trie qui s'éleva (2) alors dans la même contrée devait éclipser St-Sever et Tournay. Le roi lui donna le nom d'un de ses capitaines, Jean de Trie, frère de Guillaume de Trie archevêque de Rheims et de Matthieu de Trie maréchal de France. Le prieur de St-Gilles s'associa aussi avec Philippe-le-Bel pour construire aux portes d'Aire la bastide de Cosset (3) qui changea bientôt ce nom contre celui de Barcelonne (1346). Divers autres paréages (4) avaient établi en 1277 et 1279 l'autorité royale à Boulogne, à Ste-Foi, à St-Lys. Edouard le concurrent de Philippe fut appelé par le seigneur de Toujouse à la construction et au paréage de Monguilhem (5) (1349), tandis que l'abbé de La Castelle et Marguerite vicomtesse de Béarn s'associaient pour fonder Cazères (6). L'abbé donna la plus grande partie du terrain. Marguerite qui n'y ajouta qu'une faible

(1) Grands Officiers de la Couronne, tom. 2, page 621. — (2) Manuscrit de M. d'Aignan. — (3) Manuscrit de la bibliothèque royale de Paris. — (4) Idem du Séminaire d'Auch. — (5) Idem de Monguilhem transmis à l'archevêché d'Auch. — (6) Collection Doat, tom. 16.

portion de terre promit de dédommager le monastère, et sous cette promesse il y eut partage de tous les droits et de tous les revenus.

Nous avons devancé un peu l'ordre des temps pour montrer l'immense développement que prit la société vers la fin du XIII° siècle. Nous n'avons guère pu suivre ce développement que dans ce qui forme aujourd'hui le département du Gers. Les documents nous ont manqué pour les trois autres départements. Toutes les villes que nous avons mentionnées nàquirent en moins de cinquante ans, de 1280 à 1320 ou 1325. En jetant les yeux sur leur position topographique, on n'est que plus porté à croire qu'une pensée d'envahissement ou, si on l'aime mieux, une pensée politique présida à leur naissance. Quoique la Gascogne fût placée aux extrémités du royaume, par ces fondations l'autorité royale enfermait comme dans un réseau tous ces comtés jadis presque indépendants. Par Gimont et Solomiac Philippe surveillait à la fois le comté de l'Isle, la Lomagne, le Fezensac et le Fezensaguet. Par Fleurance, il s'établissait aux portes de Lectoure, de Mauvezin et d'Auch. Par Pavie et par Mirande, il tenait encore Auch et le comté d'Astarac. Marciac, Beaumarchès et Plaisance le rendaient maître du Pardiac et d'une partie de l'Armagnac. Montréal qui fut bâti sous Alphonse de Poitiers et Jeanne sa femme et qui parvint à la couronne avec le comté de Toulouse, et Cazaubon dont nous n'avons pu retrouver la fondation mais qui appartient aussi à cette époque, lui assuraient le bas Armagnac et le Gavardan. Trie, Tournay et St-Sever de Rustan le plaçaient à côté du Bigorre.

L'empressement des abbés à s'associer à son action nous fait aussi soupçonner qu'ils n'obéirent pas uniquement à l'impulsion religieuse, mais qu'avant tout ils cherchèrent dans cette alliance une protection devenue tous les jours plus nécessaire. Le paréage de Simorre l'indique assez ouvertement. Quoiqu'il en soit des motifs qui poussèrent à ces fondations, dès-lors c'en fut à jamais fait du servage. Avec elles la liberté s'infiltrait de toutes parts (*).

(*) Voir Note 3 à la fin du volume.

CHAPITRE IV.

Bernard VI, comte d'Armagnac, perd Isabelle d'Albret sa première femme et se remarie avec Cécile de Rhodez. — Gaston, vicomte de Fesensaguet son frère, épouse Valpurge sœur de Cécile. — Transaction entre l'archevêque Amanieu, le comte d'Armagnac et les bourgeois d'Auch. — Conciles d'Auch et de Nogaro. — Mort de Roger Bernard, comte de Foix. — Gaston son fils lui succède. — Cécile, comtesse d'Armagnac, hérite du comté de Rhodez. — Philippe-le-Bel rend un arrêt sur les différents entre les maisons de Foix et d'Armagnac. — Seigneurs Gascons appelés à la guerre de Flandre. — Bertrand de Goth, pape sous le nom de Clément V. — Son élection. — Son couronnement. — Cardinaux Gascons. — La vicomté de Lomagne passe à la maison de Goth.

Bernard comte d'Armagnac, dont le nom ne se trouve mêlé à aucun paréage, venait de perdre sa femme Isabelle (*) fille unique de Bernard Elie Ier sire d'Albret et de Jeanne de Luzignan-La-Marche. Veuf et sans enfants il rechercha une alliance qui pût ajouter son poids dans la lutte qu'il soutenait (1). Il obtint la main de Cécile fille du comte de Rhodez, et pour que l'union des maisons de Rhodez et d'Armagnac fût plus étroite,

(*) Isabelle vendit à Gaston et Roger d'Armagnac ses beaux-frères, pour le prix de soixante mille livres, les villes et châteaux de Casteljaloux, Vaires, Estussan, Andiran et Xaintrailles. Bernard ratifia cette vente le 22 septembre 1291 en présence de l'archevêque d'Auch, d'Auger du Tillet, official métropolitain, de Bernard de Coudom, sénéchal d'Armagnac et de Vital de Mont. Deux jours après Isabelle fit son testament, élut sa sépulture dans la métropole d'Auch et légua la terre d'Ailhas à Jeanne de La Marche sa mère. Du reste la vente n'est que simulée. L'année suivante les deux frères cédèrent à Bernard leur nouvelle propriété.

(1) L'Art de vérifier les Dates. Grands Officiers de la Couronne.

il demanda et obtint Valpurge sœur de Cécile pour Gaston vicomte de Fezensaguet son frère. Henri, comte de Rhodez leur père, un des plus braves et des plus puissants seigneurs du Midi, avait été lui-même marié trois fois. Marquése de Beaux sa première femme lui laissa une fille promise d'abord à un prince espagnol et mariée plus tard à Gerfroi de Pons et de Riberac. Anne de Poitiers la troisième fut stérile. Mascarose de Comminges la seconde, plus féconde que les deux autres lui donna trois filles; Béatrix l'aînée dut épouser d'abord Robert quatrième fils de St-Louis et chef de la branche des Bourbons; mais ce mariage ayant été rompu, elle fut unie à Bernard de Latour-d'Auvergne, vicomte de Turenne. Après Béatrix vinrent Cécile et Valpurge; celles-ci avaient ainsi deux sœurs aînées. L'acte de leur mariage fut passé à Villefranche (1) diocèse de Toulouse, le 10 mai 1298. Le comte de Rhodez donna à Cécile dix mille livres Tournois et cinq mille seulement à sa sœur avec promesse d'augmenter de trois mille livres la dot de la première et de deux mille celle de la seconde si elles avaient des enfants mâles. Il fournit pour garants de ses engagements Raymond Pelet de Caumont, Gui d'Estain, Pierre de Panat et cinq autres seigneurs ses vassaux. Bernard ne se contenta pas de cette alliance; il en contracta une autre plus intime peut-être avec le jeune Bernard VII fils aîné et héritier présomptif du comte de Comminges; et pour gage des sentiments qui les unissaient, il lui donna en mariage sa sœur Capsuelle. Ainsi nos contrées se partageaient entre les deux concurrents; mais les ordres

---

(1) Grands Officiers de la Couronne. Hist. des Comtes de Rhodez, par Bosc, tom. 2.

toujours plus impérieux du roi de France ajournèrent la querelle.

Pendant cette paix forcée, Bernard, sans cesse dévoré par cette fièvre des combats qui agitait toute la noblesse, ne se mit nullement en peine des avantages que son absence et surtout ses revers, s'il en éprouvait, pouvaient donner à Gaston et résolut d'aller demander à l'Italie ce qu'on lui refusait en France ; il voulait accompagner le duc de Valois frère de Philippe-le-Bel que Boniface avait nommé vicaire-général du Saint-Siége et chargé de défendre ses intérêts dans la Péninsule. Avant de passer les monts il fit son testament. Il assignait (1) pour douaire à sa jeune épouse le château de Lavardens, Pouysegur, Roquelaure, la bastide de Barran et ce qu'il possédait à Auch, *factum nostrum auscitanum*, jusqu'à la concurrence de mille livres de rente. Mais au moment où il allait s'éloigner, des troubles s'élevèrent dans ses domaines et surtout dans la ville d'Auch. Les habitants se plaignaient du comte et de l'archevêque. Des dégâts furent commis sur des propriétés seigneuriales, des bois arrachés, des fermes incendiées : le peuple n'a point d'autre justice. La violence répondit à la violence. Après les coups, de la part des co-seigneurs vinrent les amendes et les emprisonnements.

Bientôt néanmoins on entra en composition (2), et Odon de Massas ou Massès chevalier, et Arnaud-Guillaume Avione bourgeois, furent choisis pour arbitres *par magnifique et puissant personnage monseigneur Bernard par la grâce de Dieu comte d'Armagnac et*

---

(1) Collection Doat, tom. 13. — (2) Paréage d'Auch. Hôtel-de-ville d'Auch. Chartier du Séminaire. Manuscrit de M. d'Aignan.

de *Fezensac*, et par vénérables et discrètes personnes Guillaume Arnaud de Montaut et Bernard de Mauriet ou Manciet, archidiacres de Pardiac et du Sompuy, procureurs fondés du révérend père Amanieu, par la miséricorde divine, archevêque d'Auch, et par Pierre de Baulat chanoine et archidiacre de Savanès au nom du chapitre métropolitain d'une part, et de l'autre par Raymond de Fabrique (*de fabrica*) bourgeois et syndic de la communauté d'Auch au nom et de l'assentiment de la communauté entière. Les arbitres prononcèrent leur sentence le lendemain de l'Ascension, 1304, et arrêtèrent les dispositions suivantes. Le comte et l'archevêque co-seigneurs de la ville et la communauté auront un hôtel-de-ville (*) commun servant aux besoins collectifs ou séparés des deux parties; ils auront encore une prison commune dont le geôlier révocable tous les ans sera nommé alternativement par les co-seigneurs et les consuls sur une double présentation de la partie adverse; mais les consuls désigneront seuls le secrétaire de l'hôtel-de-ville. On nommera huit consuls qui prêteront serment entre les mains des co-seigneurs et de leurs baillis, et ces huit consuls se donneront des successeurs tous les ans la veille de la St-Jean.

(*) La communauté d'Auch avait déjà un hôtel-de-ville particulier. Il était situé où s'éleva depuis la halle aux herbes. L'emplacement avait été acheté de Guillaume de Betesta au prix de mille deux cent cinquante sols par le consul Arnaud Ducos et ses collègues. Après que le projet de vente eut été publié trois fois à l'église de Ste-Marie, l'acte fut passé le vendredi avant la fête de St-Pierre-aux-Liens (fin d'août 1280). L'année suivante, Bernard comte d'Armagnac ayant été attaqué par le comte de Foix, les habitants d'Auch se portèrent en armes jusqu'aux frontières du comté pour repousser l'aggression, et Bernard donna des lettres par lesquelles il reconnaissait qu'ils l'avaient fait de leur propre volonté et sans y être tenus. (Tiré de l'hôtel-de-ville d'Auch).

Tous les crimes et délits commis dans la cité ou ses appartenances seront punis par les baillis et les consuls réunis, et s'il s'élève entr'eux quelque dissentiment sur la sentence à porter, ils choisiront à l'amiable des assesseurs qui jureront de juger selon l'équité. Les baillis et les consuls auront chacun de leur côté le droit de faire arrêter les coupables, mais ils ne pourront les juger que réunis. Le coupable arrêté qui ne sera pas prévenu d'un crime capital pourra être relaxé sur caution. Le pillage des marchands étrangers, le vol des choses saintes, ou seulement commis dans les églises, le meurtre prémédité et la trahison à l'égard des co-seigneurs ou de la communauté seront punis de mort et de la confiscation de tous les biens. Tout autre meurtre sera puni de mort et de la perte de la sixième partie des biens dévolue aux co-seigneurs. Le meurtre commis dans une légitime défense ne sera passible d'aucune peine ; enfin le tiers des amendes appartiendra aux co-seigneurs et les deux autres tiers à la ville. A la suite de ces dispositions on renouvela et on sanctionna de nouveau les anciennes coutumes d'Auch : trop longues pour être insérées ici, car elles ne renferment pas moins de cent deux articles, nous les rejetons aux pièces justificatives : en les parcourant on verra combien étaient larges et sages nos franchises urbaines dans ces temps qui n'apparaissent à l'imagination trompée de tant de nos lecteurs que comme des jours d'étroit esclavage et d'épaisse barbarie. Des améliorations bien grandes et bien nombreuses ont sans doute été conquises depuis. Néanmoins, il est vrai de le dire aussi, les lois municipales actuelles pourraient envier aux anciennes coutumes plus d'un article.

Pour éteindre toute trace de ressentiment, il fut déclaré que tout procès commencé et toute amende prononcée à l'occasion de ces troubles seraient annulés ; l'oubli le plus complet devait couvrir le passé. Ainsi se termina une querelle qui servit à fixer d'une manière stable les droits de la ville d'Auch. L'accord fut signé par Bernard de Montégut abbé de Faget, par Genses de Montesquiou damoiseau, Bernard de Balarin chevalier, Bernard de Pardaillan, Arnaud de Podenas, Hugues d'Arbeissan damoiseau, Pierre d'Arros chevalier, frères Arnaud Duprat et Raymond de Baulens dominicains, Jean Dubourg, Bernard de Sariac, Guillaume de Sedillac chevalier, Auger de Thil official métropolitain, Maurin de Biran recteur de l'église de Barran et Pictavin de Montesquiou alors simple clerc, mais qui devait plus tard porter avec honneur la pourpre romaine.

L'année précédente Amanieu avait assemblé à Auch même (1) un Concile provincial où l'on fit treize règlements qui regardaient tous la discipline ecclésiastique et les immunités de l'église. Philippe poursuivait alors sa querelle avec Boniface VIII, lutte déplorable où des esprits prévenus n'ont vu longtemps qu'un duel éphémère entre un pontife altier et un prince ombrageux et jaloux, mais où une triste expérience a montré depuis les commencements d'une guerre longue et désastreuse entre l'église et l'état et dans laquelle la royauté triomphante a perdu peut-être encore plus que la papauté vaincue, puisque son triomphe l'a dépouillée de ce qui la rendait populaire et sacrée, et l'a livrée sans contrôle et sans contrepoids aux oscillations du

(1) Dom Brugelles, M. d'Aignan.

despotisme d'un seul ou de l'omnipotence des masses. Amanieu non seulement refusa de s'associer à l'irritation du monarque, mais encore il osa braver ses défenses en se rendant à la tête de presque tous ses suffragants au célèbre Concile de Rome qui s'ouvrit le 30 octobre 1302.

A peine rentré dans l'Aquitaine, le métropolitain convoqua à Nogaro (1) une nouvelle assemblée provinciale où l'on fit dix-neuf Canons. Outre les évêques d'Aire, de Dax, de Lescar, d'Oleron, de Lectoure, de Comminges et de Bazas qui l'avaient suivi en Italie, on y vit Arnaud évêque élu et confirmé de Couserans et l'évêque de Bayonne élu d'une voix unanime et non encore confirmé. Il s'y trouva aussi un grand nombre d'abbés, de prieurs et de membres du second ordre du clergé. Le père Cossard, docte Jésuite, soupçonne que ces constitutions ont peut-être été faites à Marciac en 1346. Du moins elles y furent en grande partie renouvelées comme nous le verrons. La présence de l'évêque de Condom dont le siège n'était pas encore créé et qui n'appartint jamais à la province ecclésiastique d'Auch, nous étonne aussi.

L'année suivante selon les cartulaires d'Auch ou cinq ans plus tard selon le père Labbe, Amanieu réunit un autre concile (2) à Auch le 27 mai. On n'y fit que six Canons tous purement ecclésiastiques. Cette même année les habitants de Rhimbez rendirent hommage à Amanieu en le qualifiant de redoutable père en Dieu, singulier titre pour un archevêque.

(1) Coll. Con. tom 11, pars secunda. Nous donnerons ces divers Canons dans notre 6e volume. — 2° Le Père Labbe, tom. 11, p. 1500.

Pendant que l'archevêque convoquait ainsi ses suffragants, le roi de France réunissait (mars 1303) autour de son trône les prélats et les barons du royaume pour les opposer à la fois et aux foudres de Rome et aux plaintes de ses peuples auxquels il allait demander de nouveaux sacrifices. Philippe était le roi fiscal : nul de nos souverains ne pressura comme lui la France. Ses trésors suffisaient à peine à ses prodigalités, et il avait encore sur les bras sa double guerre contre l'Angleterre et contre la Flandre. La bataille de Courtrai avait été perdue (juillet 1302). Il fallait venger l'honneur des armes françaises. Une nouvelle expédition fut résolue, et pour fournir aux frais de l'armement, on établit dans tout le royaume un subside qu'on éleva jusqu'au cinquième du revenu et au vingtième de la valeur des meubles. Moyennant ce subside les communes furent dispensées d'envoyer leur contingent de sergents à pied. Les nobles eux-mêmes pouvaient à prix d'argent s'exempter du service personnel. L'église fut appelée à fournir sa part. Une dîme générale lui fut imposée. Rien n'échappait à la rapacité du roi de France. L'évêque de Béziers et Sicard de Vaire furent chargés de lever le nouvel impôt dans les sénéchaussées de Toulouse, de Rouergue, d'Agen et d'Auch (1).

Il ne parut à l'assemblée de Paris ni le comte de Foix, ni le comte d'Armagnac. Le premier venait de succéder à son père mort à Tarascon le 2 mars 1302. Roger Bernard, outre ce fils, avait laissé les quatre filles dont nous avons parlé, Constance, Mathe, Marguerite et Brunissinde, une des plus belles princesses de son siècle. Gaston, ainsi se nommait le jeune comte

(1) Dom Vaissette, tom. 4. L'art de vérifier les Dates.

de Foix n'avait que 13 ans. Néanmoins il était déjà marié avec Jeanne d'Artois (1) petite-fille de Robert comte d'Artois. Roger Bernard avait conclu ce mariage à la cour de France dans le mois d'octobre précédent. L'acte en fut passé à Senlis en présence de Philippe-le-Bel, et à cette occasion le vieux comte émancipa son fils et lui donna le pays de Foix, le Béarn et toutes les terres de sa maison. Il ne s'en réserva que la jouissance, mais la mort vint presqu'aussitôt la lui ravir. L'évêque de Carcassonne présida à ses obsèques qui attirèrent plusieurs abbés, une foule d'ecclésiastiques et une multitude immense de peuple dont il emportait les regrets. Il fut inhumé à l'abbaye de Bolbone à côté de ses ancêtres dans la chapelle que Roger son père avait fait élever pour servir de sépulture à sa famille; mais peu de jours après, Marguerite de Béarn sa veuve et Gaston son fils firent transporter son tombeau avec tous les autres devant le maître-autel de la grande église. Gaston, en même temps qu'il s'occupait de ce soin pieux, confirmait les priviléges que ses prédécesseurs avaient accordés aux Juifs de Pamiers, sauf, ajoutait-il, le respect dû à la religion chrétienne et les cens particuliers que la race maudite était obligée de payer.

Le comte d'Armagnac était vraisemblablement occupé à recueillir la succession de son beau-père. Henri, dernier comte de Rhodez, mourut vers cette époque, car les auteurs varient sur cette mort. Les uns la placent à la fin de 1303, les autres au commencement de 1302. Dom Vaissette (2) le fait survivre à l'arrivée

(1) Dom Vaissette, tom. 4. L'art de vérifier les Dates. — (2) Tome 4, page 121.

de Philippe-le-Bel dans le Languedoc et le nomme parmi les seigneurs chargés de présider au recouvrement des impôts. Mais tous conviennent qu'il rendit le dernier soupir au château de Gages qu'il avait fait bâtir, et fut enterré à Bonneval avec la plus grande magnificence. Le convoi était composé du Clergé de toutes les paroisses de cinq lieues à la ronde, de la plupart des gentilshommes de la province et d'un peuple immense (1).

Henri avait fait son testament le 15 août 1304 à Villers près d'Aubigny, et non au château de Gages, comme portent les Grands Officiers de la couronne ; mais ils ne se trompent point quand ils lui attribuent l'inscription gravée sur les murs du cloître de Bonneval, où l'on dit que neuf cents prêtres assistèrent à ses funérailles, que onze cent deux torches éclairèrent son convoi et que cent quarante pièces de drap d'or ou de soie tapissèrent l'église. C'est à tort qu'elle porte le nom du connétable d'Armagnac, arrière petit-fils d'Henri. Celui-ci instituait pour son héritière Cécile (2) sa fille bien-aimée, mariée à Bernard, comte d'Armagnac. Il léguait à Isabeau la vicomté de Carlat, à Béatrix les baronies de St-Christophe et de Scorailles en Auvergne, avec deux cents livres de rente sur le comté de Rhodez, et à Valburge, vicomtesse de Fezensaguet, la vicomté de Cresseils avec la baronie de Roquefeuil et de Meyruys, et stipulait une substitution en faveur de Cécile et de ses enfants, ce qui replaça les vicomtés de Carlat et de Cresseils dans la maison d'Armagnac. Il gouvernait le Rouergue depuis près de 30 ans. En lui

(1) Histoire du Rouergue, par Bosc, tom. 2. — (2) Bosc, tom. 2. Inventaire de Pau. L'Art de vérifier les Dates. Grands Officiers.

s'éteignit la ligne masculine de Richard de Milhau, une des plus anciennes et des plus illustres familles de nos temps féodaux, et qui avait possédé le comté de Rhodez pendant plus de deux siècles.

Cécile devait s'attendre à voir son héritage contesté par ses sœurs à qui elle était préférée quoique la plus jeune. Aussi à peine en eut-elle pris possession qu'Isabeau présenta requête au roi Philippe pour être admise à prêter hommage du comté de Rhodez comme lui étant dû par droit d'aînesse. Cécile lui opposa le testament de leur père. Le roi renvoya cette affaire devant le Parlement de Paris, débouta Isabeau de ses prétentions sans néanmoins prononcer sur l'ordre de succession en ligne féminine. Ce silence amena après la mort de Cécile un nouveau procès qui ne fut terminé qu'en 1399. Bernard VII, plus connu sous le nom de connétable d'Armagnac, et Renaud sire de Pons, petit-fils d'Isabeau, transigèrent alors moyennant la somme de cinq mille sols pour lesquels le connétable donna à son cousin la jouissance du château de Cabrespine.

Béatrix, marchant sur les traces de sa sœur aînée, appela aussi Cécile devant le Parlement de Paris. Elle réclamait une augmentation de dot et voulait qu'on lui assignât des terres pour les deux cents livres qui lui avaient été léguées par son père. Ce procès se prolongea au delà de la mort de Cécile. Après de longs débats, le Parlement commit, en 1325, Amauri de Narbonne et Arnaud de Castelnau, qui adjugèrent pour cette rente le château de Ville-Comtal en Rouergue. Anne de Poitiers, la troisième femme d'Henri, fit elle aussi à l'occasion de son douaire des réclamations qui repoussées d'abord et admises ensuite, ne furent éteintes qu'en 1308 (1). Le comte et la comtesse d'Armagnac n'attendirent pas la fin de ces débats. Dès que le Parlement eut repoussé les prétentions d'Isabeau, ils partirent pour Paris avec une suite digne de leur rang et de leur naissance, et allèrent en personne rendre au roi l'hommage qu'ils lui devaient pour leurs nouvelles possessions.

Gaston, malgré son jeune âge, essaya de profiter de ces embarras. A peine eut-il fait connaître son autorité et reçu le serment de fidélité de ses nombreux vassaux, qu'il déclara (2) la guerre à Bernard et au comte de Comminges son allié. La nouvelle en parvint bientôt à la cour de France. Philippe s'acheminait alors vers le Languedoc pour y appaiser par sa présence les mouvements que faisait naître la levée du nouveau subside. Il n'avait pas trop de toutes les forces de la France pour résister aux nombreux ennemis de l'État. Aussi s'empressa-t-il d'éteindre une querelle qui divisait toute la Gascogne. Il ordonna au jeune comte de suspendre les hostilités et de venir le joindre à Toulouse. Gaston méprisa cet ordre et porta le ravage dans le Comminges. Le roi, ayant appris dans sa route cette désobéissance, se contenta de réitérer ses défenses et d'ajourner de nouveau Gaston à Toulouse pour la fête de Noël.

Ce jour-là en effet, Philippe fit son entrée solennelle dans cette ville accompagné de Jeanne de Navarre, sa femme, et de ses fils Louis, Philippe et Charles, qui tous les trois s'assirent successivement sur le

(1) Voir, pour tous ces détails, M. Bosc, p. 126 et suiv. — (2) Dom Vaissette, tom. 4.

trône. Il y avait convoqué, avec le comte de Foix, Marguerite sa mère, et Constance sa tante d'un côté, et Bernard d'Armagnac et Mathe sa mère, de l'autre. Durant son séjour, il s'employa à ramener la paix entre les deux familles et parla en suzerain et en arbitre commun. Voyant sa voix méconnue, il employa des prélats et des barons également jaloux de l'honneur des deux maisons et dévoués à leurs intérêts ; mais représentations, instances, prières, tout fut inutile. Alors Philippe, qui se souvenait facilement qu'il était roi, rendit de sa pleine autorité l'arrêt suivant que nous empruntons tout entier à Marca (1) :

Nous ordonnons et voulons d'autorité royale, et décernons de la plénitude de nostre puissance qu'il y ait entre les parties une ferme et stable paix, et prononçons cette paix entre elles. Item nous ordonnons, pour le bien de la paix, que Mathe, comtesse d'Armagnac, *troisième* fille de Gaston, ait pour son droit et portion héréditaire, sur les biens et hérédité de Gaston, les vicomtés de Bruilhois et de Gavardan et le lieu de Capsius qui est des appartenances de Gavardan; et les terres et tenements d'Euse et d'Eusan auec tous leurs droicts, seigneuries et appartenances, et tous leurs honneurs et charges; et qu'elle soit contente de cela, ensorte que la dite Mathe ne puisse rien demander contre Constance, en la terre et succession de Marsan, ni prétendre rien aussi des biens de Gaston, sur la portion des autres sœurs, non plus que Constance et Marguerite ne pourront rien demander sur les dites vicomtés, sauf que s'il arriuait que Guillelme, dernière fille de Gaston, vînt à décéder sans enfants engendrés en légitime mariage.

(1) Liv. 8, chap. 29, pag. 794.

En ces cas Mathe et ses enfants survivants auront et devront avoir, sans opposition de Constance et de Marguerite, les baronies, chasteaux, villes et terres, et lieux que Gaston avait dans la Catalogne, sçavoir de Moncade et de Castelviel, de Rozanes et autres lieux qui appartiennent à Guilhelme des biens du dit Gaston avec toutes les iuridictions, rentes et appartenances, et tout l'honneur et la charge. Et au cas que Mathe aura ou ses héritiers les dites baronies, chasteaux, villes et lieux de la Catalogne, après le décès de Guilhelme sans enfants, ou bien qu'il tienne à Mathe qu'elle ne les ait pas, nous ordonnons que la vicomté et terres de Gauardan avec ses appartenances, retourne aux dites Constance et Marguerite, ou à l'une d'elles, si elles sont en vie, ou à leurs enfants. Pour la terre Riviere, elle appartiendra à Guilhelme sauf le droict de celui auquel on dit qu'elle en a fait donation entre vifs. Et nous ostons toutes les lois contraires à cette ordonnance, decernons et voulons que les dites sœurs iurent de garder nostre présente ordonnance. Et nous quitons et remetons entièrement de nostre grâce spéciale aux dites parties, ou à celle qui se mettra en peine d'obéir, tous les excès, fautes, peines et amendes à nous acquises, sauf le droict des particuliers intéressés : afin que cela soit ferme et stable, nous avons fait mettre nostre scel à ces présentes. Fait à Tolose l'an mil trois cent trois, le jeudi après la feste de St-Vincent au mois de Janvier.

Cet arrêt mécontenta les deux parties. Néanmoins le comte d'Armagnac, qui était intéressé à ménager le roi de France à cause du litige du comté de Rhodez, ne fit point entendre de réclamation. Mais Gaston, plus libre ou plus hardi, osa se prononcer. Philippe n'avait pu voir comment était accueillie sa sentence; il s'éloigna presqu'aussitôt et rentra à Paris d'où il repartit bientôt pour ouvrir la campagne contre les Flamands. En quittant la capitale, il écrivit de nouveau à la plupart des seigneurs de son royaume pour hâter leur marche et presser leur contingent. Les comtes d'Astarac, d'Armagnac, de Foix, de Comminges, de Pardiac-Monlezun, Jourdain de Lisle, Othon de Noé, Obert de Montaut furent spécialement appelés. Le rendez-vous était fixé à Arras vers la fin de juin (*)(1).

(*) Voici la lettre écrite à ces seigneurs avec la liste de leur contingent.

Philippe, par la grâce de Dieu, roi de France, à notre amé féal le comte d'Armagnac, salut et amour. Comme nous ayons entendu que nous par les ennemis de nous et de nostre royaume, y estre plus fortement approchiés que nous ne souliez et que nous n'entendons, savoir vous faisons que nous à grant pouer de ban et arrière-ban en nostre personne serons à huitaine de la mi-aoust à Arras pour aller outre à nostres grans efforts, sans delay à nostre secours et à nostre delivrance et à la destruction de nos ennemis; et vous prions et requerons sur l'amour que vous avez à nous et au dit royaume que vous si vigereusement et loiaument vous manderez en gardant ce que nous avons commis en vostre garde que dommage ne empeschement ne doie venir par défaut de garde et nostre fait. Donné à St-Germain-en-Laie, le 5 jour d'aoust l'an de grâce 1302.

Les seigneurs devaient fournir :

Le comte de Foix, le comte de Comminges, le comte d'Armagnac, chacun 400 hommes d'armes et 1,000 servans ou serjans.
Le comte d'Astarac, 40 hommes d'armes et 500 serjans.
Le seigneur de Monlezun, 30 hommes d'armes et 300 serjans.
Mr Jehan de Montaut de Noé, un des ancêtres des Noé de Lisle, 20 hommes d'armes et 200 serjans.
Mr Jourdain de Lisle, 40 hommes d'armes et 200 serjans.
Roger de Comminges, 20 hommes d'armes et 300 serjans.
Le seigneur de Noailles, 20 hommes d'armes et 200 serjans.
Le seigneur de Caumont, 20 hommes d'armes et 200 serjans.

(1) Larroque, Traité de ban et d'arrière-ban, page 97 et 98.

Cette guerre suspendit encore la lutte, et quand la paix accordée aux Flamands eut renvoyé la noblesse dans ses foyers, un événement que la France et surtout les provinces méridionales saluèrent avec enthousiasme, et qui, hélas! devait avoir des suites si déplorables pour l'Église, ne permit pas d'abord de courir aux armes. Bertrand de Goth, ou Gouth (de Agathis), un enfant de notre Gascogne, venait d'être élevé à la papauté.

Il naquit au château de Villandraut (1), près de Bazas, d'une famille dont les titres nobiliaires remontent à 1100. Il était le troisième fils de Beraut de Goth et d'Ide de Blanquefort. Il étudia successivement dans les universités de Bologne et d'Orléans, fut d'abord chanoine et puis prévôt de St-Martin de Tours, et enfin chanoine et sacristain de Bordeaux. Beraut de Goth, son frère aîné, avait embrassé comme lui la carrière ecclésiastique et l'avait précédé dans la voie des honneurs; car il obtint en 1290 l'archevêché de Lyon où le pape Célestin V alla le chercher pour l'élever au cardinalat. Boniface VIII, successeur de Célestin, le commit avec le cardinal de Beaulieu pour rétablir la paix entre la France et l'Angleterre, mais il échoua dans cette négociation difficile et mourut en Italie le 27 juillet 1297. Beraud avait produit son frère à la Cour de Rome. Boniface le choisit pour un de ses cha-

---

Raymont de Béarn, 10 hommes d'armes et 300 serjans.
Le Boort de Foix, 10 hommes d'armes et 300 serjans.
Bertrand de Luppé, 10 hommes d'armes et 300 serjans.
Mr Obert de Montaut, 10 hommes d'armes.
Le vicomte de Tartas, 30 hommes d'armes.
  Somme 1,460 hommes d'armes et 5,800 serjans.

A. Duchesne. Histoire de l'Église Gallicane.

pelains et lui donna, en 1295, l'évêché de Comminges. Bertaud de Miramont était mort en 1286 (1). Après lui ce siége vaqua plusieurs années sans qu'on puisse en assigner la raison. Arnaud de Mascaron, chanoine de St-Etienne de Toulouse, fut enfin élu pour le remplir; mais le pape ne voulut pas reconnaître son élection, et nomma de sa pleine autorité Bertrand de Goth. Bertrand put à peine réparer les maux qu'avaient entraînés une longue vacance. Il fut transféré vers la fin de 1299 à l'archevêché de Bordeaux qu'il ne devait guère occuper plus longtemps.

Les cardinaux, réunis à Pérouse, faisaient attendre depuis neuf mois le successeur de Benoît XI. Deux factions à peu près égales se partageaient le Sacré-Collége, l'une Italienne et l'autre Française. La première fidèle à la mémoire de Boniface, la seconde dévouée à Philippe. On résolut alors d'appeler sur la chaire de St-Pierre un prélat étranger et les voix s'arrêtèrent sur Bertrand de Goth, créature de Boniface VIII, et dont la famille constamment dévouée à l'Angleterre avait eu grandement à se plaindre du comte de Valois durant la guerre de Gascogne. La plupart des historiens racontent que les deux factions se partageant et par là s'annulant, on s'arrêta enfin à un compromis qui donnait au parti français le droit de présenter trois candidats parmi lesquels le parti italien choisirait. A la tête des candidats était Bertrand de Goth et les sympathies des électeurs penchaient vers lui. Le cardinal di Prato, chef du parti français, se hâta d'en instruire le roi. Le courrier arriva en onze jours. Philippe ne perdit pas un

(1) *Gallia Christiana*

instant. Il écrivit à l'archevêque qu'il avait à l'entretenir d'une affaire de la dernière importance et lui donna rendez-vous dans une abbaye au milieu de la forêt de St-Jean-d'Angely. Le monarque et le prélat s'y trouvèrent le sixième jour. Ici écoutons Villani (1).

Ils entendirent la messe et se jurèrent le secret. Alors le roi commença à parlementer en belles paroles pour le réconcilier avec Charles de Valois. Ensuite il lui dit : « vois, archevêque, j'ai en mon pouvoir de te faire pape, si je veux; c'est pour cela que je suis venu vers toi; car, si tu me promets de me faire six grâces que je te demanderai, je t'assurerai cette dignité, et voici ce qui te prouvera que j'en ai le pouvoir. » Alors il lui montra les lettres et délégations de l'un et de l'autre Collége. Le Gascon plein de convoitise, voyant ainsi tout-à-coup qu'il dépendait entièrement du roi de le faire pape, se jeta comme éperdu de joie aux pieds de Philippe, et dit : « Monseigneur, c'est à présent que je vois que tu m'aimes plus qu'homme qui vive, et que tu me rends le bien pour le mal. Tu dois commander; moi, obéir, et toujours j'y serai disposé. » Le roi le releva, le baisa à la bouche, et lui dit : « les six grâces spéciales que je te demande sont les suivantes : la première que tu me réconcilies parfaitement avec l'église, et me fasses pardonner le méfait que j'ai commis en arrêtant le pape Boniface; la seconde que tu rendes la communion à moi et à tous les miens; la troisième que tu m'accordes les dîmes du clergé dans mon royaume pour cinq ans, afin d'aider aux dépenses faites en la guerre de Flandre; la quatrième, que tu

(1) Villani, liv. 8, ch. 80 et suiv. Nous empruntons la traduction de M. Michelet dans son Histoire de France, tom. 3, p. 116.

détruises et annulles la mémoire du pape Boniface ; la cinquième, que tu rendes la dignité de cardinal à Messer Jacobo et Messer Piero de la Colonne, que tu les remettes en leur état, et qu'avec eux tu fasses cardinaux certains miens amis. Pour la sixième grâce et promesse, je me réserve d'en parler en temps et lieu : car c'est chose grande et secrète. » L'archevêque promit tout par serment sur le corps de Notre-Seigneur, et de plus, il donna pour otages son frère et deux de ses neveux. Le roi, de son côté, promit et jura qu'il le ferait élire pape. » Philippe-le-Bel écrivit au cardinal di Prato le succès de son entrevue. Le courrier rentra à Pérouse trente-cinq jours après son départ, et comme la négociation avait été aussi secrète que prompte, l'élection ne se fit pas attendre ; les deux partis étaient satisfaits, Philippe seul avait triomphé.

Ce récit n'a d'autre garant que l'historien de Florence dont la partialité contre les papes d'Avignon n'est méconnue de personne ; mais comme l'observent le docte Mansi et plusieurs autorités graves de cette époque, il présente des difficultés qui le rendent bien suspect (*). Il y a plus, nous avons le décret d'élection (1) adressé en forme de lettre à Bertrand : or ce décret dément l'assertion de Villani. Les cardinaux y disent

---

(*) Le roi demande qu'on le réconcilie avec l'Église et qu'on lève l'excommunication qui pesait sur lui ; mais Benoît XI l'avait déjà fait. Tout le récit repose sur le compromis des cardinaux, mais nous avons quatre vies de Clément écrites par des contemporains, et aucune n'en fait mention ; de plus aucun historien de l'époque ne le rapporte. Enfin en supposant ce compromis admis par les cardinaux, pourquoi ce long délai jusqu'à l'élection ?

(1) Labbe, *Collect. Conc.*, tom. 11, p. 1486. Duchesne, *Histoire des Cardinaux*, tom. 2, p. 244.

que sur quinze cardinaux dont se composait le Sacré-Collége, dix lui ont donné leurs voix, et que les cinq autres se sont rangés à leur avis. Ainsi croule par sa base un récit que du reste la conduite de Clément V n'a rendu que trop plausible. Assez de griefs réels pèsent sur la mémoire de ce pontife sans lui en imputer d'autres qui très-probablement sont imaginaires.

L'élection eut lieu le 5 juin 1305 veille de la Pentecôte. Bertrand en reçut la nouvelle à Lusignan dans le Poitou durant la visite provinciale qu'il avait commencée. Il se hâta de rentrer à Bordeaux où il fut reçu avec les plus grands honneurs et au milieu de la plus vive allégresse. Toutefois il ne parut encore qu'en archevêque. Mais le décret lui ayant été juridiquement notifié par les délégués du Sacré-Collége, le 24 juillet, d'autres disent le 23, dès le lendemain il le fit publier dans son église métropolitaine, prit solennellement possession de la chaire de St-Pierre en présence des prélats et des barons du pays, et changea son nom en celui de Clément. Peu de jours après il publia une constitution par laquelle il réservait à sa collation tous les bénéfices qui vaqueraient à Bordeaux et dans les autres villes de son diocèse. C'était enlever à son successeur une des plus belles prérogatives de sa charge. Après un mois d'hésitation ou de silence il déclara qu'il voulait être couronné à Lyon (1) et y appela les cardinaux. Ceux-ci comprirent alors mais trop tard ce qu'ils avaient fait. Vous voilà venu à bout de vos desseins, dit au cardinal

---

(1) Voir, pour tous ces détails, l'Histoire de l'Église Gallicane, l'Histoire de l'Église, par Fleury, Rohrbacher et toutes les Histoires de France.

di Prato le vieux Matthieu Rosso des Ursins, chef du parti opposé. La cour romaine a passé les monts; elle ne retournera pas de longtemps en Italie. Je connais les Gascons. La prévision était juste, mais il fallut obéir.

Clément avait convoqué encore à son couronnement les rois de France et d'Angleterre et tous les seigneurs de deçà les Alpes. Lui cependant s'avançait à petites journées parmi les fêtes et les bénédictions publiques. Il s'arrêta successivement à Agen, à Toulouse, à Montpellier et à Nîmes, et n'arriva à Lyon qu'au commencement d'octobre. Les rois de France et d'Angleterre l'y avaient précédé à la tête de la plus grande partie de leur noblesse. Outre les fils de Philippe-le-Bel et les princes du sang, on y voyait plusieurs des grands vassaux de la couronne et un grand nombre de princes souverains d'Allemagne. Les seigneurs Gascons n'avaient pas été des moins empressés. On y comptait les comtes de Foix, d'Armagnac, d'Astarac et de Pardiac et une foule de barons. Aussitôt que le pontife entra dans la ville, les deux frères du roi saisirent les rênes de sa haquenée et le conduisirent ainsi jusqu'au palais qui l'attendait. La cérémonie se fit dans l'église de St-Just la plus vaste de Lyon. Ce fut Matthieu des Ursins qui mit sur la tête du pape la couronne pontificale. Jamais peut-être le vicaire de J.-C. ne s'était montré aux peuples avec tant d'éclat. La pompe et tous les respects de Lyon réparaient les ignominies et les violences d'Anagni; mais ici encore la solennité devait être empreinte de tristesse. La papauté, malgré les signes trompeurs qui l'entouraient, s'était abaissée dans l'appréciation publique et ce n'était pas Clément V qui pouvait la relever.

Après la cérémonie le pontife reprit le chemin de son palais. Il marchait en cavalcade, entouré d'une cour nombreuse. Le roi Philippe-le-Bel parut quelque temps à pied tenant la bride du cheval sur lequel Clément était monté ; les autres princes, qui étaient en grand nombre à cette fête, rendirent le même honneur au pontife. On arriva le long d'un vieux mur mal échafaudé et surchargé de peuple. Il s'écroula tout-à-coup, et, dans sa chute, il écrasa, étouffa ou blessa quantité de personnes. Jean II duc de Bretagne, qui tenait les rênes y périt. Le comte de Valois frère du roi qui les tenait avec lui fut grièvement blessé ; le pape renversé de cheval vit sa couronne détachée de sa tête rouler à terre et perdit son frère Gaillard de Goth, qui fut écrasé. Plusieurs autres personnes de qualité eurent le même sort ; présage funeste que les chroniques ont recueilli avec une sorte de terreur, ajoute un historien moderne (1), notre compatriote dont nous empruntons quelquefois la pensée si religieuse et si pleine de sens.

Les cardinaux espéraient ramener avec eux Clément en Italie, mais le pape fit connaître sa résolution de rester en deçà des Alpes. Jusque là on avait vu des hommes de toutes les nations s'asseoir sur la chaire de St-Pierre, mais en prenant en main la houlette du vicaire de J.-C. ils oubliaient leur patrie pour se souvenir qu'ils étaient les pasteurs de tous les peuples. Leur famille disparaissait à leurs yeux ; ils ne voyaient que Rome et le monde entier. Avec Clément commença une série de pontifes qui ne semblèrent que trop penser différemment. Le 15 décembre le pape fit une pro-

(1) M. Laurentie, Histoire de France, tom. 3.

motion de dix cardinaux (1) dont un anglais, Thomas de Jorz et les autres français, savoir : Pierre de Lachapelle, Béranger de Frédol, Arnaud de Chanteloup, Nicolas de Fréauville, Etienne de Suisi, Guillaume de Ruffat, Arnaud de Pellegrue, Raymond de Goth et Pierre Arnaud de Poyanne. L'anglais était provincial des Dominicains dans sa patrie et confesseur du roi Edouard. Fréauville et Suisi étaient deux créatures de Philippe-le-Bel; le premier son confesseur, le second son ancien garde des sceaux.

Les sept autres appartenaient à la famille ou aux affections du souverain pontife : Pierre de Lachapelle avait été son professeur de droit à l'université d'Orléans. Sa science et son mérite l'avaient successivement placé d'abord à la tête du Parlement de Toulouse, puis sur le siége de Carcassonne, et enfin sur celui de Toulouse. Sa promotion rendant cet évêché vacant, car alors la pourpre ne s'alliait qu'avec les siéges suburbicaires de Rome, Clément y nomma Gaillard de Pressac son neveu. Arnaud de Chanteloup était son parent; il l'avait nommé à sa place archevêque de Bordeaux; mais avant qu'il fût sacré, il le décora de la pourpre et donna l'archevêché à un autre Arnaud de Chanteloup neveu du cardinal. Nous ne connaissons de Guillaume de Ruffat et de Béranger de Fredol que leur parenté avec Clément et leur nom : encore celui-ci est-il désigné différemment par les auteurs contemporains. Pellegrue était né au château de Lamothe dans le Bazadois. Il posséda d'abord l'archidiaconé de Chartres. En 1305 Clément V, dont on le fait généralement parent ou

(1) Duchesne, Hist. des cardinaux français. Frison, Gallia purpurata.

allié, l'éleva au cardinalat. Il remplit avec honneur une légation en Italie et y sacra dans l'église de Latran Henri VII empereur d'Allemagne. Raymond de Goth était le fils du frère aîné de Clément. Son oncle, en l'admettant dans le Sacré-Collége, lui donna part aux affaires. Enfin Pierre Arnaud appartenait à l'illustre famille de Poyanne. Il fut d'abord religieux à St-Sever (*) (Landes) puis abbé de Ste-Croix. Le pape qui l'avait connu dans son dernier monastère le nomma cardinal et vice-chancelier de l'Église Romaine (1); mais il mourut l'année même de sa promotion.

Jamais souverain pontife n'avait ainsi prodigué la pourpre romaine à sa famille. Mais comme si Clément n'avait pas encore assez fait pour les siens, il transféra à Langres Bertrand de Goth son oncle, depuis longtemps évêque d'Agen et donna ce dernier évêché à Bernard de Farges son neveu, jeune archidiacre de Beauvais qui n'avait pas 25 ans et à qui il fallut une dispense d'âge. L'archevêque de Rouen Guillaume de Flavacour étant mort le 6 avril suivant, le pontife plaça à Rouen Bernard de Farges, ramena à Agen Bertrand de Goth et nomma à Langres Guillaume abbé de Moissac. En même temps il s'occupait de satisfaire Philippe-le-Bel. Deux bulles avaient surtout irrité le monarque français : l'une avait commencé sa querelle avec Boniface, et l'autre l'avait consommée. Clément les révoqua l'une et l'autre avant de s'éloigner de Lyon. Il quitta cette ville dès que le printemps s'ouvrit et retourna à Bordeaux marchant à petites jour-

---

(*) Il faut le distinguer de Pierre Raymond que nous verrons bientôt élevé au cardinalat.

(1) Voir, pour tous ces cardinaux, Duchesne et Frizon.

mées et s'arrêtant dans les villes et les monastères. Sa suite était si brillante et si nombreuse qu'il fallut des frais immenses pour le recevoir. Des plaintes s'élevèrent de toutes parts. Philippe à qui on les déféra en écrivit au pontife. Celui-ci répondit aussitôt et chargea Arnaud d'Aux alors chanoine de Coutances et l'abbé de Moissac de lui porter sa réponse. Clément s'étonnait de ces plaintes, mais il s'étonnait encore davantage de ce que les évêques ses amis ne les lui eussent pas adressées directement. Il ajoutait pour toute justification qu'il n'avait rien à se reprocher, comme s'il n'avait pas dû prévoir que tant d'ostentation et de faste ne pouvait que grever les populations. Il passa à Bordeaux ou dans les environs un an entier et profita de ses loisirs pour bâtir les châteaux de Villandraut et de Budos, sur la petite rivière de Ciron. A son exemple les cardinaux de sa suite signalèrent leur séjour dans le Bordelais par quelques constructions dont les unes ont été dévorées par le temps ou sont tombées sous la hache des soldats durant les guerres de religion, mais dont les autres plus heureuses sont encore un des ornements du pays. Ainsi s'élevèrent (1) les châteaux de Roquetaillade, de Castets, de Landiran, de Latran et de Labrède.

Le pontife et le monarque ne s'étaient abouchés qu'à Lyon. Ils désiraient également l'un et l'autre une seconde entrevue. Clément proposa Toulouse ou Poitiers; Philippe de son côté offrait Tours, mais enfin il agréa Poitiers où il se rendit vers la Pentecôte 1307. Le pape l'y avait précédé de quelques mois. On s'y occupa d'abord de Boniface VIII que poursuivait toujours la

---

(1) Duchesne, Hist. des Papes, p. 1680.

haine implacable de Philippe, mais qu'un souverain pontife ne pouvait sacrifier sans se dégrader entièrement. On y traita ensuite de quelques affaires importantes (1), entr'autres de la réconciliation de la France et de l'Angleterre. Pour l'amener, Philippe donna sa fille Isabelle déjà célèbre par sa beauté au jeune prince de Galles, et restitua à Edouard non seulement ce qu'il lui avait enlevé dans l'Aquitaine, mais encore tout ce qu'avait jadis abandonné St-Louis. On parla enfin, dit-on, dans cette entrevue, de la destruction des Templiers, drame sanglant et obscur qui après plus de six cents ans éveille encore la curiosité publique, mais que l'histoire n'a pu jusqu'ici et ne pourra sans doute jamais éclaircir. Clément confirma à Poitiers les transactions qui avaient porté la vicomté de Lomagne dans sa famille.

Philippe, second fils de Philippe-le-Bel l'avait possédée trois ans, mais au couronnement du pape, le jeune prince la rendit à son père et celui-ci en disposa sur-le-champ en faveur d'Arnaud Garsie frère aîné du pontife. Le monarque (2), disait l'acte de donation, voulait récompenser ce seigneur et Bertrand son fils aîné des services qu'ils avaient rendus à l'état, et des terres qu'ils avaient délaissées dans le duché d'Aquitaine. Son fils écrivit lui-même aux barons et aux communautés de la Lomagne qu'il ratifiait la donation faite par son père et qu'il abandonnait spécialement à Garsie Arnaud et à Bertrand le château d'Auvillars et tout ce qu'il possédait à Lectoure (3). En même temps il ordonnait de les

(1) Voir, pour tous ces actes de Clément V, toutes les Histoire des Papes et de l'Église, et la plupart des Histoires de France.—(2) Duchesne. Hist. des Cardinaux, tom. 2. — (3) Inventaire de Pau.

reconnaître pour seigneurs. On s'empressa d'obéir à cette injonction, et trois jours après la date de la lettre (23 décembre 1305) la noblesse et les consuls commençaient à prêter le serment de fidélité. Arnaud Garsie craignit les prétentions de Marquèse fille de Talayran et de la vicomtesse Philippe. On lui fit ratifier la renonciation qu'elle avait déjà faite sous son père. L'abbesse et les religieuses de Ste-Claire de Périgueux parmi lesquelles Marquèse avait pris le voile s'engagèrent avec leur compagne; et le pape lui-même ratifia la convention et la plaça sous les anathèmes de l'église.

LIVRE X.

CHAPITRE Ier.

La querelle se réveille entre la maison de Foix et d'Armagnac. — Mort de Guillemette. — Dissentions entre Gaston et le vicomte de Fezensaguet. — Famine et mortalité. — Templiers. — Clément V. — Visite au tombeau de St-Bertrand. — Évêques de Comminges, d'Aire et de Tarbes. — Cardinaux Gascons. — Divisions entre Gaston et sa mère. — Mort de Constance. — Concile de Vienne. — Condamnation des Templiers. — Comtes de Comminges. — Comtes de l'Isle-Jourdain. — Nouveaux cardinaux Gascons.

Clément V apprit à Poitiers que le comte de Foix réveillant une querelle à peine assoupie, s'était jeté sur l'Armagnac et y semait le ravage. Pris au dépourvu, Bernard n'avait pas eu le temps de rassembler toutes ses milices. Il s'adressa aux habitants d'Auch qui consentirent à marcher sous ses drapeaux; mais avant de quitter leurs foyers ils obtinrent (1) des lettres par lesquelles le comte réitérait la déclaration de 1290 et reconnaissait que leur service était complètement volontaire. Fort de ce secours, le comte d'Armagnac s'avança au devant de Gaston, et déjà les deux ennemis étaient en présence prêts à en venir aux mains. Chef de la catholicité, Clément crut pouvoir arrêter l'effusion du sang en dictant des lois, et envoya l'évêque de Zamora en Espagne et l'abbé de Noailles pour ordonner aux deux compétiteurs de mettre bas les armes.

(1) Pièces de l'hôtel-de-ville.

Les envoyés arrivés sur les lieux défendirent au comte de Foix de rien attenter contre le comte d'Armagnac sous peine d'excommunication contre lui et contre tous les fauteurs et d'interdit sur toutes ses terres. Gaston, dont l'âme indomptable n'avait point fléchi devant le roi de France armé de la force, fut loin de se soumettre à la voix d'un vieillard sans autre puissance que le glaive spirituel. Il chassa (1) de sa présence les envoyés du Saint-Père, qui en s'éloignant, lancèrent les foudres qu'on avait déposées dans leurs mains. Le comte de Foix était né avec un caractère violent et emporté. Les premiers moments appartenaient à la fougue de ses passions; la réflexion et la prudence venaient ensuite. Quoiqu'il eût bravé l'autorité pontificale, il n'osa pas aller plus loin et retira ses troupes. Bientôt le repentir entra dans son cœur. Il passa la mer et obtint du roi d'Angleterre qu'il écrivit (2) en sa faveur au souverain pontife et au cardinal de Goth son neveu. Il s'achemina ensuite lui-même vers Poitiers, reconnut hautement sa faute, en demanda publiquement pardon et promit par serment d'obéir désormais aux ordres du Père commun des fidèles. Clément ne pouvait être insensible à ce retour, il accueillit avec joie ses nouveaux sentiments et fit aussitôt lever l'excommunication et l'interdit. Il nomma en même temps l'évêque de Lescar et les abbés de Bolbonne et de Lombez pour absoudre tous ceux qui étaient morts dans les sentiments de pénitence durant l'interdit et leur accorder la sépulture ecclésiastique.

(1) Dom Vaissette, tom. 4. — (2) Rymer, tom. 1, pars 4, p. 110.

Les comtes de Foix et d'Armagnac, forcés de renoncer à la voie des armes, allèrent continuer leurs différends à la cour du roi de France. Ils se transportèrent l'un et l'autre à Paris et, devant le Parlement réuni en présence de Philippe lui-même, ils exposèrent leurs griefs. Gaston ne se montra pas d'abord lui-même ; il se fit représenter par Raymond de Cardonne son parent (1), qui jeta le gage de duel au comte d'Armagnac, l'accusant d'avoir violé la paix conclue à Toulouse et commis une foule d'hostilités contre le comte de Foix et ses alliés. Bernard d'Armagnac répondit que la cour ne devait pas recevoir le gage de duel de Raymond, ou qu'alors elle devait admettre aussi son gage de défense. Les griefs qu'il reprochait à son ennemi étaient nombreux. En quittant Toulouse où la paix avait été jurée, les gens du comte de Foix, par son ordre ou du moins avec son approbation, s'étaient jetés sur le sénéchal d'Armagnac et sa suite, avaient blessé deux de ses écuyers et tué un de ses serjants. Plus tard, le comte lui-même avait dressé des embûches à Gaston, vicomte de Fezensaguet, frère de Bernard et à l'archevêque d'Auch son oncle. Il avait attaqué la terre de Rivière qui devait lui revenir, y avait pillé deux villes et ravagé le pays : poussant plus loin ses excès, il avait à la tête d'une troupe nombreuse de chevaliers et d'hommes de pied, pris, pillé, et livré aux flammes la ville de Sarraute (*serra alta*) vraisemblablement Lasserrade, dépendante du comté d'Armagnac ; et peu content de ces excès, il y avait égorgé quarante personnes, femmes, enfants, vieillards, et avait traité avec la même barbarie

(1) Dom Vaissette, tom. 4. Preuves, p. 140 et suiv.

la ville de Meymes (de Mille Modiis) appartenant à l'archevêque. Il n'avait pas même épargné les villes royales de Beaumarchez et de Marciac où quatre hommes avaient péri.

Bernard de Comminges, vicomte de Turenne, fils aîné du comte de Comminges, ajoutait que les gens du comte de Foix, de l'aveu ou peut-être par ordre de leur maître, étaient entrés sur les terres de son père, y avaient pris, pillé et brûlé quatre villes, et y avaient massacré cinq personnes. Il offrait le gage de duel pour prouver son accusation.

Le Parlement fit procéder à une enquête sur les lieux afin de s'assurer de la vérité de tous ces faits, et prononça ensuite, le 26 avril 1309, en présence des parties un arrêt (1) qui resta célèbre dans les fastes judiciaires. Par cet arrêt daté de Cachant près Paris, le roi ordonne que les articles de la paix jurée à Toulouse seront inviolablement observés, et que les deux comtes et leurs alliés donneront des assurances pour cette observation à laquelle devait spécialement veiller le sénéchal de Toulouse. Il annulle le gage de duel que Raymond avait jeté devant lui au comte d'Armagnac et il le condamne à une amende qu'il fixera plus tard à son gré pour avoir donné ce gage sans motif, inconsidérément et contre son ordonnance royale. Il annulle aussi le gage de duel que le comte d'Armagnac a donné à Gaston, soit devant le sénéchal de Toulouse, soit même en sa présence, parce que l'enquête fournissait des preuves suffisantes, et que d'après les dispositions établies sous son règne on ne doit pas recevoir de duel

(1) Dom Vaissette, tom. 4, p. 148.

quand les preuves abondent ou que l'on peut employer les voies de droit. Il rend au fils du comte de Comminges son gage de duel pour plusieurs motifs qui ne sont point spécifiés. Enfin il condamne le comte de Foix à douze mille livres Tournois pour les dommages causés à Marciac et à Beaumarchez avec ordre d'indemniser les parents des quatre hommes qu'il y a massacrés et son bailli qui y a été blessé; et pour ce dernier méfait, la cour le condamne à payer au fisc cent livres Tournois, outre quatre mille livres pour bâtir dans les deux villes une chapelle où l'on priât à jamais pour le repos des quatre victimes, et quarante livres de rente pour l'entretien de deux chapelains.

Le roi le condamne encore à indemniser intégralement, selon une évaluation qui sera faite, les habitants de La Sarraute et de Meymes, et à payer mille trois cents livres Tournois pour ériger à Sarraute une chapelle en commémoraison des quarante personnes qui y avaient été égorgées et la doter de quatre-vingts livres de rente pour l'entretien de quatre chapelains; et comme tout délit portait amende, le comte paiera encore trente mille livres Tournois dont la moitié sera employée en œuvres pies selon le bon plaisir du roi, et l'autre moitié rentrera à l'épargne. Après toutes ces amendes, le comte de Foix est encore condamné à payer à son rival six mille livres Tournois pour le rédimer de toutes les pertes qu'il lui a fait essuyer. Enfin, la cour enjoint aux deux comtes et à leurs alliés de se donner mutuellement des assurances raisonnables et légitimes.

Bernard d'Armagnac, Gaston de Fezensaguet et le vicomte de Turenne obéirent sur-le-champ. Le comte de Foix offrit de donner l'assurance imposée, mais il exceptait sa mère, sa tante Constance et les terres qu'il possédait en Catalogne. Le roi voulut un engagement sans réserve, ou du moins il exigea que si le comte exceptait sa mère et sa tante, il jurât de ne point leur prêter de secours. Gaston s'y refusa, ce qui obligea Philippe-le-Bel à le faire renfermer au Châtelet. La captivité triompha de son obstination. Ayant obtenu son élargissement, il alla trouver le roi à Senlis et lui donna *l'assurement* qui avait tant coûté à son cœur ulcéré (1).

Pendant que le procès s'instruisait, Bernard et Cécile sa femme, logés dans un hôtel à St-Marcel près de Paris, firent hommage au roi pour le comté de Rhodez et à l'évêque de Mende pour les terres qu'ils possédaient dans le Gevaudan, et nommèrent pour leur sénéchal de Rouergue Jean de Morlhon (2) dont l'ayeul comptait déjà parmi les premières familles du comté. Après cette nomination ils ne tardèrent pas à retourner dans la Gascogne; mais ils n'y trouvèrent pas la paix qui leur semblait promise. Le Gavardan ne leur avait pas été remis. Cette vicomté avait été engagée (*) pour cinq mille livres Tournois au roi d'Angleterre Edouard II fils et successeur d'Edouard Ier mort le 7 juillet 1307. Le jeune prince, également prodigue et dissipateur, se trouvant dépourvu d'argent, la transmit presqu'aussitôt

(1) Dom Vaissette. — (2) Bosc, Histoire du Rouergue, tom. 2.

(*) Avec le Gavardan qui donnait 300 livres de rente, Philippe avait délivré à Edouard le château de Roquefort en Marsan qui appartenait à Arnaud de Gavaston, et donnait 170 livres et le guidage des vaches étrangères à travers les Landes, qui donnait 1800 livres *Coll. Dont. tom. 11.*

au comte de Foix en nantissement d'une pareille somme. Gaston s'étayait de cette circonstance pour ne pas s'en dessaisir. Il n'en fallait pas autant pour réveiller les troubles. Philippe, voulant les étouffer à leur naissance, enjoignit au sénéchal de Gascogne pour le duc d'Aquitaine ou à son défaut à son propre sénéchal de Toulouse de faire délivrer le Gavardan au comte d'Armagnac et abandonna à Gaston de Foix cinq mille livres sur une somme de six mille qu'il lui devait (1). Mais, avant que cette sentence fût exécutée, un nouvel incident vint raviver la querelle.

Guillemette de Moncade, la dernière des quatre filles du vicomte de Béarn, s'était attachée à Mathe et à ses enfants, comme Constance s'était dévouée à Marguerite. Le vicomte de Fezensaguet fut l'objet de sa prédilection. Elle lui donna d'abord le château de Castelviel, et à sa mort elle l'établit son héritier universel. Gaston de Foix et sa mère prétendirent que cette disposition faisant rentrer tous les biens de Guillemette dans la maison d'Armagnac, le Gavardan devait leur rester, suivant les dispositions solennelles de Gaston de Béarn. D'un autre côté, désolés de voir la succession de Guillemette leur échapper, ils intriguèrent sous main et empêchèrent Gaston de Fezensaguet d'en prendre possession. Ils l'amenèrent ainsi à signer une transaction (2) par laquelle il leur abandonnait les terres objet de leurs regrets, et il recevait en échange la terre de Capsius, mille livres de rente sur le Carcassès et quatre mille livres payables en quatre termes. Gaston de Foix s'obligeait encore à abandonner à son cousin

---

(1) Marca, livre 8, ch. 30. Inventaire du château de Pau. —
2 Les mêmes et Dom Vaissette.

dans trois ans, à la place de Capsius, le Gavardan, si mieux il l'aimait. Cet échange fut signé le 7 septembre 1310 et ratifié à Toulouse dans le couvent des Dominicains, le 6 mars suivant, par les deux Gastons et par Jeanne d'Artois épouse du comte de Foix ; mais quand il fallut en venir à l'exécution, Gaston de Foix, toujours aussi avide, fit naître des difficultés qui obligèrent le vicomte de Fezensaguet à se pourvoir à la cour du roi. Il en obtint un arrêt vers la fin de juin 1314. La transaction confirmée par cet arrêt fut enfin exécutée avec quelques légères modifications ; mais le Gavardan resta en litige entre les deux maisons rivales.

Cette année et la suivante sont marquées en caractères bien tristes dans les annales de notre patrie. Les pluies presque continuelles qui tombèrent, tout le printemps et tout l'été, détruisirent les récoltes. Le blé s'éleva à un prix excessif et le peuple fut réduit (1) à disputer aux animaux l'herbe des champs. On prétend même, et pour l'honneur de l'espèce humaine nous nous abstiendrons de le croire, que des hommes dévorèrent le corps de leurs semblables et même des pères ceux de leurs enfants. La famine fut suivie de la peste sa compagne ordinaire. Sous le double fléau, quelques localités furent entièrement dépeuplées, mais presque toutes perdirent le quart de leurs habitants.

L'Europe suivait alors avec anxiété le procès intenté aux Templiers. Cet ordre était né en Asie vers l'an 1118, peu après la conquête de la Palestine. Beaudouin II roi de Jérusalem avait abandonné à ses fondateurs une maison voisine du temple de Salomon, ce qui

(1) Dom Vaissette. Lingard, règne d'Edouard, tom. I. p. 484.

leur avait fait donner le nom qu'ils devaient rendre si célèbre. Aux vœux ordinaires de religion, ils ajoutaient celui de défendre les pèlerins de la Terre-Sainte contre les attaques des Infidèles. Ils étaient ainsi à la fois moines et soldats. C'était associer deux professions presqu'insociables, mais très-grandement prisées dans le moyen âge. La licence des armes, la vie des camps, le contact des Sarrasins et le soleil énervant de l'Asie ne pouvaient qu'amener les dérèglements. Les richesses achevèrent la corruption. A la licence vinrent bientôt s'ajouter d'affreuses doctrines et des pratiques plus affreuses encore, empruntées, on le dirait du moins, aux sectes manichéennes ou gnostiques.

Sans doute tous les membres ne furent pas coupables; et comment croire que les exceptions ne fussent pas très-nombreuses quand on songe que l'ordre se recrutait presqu'exclusivement dans les hauts rangs de la société, et qu'il plaçait ainsi ses prescriptions sous la double sauve-garde de la religion et de l'honneur; mais la masse avait besoin de réforme. On le pressentait dans tout le monde catholique. Tout-à-coup, sur l'obscure déposition de deux chevaliers, l'un Gascon et l'autre Italien, tous les membres qui se trouvaient dans les possessions du roi de France sont saisis et incarcérés par ordre de Philippe-le-Bel (13 octobre 1309). Clément, affligé de cette violence, évoqua l'affaire à son tribunal. Bientôt, étonné des aveux qu'il entendit lui-même sortir de la bouche de soixante-dix accusés, il ordonna quatre commissions inquisitoriales, dont l'une devait siéger en France, l'autre en Italie, la troisième en Allemagne et la quatrième en Espagne.

Pendant que l'enquête se poursuivait, le pape était retourné à Bordeaux d'où il repartit bientôt pour aller visiter son ancien diocèse de Comminges et déposer les hommages publics et solennels de la papauté, près des dépouilles sacrées d'un saint doublement cher à son cœur, puisqu'il portait son nom, et qu'il s'était assis sur sa chaire pontificale. Il passa à Agen, arriva à Toulouse vers la fin de décembre 1308, y célébra les fêtes de Noël et de l'Épiphanie et fit son entrée à St-Bertrand le 7 janvier (1). Il était accompagné de quatre cardinaux, des archevêques de Rouen et d'Auch, des évêques de Toulouse, d'Albi, de Maguelone, d'Aire, de Tarbes et de Comminges et des abbés de Simorre, de Fonfrède, de La Case-Dieu, de Bonnefond et de Nisors.

Quoique St-Bertrand fût depuis longtemps honoré d'un culte public, son tombeau n'était encore surmonté que d'une seule pierre tumulaire (2). Clément V voulut relever les saints ossements. La cérémonie fut fixée au 16 janvier. Le concours du peuple fut immense et frappa tellement les esprits que le souvenir s'en est conservé à travers les siècles dans toutes les Pyrénées. Le pape entra dans la cathédrale, alla s'agenouiller près de la tombe et y pria longtemps. Ayant ensuite fait enlever la pierre tumulaire, il prit entre ses mains le corps sacré et l'exposa à la vénération des fidèles. On le porta enfin en triomphe autour de l'église et du cloître, et le soir on le déposa dans une riche et précieuse châsse dont il fit don. En s'éloignant, il laissa encore à Comminges sa chapelle et ses ornements pontificaux et y accorda un grand jubilé chaque fois que

(1) Dom Vaissette. — (2) Vie manuscrite de St Bertrand. Archives du Séminaire d'Auch.

la fête de l'Invention de la Sainte-Croix serait célébrée un vendredi. C'est, nous le croyons du moins, la première faveur de cette espèce octroyée à une église particulière.

L'évêque de Comminges qui reçut la cour romaine se nommait Bozon de Salignac (1). Il était archidiacre de Médoc lorsque Bertrand de Goth fut transféré à Bordeaux, et il dut sans doute à son nouvel archevêque d'être appelé sur le siége de St-Bertrand. Il signala son épiscopat par une ordonnance qui réduisit à treize le nombre des chanoines qui jusque là était de vingt-quatre. Les évêques de Tarbes et d'Aire qui accompagnaient le souverain pontife appartenaient à la province. Jean de Doucet ou d'Osset (2), l'évêque de Tarbes, d'abord chanoine et précenteur de la cathédrale de Lectoure, venait de succéder à Raymond Arnaud de Coarrase, et il mourut deux ou trois ans après. Bernard de Bats avait été tiré du chapitre d'Agen pour remplacer en 1305 ou 1307 sur le siége d'Aire, Martin de Fosses ou de Laffosse successeur de Pierre III (3).

Martin était prieur d'Ephaise dans le diocèse de Bordeaux. Il avait gagné l'estime d'un cardinal italien dont le crédit le fit peut-être élire. Boniface VIII confirma ce choix. Martin était digne de l'épiscopat par son zèle pour la discipline. Le 6 octobre 1299, il réunit son clergé dans l'église de Villeneuve et y publia les premiers statuts synodaux qu'ait possédés le diocèse d'Aire. L'année suivante il donna en fief la dîme de Vadigos à Seguin d'Estang moyennant un arciut et une paire de gants blancs. Pierre son prédécesseur, à la fin de son

(1) Gallia Christiana. — (2) Idem. — (3) Manuscrit d'Aire. Gallia Christiana.

épiscopat (18 mars 1294), avait reçu la dîme de Luysson, d'Aymeric de Ravignan et de na Naubie son épouse. Arnaud de Lacaussade de Ladous, juge des terres de l'évêque, stipulait pour le prélat, et selon les instructions dont il était pourvu, il rendit la dîme à Aymeric de Ravignan, à condition qu'il paierait annuellement trente sols d'arciut.

Bernard de Bats le successeur de ces deux prélats eut des démêlés avec le commandeur et les religieux de l'hôpital de Golouin au sujet de quelques granges et du gouvernement de l'hôpital. L'abbé de St-Antoine de Vienne, d'où dépendait l'hôpital, s'aboucha à Gimont avec l'évêque d'Aire. Ils choisirent pour arbitre l'archevêque d'Auch qui prononça sa sentence, le 13 mai 1310, en présence de Bernard abbé de Flaran et de Roger d'Armagnac vicomte de Fezensaguet. Une partie des biens fut adjugée à l'évêque; mais en revanche les religieux ne durent à l'évêque pour toute dîme que trente sols Morlas. Enfin l'abbé de St-Antoine put gouverner à son gré la communauté et ses possessions.

Tout se préparait alors pour le Concile de Vienne en Dauphiné où devait se juger l'ordre des Templiers et la mémoire de Boniface VIII, les deux grandes affaires qui préoccupaient les esprits. Le pape y préluda en nommant cinq autres cardinaux (1), dont deux, Raymond de Farges et Bernard de Gaure furent empruntés à sa famille; Arnaud de Faltier le troisième était né dans la Gascogne : quelques-uns ajoutent dans un lieu qu'ils désignent sous le nom vague de Miramont. Bertrand de Bordes était frère de Pierre seigneur de Lannac que

(1) Duchesne, Frison.

Philippe-le-Bel ennoblit, en 1311, et de Guillaume de Bordes successeur de Raymond sur le siége de Lectoure, en 1311. Bertrand avait d'abord possédé un canonicat dans cette église; il devint bientôt après camérier du pape qui lui donna, en 1308, l'évêché d'Albi et le revêtit enfin de la pourpre, en 1310; mais il jouit bien peu de cette suprême dignité, car il mourut le 24 septembre de l'année suivante.

Arnaud Nouveau (1) ou Novelli le dernier est plus connu. Il naquit à Saverdun dans le pays de Foix. Il se livra à l'étude dès ses jeunes années, et y fit tant de progrès qu'il devint professeur dans l'un et l'autre droit à l'université de Toulouse, et official du diocèse. Il renonça ensuite à cette dignité pour prendre l'habit de Citeaux dans l'abbaye de Bolbone où les moines de Fonfrède allèrent le chercher pour le placer à leur tête. Le pape, connaissant son mérite, l'appela à sa cour, le nomma d'abord vice-chancelier de l'église romaine et l'éleva enfin au cardinalat. Il se montra toujours très-dévoué aux comtes de Foix qui l'employèrent dans leurs affaires les plus importantes. Roger-Bernard lui donna une preuve de son estime en le mettant au nombre de ses exécuteurs testamentaires. Ce cardinal mourut à Avignon en 1317, mais son corps fut rapporté à l'abbaye de Fonfrède et inhumé sous le marche-pied du maître-autel.

Pendant que le pape augmentait sa cour, le roi convoquait ses barons pour aller dompter la ville de Lyon. Le comte de Comminges, Bertrand Jourdain de l'Isle-Jourdain, Gaston de Lomagne-Fimarcon, Bertrand de

---

(1) Duchesne. Frison. Dom Vaissette, tom. 4.

Noé, Guillaume de Maurens, Marrens ou Merens, Bertrand de Barosse ou Burosse, Bertrand de Marestang et une foule de seigneurs Gascons répondirent (1) à l'appel. L'expédition confiée au fils aîné du roi fut promptement terminée, et la grande cité chrétienne, qui mérite chaque jour davantage d'être appelée la Rome des Gaules, retourna à la monarchie d'où elle était détachée depuis près de cinq cents ans.

Les comtes de Foix et d'Armagnac ne parurent pas dans les rangs de l'armée royale. Le premier était alors en guerre ouverte avec sa mère (2) à laquelle il réclamait la vicomté de Béarn; il l'accusait encore d'avoir fait à son préjudice, durant sa minorité, plusieurs aliénations qu'il révoqua par un acte public. Marguerite se prétendit offensée et voulut maintenir ses actes. Elle appela à elle les seigneurs du Béarn qui s'empressèrent de répondre à sa voix. Mais pendant qu'elle préparait une vive résistance, son fils parut en armes, menaçant de porter le ravage dans tout le pays contesté. Il attendit quelques jours; mais voyant que ses menaces ne lui soumettaient pas les cœurs, il alla assiéger le château de Sauveterre et s'en empara ainsi que d'un château voisin. Il se repentit cependant bientôt d'avoir ainsi bravé et poursuivi sa mère. Il lui fit demander la paix, et l'obtint sans peine.

Marguerite et Gaston eurent, le 24 septembre 1344, une entrevue qui fut suivie d'un traité solennel (3). Gaston promit de ne rien entreprendre au préjudice de sa mère, de ses alliés et de ses principaux officiers à la tête desquels on comptait Guillaume Othon

(1) Dom Vaissette. — (2) Idem, tom. 4. — (3) Col. Doat, tom. 16.

d'Andouins, Arnaud-Guillaume de Béarn seigneur de Lescun, Raymond Arnaud de Gerderest, Othon de Miossens et Bernard de Gayrosse, et permit à Marguerite de disposer à sa mort de quatre mille sols Morlas de rente en bien fonds. Il s'engagea à lui payer durant sa vie six cents petits Tournois de rente; enfin, il s'obligea, s'il transgressait la première clause, à se soumettre à une amende de dix mille marcs d'argent, dont la moitié appartiendrait aux rois de France et d'Angleterre, et l'autre moitié reviendrait à Marguerite et ses alliés. Ce traité termina toutes les divisions. Il eut pour témoins Bernard de Burosse, Odon de Serillac, Bernard-Guillaume d'Abadie chevaliers, Randulphe de Drouillet et Vital Sabathier, bourgeois de St-Sever.

L'année précédente (10 avril 1340), Constance avait disposé de tous ses biens en faveur de Marguerite sa sœur. Elle lui avait donné (1) avec la vicomté de Marsan, Roquefort, Villeneuve, Renung et St-Justin, tout ce qui lui appartenait à Aire et dans le Béarn, et enfin dans la vicomté de Montaner, Pontac, Egon, Asson et Monet. Cet acte suprême fut passé à Mont-de-Marsan, en présence de Pierre de Ferbeaux et Arnaud de Besaudun. Malgré les dispositions formelles, Constance craignit que sa succession n'augmentât les divisions déjà si vives entre les maisons de Foix et d'Armagnac, et dans cette crainte elle voulut faire reconnaître elle-même Marguerite pour son héritière. Les deux sœurs se transportèrent au Mont-de-Marsan le dimanche de Pâques fleuries, et là en présence et sur l'exprès commandement de leur ancienne *Dame*, les états prêtèrent serment de fidélité à Marguerite (2).

1 Col. Doat, tom. 15. — 2) Inventaire du château de Pau.

Constance traîna encore deux ans une santé affaiblie par l'âge, les malheurs et les infirmités. Elle mourut vers le milieu de 1342.

Marguerite s'empressa aussitôt de retourner dans le Marsan. Elle y réunit la cour del Sers (1), et après avoir juré de conserver les coutumes et les priviléges de la vicomté, elle reçut l'hommage des seigneurs présens. On y comptait Vital-Amaneu de Bergognan, Bernard seigneur de Toujouse, Géraulde de Gontaut tutrice des héritiers de Jean de St-Germain, Bernard de Carrasset, Pierre de Ferbeaux, Guillaume de Pouy, Arnaud seigneur d'Augnoas, Bernard de Besle, Bernard de Bruch, Othon seigneur de Clarac, Fortané de Garderon, Raymond de Méje-Carrère et Bertrand Dumont. Cet hommage eut pour témoins Arnaud-Guillem coseigneur de Roquefort, Arnaud d'Abos, Bernard de Barosse chevaliers, Guillaume Othon d'Andouins damoiseau et Pierre de Méje-Carrère archiprêtre de Mont-de-Marsan.

Après ces arrangements qui devaient augmenter sa puissance, Gaston s'achemina vers la ville de Vienne, où le Concile général, convoqué d'abord pour la fête de la Toussaint 1310 et prorogé ensuite, ne s'assembla que le 1ᵉʳ octobre 1311. Clément V y présida lui-même. L'assemblée se composait de cent quatorze prélats mitrés, dit le continuateur de Nangis, ou même de plus de trois cents évêques, suivant Villani. L'archevêque Amanieu et les évêques de Bazas, de Dax et de Comminges y représentèrent la province ecclésiastique d'Auch (2). On y purgea de toute accusation la mémoire de Boni-

(1) Charte tirée du château de Pau. Séminaire d'Auch. — 2ᵉ Coll. C. tom. 11. Dom Vaissette, Gallia Christiana.

face, mais on y abolit par provision l'Ordre des Templiers, dont plusieurs membres furent brûlés et entr'autres le commandeur de Normandie et le grand-maître Jacques Molay, qui, en face du bûcher, protestèrent avec énergie de leur innocence et de celle de l'ordre entier. Ils avaient avoué dans les tortures; ils nièrent dans les supplices. Ces expressions de Bossuet résument tout ce qui a été écrit sur cette ténébreuse affaire. On ne saurait nier qu'on s'y écarta trop souvent des règles protectrices de la vérité. En appelant la passion et la violence à s'asseoir sur le siége de la justice, on expose la postérité à prendre des criminels pour des victimes.

Clément ne se prêta que malgré lui à ces violences. Philippe au contraire se montra dur, inhumain, haineux, vindicatif, prêt à tout employer pour obtenir une condamnation que le pontife chercha vainement à éluder. Mais du moins, malgré ce qu'en ont écrit plusieurs historiens, ni Clément, ni même Philippe ne paraissent avoir profité des richesses de l'Ordre. Le roi ne prit que ce qu'il lui fallait pour se couvrir des frais immenses de ce vaste procès, les deux tiers des meubles et de l'argent comptant. Tous les immeubles furent attribués aux hospitaliers de St-Jean, plus connus depuis sous le nom de chevaliers de Rhodes ou de Malte. L'Angleterre imita cet exemple. L'Allemagne partagea entre les chevaliers de Rhodes et l'Ordre Teutonique. Il n'en fut pas de même dans les Espagnes. L'Aragon réunit tous ces biens à l'Ordre de Calatrava, le Portugal à l'Ordre du Christ et la Castille au domaine royal.

Après les Templiers on s'occupa à Vienne de la Terre-Sainte qu'une assemblée chrétienne ne pouvait oublier et de la réformation des mœurs, objet principal de tous les Conciles. Enfin, on y décréta l'enseignement des langues orientales pour lesquelles on créa des chaires dans les quatre grandes universités catholiques, Bologne, Paris, Salamanque et Oxfort et dans tous les lieux où résiderait le souverain pontife. Le Concile se termina le 7 mai. Il avait duré environ sept mois. Le 23 juin le pape adressa quatre brefs (1) à l'archevêque d'Auch pour lui accorder quelques priviléges et entr'autres celui de créer dans sa province deux tabellions ou notaires. Les quatre suffragants qui l'avaient accompagné participèrent à ses faveurs. Le prévôt de St-Justin et l'archidiacre du St-Puy, qui étaient aussi de sa suite, reçurent quelque grâce. Clément n'était pas avare de concessions. Dès le premier jour de son pontificat, il donna à Amanieu par un indult spécial le droit de mettre un religieux dans chaque abbaye de son diocèse; mais le prélat trouva autour de lui une vive résistance. Simorre surtout ne voulut jamais s'y soumettre. Ses deux successeurs ne furent pas plus heureux, et il fallut enfin renoncer à la concession. Une autre bulle postérieure ne fut pas mieux accueillie. Par celle-ci, Clément voulait que les ecclésiastiques et les abbés du diocèse qui possédaient des fiefs nobles et ne relevaient de personne, reconnussent l'archevêque pour leur seigneur et lui prêtassent foi et hommage. Quelques abbés obéirent à la bulle, mais la plupart la repoussèrent et l'affaire n'eut point de suite.

Durant le Concile, le comte de Foix (2) conclut un traité avec Philippe prince de Tarente et s'engagea à marcher au secours du roi de Sicile frère de Philippe.

(1) Colbert. Con. tom. 11, p. 1363 et suiv. — (2) Dom Vaissette, tom. 4.

Ces deux seigneurs quittèrent Vienne avec Philippe-le-Bel qui avait paru au Concile entouré de ses trois fils et l'accompagnèrent à Paris, où ils renouvelèrent leur traité. Gaston séjourna quelque temps à la cour de France. Sa mère alla l'y joindre. Rien n'avait plus troublé leur harmonie depuis le dernier traité. Marguerite voulut lui donner une preuve de son entière réconciliation. En quittant le Béarn, elle lui abandonna les vicomtés de Marsan et de Gavardan avec la ville de Gavarret. Elle se réserva seulement durant sa vie le bailliage de Mont-de-Marsan. L'acte est daté de Pontac le 10 mai 1313. Marguerite le ratifia le 27 juin à Pontoise, en présence des rois de France et d'Angleterre qui le confirmèrent deux jours après.

La nièce de Marguerite, Cécile de Rhodez, comtesse d'Armagnac, avait comme sa tante pris en main l'administration des nombreux domaines que lui avait légués son père; mais plus heureuse que la vicomtesse de Béarn, non seulement elle avait vécu en paix avec les siens, mais elle avait fait bénir son nom par des ordonnances pleines de sagesse et par divers établissements de piété (1). Sa carrière devait être courte. Elle mourut dans les premiers mois de l'an 1313, laissant le comté de Rhodez à Jean son fils unique, à condition toutefois qu'il en prendrait les armes; mais elle lui permettait de les écarteler d'Armagnac quand il aurait succédé à son père. C'est ainsi que les léopards se sont accolés à nos lions. Cécile, selon l'usage du temps, fonda diverses chapelles et fit d'abondantes aumônes aux pauvres et aux monastères. Elle choisit pour ses exécu-

1 Bosc, Mémoire sur le Rouergue.

teurs testamentaires le comte son mari, dom d'Aubrac, Arnaud de Landorre, Amauri de Narbonne-Taleyran, le prieur des Jacobins et le gardien des Cordeliers. Elle fut enterrée dans l'église des Frères Mineurs où elle avait élu sa sépulture, et lorsque les religieux eurent rebâti leur église, ils y transportèrent son corps ainsi que celui de Mascarose de Comminges sa mère et des autres membres de sa famille.

Jean sortait à peine de l'enfance lorsque sa mère lui transmit le comté de Rhodez. Son père en prit en main l'administration, mais les revenus ne purent suffire au surcroît des dépenses qu'amenèrent les funérailles et les soins de la tutelle. Il emprunta au cardinal de Montuejols deux mille cinq cents florins d'or. Jean les rendit dans la suite au seigneur de Montuejols neveu et héritier du cardinal.

La mort de Cécile avait été précédée de celle de Bernard VIII comte de Comminges, qui mourut (1) au château de Buzet dans le Toulousain le 24 juillet 1342. Son corps fut apporté au monastère de Bolbone et y fut déposé à côté de celui de ses ancêtres. Il laissait de Laure de Montfort sa femme, outre trois filles, Cécile, Éléonore et Bérengère, six fils dont les trois derniers, Jean, Roger et Simon se vouèrent aux autels et parvinrent aux premières dignités de l'église. Bernard l'aîné de tous eut le comté de Comminges. Nous ignorons quel fut l'apanage de Pierre Raymond le second. Il se distingua par son courage et fut armé chevalier avec son frère aîné par le roi Philippe-le-Bel en même temps que les trois princes ses fils. Guy le troisième fils

(1) Dom Vaissette, tom. 4.

de Bernard VIII et de Laure eut diverses terres dans l'Albigeois et épousa Marguerite de Monteil-Adhemar fille unique et héritière de Hugues baron de Lombers. Bernard IX portait alors comme nous l'avons vu le titre de vicomte de Turenne qu'il devait à sa seconde femme Marguerite. Celle-ci ne tarda pas à suivre son beau-père dans la tombe. Bernard qui n'avait point d'enfant mâle épousa presqu'aussitôt Mathe de l'Isle-Jourdain (1). Ce mariage était destiné à éteindre les divisions qui séparaient depuis longtemps les maisons de l'Isle et de Comminges : mais comme la nouvelle épouse se trouvait parente et de Capsuelle d'Armagnac et de Marguerite de Turenne, qui avaient partagé avant elle la couche de Bernard, il fallut obtenir permission ou dispense du roi de France. Ce prince, toujours porté à innover au profit de sa couronne, voulait sans doute imiter l'église. Le comte de Comminges ne se contenta pas de cette dispense. Il en demanda une plus efficace au souverain pontife et l'obtint par l'entremise de Simon de Comminges son frère alors archidiacre de Maux et d'Odon de Foix archidiacre d'Urgel. Mathe était fille de Bernard Jourdain IV qui avait succédé à Jourdain III mort dans les premiers jours de 1305.

Bernard Jourdain s'était marié en 1294. Huit ans après, son père lui abandonna tout ce qu'il possédait dans la vicomté de Gimont, et lui fit prêter serment par la noblesse et les consuls (2), et comme cette donation souffrit quelques difficultés on la renouvela en 1304. Guillemette de Durfort sa mère révoqua au contraire

---

1 Cart. de l'Isle Jourdain. — 2, Chartier du Séminaire

alors les dispositions qu'elle avait faites en sa faveur. Voyant que tous les biens de la maison de l'Isle allaient s'entasser sur la même tête, elle pria (1) son mari de permettre qu'elle partageât Clermont-Soubiran entre Bernard Jourdain et Jourdain son frère. Guillemette mourut peu après, et son fils aîné intenta un procès à son père et à son frère ; mais avant qu'il fût jugé, le père et les deux frères compromirent entre les mains d'Élie Taleyran comte de Périgord. Sur ces entrefaites les comtes de Foix et d'Astarac, Bertrand Jourdain de l'Isle, un de leurs parents, Raymond de Durfort et Raymond de Castelnau s'entremirent pour les accorder et dressèrent un projet de transaction qui ne fut agréé d'aucun des partis. Ils aimèrent mieux s'en tenir à leur compromis.

L'Angleterre était alors en proie à la guerre civile. Ses fiers barons humiliés de l'empire que Gaveston avait pris sur l'esprit de leur maître, et irrités de ses insolences, avaient couru aux armes. Forcé de fuir avec son favori, Édouard se retourna vers les seigneurs Gascons (*) et leur écrivit de York le 5 avril 1312 pour

(1) Dom Vaissette.
(*) Il écrivit aux comtes de Foix et d'Armagnac, à Bernard de Comminges, vicomte de Turenne, à Jourdain et Bernard Jourdain de l'Isle, aux vicomtes de Lomagne et Fezensaguet, à Amanieu d'Albret, à Pierre de Grailly, vicomte de Benauges, à Nompar de Caumont, à Fortanié de Lescun, à Bernard de Ravignan, à Bernisson de Moncamp, à Amanieu de Fossat, à Raimond Bernard de Thouars, à Arnaud de Montpezat, à Montassin et Assiu de Galard, à Raimond Bernard de Sainte-Foix, à Bernard et Gérard de Trencaléon, à Vézian de Lomagne, au seigneur de Fimarcon, à Viger de Magnaut, à Amanieu de Noaillan, à Vézian et Pierre de Gontaut, à Arnaud de Montégut, à Bernard de Durfort, à Nux de Pins, à Pons de Castillon, à Bernard et Amanieu de Ramefort, à Arnaud de Caupene, à

leur ordonner de se tenir prêts à marcher à sa défense; mais on ne lui donna pas le temps de mettre leur fidélité à l'épreuve. Dès le 19 juin, la tête de Gaveston tombait sous la hache du bourreau, et son faible maître, après quelques jours d'une douleur insensée, reprenait paisiblement le chemin de Londres. Pendant que l'Angleterre se révoltait, la ville de Bordeaux s'agitait pour défendre quelques priviléges dont les officiers d'Edouard voulaient la dépouiller. Le monarque anglais nomma aussitôt quelques commissaires pour écouter les plaintes et y faire droit. A leur tête il plaça Amanieu d'Albret. Celui-ci avait succédé (1) à Isabelle première femme de Bernard d'Armagnac, qui, à la mort de Mathe sa sœur aînée, avait possédé un instant la sirerie d'Albret. Bernard Esi père de Mathe et d'Isabelle, n'ayant que ces deux filles, avait marié (2) Mathe l'aînée avec Aramon, vicomte de Dax et de Tartas, en l'établissant son héritière, s'il ne laissait point d'enfant mâle; mais ce mariage ainsi que celui d'Isabelle avait été stérile et la sirerie passa à Amanieu leur oncle.

Amanieu avait porté jusque là le titre de seigneur de Varennes, et il ajouta bientôt à la succession de ses deux nièces l'héritage de Jeanne de Lusignan leur mère, qui lui légua tous ses biens. Ces deux héritages le rendirent un des plus puissants seigneurs de la Gascogne.

Gaillard de Lalande, à Bernard de Stansan, à Gaillard de Lamothe à Pierre de Gontaut, seigneur de Biron, à Garcie Arnaud de Navailles, au vicomte d'Orte, à Odet de Mieussens, à Gaillard de Bénac, à Pierre de Montrevel, à Gallin de Montaut, à Fortaner de Marestan, à Raimond de Léomond, à Brun du Thil, à Raimond Bernard de Gelas, au seigneur de Richechouard et à une foule d'autres seigneurs.

(1) Grands Officiers de la couronne, tom. 6. Quelques actes du château de Pau feraient croire que la vicomtesse de Tartas était la fille et non la mère d'Amanieu. — (2) Collect. Doat, tom. 11.

Nous ne voyons pas que Philippe ait cherché à profiter de ces dissensions pour inquiéter son voisin. La mort tragique du favori avait apaisé le ressentiment de l'altière et vindicative Isabelle. La fille apaisée, le père oublia sans peine sa sévérité; il rappela quelques seigneurs et fit grâce à d'autres de l'exil. Il était d'ailleurs assez occupé à préparer une nouvelle expédition contre la Flandre. Ses trésors étaient épuisés, il décréta un subside général dans tout le royaume. Jean de Blainville fut chargé d'en poursuivre la levée dans le Languedoc. Les états s'assemblèrent à Toulouse le lundi après l'Assomption.

Amanieu d'Armagnac, archevêque d'Auch et Bernard de Farges, archevêque de Narbonne y présidèrent la chambre ecclésiastique (1). Bernard de Merceur et Aymeric de Narbonne y présidèrent la noblesse. Guillaume de Montlac et Aymeric de Castelnau consuls de Toulouse étaient à la tête du tiers-état. Le roi y nomma trois commissaires pour assister en son nom à l'assemblée et y surveiller les délibérations; mais ses exactions lui avaient aliéné les cœurs. Il suspectait surtout dans la chambre ecclésiastique l'archevêque d'Auch, Jean de Comminges évêque de Maguelone, Arnaud Fredet évêque de Couserans, Louis de Poitiers évêque de Viviers, Raymond de Galard abbé de Condom et Raymond de Verdale abbé de St-Sernin : dans l'ordre de la noblesse tous penchèrent vers la résistance, excepté le vicomte de Narbonne, Nicolas de Montpezat, André de Goson et Pons de Chalenson partisans déclarés de l'autorité royale. Le tiers-état tout entier, écrasé sous le

(1) Chronique de Bardin dans les Preuves du tom. 4 de Dom Vaissette, p. 19 et 20.

poids des subsides sans cesse renouvelés, ne voyait du soulagement à ses maux que dans la révolte. Avec de pareilles dispositions, on refusa au roi les trente mille livres qu'il demandait. On arrêta qu'on s'opposerait à la levée de tous subsides imposés sur le blé, le vin et les autres subsistances; et que si le roi passait outre, on opposerait la force à la force. Cette délibération hardie fut scellée du serment des trois Ordres.

L'archevêque d'Auch, Bernard de Merceur et Arnaud de Mandagot demeurèrent à Toulouse et se concertèrent avec les consuls pour organiser la résistance. L'évêque d'Albi dévoué à la royauté combattit cette résolution. Il parcourut son diocèse prêchant l'obéissance au prince et menaçant les opposants de la damnation éternelle. Sa voix fut entendue, et tout l'Albigeois abandonna les états de Languedoc et jura de demeurer fidèle à Philippe. Ce succès irrita l'archevêque et les deux seigneurs. Ils trouvèrent moyen de se saisir de l'évêque d'Albi et ils l'enfermèrent pendant deux mois. Mais leur prisonnier leur échappa et ils furent réduits à décharger leur rage sur deux frères du couvent, qui avaient favorisé l'évasion et qui payèrent de leur tête leur complicité. Rentré à Albi, l'évêque prononça aussitôt une excommunication solennelle contre Amanieu, les consuls de Toulouse et tous les exécuteurs ou complices de sa captivité et cette excommunication, il la fit afficher non seulement dans les rues de Toulouse, mais encore à Auch. Le trouble, où cet acte de rigueur jeta les âmes timorées, s'accrut encore quand l'archevêque de Bourges, quoique mécontent qu'un de ses suffragants se fût permis un acte qu'il croyait réservé à l'autorité métropolitaine, confirma la sentence et la fit répandre dans tout le diocèse d'Auch. Des mains affidées l'appendirent secrètement aux portes de toutes les églises.

Amanieu ne se laissa point déconcerter. Il assembla à son tour ses ouailles, et dans un grand appareil, assis sur sa chaire métropolitaine, il annula l'excommunication portée contre lui et excommunia à son tour l'archevêque de Bourges et l'évêque d'Albi. Plaignons la religion de voir ses foudres employées de la sorte. Les armes spirituelles, sortant sans cesse de leur fourreau, devaient nécessairement s'émousser. En voyant leurs chefs se renvoyer l'anathème et presque s'en jouer, comment les peuples n'eussent-ils pas cessé de les respecter et de les craindre? Bardin qui nous a conservé ces détails, nous laisse ignorer si le roi céda ou si les subsides furent levés. Ajoutons toutefois que la source où nous avons puisé ce récit, est suspecte. Tous conviennent que la chronique du président de Toulouse renferme plus d'une erreur. Du moins l'archevêque d'Auch avait agi autrefois différemment; car en 1304, Philippe-le-Bel ne put s'empêcher de louer la générosité avec laquelle l'archevêque et tout le clergé de la province étaient venus en aide à la détresse publique et avaient contribué aux frais de la guerre contre la Flandre. Pour récompenser leur libéralité et leur témoigner sa reconnaissance, il leur accorda le 15 juin divers priviléges que Louis Hutin son fils confirma en 1315.

Tandis que le monarque grevait ses peuples de nouveaux impôts, Clément V augmentait sa cour. Il venait de faire une nouvelle promotion de cardinaux. Cette fois ils étaient tous étrangers à sa famille; mais cinq d'entr'eux, Arnaud d'Aux, Pierre Godin, Vital Dufour,

Guillaume Teste et Pierre Raymond abbé de St-Sever appartenaient à la Gascogne.

Arnaud d'Aux était né dans la petite ville de Laroumieu près de Condom d'une famille noble et ancienne. La nouvelle histoire des cardinaux français (1) lui donne pour père Pierre d'Aux chevalier, et pour mère Jeanne de Goth. Arnaud eût été ainsi parent du pape; ce qui est certain c'est qu'il se lia avec lui d'amitié à l'université d'Orléans. Il embrassa de bonne heure l'état ecclésiastique, devint chanoine de Coutances et passa ensuite à Bordeaux, où Bertrand de Goth, alors archevêque de cette ville, l'employa en qualité de grand vicaire. Quand Bertrand fut monté sur la chaire de St-Pierre, il le fit son chapelain et son camerlingue, l'envoya comme nous l'avons vu à la cour de France, et à son retour il le pourvut de l'évêché de Poitiers. Le nouveau prélat fit son entrée solennelle dans sa ville épiscopale le 7 mai 1307. Devant l'église Ste-Marie-Majeure, il monta sur une chaire que portaient les quatre premiers barons du Poitou, Guy, comte de la Marche, Jean, vicomte de Chatelleraut, Guillaume Larcheveque, seigneur de Partenay et Maurice seigneur de Belle-Ville, et s'avança ainsi jusqu'à la cathédrale.

Peu après son installation, il reçut dans son palais le pontife son bienfaiteur et Philippe-le-Bel dans l'en-

(1) L'abbé Roy. Duchesne et après lui un grand nombre d'historiens font sortir le cardinal d'Aux d'une famille plébéienne; mais le récit de Duchesne ne saurait soutenir l'examen de la critique. Il veut que Bertrand de Goth ait recueilli à Bordeaux le jeune Arnaud et Géraud son frère, qu'il ait fait élever l'aîné, l'ait ordonné prêtre et nommé son chapelain, et Bertrand de Goth ne s'assit que quelques années sur le siège de Bordeaux. Le cardinal n'eut que deux frères dont aucun ne porta le nom de Géraud. Enfin dans la fondation du chapitre, il légua aux chanoines quelques biens nobles qu'il tenait de ses pères, ce que n'eût pu faire l'enfant recueilli par la charité.

trevue qu'ils eurent à Poitiers. Initié aux négociations qui y occupèrent les deux cours, il déploya sous les yeux de ses illustres hôtes la dextérité de son esprit et son habileté dans les affaires. Aussi Clément V l'adjoignit (1) au cardinal Novelli et le chargea de la difficile mission de pacifier les différends qui s'étaient renouvelés entre Edouard et ses barons. Il devait obtenir encore des seigneurs d'Angleterre qu'ils remissent entre les mains des chevaliers de St-Jean les biens qui avaient appartenu aux Templiers et dont les seigneurs s'étaient emparés. Les deux ambassadeurs échouèrent complètement dans la première partie de leur mission et ne réussirent qu'à demi dans la seconde. Malgré ce peu de succès Arnaud d'Aux sut conquérir l'estime et la reconnaissance d'Edouard qui, pour récompenser ses services, lui accorda une pension de cinquante marcs d'argent. Le pape le revêtait en même temps de la pourpre et le nommait évêque d'Albano.

Rentré en France le nouveau cardinal prit une part active à la condamnation des malheureux Frères du Temple. Le pape lui avait laissé l'administration de l'église de Poitiers. Arnaud donna la sous-chantrerie de cette église à Guillaume d'Aux son neveu, le doyenné avec l'abbaye de Notre-Dame-La-Grande à Pierre Raymond son second neveu, et fit agréer au souverain pontife la résignation de l'évêché en faveur de Fort d'Aux troisième membre de cette famille. Clément V avait doté largement les siens avec les biens et les dignités ecclésiastiques. Pourquoi les cardinaux et les autres ministres des autels n'auraient-ils pas suivi cet exemple?

(1) Rymer, tom. 2. pars prima. Pour tout le reste, voir Duchesne, Frizon et l'abbé Roy.

Les abus naissent des abus. Avec le népotisme viendront les expectatives, les cumuls, les commandes sans raison et sans nécessité, toutes ces inventions de la cupidité qu'on a si souvent reprochées à l'église comme si elle ne les avait pas toujours condamnées et qu'elle ne se fût pas toujours efforcée de les extirper de son sein.

En même temps qu'il enrichissait sa famille, le cardinal acheta des consuls et des habitants de Laroumieu un marais ou plutôt une immense flaque d'eau qu'il fit dessécher, et sur cet emplacement il bâtit une belle église à une seule nef flanquée de deux magnifiques tours octogones destinées à servir l'une de clocher et l'autre de sacristie. L'église et surtout les deux tours comptent parmi les beaux monuments d'architecture dont s'énorgueillit le département du Gers. On entre dans l'église en traversant un cloître que le temps commence à dégrader et qui, sans approcher en rien du cloître de la cathédrale de Bayonne ou de celui de l'abbaye de St-Sever de *Rustan*, est néanmoins d'autant plus précieux, que la plupart des cloîtres ont disparu. Le diocèse d'Auch n'en compte pas d'autre.

L'église était trop vaste et trop belle pour n'être desservie que par le faible clergé d'une petite ville. En 1348, Arnaud d'Aux fonda un chapitre collégial qu'il voulait composer d'un doyen, d'un sous-doyen, d'un chantre, d'un sacristain, d'un ouvrier et de dix-huit chanoines. Mais la mort l'ayant surpris avant l'entière réalisation de son projet ses héritiers modifièrent sa pensée et réduisirent la fondation à un doyen, dix chanoines et douze prébendés.

Arnaud d'Aux mourut à Avignon; mais son corps, suivant une des clauses de son testament, fut porté à

Laroumieu où il fut enseveli dans un tombeau creusé dans la muraille à la droite du maître-autel, en face de la tombe de Fort d'Aux son neveu et son successeur à Poitiers. Un peu plus bas reposaient Pierre-Raymond et Géraud d'Aux ses autres neveux. Mais ces quatre monuments ont été dégradés durant les troubles de religion. Montgomery entra à Laroumieu, et comme partout ailleurs, il pilla l'église, brisa les tombes, dévasta les cloîtres, enleva les ornements et livra aux flammes la plupart des prêtres (*).

Pierre Godin naquit à Bayonne dans une maison voisine de la cathédrale que sa structure signala longtemps aux regards des passants (1). Sa taille grêle et difforme et sa naissance basse et obscure semblaient le condamner à une vie pénible et sans éclat; mais chez lui les avantages de l'esprit et du cœur rachetaient tous les défauts de la nature. Son intelligence se fit jour presqu'au berceau. A peine eut-il atteint l'âge de la raison, qu'il se sentit entraîné vers l'état religieux. Il alla demander l'habit de St-Dominique aux Jacobins de Bayonne; il quitta bientôt leur monastère par ordre de ses supérieurs qui, ravis de ses talents, l'envoyèrent à Toulouse et puis à Paris pour les cultiver. Il fut reçu docteur et enseigna publiquement la philosophie et la théologie. Bientôt il devint provincial de son ordre dans l'Aquitaine et ensuite dans le Languedoc, d'où sa réputation ne tarda pas à se répandre non

(*) 1793 acheva l'œuvre des religionnaires; mais sous la Restauration, le marquis de Lally-Tolendal, qui avait marié sa fille unique au chef de la branche aînée, fit rebâtir les tombeaux qu'il surmonta de leur écusson.

(1) Manuscrit de Bayonne, Duchesne et Frison

seulement en France, mais encore en Italie. Elle lui valut l'emploi de lecteur du sacré palais. Cet emploi le conduisit six ans après au cardinalat. Après avoir rempli en Castille une mission marquée par de sages règlements, il se retira à Avignon, y passa le reste de ses jours, et y mourut le 13 juin 1336. Son corps fut porté à Toulouse et enterré dans la magnifique église des Jacobins qu'il avait fait achever de ses deniers. Il répara encore l'église des Jacobins de Bayonne où il fit son noviciat et bâtit au moins en partie la grande voûte de la cathédrale. Il donna pour ces objets d'abord trois mille livres; puis à ses derniers moments il y ajouta deux cents florins d'or pour achever la partie commencée et l'orner de vitraux peints. Pierre se distingua surtout par sa charité. Enfant du peuple, il aima singulièrement le peuple; né pauvre, il assista et secourut les pauvres. Il composa quelques ouvrages admirés de son siècle, mais ignorés du nôtre.

Vital Dufour (1) naquit à Bazas d'une famille presqu'aussi obscure que celle de Pierre Godin, et entraîné comme lui vers l'état religieux, il choisit les Franciscains rivaux des Dominicains. Ses talents et ses vertus l'élevèrent aussi aux premiers emplois de son Ordre. Il devint provincial d'Aquitaine, quand Godin recevait cet emploi dans le Languedoc, et Clément V l'éleva à la pourpre le jour où il en décorait son émule. La mort brisa cette similitude dans les destinées. L'enfant de St-François précéda de neuf ans dans la tombe le fils de St-Dominique et fut enseveli chez les Cordeliers d'Avignon. Comme Godin il laissa

---

1 : Frizon et Duchesne.

des commentaires sur l'Écriture-Sainte. Il prenait avant sa promotion le titre de docteur en médecine dont il mêla l'étude à celle de la théologie.

L'abbé de St-Sever (1) promu au cardinalat est presque inconnu. Les uns l'appellent Pierre, les autres Raymond. Les premiers le font abbé de St-Sever de Rustan où ils le font succéder à Bernard de Saman que nous avons vu appeler Philippe-le-Bel au paréage de la petite ville qui entourait son monastère. D'autres en plus grand nombre et sans doute plus vraisemblablement lui donnent l'abbaye de St-Sever, Cap-de-Gascogne. Nous savons qu'il s'assit un instant sur le siége d'Oloron et qu'il mourut à Avignon le 19 juillet 1347. C'est le point sur lequel il n'y a point de partage.

Le dernier des cardinaux créé par Clément V se nommait Guillaume Teste (2). Il naquit à Condom dans les derniers rangs de la société. Il fut d'abord employé dans la maison de Bertrand de Goth qui ayant reconnu son aptitude pour les affaires lui confia en 1308 la légation d'Angleterre. S'il fallait en croire Thomas Walsingham qui, dans tous ses écrits ne parle qu'avec passion de la cour romaine, Guillaume aurait profité de sa nonciature pour pressurer les églises; ses exactions auraient même excité les réclamations des lords anglais. Quoiqu'il en soit de ces assertions, Clément V, au retour de Guillaume, le revêtit de la pourpre. Le nouveau cardinal voulut laisser à sa patrie un monument de ses richesses et de ses libéralités. Il acheta du roi d'Angleterre comte d'Agenais et co-seigneur de Condom quelques maisons habitées par des gens de

(1) Frisen et Duchesne. — 2° Les mêmes.

mauvaise vie dont il purgea le pays, et sur leurs débris il fit bâtir un magnifique hôpital en l'honneur de St-Jacques, lui imposa son nom et le dota largement. Il le destina à recueillir les pèlerins qui s'acheminaient vers la Galice. A côté de l'hôpital il fit construire une superbe église qu'il enrichit de précieux ornements et une belle maison où il fit habituellement sa demeure.

Le cardinal n'avait pas mis la dernière main à ces divers établissements, lorsqu'en 1326 il fut menacé de la mort. Il fit alors à Avignon un testament qui nous a été conservé et que nous insérerons dans les notes de ce volume (*) parce qu'il nous donne une idée des maisons seigneuriales de cette époque. Il échappa à cette maladie et vécut encore dix ans. Il fut enterré selon ses désirs à l'église de l'hôpital St-Jacques. Sa tombe placée dans la muraille du chœur a disparu avec l'église qui l'abritait.

(*) Voir la Note 4 à la fin du volume.

CHAPITRE II.

Mort de Clément V. — du vicomte de Lomagne son frère. — de Philippe-le-Bel. — Querelle du comte d'Armagnac avec l'évêque de Rhodes. — Seigneurs Gascons appelés à prendre part à la guerre d'Italie. — Mort de Gaston Ier, comte de Foix. — Nouveau Comité de Régence. — Évêques de Dax, — de Bazas, — de Lescar, — de Lectoure, — d'Oloron, — de Bayonne, — d'Aire, — de Couserans — et de Tarbes. — Le pape Jean XXII. — Il établit plusieurs nouveaux sièges dans le Midi. — 1er évêque de Condom, — idem de Lombez. — Mort de l'Archevêque d'Auch, — du comte d'Armagnac, — de Mathe sa mère, — de Marguerite de Béarn, — de Gaston, vicomte de Fezensaguet. — Maison d'Albret. — Pastoureaux. — Mort de Philippe-le-Long.

La promotion de ces cardinaux fut un des derniers actes solennels du pape. Sa santé altérée depuis longtemps s'affaiblissait tous les jours. Il espéra la rétablir sous le ciel de sa patrie et s'achemina vers Bordeaux: mais à peine eut-il traversé le Rhône, que son état s'aggrava. Il fut forcé de s'arrêter dans le château de Roquemaure (1) et y rendit le dernier soupir (*) le 20 avril 1314 après avoir occupé la chaire de St-Pierre huit ans, dix mois et quinze jours. De toutes les accusations dont les Italiens ont poursuivi sa mémoire et dont la plupart sont démenties par les historiens de son époque, deux seules sont incontestables et malheu-

(1) Duchesne, tom. 2.
(*) On lit assez souvent que le Grand-Maître Jacques Molay, en montant sur son bûcher, cita Clément et Philippe-le-Bel à comparaître devant le Dieu qui juge les justices, le premier dans quarante jours et le second dans un an. Mais ce fait n'est étayé d'aucune preuve. Il est maintenant presque unanimement rangé parmi les fables. Il n'a pour lui que les dates.

reusement elles resteront pour noircir à jamais son nom. Il déserta l'Italie et transporta la chaire de St-Pierre sur les bords du Rhône et de la Durance. Il prodigua la pourpre et les dignités ecclésiastiques à sa famille, à sa domesticité et à sa nation. Maintenant qu'importe que l'Italie fût alors en proie aux dissensions intestines? moins encore qu'importe-t-il que ses neveux eussent des vertus? que ses choix fussent généralement honorables? Toujours c'était rabaisser la tiare au niveau d'une couronne princière, et retrécir la religion aux limites d'un état. Il prépara la tempête qui, grossie par soixante-dix ans de mécontentement et d'abus, eût peut-être submergé l'église, si le Dieu qui la fonda ne lui avait fait d'immortelles destinées. Le titre d'enfant de la Gascogne n'a pas dû nous fermer les yeux. L'histoire n'a qu'une balance pour les siens et pour les étrangers.

Le corps de Clément fut rapporté à Carpentras et déposé dans une petite église sous une chapelle ardente dont les nombreuses torches embrasèrent le catafalque et atteignirent les chairs (1). Il resta dans cette église jusqu'au mois d'août suivant. On le transporta alors dans la collégiale d'Uzeste, suivant qu'il l'avait ordonné, mais il n'y fut inhumé qu'en 1359. Son neveu le cardinal de Lamothe lui avait fait préparer un magnifique tombeau de jaspe, d'albâtre et de marbre. Là encore ses cendres devaient être poursuivies. Le 6 janvier 1577 les religionnaires conduits par Montgomery, envahirent Uzeste. Ils mutilèrent le mausolée qui s'élevait au milieu du chœur, rompirent le cercueil

1. Voir Duchesne, Vie des Cardinaux et Vie des Papes.

et enlevèrent les pierres précieuses et les ornements pontificaux avec lesquels Clément avait été enseveli. Ils admirèrent quelque temps sa stature colossale qui s'élevait, dit-on, à huit pieds; et, croyant le corps solide parce qu'ils aperçurent au visage une marque qui lui était restée d'une ancienne blessure, ils voulurent le déplacer; mais au premier mouvement le cadavre se résolut en poussière, et il ne resta sous leurs yeux que des os que leur rage fanatique arracha de leur couche et livra aux flammes.

Quand les guerres de religion se furent éteintes et que la paix fut rentrée dans le sanctuaire, on réunit ce qui avait échappé aux soldats de Montgomery et on restaura à grands frais le mausolée; mais en 1793 il tomba sous la hache révolutionnaire, et cette fois pour ne plus se relever. On a seulement depuis rassemblé les restes du tombeau derrière la porte latérale. Ce tombeau en marbre noir, mutilé et deux fois déplacé, est avec les belles ruines de Villandraut le seul monument qui rappelle dans la Gascogne le souvenir du pontife que les Italiens appelaient le pape gascon. On voit encore dans l'église d'Uzeste, à la gauche du chœur, un autre mausolée érigé en l'honneur du cardinal de Goth, neveu du pape et mort avant son oncle. Le tombeau du cardinal a été un peu moins maltraité que celui du souverain pontife.

Arnaud Garsie frère de Clément était mort (1) dans le mois de janvier 1314, et avait été enterré chez les Dominicains d'Auvillars. Il avait épousé Miramonde de Mauléon fille de Corberan de Mauléon et nièce du

(1) Grands Officiers de la couronne, tom. 2, p. 173.

vicomte de Soule. Il lui légua dans son testament (mai 1309) cent livres de rente qu'il assit sur le péage d'Auvillars. Il laissait une nombreuse postérité; mais Bertrand l'aîné de ses fils lui succéda non seulement dans la vicomté de Lomagne, mais encore dans la plupart de ses domaines. Bertrand épousa d'abord Braïde de Blanquefort dont il n'eut point d'enfants et qui lui vendit tout ce qu'elle possédait dans les diocèses de Bordeaux et d'Agen. Devenu veuf, il se remaria à Béatrix vicomtesse de Lautrec dont il eut Régine et Braïde de Goth. La terre de Blanquefort dont sa première femme portait le nom était entre les mains du roi d'Angleterre. Édouard II en montant sur le trône (16 juin 1308), la lui donna pour une rente de quinze mille livres; et dans le cas où cette terre serait insuffisante, il lui assigna le reste sur la coutume de Bordeaux. Il y ajouta (1er février 1312) le château de Puy-Guillem dans le Périgord et la bastide de Monsegur dans le Bazadois.

Philippe-le-Bel, en sa qualité de suzerain, ratifia ces donations trois mois après. Édouard les confirma encore l'année suivante et les augmenta des bastides de Dunes et de Donzac. Le roi de France et Charles fils du roi de Sicile comblèrent aussi Bernard de libéralités; et pour que rien ne manquât à l'élévation de la maison de Goth, Bernard d'Armagnac demanda au vicomte de Lomagne la main de Régine sa fille aînée pour Jean son futur héritier dans les comtés d'Armagnac, de Fezensac et de Rhodez. Le contrat se passa le 6 juin 1311; mais comme les deux fiancés sortaient à peine du berceau, le mariage ne fut célébré que douze ou treize ans après.

Le roi de France ne survécut que quelques mois à Clément; il mourut dans la force de l'âge le 29 novembre de la même année (1314). Il avait régné vingt-neuf ans et n'en comptait que quarante-six. A sa mort le titre de comte de Bigorre qu'il avait pris passa à Charles son troisième fils. Louis, surnommé le Hutin (*huttin*, *noise*, *vacarme*, *tumulte*), l'aîné des trois, déjà roi de Navarre, ajouta à sa couronne celle de France et eut presqu'aussitôt à s'occuper de la querelle entre les maisons de Foix et d'Armagnac. A la mort de Guillemette (29 mars 1310), Philippe-le-Bel adoptant (1) les pensées de Gaston et de Marguerite avait ordonné aux sénéchaux de Toulouse et de Gascogne, d'obliger le comte d'Armagnac à se désister de ses prétentions sur le Gavardan; mais le 1ᵉʳ juin 1313 revenant sur cette décision, il avait infirmé ses propres lettres et chargé Renaud de Moissac d'introduire Mathe dans le château de Gavarret et de la mettre en possession du pays. Ces ordres trouvèrent tant d'obstacles, que le 15 août de cette même année il commanda aux sénéchaux de Toulouse et de Carcassonne de se transporter dans le Gavardan et de placer sous sa main royale la vicomté en attendant qu'il fût statué à cet égard. Bientôt changeant d'avis (*novembre suivant*), il donna main-levée de la saisie et commanda au roi d'Angleterre et à son lieutenant en Guyenne de remettre au comte de Foix le pays contesté. Mais il n'était pas plus facile d'y faire reconnaître Gaston que son rival. Le roi Louis-Hutin dut réitérer les derniers commandements, le 23 mars 1315. Sa voix ne fut pas mieux écoutée que celle de

(1) Inventaire du château de Pau.

son prédécesseur et il oublia bientôt ces faibles débats. Une affaire plus importante occupait ses pensées. Il songeait à porter la guerre dans la Flandre pour venger son père et quelques infractions au dernier traité.

Le comte d'Armagnac appelé à prendre part à cette expédition à la tête de ses vassaux convoqua (1) les états de Rouergue dans le château de Salles-Comtaux pour délibérer avec eux sur les subsides et les hommes qui lui étaient nécessaires. La noblesse et les troupes de l'Armagnac s'étaient déjà rendues à Salles et n'y attendaient que le signal du départ lorsqu'on y apprit qu'une ancienne rivalité entre l'autorité de l'évêque et celle du comte venait de se réveiller avec une nouvelle animosité dans la ville de Rhodez. Chacun d'eux prétendit longtemps être gardien des foires tenues dans la cité, et voulut en conséquence y envoyer des gens pour y maintenir l'ordre et y punir les délinquants. Les habitants eux-mêmes se partageaient. La cité soutenait le prélat tandis que le faubourg favorisait le comte. Un dernier compromis passé quarante ans auparavant donna gain de cause au dernier. Néanmoins en 1345 le vicaire général de l'évêque fit occuper la place où allait se tenir la foire, et ordonna à ses gens de se défendre s'ils étaient attaqués. A cette nouvelle Bernard détacha (2) Guillaume de Montoulieu à la tête d'une compagnie de Gascons. Les habitants du faubourg se joignirent à eux, et tous ensemble ils tombèrent sur les gens de l'évêque qu'ils trouvèrent retranchés. Ceux-ci se défendirent longtemps avec courage, mais voyant quelques-uns de leurs compagnons étendus morts sur le champ de ba-

(1) Bosc, Mémoires sur le Rouergue. — (2) Le même. Manuscrit de M. d'Aignan

taille, ils reculèrent de quelques pas et se barricadèrent dans une vieille tour située dans le voisinage.

La troupe du comte les y assiégea, et fit tous ses efforts pour les obliger à se rendre; mais n'en pouvant venir à bout, elle mit le feu à la tour. Quelques assiégés y périrent, les autres s'élancèrent à travers les flammes et sauvèrent ainsi leur vie. On comptait environ vingt morts ou blessés. Le nombre en eût été bien plus grand si le juge-mage accouru sur le théâtre du carnage, n'eût fait cesser les désordres. L'évêque habitait la cour d'Avignon; c'était Pierre de Plaine-Cassaigne homme de haut savoir et de grande dextérité, chargé par Clément V et Jean XXII de plusieurs négociations importantes et revêtu par eux du titre de légat du Saint-Siége et de patriarche de Jérusalem. Au bruit du sang répandu, il accourut à Rhodez et lança sur le comte, ses vassaux et ses fauteurs toutes les foudres de l'église. Ce démêlé en entraîna plusieurs autres. On contesta de part et d'autre la juridiction, l'étendue des pouvoirs et les droits dont chacun d'eux jouissait dans Rhodez. La querelle s'envenimait tous les jours. Le juge-mage et la noblesse du pays s'interposèrent et décidèrent l'évêque et le comte à choisir pour arbitre Guillaume, évêque de Mende, un des plus habiles jurisconsultes de ce siècle. Guillaume rendit le 3 mars 1316 une sentence, qui sans juger le passé, établissait désormais un paréage entre les deux partis. L'évêque et le comte jurèrent de l'observer dans tous ses points et donnèrent pour garants de leurs promesses Berenguier d'Arpajon, Raymond d'Estain, Arnaud de Landorre, Jean de Morlhon, chevaliers, et six autres seigneurs.

Cette querelle empêcha Bernard d'Armagnac de prendre part à la guerre de Flandre pour laquelle il avait déjà convoqué ses vassaux et où il devait servir avec quarante hommes d'armes, mais Gaston de Foix s'y trouva. Le roi venait de lui pardonner un acte que Philippe-le-Bel n'eût pas vraisemblablement laissé sans punition. Guillaume de Loubens (1) craignant la colère du comte, dont il était vassal et qu'il avait offensé, se réfugia auprès de Louis. Gaston le réclama pour en faire justice. Le prince le remit entre ses mains. Il exigea seulement que Gaston le renverrait aussitôt aux prisons du Châtelet où la cause serait intentée et jugée; mais le suzerain irrité n'eut pas plutôt son vassal en son pouvoir, qu'il le fit pendre sans miséricorde. Louis ferma les yeux sur l'outrage fait à sa couronne et couvrit de sa bannière le comte et ses vassaux. L'expédition ne dura que quelques jours. Les pluies, ayant rendu les chemins impraticables, forcèrent le roi à revenir sur ses pas.

Son beau-frère Édouard d'Angleterre était encore moins heureux que lui dans ses expéditions. L'Écosse lui échappait. Vaincu dans plusieurs combats il s'adressa aux seigneurs Gascons et réclama leur épée. Il écrivit en même temps aux villes et aux cours du Bordelais, de l'Agenais, du Bazadois et des Landes pour solliciter des subsides. Rymer nous a conservé les noms des villes, des monastères, des prélats et des seigneurs qui reçurent un message spécial (*). Les cours se réuni-

(1, Dom Vaissette, tom. 4.

(*) Parmi les villes nous désignerons Bayonne, Dax, Montréal, Courcés, Francescas, La Monjoie, Laroumieu, Condom, le St-Puy, Lassauvetat, Réjaumont, Fleurance, Agen, Villeneuve, Monflanquin, Penne, Tournon, Valence, Lectoure, St-Clar de Lomagne, Dunes, Donzac, Auvillars, le Mas-d'Agenais, le Mas-Timarcon, Puymirol, Port-Ste-Marie, Moyrem[?] Gontaud [...] Pont[...]aume et Mezin

rent. Dans l'Agenais Fleurance offrit cinq cents livres, Lamontjoie cent, Laroumieu deux cents, Francescas quatre cents, Montréal trois cents, Fourcès et Larroque deux cents, Pouypetit cent, Réjaumont douze. Lassauvetat cent, le St-Puy cent, Condom douze cents ; mais elles ne voulurent les donner qu'aux deux termes suivants, la moitié à Pâques et l'autre moitié à la St-Martin. Les barons de l'Agenais furent moins généreux. Ils ne voulurent rien accorder sur leurs revenus directs. Ils permirent seulement qu'on levât sur leurs vassaux quatre sols par feu, mais à la double condition que ceux-ci y consentiraient et qu'eux-mêmes feraient la levée sans que les officiers du roi intervinssent d'aucune manière.

Dans l'église nous trouvons l'archevêque de Bordeaux, les évêques d'Oleron, de Lescar, d'Agen, de Lectoure, de Bazas, de Bayonne, de Dax et d'Aire; les abbés de Clairac, de Condom, de St-Maurin et de St-Sever ; les prieurs de St-Macaire, de Mezin, du Mas-Agenais, de St-Seurin, de St-Caprais-d'Agen, de Layrac et de La Réole. Enfin au nombre des seigneurs sont mentionnés Pierre de Grailly, vicomte de Benauges, Montazin de Noailhan, Guillaume Raymond de Montpezat, Géraud de Marchin, Jean Dubourg, Amalvin de Barès, Sansaverin de Pins, Guillaume Raymond de Ravignan, Arnaud de Durfort, Bernard de Trencaléon, Assiu de Galard, seigneur de Terraube, Arnaud Bernard de Preissac dit le Soudan, le comte d'Armagnac, Guillaume de Caumont, Jourdain de Lisle, seigneur de Montgaillard, Montazin de Galard, co-seigneur d'Espiens, Géraud de Trencaléon et Bernard de Durfort, co-seigneurs de Calignac, Jeanne de Bordeaux, dame de Lavardac, Amaneu de Noailhan, co-seigneur de Ste-Livrade, Nax de Pujol, Bertrand de Fumel, Sansanum de Poitiers, Fortaner de Rats, Auger du Mont, Sans de Pomiers, Elie de Cauperose, Amaneu de Fossat, Amfred, seigneur de Monpezat, Arnaud de Marmande, Vital du Pins, Etienne de Fériol, co-seigneur de Tonneins, Bertrand de Lamothe, Guillaume de Goss, Bernadet d'Albret, Brun du Thil, Gérard de Tastes, Raymond de Hargues, Gassie Arnaud de Spelette, Guillaume du Sault Gassie Arnaud, vicomte de Marennes et Guillard de Castelpers.

Dans les Landes, Bayonne offrit quatre vaisseaux armés et entretenus à ses frais ou si mieux on l'aimait, cinq cents livres sterling. Elle consentit même à en donner six cents. Dax accorda cent onze livres Tournois et rendit une obligation de cent vingt livres que le monarque lui avait empruntées. Sordes donna cinquante livres, Astingues quarante, la terre de Maransin trois cent cinquante, Mimisan soixante, Erbefave cent. Les nobles refusèrent d'abord tout impôt. Ils s'offraient seulement à servir à leurs frais durant un jour, mais ils se laissèrent ensuite gagner et imitèrent les seigneurs de l'Agenais. Ces secours ne ramenèrent pas la fortune sous les drapeaux d'Édouard, et bientôt l'Écosse fut perdue sans retour.

Gaston de Foix après avoir accompagné Louis Hutin dans la Flandre était retourné avec lui à Paris. Il le suivit ensuite à l'abbaye de Maubuisson près de Pontoise où il tomba malade. Sentant son mal s'aggraver, il fit son testament (1) par lequel il léguait le comté de Foix, le Béarn et presque tous ses domaines à Gaston son fils aîné. Il laissait à Roger Bernard son second fils les baronnies de Moncade et de Castelviel, la vicomté de Castelbon et ce qu'il possédait au delà des Pyrénées. Robert, le troisième, qu'il destinait à l'église, n'eut que la nourriture et les vêtements avec mille livres Tournois que son frère aîné devait lui payer quand il aurait atteint l'âge de quinze ans. Outre ces trois fils, le comte de Foix avait trois filles dont l'aînée mourut sans alliance. Blanche épousa Jean de Grailly, Captal de Buch et Jeanne fut unie à Pierre d'Aragon fils puîné de

(1) Inventaire du château de Pau. Dom Vaissette.

Jacques II. Jeanne sa femme ne fut point oubliée. Gaston ajouta mille livres de rente à son douaire et voulut qu'elle eût la tutelle de ses enfants. Il mourut peu de jours après (13 décembre 1315). Son corps fut porté à Paris et déposé chez les Jacobins; mais il fut transporté plus tard à l'abbaye de Bolbone, et inhumé à côté de ses ancêtres.

Gaston II n'avait alors que sept ans. Jeanne qui avait suivi son époux en France prit en main la tutelle sans s'inquiéter de faire publier l'acte suprême qui lui en confiait les soins. Marguerite sa belle-mère y prétendit de son côté, et profitant de l'éloignement de sa belle-fille, elle se hâta de faire occuper le Béarn et le comté de Foix par Raymond de Béarn, à qui l'on fit jurer de ne le remettre qu'à Gaston en personne. En même temps elle intéressa à sa cause les états de Foix déjà indisposés contre Jeanne à cause de l'empire extraordinaire que la jeune veuve avait exercé sur son mari et de quelques actes de sévérité qu'elle lui avait, dit-on, arrachés. Les états de Foix s'assemblèrent durant le mois d'août et nommèrent quelques seigneurs pour aller s'informer en France si leur ancien maître avait fait un testament et s'il avait désigné un tuteur à ses nombreux enfants. En attendant, ils leur donnèrent pour tuteurs provisoires, Jean de Levis seigneur de Mirepoix, Bernard Jourdain seigneur de l'Isle-Jourdain, Raymond de Durfort, Pierre Arnaud de Château-Verdun et Guillaume Arnaud du Pont.

Marguerite, qui avait inspiré ces choix, crut prudent de s'en entendre avec les gens du roi. Elle convint avec eux que durant le litige qui s'était ouvert, Bernard Jourdain de l'Isle gouvernerait sous l'autorité de la couronne de France le comté de Foix au nom de Gaston II, jusqu'à ce que celui-ci eût atteint sa quatorzième année, et que jusqu'à cette époque ni Gaston, ni ses frères ne pourraient être mariés ni promis en mariage sans la permission du roi et la volonté des amis de la maison de Foix et de Jeanne, leur mère. Toutes ces précautions furent inutiles. La cour de France se prononça pour la veuve et anéantit les prétentions de Marguerite. Jeanne amie du luxe, ou plutôt prodigue et dissipatrice, profita de l'autorité qu'on déposait dans ses mains pour emprunter au nom de son fils une somme considérable aux Florentins qui avaient remplacé en France les banquiers Juifs ou Lombards, et leur engagea la gabelle d'Ax avec les revenus d'une quinzaine de terres. Cet acte imprudent servit d'armes à ses ennemis. Raymond de Béarn se porta hautement son accusateur. Il lui reprochait ses dépenses excessives, son caractère dur, violent et opiniâtre, son séjour hors des domaines de ses enfants et surtout sa conduite légère. Elle donnait ses jours au sommeil et passait ses nuits dans des jeux et des bouffonneries (*in truffis*) indignes de son rang. Quelques-unes de ces accusations paraissent fondées, quoique la haine les ait grossies; mais dans la réalité on redoutait son administration et on voulait l'éloigner à tout prix. Les mœurs qu'on lui reprochait n'étaient que les mœurs de la France du nord où elle avait été nourrie et où elle aimait à habiter. Cette fois encore les efforts des ennemis de Jeanne furent déjoués et son autorité fut maintenue.

Pendant que Gaston rendait le dernier soupir, l'archevêque d'Auch assemblait à Nogaro un nouveau Concile où assistèrent Garsias Arnaud évêque de Dax

Thibaud de Baza, Arnaud de Lescar, Guillaume de Lectoure, Guillaume d'Oleron, Bernard de Ville, élu et confirmé de Bayonne. L'évêque d'Aire occupé au loin s'y fit représenter par son vicaire-général. Arthur de Couranne chanoine et vicaire-général de Tarbes y parut muni de la procuration de l'évêque de Conserans. Augé de Mauvezin chanoine de Comminges y fut député par cette église dont le siége était vacant. Avec les procureurs du Chapitre et des églises cathédrales et collégiales de la province, on y vit Guillaume abbé de Pessan, Augé de Simorre, Municipe de Saramon, Bernard de Flaran, Raymond de Bouilhs, Pierre de Sordes, Pierre de La Caguete, Guillaume de Luc, Bernard de St-Sever de Rustan, Bernard et Arnaud des deux maisons de La Reole, N. de Tasque ainsi que les procureurs des autres abbés, prieurs, archiprêtres et prélats ecclésiastiques. On y fit cinq Canons. Le premier défend aux seigneurs temporels de se saisir des églises à la mort des titulaires sous peine d'excommunication. Le deuxième, rappelant que le clergé dans la province étant exempt de tailles ne peut être contraint à y contribuer, déclare ceux qui l'y forceraient ainsi que leurs fils, leurs frères et leurs neveux, incapables jusqu'à la quatrième génération de posséder aucun bénéfice ecclésiastique et les prive de la sépulture chrétienne. Il soumet même à l'interdit le lieu où aura été commise cette violence. Le troisième mérite surtout d'être rapporté; nous le citerons tout entier. « Comme, selon les statuts, on ne doit pas refuser le sacrement de pénitence aux criminels condamnés à mort quand ils le demandent, voulant détruire entièrement l'abus damnable établi dans certains lieux contre ce principe nous exhortons dans le seigneur et nous conjurons par la miséricorde de J.-C. tous les officiers de justice de ne pas s'en rendre coupables. Nous enjoignons en même temps aux ordinaires des lieux de ne pas oublier de les prévenir aussitôt qu'ils le pourront, et s'il est nécessaire de les y contraindre par les censures. » Le quatrième frappe d'excommunication ceux qui attaquent les serviteurs et les familiers de l'évêque. Le dernier enfin enjoint aux curés des paroisses de publier souvent dans leurs églises pendant la solennité des saints mystères les constitutions papales sur les interdits et les excommunications.

L'évêque de Dax, Arnaud, ou plutôt Garsie Arnaud de Caupène (1) avait succédé à Arnaud de Ville, mort le 7 mai 1305 et enterré à Bayonne devant le maître-autel. Son père avait embrassé avec chaleur le parti de Philippe-le-Bel contre Boniface. Après la mort du pontife, l'ardent chevalier se repentit d'être allé aussi loin, et pour expier sa faute il fit des dons considérables à l'église de Dax. Son fils ne fut pas sans doute étranger à son repentir et à l'acte de munificence qui le signala. Le prélat, à la prière de Marguerite de Béarn, donna lui-même à l'hôpital de Duran la moitié des dîmes de La Bastide et de Villefranche. Il eut quelques démêlés avec le sénéchal de Guyenne et avec Amanieu d'Albret au sujet de la juridiction sur les lépreux que l'église et l'état se disputaient. Il prolongea longtemps encore sa carrière; nous le trouvons en 1326 transigeant avec son Chapitre et en recevant quelques dîmes dont il devait à peine jouir, car il mourut le 8 janvier suivant et

(1) Gallia Christiana. Manuscrit de Dax.

fut inhumé dans sa cathédrale à la droite du maître-autel. Il laissait une fortune considérable, mais la mort l'empêcha d'en disposer. Dans une charte de 1333 où il est parlé des biens de ceux qui meurent sans testament et de l'argent qu'on doit alors payer au pape, on s'élève contre Raymond de Duran sénéchal des Landes, pour s'être saisi d'une grande partie du trésor de Garsie Arnaud de Caupène le dernier évêque de Dax.

Théobald de Castillon (1) venait de remplacer à Bazas Guillaume de Lamothe dont le frère Amanieu de Lamothe avait épousé Elpide de Goth sœur de Clément V. Plusieurs prélats s'étaient assis sur ce siège depuis Hugues de Rochefort. Vers la fin de l'épiscopat de Hugues, Edouard Ier vit d'un œil jaloux que la monnaie de Morlas, frappée au coin d'un prince étranger, eût plus de cours dans la partie de la Gascogne soumise à son empire que sa propre monnaie d'Angleterre. Il défendit à tous ses sujets de l'admettre et de la faire circuler. L'évêque, le Chapitre et la Communauté de Bazas se plaignirent aussitôt au prince. Ils lui exposèrent (2) que la monnaie interdite était et avait été de tout temps en usage dans toutes les transactions du Bazadois et dans tout le pays placé en deçà de la Garonne; que quoiqu'elle fût spécialement la monnaie de Gaston et de ses prédécesseurs, ni lui, ni son lieutenant, ne pouvaient ni la changer, ni la hausser, ni l'affaiblir sans le consentement de tous les prélats, barons et Communautés de la province d'Auch. Ils le conjuraient de lever la défense et de les laisser jouir de la liberté qu'avait eu de tout temps le pays. La remon-

(1) Gallia Christiana. — (2) Marca, liv. 4, ch. 16.

trance fut accueillie et les sols Morlas triomphèrent des sterlings d'outre-Manche.

Hugues fut remplacé par Guillaume de Geoufroi né dans le diocèse de Périgueux et abbé de Belle-Perche avant de monter sur le siège de Bazas. Suivant une inscription gravée sur sa tombe et à demi rongée par le temps, il paraîtrait qu'il serait mort en 1293; mais c'est une erreur, car en 1296 il confirma l'union des dîmes de Ste-Bazeille à la mense capitulaire. Après lui vint Arnaud de Foulguet (*Arnaldus Falgueti*), qui mourut en 1302. Guillaume de Lamothe son successeur prêta serment le 27 août de cette année. Il appartenait à une des familles des plus riches et des plus anciennes de la province. Peu de mois après son sacre il érigea l'église de St-Michel de La Réole en collégiale et y attacha douze chanoines auxquels il donna des statuts particuliers. Le roi d'Angleterre lui écrivit au sujet d'un attentat commis par les seigneurs d'Estang et de Montoulieu. Clément V le transféra à Saintes et plaça à Bazas Théobald de Castillon; mais Jean XXII successeur de Clément n'approuva pas la translation. Il rappela Guillaume à Bazas où il mourut en 1348. Théobald, nommé à Saintes quoique bien jeune encore, mourut avant son oncle. Les deux prélats donnèrent aux enfants de St-François la maison que les Templiers possédaient à Bazas. Elle fut abattue, et sur son emplacement et avec ses débris s'éleva le couvent et l'église des Cordeliers.

Arnaud d'Arbus ou d'Arboux (1) avait succédé vers l'an 1302 ou 1303 à Raymond Auger placé sur le siège

1 *Gallia Christiana*.

de Lescar après Arnaud de Morlas. Si nous devons en croire à quelques listes des abbés de St-Sever (Landes), Guillaume de Pouyartin fut nommé en 1304 à l'évêché de Lescar, mais il abdiqua et devint abbé de St-Sever, maison qu'il gouverna jusqu'en 1357. Cette opinion est assez gratuite, à moins que Guillaume n'eût été un des concurrents d'Arnaud, et que forcé de renoncer à ses prétentions, il n'eût été appelé à gouverner cette abbaye.

Nous avons déjà nommé Guillaume de Bordes frère du cardinal de ce nom. Bahuse ne le fait monter sur le siège de Lectoure qu'en 1311, mais il avait déjà remplacé Raymond en 1306 ou le plus tard dans les premiers jours de 1307 (1). Clément V le mentionne dans une lettre datée de la seconde année de son pontificat. En 1310 Guillaume de Bordes fit déposer par Vital de Brunchaque chanoine de St-Gaudens quatre mille livres Tournois dans un coffre placé dans le dortoir des Dominicains de Toulouse. Guillaume est aussi nommé dans le testament de Condore de Saubole, veuve de Bertrand de l'Isle, seigneur de Terraube (2), qui choisit sa sépulture dans le tombeau de son mari érigé devant le maître-autel du couvent de Bouillas. Ce testament fut passé au château de Royale de Faudoas, femme d'Aysius de Goulard ou de Galard dont les descendants possèdent encore la seigneurie de Terraube. On croit que ce prélat consacra l'église de Lectoure en 1325. Ce qu'on sait, c'est qu'il légua à son chapitre quelques revenus qu'il avait acquis dans la ville de St-Clar. Sa mort est fixée au 26 février, mais on ignore l'année.

1° Gallia Christiana. — 2° Généalogie imprimée des Faudoas

Guillaume Arnaud d'Oleron (1) est à peine connu. Il avait été sacré en 1310 et avait succédé à Pierre Raymond, cet abbé de St-Sever que nous avons vu élever au cardinalat et qui ne s'arrêta que quelques mois sur le siège d'Oleron. Pierre-Raymond avait lui-même remplacé Gaillard de Ladous mort le jour du Vendredi-Saint 1307 ou 1308.

L'évêque d'Aire (2), Guillaume, appartenait à la noble famille de Corneillan qui donna successivement quatre évêques à l'église de Rhodez et un grand-maître à l'Ordre de Malte. Il avait succédé l'année précédente à Bernard. Son épiscopat n'est guère plus connu que celui de son prédécesseur. Nous savons seulement qu'il transigea avec les habitants d'Eyres au sujet de quelques dîmes. Il vivait encore en 1323 suivant un titre de St-Mont dont ses ancêtres avaient été les bienfaiteurs. Il dut mourir peu après, car son successeur gouvernait l'église d'Aire l'année suivante.

Bernard de Ville dont le Concile confirma l'élection ne fit que s'asseoir sur le siège de Bayonne (3). Il venait de succéder à Pierre de Marennes, issu sans doute des vicomtes de ce nom. Pierre avait succédé lui-même à Arnaud Raymond de Montagne, de Mont ou de Monts. Ce dernier transigea avec les Pères Augustins qui étaient venus s'établir dans la paroisse de la cathédrale sans l'autorisation du prélat et de son Chapitre. Les religieux s'obligèrent à payer aux chanoines une rente de soixante sols Morlas. Au prix de cette redevance on autorisa leur établissement et on leur permit même de bâtir une église et d'avoir un cimetière. Leur couvent s'éle-

---

(1) *Gallia Christiana*. — (2) La même et Manuscrit d'Aire. — (3) La même et Manuscrit de Bayonne.

vait aux portes de la ville. En 1522, on le jugea trop voisin des remparts. Le seigneur de Lautrec lieutenant du roi dans la province et St-Bonnet gouverneur de la ville en ordonnèrent la démolition. François Ier, pour les dédommager et leur faciliter le moyen de construire une nouvelle maison dans l'intérieur des murs, leur accorda, le 27 février 1527, une somme de six mille huit cent trente-huit livres; mais n'ayant pu en toucher que trois mille, ils furent obligés de suspendre les travaux qui se traînèrent bien longtemps.

Pierre de Ville mourut peu après le Concile. Il fut remplacé par Pierre de Masas d'une ancienne famille de la province. C'était un Dominicain que Jean XXII nomma au siège de Bayonne dans les Quatre-Temps de l'Avent 1346. Il avait rempli la charge de définiteur dans le chapitre tenu à Perpignan. On remarqua à son sacre deux autres prélats de son Ordre, Arnaud Fradet et le suffragant de l'archevêque d'Auch, pauvre évêque, dit la chronique, qui servait de vicaire au riche métropolitain. Il eut avec les Dominicains ses anciens confrères un procès qui fut porté devant Jean XXII son bienfaiteur. Le cardinal Godin (1), ancien Dominicain aussi, se plaisait à combler de ses libéralités la maison où avait été élevée son enfance et qui avait reçu ses premiers vœux. Sous ses auspices les murs s'agrandirent; une chapelle voisine fut acquise, un cimetière plus vaste remplaça celui du couvent. Le chapitre (*) soutenu par son évêque s'opposa à cet agran-

1) Manuscrit de Bayonne.

(*) Le Chapitre se composait alors de Bernard de Sault, chapelain majeur, Nicolas de Ormos, maître au chœur, Sicarius de Labat, Jean de Ville, Guerlan-Arnaud de Damazan et Pierre de Lagarde,

dissement. La résistance fut vive, mais elle dut céder aux ordres du souverain pontife, ou plutôt à l'excommunication qui fut lancée en son nom. Le cardinal Godin, toujours généreux en faveur de l'Ordre, fit élever peu après la magnifique église que les Jacobins montrèrent longtemps avec orgueil.

L'évêque de Couserans que représentait Arthur de Coarrase était Arnaud Fradet (1), ce Dominicain dont nous avons déjà parlé à l'occasion du sacre d'Arnaud de Ville. Né dans le diocèse de Bordeaux, il fut connu de Clément V, qui le choisit pour son confesseur et son chapelain et le nomma enfin à l'évêché de Couserans. Le nouveau prélat combattit les exactions de Philippe-le-Bel et se rendit suspect à ses yeux. Ami de la discipline, il fit pour son chapitre des règlements que Jean XXII approuva la seconde année de son pontificat. Fradet vécut encore plusieurs années. Une mort sainte couronna ses vertus la veille de l'Ascension 1329. Il fut inhumé chez les Dominicains de Rieux dont il avait bâti la maison. Dans son testament il légua une cuculle à chaque Dominicain de la province et une gratification à tous les couvents de son Ordre. Avant lui plusieurs prélats s'étaient assis sur la chaire de St-Lizier depuis Nicolas mort en 1270. Nicolas eut pour successeur Pierre de Sauboles (2) frère de Hugues seigneur du Cauze et d'Ardisas d'une ancienne et opulente famille de la province. Deux de ses nièces étaient mariées, l'une à Bertrand de l'Isle-Jourdain seigneur ou plutôt co-seigneur de Terraube et l'autre à Bertrand de Faudouas. Pierre transigea en leur nom au sujet des droits

(1) *Gallia Christiana*.—(2) La même et Généalogie de la maison Faudouas.

de la ville de Lévignac dont Réale de Montech leur mère avait la seigneurie. Il fut remplacé par Raymond son frère ou son neveu, si toutefois il n'est pas le même que celui que l'on place ordinairement après lui; car nous trouvons en 1269 Pierre-Raymond de Sauboles prieur de Nérac, exécuteur testamentaire de Hugues de Sauboles son frère et stipulant pour sa belle-sœur au mariage de sa nièce avec le seigneur de Faudouas. Ce Pierre-Raymond est évidemment l'évêque de Couserans. De ces deux noms on aura fait deux prélats différents; ce qui est d'autant plus vraisemblable que Raymond, le dernier des Sauboles, mourut le 15 septembre 1274. Ainsi son prédécesseur et lui n'auraient siégé que cinq ans.

Raymond de Restouil vint ensuite et mourut après deux ou trois ans de pontificat. Auger de Montfaucon fut élu en 1279. Il était issu d'une ancienne famille de la province à laquelle appartenait le père de Montfaucon, le rival des Mabillon, une des gloires de l'Ordre de St-Benoît ou plutôt de la France entière. Auger fit des statuts qui réglaient les honoraires des curés dans les enterrements. Le pasteur avait le meilleur des habits du défunt. Nous trouvons cet usage et quelques autres aussi étranges dans une transaction très-curieuse passée entre les consuls de Montfort, canton de Mauvezin (Gers) et le curé de la paroisse. Nous la donnerons toute entière dans notre 6e volume.

Le prélat orna de peintures l'église de St-Lizier et fit construire à ce qu'on croit les stalles du chœur. Du moins on y remarque fréquemment un faucon perché sur une montagne. Ce qui est certain c'est qu'il mourut en 1303 et fut enterré dans la cathédrale où on lit encore son épitaphe. A Auger succéda Bernard de Montegut élu et confirmé au Concile de Nogaro, tenu après la mort de son prédécesseur. Bernard tint le siége six ans et mourut en 1309. Cette même année, Arnaud d'Espagne vicomte de Couserans fonda un couvent de Dominicains à St-Girons, de concert avec sa femme Philippe sœur du comte de Foix. Au décès de Bernard de Montegut, le pape se réserva la nomination et choisit Arnaud Fradet.

L'évêque de Tarbes n'avait paru au Concile ni par lui-même ni par ses délégués. Nous le trouvons néanmoins présent lorsque le métropolitain confirma les statuts arrêtés par l'assemblée. Il est vraisemblable que le siége vaquait encore quand le Concile s'assembla et que la nomination suivit de près; peut-être même eut-elle lieu durant l'assemblée. Hunald de Lantal ou Lantar, appelé sur ce siége, était abbé de Lezat et venait de construire le cloître de ce monastère. Nous le retrouverons bientôt.

Le successeur de Clément V se faisait encore attendre. Enfin après une des plus longues et des plus déplorables vacances dont les annales de l'église aient été affligées, la chaire de St-Pierre fut occupée le 7 août 1316, par Jacques d'Euse né à Cahors et qu'on dit fils d'un savetier ou d'un cabaretier. On ajoute communément que chargé par ses collègues de désigner le souverain-pontife, il se nomma lui-même; mais de ces deux assertions la première est peu vraisemblable et la seconde est fausse; nous la croyons même à peu près unanimement rejetée de nos jours.

Le nouveau pontife prit le nom de Jean; il est le XXIIe de ce nom. A peine assis sur la chaire de St-

Pierre, il chercha à éteindre la querelle qui agitait le Midi. Le 21 mars 1317, il adressa d'Avignon une bulle à l'archevêque d'Auch et le chargea de rétablir la paix entre Mathe et Marguerite et entre leurs enfants. Il lui adjoignit Isnard de Montaut gardien des Cordeliers d'Agen; mais celui-ci fut attaqué en traversant Valence d'Agenais dont il avait irrité les habitants par une excommunication imprudente, et sans l'intervention du vicomte de Lomagne et du sénéchal d'Agenais qui volèrent à son secours, il eût couru risque de la vie. Il ne fut guère plus heureux auprès des deux maisons rivales. Ses efforts et ceux de l'archevêque ne purent amener qu'une trêve de six mois. L'archevêque avait lui-même un différend avec Hunald de Lantar au sujet de quelques dîmes qui semblaient naturellement appartenir au diocèse d'Auch. Hunald réclamait Lartigue, Gellenave, St-Gô, le Mimort (*de homine mortuo*). Un compromis les donna à Amanieu. Quelques autres paroisses plus voisines de Plaisance furent adjugées à l'évêque de Tarbes. Les deux prélats acceptèrent cette décision à la tête de leurs chapitres réunis en assemblée (1) (*).

(1) Pièces justificatives de M. d'Aignan.

(*) L'archevêque (13 juillet 1318) était entouré de Guillaume-Arnaud de Francs, abbé de Faget, Pierre de Baulat, archidiacre de Savanès, Bernard de Manciet, archidiacre de St-Puy, Arnaud de Landoneys, prévôt de St-Justin, Vital de Mombel, archidiacre de Savanès, Amanieu du Lau (de Lauro), archidiacre de Magnoac, Pierre de Lafargue (Fabri), prieur de Salegrand, Bernard de Lamaguère, abbé d'Idrac, Fortanier de Baulat, archidiacre d'Astarac, Arnaud de Molère, archidiacre d'Eauze, Maurin de Biran, cet ancien curé de Barran devenu chanoine, Bernard de Sos, Guillaume Othon de Villefranche qui, avec trois autres membres, composaient alors le Chapitre de la métropole. Autour de l'évêque de Tarbes (10 août) se

Jean XXII, après avoir essayé de rétablir la paix dans le Midi, y multiplia les évêchés. Seize nouveaux sièges y furent créés (1) Mirepoix, Montauban, Lavaur, Rieux, Lombez, St-Papoul, Alet, St-Pons de Thomières, Castres, Condom, Tulle, Sarlat, St-Flour, Vabres, Mailleraye et Luçon. Deux seuls sont situés dans la Gascogne, quoiqu'ils n'aient jamais appartenu à la province ecclésiastique d'Auch.

Nous avons les bulles qui regardent Condom (2). Par une première, datée du 13 août 1317, le pontife érigeait l'abbaye en évêché, et par une seconde du même jour il séparait le nouveau diocèse de celui d'Agen dont il avait fait partie jusqu'alors. Il laissait à celui-ci la rive droite de la Garonne et assignait à l'autre la rive gauche avec les revenus qu'y percevait le prélat. Les moines de l'abbaye allaient former le chapitre sans néanmoins renoncer à leur habit ni à leurs observances. Eux seuls devaient nommer l'évêque. Leur choix s'arrêta aussitôt sur Raymond de Galard leur abbé. Raymond appartenait à la noble famille dont il portait le nom et qui eut désormais (*) le privilége de conduire la haquenée du prélat dans son entrée solennelle au jour de sa prise de possession et de le servir à table. Il avait succédé à Arnaud Othon de Caseneuve en 1306.

---

pressaient Arnaud de Lavedan, archidiacre de Bagnères, Benoît Dupuy, archidiacre de Montanerès, Navarre de N. , archidiacre de Lavedan, Odon de Marsac, archidiacre de Baseillac, Garsic Arnaud d'Intrans, archidiacre de Rive-Adour, Auger de Bise, sacristain, Géraud d'Artès, infirmier, Guillaume d'Artous et Arnaud-Guillaume de Doucet, tous chanoines de la cathédrale de Tarbes.

(1) *Collect. Concil.* tom. 11. — (2) *Manuscrit de M. de Lagutère.*

(*) M. de Goas ayant dans la suite acheté la terre de Galard, prétendit conduire l'évêque, mais il fut débouté de ses prétentions

Peu de mois après avoir pris en main l'administration du monastère, il autorisa le prieur de Nérac à abandonner à Amanieu sire d'Albret la justice et le droit de péage que le prieuré possédait dans la ville, ainsi que douze deniers de fief que lui payait annuellement la maison d'Albret : c'était donner la seigneurie de Nérac à Amanieu. Aussi le sire d'Albret assurait au prieuré les boucheries et le moulin de la ville avec l'exemption du péage dans toutes les possessions de la maison d'Albret et la permission pour les serviteurs du couvent de porter les armes dans toute la baronnie de Nérac. Il s'obligeait en outre en signe de vassalité de donner une cucule et une aumusse à chaque mutation d'abbé et de prieur.

Le roi d'Angleterre vit avec peine cette transaction; et oubliant tout ce qu'il devait aux services que le sire d'Albret avait rendus à sa couronne, il ordonna à Jean de Ferrières sénéchal d'Agenais de se saisir de Nérac sous prétexte du paréage passé avec l'abbé de Condom. Amanieu essaya de se défendre et fut soutenu par le vicomte d'Orthe et de Marennes, et par Fortaner de Bats. En même temps il en appela à la France et se plaça sous sa sauve-garde; mais au mépris de cet appel le sénéchal (1) suivi d'Odon de Ladoux, d'Arnaud de Castelnau et de Guillaume Arnaud de Gelas entra à la tête de plus de quatre mille soldats sur les domaines d'Amanieu et de ses auxiliaires, et y promena longtemps le fer et la flamme. Le sire se sentant trop faible pour soutenir la lutte en appela de nouveau à la France. Il se plaignait surtout de Raymond de Laclaverie, de

(1) Coll. Doat. tom. 15 et 16.

Guillaume de Goyon, bayle de Lembege, de Gaillard de Bernede, d'Aramon de Bezoles, de Pierre de Belin, de Bertrand de Lalanne et d'Amerigot de Gavaston. Pierre de Castan envoyé par le vicomte d'Orthe se joignit à lui. Leur voix fut écoutée. Philippe secrètement prévenu contre Edouard par Isabelle sa fille, qui n'avait pu voir qu'avec un profond dépit la place de l'épouse dans le cœur du roi occupée par un vil favori, ordonna de cesser sur-le-champ toute hostilité et condamna le monarque anglais à payer une indemnité de vingt mille livres Tournois. Il se montra encore plus sévère à l'égard des seigneurs Gascons. Il les bannit presque tous du royaume.

Edouard n'avait pas attendu cette sentence; il craignit que la querelle ne s'étendît et se hâta de nommer des commissaires pour vider les différends. Peu de jours après, il espéra mieux ramener par lui-même les esprits, et écrivit à Amanieu une lettre pleine d'affection dans laquelle il déclarait vouloir juger en personne. Le pape se mêla au monarque pour prêcher la réconciliation; ce qui semblerait faire entendre que la Gascogne n'était guère plus paisible que l'Angleterre. Rien ne pousse aux troubles et aux désordres comme un gouvernement faible et imprévoyant. Edouard s'en prit à Raymond de Galard qu'il accusa d'avoir fait naître ce différend, et il ne tarda pas à lui en témoigner son mécontentement.

La vieille querelle entre les abbés et la ville s'étant réveillée au sacre du nouvel évêque, le sénéchal de Gascogne, par ordre de son maître, se déclara pour les bourgeois. L'évêque en appela au roi de France, ressource ordinaire de tous ceux qui avaient à se plaindre de l'Angleterre. En attendant il lança un interdit sur la ville et s'achemina vers la cour d'Avignon où il se joignit aux archevêques de Narbonne et de Toulouse, et aux évêques de Lectoure et d'Agen pour accorder à tous les pèlerins, qui traverseraient Condom, le droit d'être reçus et nourris dans l'hôpital que venait de fonder le cardinal Teste. Edouard fut vivement piqué de cette double mesure. Il en écrivit à la fois au roi de France, au pape et aux cardinaux (12 décembre 1322). Il exposait à Philippe-le-Bel la nullité de l'appel. Il allait plus loin auprès du pape: il lui demandait d'éloigner le prélat d'un siége où son ministère serait désormais infructueux, et le conjurait de lever l'interdit encore observé dans toute sa rigueur après plus d'un an et demi. Enfin il priait les cardinaux d'appuyer sa demande et d'obtenir du saint-Père la translation de Pierre de Galard à un autre siége. Bertrand de Galard parent du prélat fut enveloppé dans sa disgrâce. Edouard l'accusait d'avoir usurpé quelques droits dans la commune dont il portait le nom au détriment de la ville de Francescas. Mais le monarque anglais était alors occupé à lutter à la fois contre le comte et contre les grands de son royaume qu'avait soulevés l'orgueil et le crédit des Spenser plus puissants et plus absolus que n'avait été Gaveston. Il renouvela quelques mois après ses instances auprès du souverain pontife et du sacré-collége; mais ses démarches n'ayant point obtenu de succès, il abandonna cette affaire; du moins nous en ignorons l'issue, et Pierre de Galard resta sur le siége de Condom.

L'évêché de Lombez fut distrait du diocèse de Toulouse ainsi que St-Papoul, Rieux, Lavaur et Mirepoix. Pour dédommager le prélat dont il démembrait ainsi le siége, le pape érigea la cathédrale de Toulouse en métropole et y plaça Jean de Comminges qu'il transféra de Maguelone. Jean était fils de Bernard VIII comte de Comminges et de Laure de Montfort. Deux autres de ses frères étaient entrés dans l'église. Simon, l'un d'eux, fut nommé à Maguelone, mais il mourut avant son sacre. Roger le troisième (1) était abbé de Lombez. Jean XXII l'en créa premier évêque; et comme il n'avait pas l'âge fixé par les Canons pour être promu à l'épiscopat, il lui donna les dispenses nécessaires. Le souverain-pontife mit sur le siége de Montauban Bertrand Dupuy son chapelain qui mourut trois mois après en allant prendre possession de son évêché, et lui substitua alors Guillaume de Cardaillac abbé de Pessan. Enfin il appela à Lavaur Roger d'Armagnac (2) frère de Bernard VI. Roger avait longtemps porté le titre de vicomte de Magnoac, non qu'il eût reçu tout le Magnoac en apanage; la propriété de ce pays était alors et fut plusieurs siècles encore possédée par la famille de Labarthe; mais il avait eu la ville et le territoire de Mauléon que l'on qualifiait souvent de vicomté de Magnoac. En se vouant aux autels, il abandonna la baronnie à Bernard son frère qui la transmit à son fils. Elle s'accrut entre leurs mains et resta dans la maison d'Armagnac jusqu'à la catastrophe de Lectoure sous Louis XI.

Amanieu archevêque d'Auch survécut à peine à la promotion de Roger son neveu (3); il mourut en 1318,

(1) *Gallia Christiana.* — (2) *L'Art de Vérifier les dates, Grands Officiers de la couronne.* — (3) Dom Brugelles, M. d'Aignan, *Gallia Christiana.*

mais le cartulaire d'Auch et les nécrologes de La Case-Dieu et de St-Sever varient sur le jour et le mois. Il paraît qu'avant sa mort il s'était, selon la dévotion du temps, fait aggréger dans cette dernière abbaye en s'associant aux prières de la Communauté sans en adopter ni l'habit, ni les observances. Il portait *d'argent au lion de Gueules* qui est d'Armagnac. Après lui avoir rendu les honneurs funèbres, le chapitre élut pour lui succéder le nouvel évêque de Lavaur. Le pape approuva la translation et lui expédia ses bulles. Roger prit possession canonique de la métropole à la fin de juin 1349; mais son élection avait été attaquée. L'opposition grandit en peu de temps, et Roger ami de la paix céda à l'orage. Il abandonna Auch et retourna à Lavaur dont il mourut titulaire.

Nous ignorons l'époque de ce désistement; mais il avait eu lieu en 1321, car nous trouvons que, cette année, le lundi après St-Luc, les vicaires-généraux auxquels le roi de France s'était adressé pendant la vacance du siége, convoquèrent un Concile provincial à Vic-Fezensac pour le lundi après la St-Martin-d'Hiver afin d'y entendre les propositions royales et d'y voter un subside dont l'État avait besoin. Les lettres des vicaires-généraux sont adressées aux abbés de St-Orens, de St-Mont, de Berdoues, de Ste-Dode, de Peyrusse-Grande, aux prieurs d'Eauze et de Vopillon et au doyen de Ste-Christie. Nous ne savons autre chose du Concile. Le siége vaquait encore l'année suivante, car les officiers du pape se firent rendre compte des revenus de l'archevêché. Des chartes de Gimont prouvent que la vacance se prolongea encore en 1323.

L'orage, qui l'avait amenée, naquit autour de la

tombe de Bernard comte d'Armagnac, frère de Roger. Bernard avait paru à la tête des seigneurs Gascons qui prêtèrent serment de fidélité à Philippe-le-Long frère et successeur de Louis-Hutin. Peu après son inauguration, le roi, ayant résolu de visiter en personne le Languedoc, écrivit à Bernard, au comte d'Astarac et à quelques autres seigneurs de se trouver dans l'octave de Noël à Toulouse où il voulait délibérer avec eux sur diverses affaires importantes. Mais ce voyage n'eut pas lieu. Poursuivant la querelle de ses prédécesseurs, Philippe s'était hâté de porter à son tour la guerre dans la Flandre. Il appela sous sa bannière royale toute la noblesse du royaume. Le comte d'Armagnac ne put répondre à cet appel ; il fut prévenu par la mort au commencement de mai 1319 (1). Il avait fait dès 1312 son testament qu'on garde aux archives de Pau. Il y établissait pour son unique héritier Jean son fils, et comme celui-ci n'avait alors que douze ou treize ans, il lui donnait pour tuteurs Roger alors vicomte de Magnoac et Aymeric de Narbonne. Le premier devait administrer l'Armagnac et le Fezensac, et le second le Rouergue. Les deux filles furent apanagées. Mathe l'aînée épousa depuis le sire d'Albret et eut vingt mille livres de dot. On ignore l'alliance d'Isabeau la seconde; mais on sait que son frère lui donna la terre de Beres ou Bars. Leur père eut aussi un fils naturel nommé Jean qui embrassa la carrière des armes et que son courage fit surnommer la *Guerre*. Bernard fut enterré dans l'église métropolitaine à côté de son père (*).

A la nouvelle de sa mort, Jean XXII espéra pou-

(1) Grands Officiers, l'Art de vérifier les dates, M. d'Aignan.
(*) Voir Note 5 à la fin du volume.

voir faire proroger la trêve conclue sous ses auspices entre les maisons de Foix et d'Armagnac, ou peut-être même la faire changer en une paix définitive. Il écrivit (1) à l'évêque de Lavaur et à Gaston de Fezensaguet et les pressa d'engager Mathe leur mère à se réconcilier avec son neveu. Il offrait sa médiation et promettait de suspendre les graves et importantes affaires qui assaillaient en foule le trône pontifical pour s'occuper de ce différend. Sa voix fut enfin entendue et la querelle s'assoupit durant quelques années. Marguerite de Béarn sœur de Mathe venait de mourir après avoir fait son testament le 20 mai 1349 (2). Elle instituait héritier Gaston comte de Foix, l'aîné de ses petits-fils, donnait à Roger-Bernard frère de Gaston les terres de Moncade et de Castelviel, à condition qu'il abandonnerait au comte de Foix tout ce qu'il prétendait sur la vicomté de Castelbon, assignait à Robert de Foix, le troisième frère, les revenus de la vicomté de Gavardan jusqu'à ce qu'il eût dix mille livres de rente en bénéfices ecclésiastiques, et léguait six cents livres de rente à chacune de ses trois filles. Elle fut enterrée dans le couvent de Bayries près des cendres de sa mère.

Jeanne d'Artois s'empressa de prendre possession du Béarn, du Marsan et de Gavardan au nom de son fils. L'état de la ville de Mont-de-Marsan venait de changer. Une mairie avait été établie, et à cette occasion il y avait été fait des règlements qui nous ont été conservés et que nous avons jugés assez curieux pour les placer à la fin du volume (*). Jeanne les confirma le

(1) Dom Vaissette. — (2) Inventaire du château de Pau. dom Vaissette, tom. 4.
(*) Voir la Note 6 à la fin du volume.

13 décembre de cette même année (1319) et s'engagea à les faire ratifier par son fils dès qu'il aurait atteint sa majorité.

Mathe d'Armagnac ne tarda pas à aller joindre sa sœur dans la paix du tombeau. Déjà depuis longtemps (10 juin 1310) elle avait disposé de toutes ses prétentions sur la succession de Gaston et de Mathe de Béarn ses parents en faveur du vicomte de Fezensaguet. Celui-ci ne survécut pas longtemps (1320) à sa mère et à son frère aîné. Valpurge de Rhodez sa femme était morte assez jeune lui laissant deux enfants Géraud et Mascarose. Devenu veuf, Gaston se remaria (1) en 1346 avec Indie fille et héritière de Guillaume de Caumont, qui lui porta quarante-quatre mille livres de rente assises sur la ville de Samatan et sur quelques lieux voisins. Il n'eut de ce second mariage qu'une fille qui épousa dans la suite Raymond Roger de Comminges vicomte de Couserans. L'Art de vérifier les dates lui donne un second fils, Amanieu, qui fut capitaine ou gouverneur de St-Justin (Landes) et dont nous ignorons le sort et la postérité. Nous savons seulement que Jean comte de Poitiers, fils de Philippe-de-Valois lui alloua mille florins d'or pour ravitailler en 1359 la place dont il était gouverneur. Cet Amanieu était vraisemblablement un enfant naturel. Son père en laissa un second dans la personne d'Arnaud Bernard, bâtard d'Armagnac. Ce dernier s'attaqua à l'église et commit tant de méfaits contre l'archevêque d'Auch, que le prélat s'adressa à la cour de France et le fit condamner en 1329 et 1330. Mais le bâtard n'eut pas de peine à obtenir sa grâce. Il tourna ses armes contre les ennemis

(1) Grands Officiers de la couronne.

de l'État, se distingua par sa valeur, et reçut entr'autres gratifications cinq cents livres de rente que le roi établit sur les terres de Gimont et de Cologne. Arnaud Bernard en jouissait encore le 26 juin 1346.

Gaston forma la seconde tige des vicomtes de Fezensaguet, tige qui devait finir si vite et si tristement. Il administra cette vicomté pendant trente-sept ans, et d'une si longue administration, à part ses débats avec la maison de Foix-Béarn, nous n'avons pu recueillir qu'un fait et encore nous est-il transmis sous une date évidemment fautive (1).

Auger de Miramont avait fait périr sous ses coups Géraud de Castelnavet. A la première nouvelle de ce meurtre, Gaston fit enquérir contre Auger et son frère, et les fit citer à comparaître devant lui à Aignan, mais les coupables déclinèrent la juridiction et ne parurent point. Le vicomte les déclara alors ennemis publics, saisit leurs biens et se fit prêter serment de fidélité par leurs vassaux. Soit que cette procédure ne fût qu'un jeu pour soustraire Auger et son frère au juste châtiment qu'ils méritaient, soit que les coupables appartinssent à la domination anglaise, les Anglais, toujours ombrageux sur leurs droits, s'en prirent à Gaston lui-

---

(1) *Coll.* Doat. La charte dont nous n'avons qu'une copie, comme tout ce qui appartient à cette collection, porte pour date 1273, mais Gaston ne succéda à son père qu'en 1284, et il n'y a que ce Gaston dans la maison d'Armagnac. Nous penserions assez qu'il y a erreur dans le nom, et qu'à la place de Gaston il faudrait lire Géraud. Celui-ci était en effet comte d'Armagnac en 1273. Aignan, Nogaro et les communes nommées lui appartenaient, tandis qu'on ne voit trop comment elles auront appartenu au vicomte de Fezensaguet. Le nom n'était sans doute désigné dans l'original que par l'initiale G, et à la place de Géraud, le copiste aura mis Gaston, donnant ainsi le fils pour le père.

même. Luc de Tanay sénéchal de Gascogne le cita à comparaître devant la cour de St-Sever. Gaston ayant fait défaut, il ordonna à Raymond de Mirail de saisir toutes les terres. Raymond se mettait à même d'exécuter la sentence devant la cour de Nogaro, mais Bertrand de Brugnens sénéchal d'Armagnac protesta au nom du vicomte, et il ne fut point passé outre.

Luc de Tanay essaya alors d'une autre voie. Il écrivit aux habitants de Violes, de Sabazan, de Maulichères (*Mauri Serra*), de Lanne-Soubiran et de Lartigue pour les informer qu'il envoyait Raymond avec la mission de placer ces lieux sous la main du roi ; mais Bertrand de Brugnens s'y opposa encore, et l'Angleterre dut respecter les actes de Gaston.

Géraud son fils unique lui succéda dans la vicomté de Fezensaguet et la plupart de ses terres. Mascarose sa sœur s'unit le 24 mai 1321 à Guitard d'Albret vicomte de Tartas. Cette vicomté était entrée dans la maison d'Albret à la mort d'Arnaud Raymond, que nous avons vu en 1295 épouser Condorine de l'Isle-Jourdain sous les murs de Dax, et qui, devenu veuf, se remaria en 1308 à Mathe fille d'Amanieu d'Albret. Ces deux mariages furent stériles et Arnaud Raymond vendit (1) au père de sa seconde femme la double vicomté de Tartas et de Dax dont il était le dernier héritier. Il mourut en 1312, et sa veuve renonça en 1344 à tout ce qu'elle pouvait prétendre sur les biens de son mari et de son père moyennant quinze mille livres qui lui furent constituées en dot lorsqu'elle se remaria avec le seigneur de Bragerac. Mathe de Fezensaguet portait à

1) L'Art de vérifier les dates.

son mari les baronnies de Rudel, de Pons et de Casteljaloux que son père avait achetées à Isabelle d'Albret première femme du comte d'Armagnac.

Le père de Guitard, Amanieu, sire d'Albret, avait épousé Rose du Bourg qui lui apporta les terres de Verteuil et de Veyres, et lui donna onze enfants entre lesquels Bernard Esi, Guitard et Bernard sont les plus connus (1). Bernard était déjà marié avec Hélène de Caumont, Bernard Esi son frère aîné épousa Mathe d'Armagnac sœur du comte Jean (*) le même jour que Guitard s'unit à Mascarose. Guitard et Bernard renoncèrent alors à tous les biens de leur père en faveur de leur aîné. Mais Bernard se repentit bientôt de sa générosité; il se ligua avec les ennemis de son père, prit les

(1) L'Art de vérifier les dates. Grands Officiers de la couronne.

(*) Jean d'Armagnac donna à Mathe sa sœur vingt-mille livres de dot et mille francs de rente. Celle-ci fut cautionnée par un grand nombre de ses vassaux, et entr'autres par Bernard de Clajac, Sans de Ferrabouc, Raymond de Bidanos de Barran, Bernard de Moline dit Boyer d'Eauze, Pierre de Meillon de Valence, Bernard de Baulac de Vic-Fezensac et Bernard de Salies. Les vingt mille livres furent garanties par Bernard d'Albret, Guillaume Arnaud de Barbazan, Beguer de Magnaut, Bernard de Ravignan, Guillaume de Labarrère, Odon de Massas, Audebert de Mascaron, Pierre de Vertus, Bernard de Lartigue, chevaliers: Bernard de Pardaillan, Hugues de Lagraulet, Arnaud de Poudenas, Aymeric d'Averon, Odon de Billère, Jean d'Armagnac, Guillaume de Moncade, Auger de Barbazan, Auger de Baulac, Bernard de Séailles, Géraud de Verduzan, Guillaume Arnaud de Coussol, Bernard de Lanuse, Paparot de Labarthe, Bernard de St-Pierre, Beziat de Jaulin, Odon de Gière, Pierre de Gontaud, Arnaud Desparbès, Odon de Latour et Pierre de Montbrun, damoiseaux.

Le douaire promis par Bernard Esi eut pour garants, Renaud du Pont, Arnaud-Bernard de Preissac, Arnaud de Noaillan, Ebulus de Lignac, Pierre de Castellar et Bertrand de Melignan. *Coll. Doat. tom.* 16.

armes et s'empara à force ouverte des terres de Veyres et de Gironde. Son père, pour le punir, le déshérita (1324), mais en 1326 sur le point de mourir il révoqua cette disposition et lui laissa les deux terres dont il s'était emparé. Bernard, ayant perdu sa première femme, épousa Géraude fille et héritière d'Arnaud de Gironde, et forma la branche des seigneurs de Verteuil.

Pendant que les deux fils s'alliaient avec les deux branches de la maison d'Armagnac, le Midi vit reparaître les pastoureaux. Ce furent comme au temps de St-Louis quelques hommes des champs qui se crurent appelés à délivrer la Terre-Sainte, objet constant des regrets de toute la catholicité. Ils quittèrent leurs chaumières et leurs troupeaux et s'en allèrent par les villes appelant à eux les gens de bonne volonté qui se disaient inspirés comme eux, et puis les malfaiteurs et les brigands qu'ils arrachaient des prisons et dont ils brisaient les fers. Ils se partagèrent en plusieurs bandes et marchèrent deux à deux comme dans une procession religieuse sous l'étendard de la croix. Ils ne voulurent avoir pour armes que leur houlette, pour marque de distinction que leur panetière, et pour trésor que leur piété. Ils vécurent d'abord d'aumônes; mais, quand la charité manqua ou se fit attendre, ils enlevèrent de force. Leur troupe se grossit d'une foule de gens simples et même d'enfants qui fuyaient le toit paternel. Partis du Nord, ils traversèrent l'Ile de France et s'abattirent vers les Pyrénées. Le Languedoc et la Gascogne furent le principal théâtre de leurs excès. Sur leur passage, ils massacraient impitoyablement tous les Juifs qu'ils rencontraient, s'ils ne voulaient pas embrasser le christianisme. Cinq cents de ces malheureux, fuyant devant eux, allèrent demander un asile au gouverneur de Verdun sur Garonne. Celui-ci les enferma dans une tour élevée; mais leurs féroces assassins parurent bientôt au pied de la tour et pressèrent le siège. Les Juifs se défendirent longtemps *à pierre et fust*, dit le chroniqueur, et quand *ce leur faillit, sy leur jectèrent* leurs enfants (1); mais rien ne put assouvir la rage des assaillants qui ayant assemblé une grande quantité de bois, mirent le feu à la tour. Ne voyant de tous côtés qu'une mort certaine, les assiégés aimèrent mieux se tuer eux-mêmes que de périr de la main des pastoureaux. Ils chargèrent le plus robuste d'entr'eux de leur couper la gorge. Resté seul après sa sanglante exécution, le malheureux Juif se retira au camp ennemi et demanda qu'on l'admît au baptême avec quelques enfants qu'il avait réservés; mais les pastoureaux toujours altérés de sang lui répondirent (2): tu as commis un aussi horrible attentat contre ta nation, et tu crois éviter la mort? Ils se jetèrent aussitôt sur lui et ils le mirent en pièces. Les enfants seuls furent épargnés.

Après cet exploit, les pastoureaux entrèrent dans Toulouse et y égorgèrent dans un jour tous les Juifs sans que les consuls pussent s'y opposer parce que le peuple s'était prononcé en leur faveur et protégeait leurs excès. Le pape, plus hardi, protesta le premier contre ces atrocités et arma contre leurs auteurs le sénéchal de Beaucaire; mais avant que celui-ci pût les atteindre, la prudence et la fermeté de l'évêque de Carcassonne soutenu des officiers du roi les avait dissipés. On informa contr'eux, et par ces informations nous

---

(1) Dom Vaissette, Continuateur de Nangis. — (2) Ibidem, d'Achery, tom. 2, p. 77.

apprenons qu'ils avaient renouvelé (1) à Auch, à Gimont et à Carcassonne la scène de Verdun et de Toulouse.

Une atroce rumeur propagée par la crédulité publique si facile à surprendre soulevait tous les esprits contre les Juifs. On les accusait d'avoir soudoyé les lépreux pour faire empoisonner toutes les sources. Écoutons Bernard de Lamothe, neveu de Clément V qui, dans sa chronique Bazadoise, a précisé les accusations. « Les pastoureaux, nous traduisons ses paroles (*), étant entrés dans la ville du Mas-d'Agenais trouvèrent dans la maison des lépreux qu'ils avaient deux tonneaux remplis de pain avarié sur lequel ils faisaient promener des serpents et des crapauds pour le gâter et le pénétrer de leur venin. Ils se proposaient d'en faire une poudre qu'ils destinaient à empoisonner les fontaines et les fleuves afin que toutes les personnes saines mourussent ou fussent hideusement couvertes de lèpre. Ils en avaient disposé de même dans tout le royaume de France. A la fin ils furent en très-grande partie pris, emprisonnés et brûlés. »

Tel fut l'énorme crime dont la renommée épouvanta soudainement le royaume. La justice du temps, comme l'indique la chronique Bazadoise, se leva contre les

(1) Dom Vaissette.

(*) Qui *pastorelli* invenerunt in villa Mansi-Agenum in domo leprosorum qualiter dicti leprosi habebant duo plena dolia panis putrefacti, super quem serpentes et grapallos mittebant, ut corrumperent et inficerent panem illum. De quo pane proponebant facere pulverem ad empotionandum fontes et flumina ad finem ut omnes sani morerentur vel efficerentur turpissimi leprosi et sic ordinaverant per totum regnum Franciæ. Finaliter in majori parte capti fuerunt et incarcerati et combusti.

malheureux accusés. Les bûchers se dressèrent de toutes parts (*). Les lépreux qui échappèrent au supplice furent tenus en maladreries sans jamais issir, et les Juifs après d'affreux exemples de punition sanglante, furent encore une fois chassés du royaume (1). Philippe-le-Long mourut (3 janvier 1322) au milieu de ces scènes lugubres, et le mot de poison murmuré autour de la tombe de son frère fut prononcé encore près de sa couche funèbre. Il ne laissait que trois filles : Charles VI son frère lui succéda. La famille de Philippe-le-Bel si florissante et si belle s'éteignait tristement sous les malédictions de Boniface.

(*) Les chroniques de cette époque ne sont presque remplies que de scènes tragiques. Le manuscrit de l'abbaye de Montebourg au diocèse de Coutances raconte que le cardinal Jacques de Lavie neveu de Jean XXII, avait été ensorcelé par Hugues Géraud, évêque de Cahors, qui ayant aussi attenté à la vie du pape fut déposé de son évêché, et peu de jours après écorché et brûlé vif dans la ville d'Avignon. Le souverain pontife fit faire une recherche exacte de tous les sorciers de son temps et commit (1317) Gaillard Saumada, évêque de Maguelone, et Pierre Desprès, chantre de l'Eglise de Clermont, son chapelain, pour les découvrir. Le roi de France contribua lui-même beaucoup à leur extirpation. Leur chef était un lépreux et se nommait Etienne de Mortefais. Un d'eux, né dans le diocèse de Périgueux et appelé de St-Amand ayant été arrêté, confessa que par ses sortilèges et ses enchantements il avait rendu ladres 57 personnes de l'un et l'autre sexe. Nous n'avons fait que traduire en abrégeant le récit du chroniqueur.

(1) Laurentie, Histoire de France, tom. 3. Nous lui avons emprunté ce récit.

CHAPITRE III.

Charles IV, roi de France. —Supplice de Jourdain de l'Isle.—Le comte de Foix reçoit l'hommage du Marsan. — Troubles dans le Pardiac. — Arnaud Guilhem III. — Arnaud Guilhem IV son fils et son successeur.—Coutumes du Pardiac. — Guillaume de Flavacourt, archevêque d'Auch. — Actes de la domination anglaise dans la Gascogne.—Longue liste de seigneurs Gascons appelés à servir en Écosse. — Guerre de Gascogne entre la France et l'Angleterre. — Lettres d'Édouard II aux évêques, aux seigneurs et aux villes de Gascogne.— Mort de Regine de Goth femme de Jean, comte d'Armagnac. — Celui-ci lui succède dans la vicomté de Lomagne et presque tous ses domaines. — Il se remarie avec Béatrix de Clermont, princesse du sang royal. — Concile provincial.— Comtes d'Astarac. — Mort du roi Charles IV.

A peine Charles fut-il monté sur le trône qu'il fut appelé à sévir contre un seigneur Gascon (1). Jourdain de l'Isle frère puîné de Bernard Jourdain IV, comte de l'Isle, se livra longtemps à toute la fougue d'un naturel violent et emporté; il eut surtout de vifs et longs démêlés avec Alexandre de Caumont qu'il appela en combat singulier, mais ce combat ne termina point leur querelle et Jourdain, plus irrité que jamais, courut assiéger le château de son ennemi, le prit et le démolit entièrement. Le parlement à qui l'affaire fut déférée le condamna à payer la somme de trois mille livres pour rebâtir le château et le renvoya devant Pons d'Osmelats qu'il chargea de juger ces différends. D'autres plaintes s'élevèrent bientôt contre Jourdain; il fut accusé auprès de Charles IV sur dix-huit chefs dont le

(1) Continuateur de Nangis, dom Vaissette, tom. 4, l'Art de vérifier les dates.

moindre, selon la coutume de France, entraînait la peine de mort.

Jourdain se sentait coupable : il craignit la rigueur des lois, et implora la protection du pape Jean XXII dont le neveu avait épousé Marguerite de l'Isle-Jourdain fille de son frère. Le souverain pontife l'avait déjà arraché des mains du sénéchal d'Aquitaine qui l'avait jeté dans une prison et chargé de fers comme un vil malfaiteur. Jean XXII intercéda en sa faveur et obtint sa grâce. Mais rien ne pouvait changer cette âme féroce; il reprit le cours de ses brigandages, se fit le protecteur des malfaiteurs de la contrée, ne respecta ni la pudeur des femmes ni la vie des serfs, et osa même braver l'autorité royale. *Il advint*, dit le chroniqueur, *qu'un sergent du roi ayant paru devant lui avec sa masse esmaillée de fleurs de lys, le bandit le tua avec sa masse même* (1). Tant de crimes ne pouvaient pas toujours rester impunis. Jourdain fut cité de nouveau devant le parlement de Paris où il parut accompagné de la principale noblesse de la Gascogne. Il ne put néanmoins se défendre contre ses accusateurs à la tête desquels se faisaient remarquer le vicomte de Lomagne, Bertrand de Goth neveu de Clément V, et le sire d'Albret.

Malgré les sympathies qui l'entouraient, il fut mis dans la prison du Châtelet, et le parlement l'ayant condamné à mort, il fut traîné à la queue des chevaux et ensuite pendu au gibet de Paris le samedi, veille de la Trinité (1323). Ce monstre ne laissait point d'enfants. Bernard son frère recueillit une partie de sa

(1) Grandes Chroniques. M. Laurentie, Histoire de France, tom. 3.

succession. Quelques mois auparavant le comte de l'Isle avait fait ajourner le sire d'Albret et ses enfants auxquels il disputait un héritage. Cette querelle avait sans doute aigri le sire d'Albret et peut-être provoqué ou du moins envenimé ses dépositions.

Peu de mois après que Jourdain de l'Isle eut subi le châtiment dû à ses crimes, Gaston comte de Foix reçut (1) à Mont-de-Marsan les hommages de la cour dels Sers. Il parut accompagné d'une suite nombreuse dans le cloître de l'église de Ste-Magdelaine (septembre 1323). La main étendue sur la croix et les saints évangiles que tenait n'Arnaud de Miège-Carrère maire de Mont-de-Marsan, il jura le premier de maintenir les droits et les priviléges de la ville et de la cour et, après avoir prêté ce serment, il reçut celui de ses vassaux qui se présentèrent dans l'ordre suivant : n'Arnaud de Miège-Carrère, En (*) Fortaner de Lescun, En Pès (*Pierre*) de Ferbeaux, n'Auger de Lassus, En Forton de Besaudun, En Guil., Arn. de Nacatalin, En Vidau de Caten, Pès de Noueilles, Arnaud de Marcadé, Pès de Pardies et enfin En Gaston de Larte, bayle de Mont-de-Marsan. Parmi les témoins nous signalerons Bernard évêque d'Aire, En Ramond Arnaud seigneur de Coarrase, En Guillaume Othon seigneur d'Andouins, Bernard de Béarn seigneur d'Arudi et Bernard de Labarrère seigneur de Bayonne.

Quelques troubles s'étaient élevés dans le Pardiac.

---

(1) Chartier du Séminaire.

(*) *En* était un titre de noblesse en Gascogne. Devant une voyelle à la place de *En*, on mettait quelquefois N, indication du mot *natus*. Devant le nom d'une femme on mettait toujours Na, abréviation de *nata*, née.

Les nobles se plaignaient de ce qu'Arnaud Guilhem IV violait les coutumes que leur avait concédées en 1300 Arnaud Guilhem III son père. Celui-ci avait dû suivre l'exemple des comtes d'Armagnac et de Fezensaguet. Il avait accordé (1), 1° que le comte ne vendrait point les herbages, ni les pâturages de ses sujets; mais que ceux-ci pourraient les vendre à leur volonté à qui il leur plairait; 2° que le comte ni son juge ni son sénéchal ou bailly ne saisiraient ni ne feraient saisir aucun de ses sujets injustement, et dans ce cas là même, les redevances seigneuriales seraient payées avant tout frais de justice; 3° qu'il ne bannirait ni ne ferait bannir personne, qu'il ne ferait point confisquer les terres des nobles ou les redevances qui leur étaient dues; qu'il n'empêcherait ni ne ferait empêcher les nobles d'user de leur juridiction dans les terres qui leur appartiennent; que s'il y faisait construire ou rebâtir quelque village il y aurait paréage entre le comte et le seigneur du lieu. Que ni lui ni aucun de sa famille n'aurait droit d'albergue dans les lieux, terres et métairies des nobles, qu'ils n'y prétendraient rien sans la volonté du maître, mais qu'ils pourraient néanmoins y demeurer et y séjourner en achetant ce qui serait nécessaire.

Il avait accordé encore que le comte ou son juge tiendraient leurs assises dans un temps et un lieu favorables, tantôt à Montlezun, tantôt à Villecomtal et tantôt dans le lieu qu'ils trouveraient le plus convenable. Ces coutumes furent arrêtées et jurées à Montlezun le lundi après l'octave de Pâques 1300. L'acte en fut dressé en présence de frère Vital Ducassé, Géraud de

(1) Cout. du Pardiac. Chartier du Séminaire d'Auch.

Béon prêtre, Aymeric d'Astugues abbé de St Sever de Rustan, Auger de Bats, Hugues de Roger, Auger d'Aux, Arnaud Guillaume d'Escouloubre et frère Bernard de Robin, chef de l'hôpital de St-Antoine de Montlezun.

Cette extension de droits donnés à ses vassaux n'empêcha pas l'accroissement rapide de la ville de Marciac. Arnaud-Guilhem vit avec peine qu'elle lui échappait. Pour la faire rentrer sous sa domination exclusive, il feignit d'avoir fait un second paréage avec Hugues de Marciac, et se permit quelques actes de souveraineté ; la communauté repoussa ses prétentions et opposa la force à la violence. L'abbé de La Case-Dieu intervint aussi. Il fallut recourir à des arbitres qui condamnèrent (1301) le comte à se renfermer dans le paréage et à se contenter du domaine utile. Pour le consoler toutefois, l'abbé dut lui donner mille livres. Deux ans après le comte éleva de nouvelles difficultés et s'empara sous ce prétexte des biens du monastère. Il en coûta cent livres à l'abbaye pour les retirer (1303).

Les contestations se renouvelaient à chaque pas. La construction des murailles (en 1304) et quelques usurpations (en 1306) amenèrent une sentence arbitrale plus solennelle que les précédentes. Elle condamnait encore le comte (12 juin 1307); le roi de France la sanctionna et les démêlés s'éteignirent. Arnaud-Guilhem n'en vit peut-être pas la fin. Du moins il était mort avant le 25 mars suivant. Il laissait deux fils (1), Arnaud-Guilhem qu'il avait associé à son comté dès 1304, et Bernard de Montlezun qui eut en partage la terre

1) L'Art de vérifier les dates, Grands Officiers de la couronne.

de St-Lary, et duquel on fait descendre les seigneurs de ce nom. Il avait eu ces deux enfants d'une première femme. A la mort de leur mère, il épousa Agnès fille d'Odon de Caillavet seigneur d'Ordan et de Biran. Agnès avait une sœur que quelques écrivains ont omise et dont d'autres ont nié l'existence, tandis que quelques autres l'ont confondue avec elle. Géraude, cette sœur puînée, épousa Arnaud-Guilhem IV, fils et héritier du comte de Pardiac. Agnès survécut à son mari. Elle mourut le 6 mai 1314 et fut enterrée à La Case-Dieu. Elle ne laissait point d'enfants. Ainsi la baronnie d'Ordan et de Biran demeura tout entière à sa sœur.

Arnaud-Guilhem combattait alors dans la Flandre. Il y servit avec distinction à la tête de quarante-six hommes d'armes. Il renouvela à son retour les coutumes qu'il avait données en 1305 peu après son mariage à la baronnie d'Ordan et de Biran; mais il se montra moins bienveillant pour les seigneurs du Pardiac. Ceux-ci lui reprochaient de violer les priviléges octroyés par son père. Ils prétendaient surtout être libres dans l'exercice de la justice. Des récriminations mutuelles aigrirent le démêlé; mais enfin on arrêta que les deux partis éliraient de concert un arbitre chargé de vider le différend. On vit accourir (1) à l'assemblée, où devait se faire ce choix, Bernard de Samazan co-seigneur de Samazan, Centule de Troncens seigneur de Troncens, Othon de Serian seigneur de Serian, Bernard de Mont, seigneur de Mont, Auger de Casaux, seigneur de Casaux, Bernard d'Aux seigneur d'Aux, Othon de Saucede et Vital de Lafite co-seigneurs de Laveraët. Vital

(1) Chartier du Séminaire.

de Ricourt seigneur de Ricourt, Raymond de Samazan seigneur de Samazan, Bernard de Pallane, Hector de Lanefrancon et quelques autres seigneurs. Arnaud-Guilhem y parut avec son fils.

Tous, d'une voix unanime, remirent leur différend à Garsie-Arnaud de Séailles seigneur de Séailles et se soumirent à agréer la sentence sous peine de deux mille livres petits Tournois. Au jour fixé, Garsie-Arnaud se transporta dans l'église paroissiale de St-Jean de Marciac, mais le comte de Pardiac et son fils firent défaut. Malgré cette absence, le seigneur de Séailles céda à la requête de Centule de Troncens, de Raymond-Bernard de Samazan, de Vital de Lafite et de quelques autres, et prononça la sentence suivante :

1° Le passé sera oublié et la paix renaîtra pour durer à jamais. Néanmoins si le comte, son fils ou leurs mandataires ont pris des bœufs, vaches, moutons, chevreaux, agneaux, oies, poules, quelqu'autre animal ou comestible que ce soit, ils les rendront sans pouvoir en prendre de nouveau, s'ils ne les paient au prix ordinaire ; 2° les coutumes concédées en 1300 seront remises en vigueur et fidèlement observées dans tous leurs points ; 3° les nobles auront dans leurs terres et châteaux leur justice pour toutes les causes civiles et pour toutes celles qui toucheront au civil, et même pour les causes minimes qui regarderont la juridiction criminelle, comme dégaînement d'épées, coups et menaces de bâtons, soufflets ou effusion de sang d'homme à homme. Mais, s'il y a préméditation ou attroupement, le seigneur appellera le procureur ou bailli du comte et les consuls du lieu pour prononcer la sentence selon la qualité du délit. Dans le cas d'homicide ou de plaie légale, le coupable paiera soixante-cinq sols Toulousains, savoir : soixante au comte et cinq au seigneur. Si le crime commis emporte avec lui le séquestre de tous les biens, alors les biens meubles seront remis entre les mains du comte et les immeubles dans celles du seigneur jusqu'au prononcé de la sentence ; 4° si les biens des lépreux viennent à être vendus, les deux tiers en appartiendront au seigneur immédiat, l'autre tiers au comte ; 5° le comte fera réparation au seigneur de Las, pour avoir élevé dans sa baronnie des fourches judiciaires près de la ville de Tillac, et désormais ni le comte ni ses officiers ne pourront en élever dans aucune seigneurie, sans le consentement de son maître. Ils ne pourront saisir ni arrêter les nobles ou leurs héritiers pour des cas pécuniaires, s'ils donnent caution. Le seigneur de Troncens, par un privilége spécial datant de plusieurs années, prendra dans les délits qui ameneront une amende de soixante-cinq sols, d'abord les cinq sols et puis la moitié des autres soixante. Enfin tous les nobles paieront une fois seulement, pour chacun de leurs vassaux ayant foyer, deux sols petits Tournois, dans le délai de quinze jours après en avoir été requis. S'ils s'y refusent, ils y seront contraints par les voies ordinaires.

On dressa deux actes de cette sentence arbitrale. L'un fut remis entre les mains des seigneurs, qui le ratifièrent sur-le-champ ; l'autre fut réservé pour le comte. Les troubles, les incursions des gens armés, les dangers de tout genre qui menaçaient cette province commandaient des précautions pour empêcher qu'ils ne s'égarassent l'un et l'autre ou ne fussent détruits. Aussi en 1448, Jean de Berrin, juge du temporel de l'église métropolitaine d'Auch, le vidima (1) en présence de noble Odon de Béon seigneur de Lezian, Arnaud Seguin d'Estang, seigneur d'Estampes, Pierre-Jean de Montlezun seigneur de Lanefrancon, Sans-Aner de Gardères seigneur de Laguian, Carbon de Francs seigneur de Becanes, Arnaud Guillaume de Troncens et Jean de Lannes seigneur de St-Christau. Ces seigneurs étaient réunis à Montlezun et désiraient faire confirmer l'acte primitif par le comte de Pardiac. Ils chargèrent Arnaud de Béon seigneur de Cazaux et Jean de Manas seigneur d'Aux de solliciter cette faveur qui leur fut accordée sans peine.

La métropole d'Auch attendait toujours son premier pasteur; mais enfin tous les obstacles furent levés, et dans les premiers mois de 1324 on élut Guillaume de Flavacourt (*) d'une illustre famille de Normandie. Guillaume avait été sacré évêque de Viviers en 1348. Il passa quatre ans après à l'évêché de Carcassonne où les suffrages du chapitre allèrent presqu'aussitôt le chercher. Il fit son entrée solennelle à Auch le premier dimanche de mai et, à l'entrée de l'église, il prêta sur les saints évangiles en présence du comte d'Astarac et de Jean de Tric sénéchal de Toulouse le serment suivant : Nous Guillaume, par la provision du Saint-Siége, archevêque d'Auch, nous jurons de défendre de tout notre pouvoir les droits et franchises de notre église

(1) Chartier du Séminaire.

(*) Le mois suivant, Guillaume de Flavacourt rassembla son synode diocésain au sortir duquel il unit les églises de Bouit et de Lafite à l'église de Lupiac devenue ainsi et restée depuis une des grandes cures rurales du diocèse d'Auch. S'il fallait en croire un ancien document, il assembla peu de jours après un Concile provincial à Auch ; mais nous n'en connaissons point les actes.

métropolitaine, de son personnel et de ses dignitaires, et d'observer inviolablement ses louables coutumes et ses bons usages.

Charles IV, après avoir consacré deux ans à s'affermir sur son trône, paraissait alors vouloir refouler l'anglais dans son île. Mieux inspiré que son père et son frère, il laissa paisibles ces communes de Flandre contre lesquelles ils avaient vainement épuisé le sang et l'or de leur peuple, et porta ses armes dans la Gascogne. Le faible Edouard ou plutôt ses ministres avaient travaillé à y asseoir solidement sa domination. Le différend élevé entre Amanieu sire d'Albret et le sénéchal Jean de Ferrières avait été terminé, mais pour effacer dans le cœur d'Amanieu toute trace de ressentiment, le monarque s'empressa (1) de le gratifier d'une pension de vingt mille livres Tournois, rappela Jean de Ferrières en Angleterre et lui substitua Etienne de Feriole.

En même temps (15 janvier 1313), il accueillait les griefs que les habitants de Dax reprochaient aux délégués du roi de France, étendait les privilèges de la ville de Bayonne et ordonnait à ses officiers de les respecter. Il s'occupait aussi de donner des gouverneurs aux différentes villes. Vital de Sauviac fut chargé du Mas-d'Aire et remplacé plus tard par Pelegrin de Pellegrue. Le comte de Foix (21 juin 1313) eut la garde de Fleurance dont on construisait alors l'église, une des plus belles du diocèse d'Auch. Ainsi s'explique vraisemblablement comment on y trouve les armes de Foix-Béarn. Deux ans après Edouard réunit cette ville à la couronne d'Angleterre. Il renouvela plus tard cette réunion et l'étendit aux villes de Condom, de

(1) Rymer. tom. 2. Pars 4° et pour ce qui suit.

Laroumieu, de Francescas, de Boulogne, de Valence, de Rejaumont, de Montréal, du Sompuy, de Lassauvetat, de Villefranche, de Lamontjoie et d'une foule d'autres.

Cette sauvegarde donnée à Fleurance n'arrêta pas le vicomte de Fezensaguet. Jaloux de l'extension qu'elle prenait tous les jours, il en molesta les habitants et leur refusa le libre passage dans sa vicomté. Le sénéchal de Toulouse soutenait Gaston et l'encourageait dans ses vexations.

Jeanne d'Artois, maîtresse du Béarn au nom de son fils et poussée sans doute secrètement par la France, fut plus hardie. Elle se jeta sur quelques possessions que lui disputait l'Angleterre et les envahit. Il fallut que Edouard en appelât aux armes. Mais l'expédition ne dura que quelques jours (du 8 au 19 mai); nous en ignorons les événements. Nous savons seulement que Jean de Gensac, Hugues de Larroque, Bertrand de Lupé, Bernard de Mauléon, Bertrand de Merens, Guillaume de Laclaverie, Bertrand de Fourcès, Guillaume de Malvin, Jean d'Armagnac et André de Poudens combattirent sous les drapeaux d'Edouard.

Malgré tous les soins du prince et de ses ministres les cœurs étaient peu dévoués à l'Angleterre. On murmurait contre les exactions toujours croissantes de divers officiers qui profitaient de l'éloignement de la cour pour pressurer le peuple et multiplier les abus. Les plaintes furent si générales qu'Edouard envoya (1) en Gascogne (28 février 1320) Hugues de Spenser, un nouveau favori qui avait remplacé Gaveston et lui adjoignit Barthélemy de Balfemère. Ils devaient re-

1) Rymer, tom. 2. Pars 2.

cueillir sous la foi du serment les dépositions d'hommes graves et non suspects, et statuer ensuite avec une pleine autorité. Leur présence apaisa les murmures pour quelque temps, mais ils se réveillèrent deux ans après quand le roi, obligé de lutter à la fois contre les Ecossais et contre la plupart de ses lords, demanda des subsides et des renforts à la Gascogne (*). Bientôt les esprits s'aigrirent; le sénéchal ayant voulu sévir, on résista à main armée. Le meurtre, le pillage, les incendies signalèrent l'irritation des deux partis. Edouard s'empressa de mettre fin aux désordres. Il fit passer la mer à l'évêque d'Eli et à un seigneur de sa cour, et conjura les prélats Gascons de se joindre à eux pour rétablir la concorde et faire disparaître les abus. Il sollicitait en même temps un nouveau subside dont les malheurs de l'état réclamaient impérieusement la levée.

Il s'adressa à ce sujet à l'archevêque d'Auch (1), aux évêques de Condom, de Bazas, de Bayonne, d'Oleron, de Lescar, d'Aire, de Lectoure, et aux abbés de Luc, de Clairac, de Sordes, de Puntous, de Divielle, de St-Jean de la Castelle, de St-Louboué, de Layrac et à une foule d'autres prélats. On fit quelques réformes. On diminua le nombre des officiers royaux, la grande plaie des états sous les administrations faibles ou dans les jours de décadence, et on régla leurs émoluments (**).

(*) Nous donnerons à la Note 7 le nom des seigneurs Gascons convoqués à cette guerre par le roi Edouard.

(1) Rymer, tom. 2, *pars secunda*, page 60.

(**) Dans la sénéchaussée des Landes, le sénéchal devait avoir sept cents livres; maître Menaut de Carène, official d'Aire, conseiller, cinquante livres; Jean de Gistet de Bayonne, conseiller, vingt livres. En la sénéchaussée d'Agenais, le sénéchal, pour lui et pour un

Edouard avait voulu intéresser le roi de France à ses réformes, mais Charles, loin de pousser à la paix, entretenait secrètement les divisions. Ses officiers étaient toujours prêts à accueillir tous les appels des ennemis de la domination anglaise et à vexer ceux qui s'en montraient les chauds partisans. Bernard de Trencaléon en fut la triste victime. Il fit hommage à Edouard de la terre de Fimarcon, du château de Courensan et du quart de la ville de Vic, et en reçut quelques gratifications pour mettre le château en état de défense. Ses ancêtres avaient, disait-il, prêté le même hommage aux prédécesseurs d'Edouard; mais le sénéchal de Toulouse pour insulter à la fois au monarque et à son vassal, attaqua les termes de l'hommage, fit citer Bernard, et sur son refus de comparaître, il le fit arrêter. Le procès s'instruisit. Bernard fut condamné à une amende considérable et jeté dans une étroite prison où on le laissa languir plusieurs mois.

Avec de pareilles dispositions la guerre ne pouvait tarder de naître. Le sire de Montpezat en fournit l'occasion. Il avait construit une bastide ou nouvelle ville dans les domaines de la couronne de France quoiqu'il prétendît l'avoir placée sur une terre dépendante de l'Angleterre. Il y eut procès entre les officiers des deux nations et la cause fut jugée en faveur de la France. Le sire de Montpezat mécontent de cet arrêt, appelle à son aide le sénéchal d'Angleterre, court avec lui

---

prud'homme faisant les fonctions de juge-mage, six cents livres et les émoluments du sceau. Mr Guillaume de Cases, juge ordinaire au delà de la Garonne, deux cent cinquante livres; un juge en deçà de la Garonne, à la part de Condom, cent livres; M. Arnaud Martin, conseiller, cent livres, Mr Guillaume Cols, procureur général, cent livres.

attaquer la bastide, massacre tous les Français qu'il y trouve, fait pendre quelques-uns des principaux habitants, amène les autres prisonniers, rase la bastide et emporte au château de Montpezat tout ce qui pouvait être enlevé. Charles, dit le continuateur de Nangis (1), quoiqu'il pût lui-même se faire justice, aima mieux demander réparation au roi d'Angleterre. Celui-ci s'empressa d'envoyer son frère Edmond comte de Kent avec une suite nombreuse de seigneurs anglais. Edmond avait pouvoir de traiter pour l'amende qui serait exigée, et de ratifier les anciens traités. Charles requit que le sénéchal et le sire de Montpezat avec quelques-uns de leurs principaux complices lui fussent livrés et que le château de Montpezat lui fût rendu. C'était toute l'amende, il n'en voulait point d'autre. Les envoyés d'Edouard feignirent d'accepter la condition et s'acheminèrent vers la Gascogne pour l'exécuter. Ils amenèrent avec eux Jean d'Arbley chevalier du roi de France, chargé de recevoir la réparation en son nom; mais quand ils furent sur les frontières de la Gascogne, ils le menacèrent de le tuer, s'il osait passer outre. Charles, doublement irrité de l'insolence des vassaux et de la perfidie du suzerain, prononça la confiscation de la Gascogne et y fit marcher une armée nombreuse sous les ordres de Charles-de-Valois, un des plus grands capitaines de son siècle.

Le pape, au premier bruit de cette collision, écrivit au roi d'Angleterre pour l'exhorter à donner satisfaction à son ennemi, mais Edouard s'obstina et la guerre éclata comme un coup de foudre. Le prince,

(1) Dom d'Achery, tom. 2. Grandes chroniques de France.

qui ne s'attendait pas à tant de promptitude, écrivit au comte d'Armagnac (1) et à Roger de Lavaur son tuteur et son oncle. Il écrivit aussi (2) à l'archevêque d'Auch, aux évêques d'Aire, de Bazas, d'Oleron, de Saintes, d'Agen, de Lescar, de Bayonne et de Dax, à Guillaume abbé de St-Sever et à une foule de villes parmi lesquelles nous trouvons mentionnées (3) Fourcés, la Monjoie, Montréal, Francescas, le Mas Agenais, Dax, St-Sever, Laroumieu, Condom, Fleurance, Bayonne, Lassauvetat, Le Sompuy et Valence. Il leur recommandait l'évêque d'Eli qu'il envoyait en Guyenne et le connétable de Bordeaux spécialement préposés à la défense du pays (25 février 1324). Le 3 mars suivant, il chargeait l'archevêque de Dublin, le comte de Kent et Guillaume de Weston de faire droit aux plaintes qui s'élevaient trop souvent contre ses officiers, et d'ordonner toutes les réformes qu'ils jugeraient nécessaires. Il en donna la nouvelle aux prélats et aux seigneurs de la contrée, et en particulier au comte d'Armagnac le plus puissant de ces seigneurs dont il espérait s'assurer la fidélité (30 mars). Quelques jours après, il offrit une récompense publique au dévouement en réunissant à sa couronne la ville de Fourcès et en stipulant qu'elle ne pourrait jamais être donnée en apanage si ce n'est à l'héritier du trône. Il travailla encore plus activement du côté du Béarn. La paix avait été conclue avec la vicomtesse. A cette époque comme dans les derniers jours du moyen âge, les ennemis de la veille devenaient facilement les amis du lendemain. Edouard chercha à attirer sous ses drapeaux Roger Bernard vicomte de

(1) Rymer, tom. 2, pars 2, page 92. — (2) Idem. — (3) Idem.

Castelbon, fils de la vicomtesse et presque toute sa noblesse. Brequigni et Rymer citent Bernard de Béarn seigneur d'Aspect, Guillaume d'Andouins, Raymond Arnaud de Coarrase, Arnauton de Gayrosse, Raymond Arnaud de Gerderest, Odon de Domi, Raymond Arnaud de Morlane, Odon de Miremont, Fortaner de Lescun, Odon de Sérillac, Assieu de Castelpujo, Raymond de Bidouze et Loup Bergund de Monneins.

Cependant le comte de Valois s'avançait rapidement vers la Gascogne. De Cahors (18 août) il écrivit au sénéchal de Carcassonne de lui envoyer à Castel-Sarrasin une certaine quantité d'artillerie (1). Ainsi l'artillerie fut connue longtemps avant la journée de Créci, et ce n'est pas à elle qu'il faut attribuer, comme on le dit communément, la défaite de notre nation. En même temps il somma toutes les villes de Gascogne et de Guyenne de se soumettre au roi de France. Peu de jours après, il parut devant Agen qui lui ouvrit volontairement ses portes. Bazas, Condom et les villes du comté de Gaure imitèrent cet exemple (2). Le prince Edmond s'étant renfermé dans La Réole, le comte courut l'y attaquer. Un premier assaut, où les Français avaient cédé aux provocations de leurs ennemis et n'avaient écouté que leur ardeur bouillante, coûta la vie au seigneur de Florentin et à quelques autres chevaliers. Averti par cet échec, Charles-de-Valois changea l'attaque en siège régulier, et durant le siège il confirma les priviléges des villes de Gaure pour les récompenser de leur empressement à passer sous les lois de la France.

La place était serrée de si près, qu'Edmond, déses-

(1) Dom Vaissette, tom. 4, page 199. — (2) Le même. Continuateur de Nangis.

pérant de pouvoir résister longtemps, offrit de se rendre à condition qu'on accorderait vie et bagues sauves à la garnison et aux habitants, et qu'on lui permettrait de passer en Angleterre pour aller demander à son maître s'il acquiesçait aux conditions imposées par Charles-le-Bel. Il promettait, en cas de refus, de revenir se constituer prisonnier, et donnait pour garants de sa parole quatre de ses principaux chevaliers. La capitulation fut acceptée et le comte de Kent s'embarqua pour son île, au milieu des murmures des Français qui condamnaient la trop grande facilité de leur général.

Après ce départ, le château de Montpezat fut pris et détruit de fond en comble. L'infortuné châtelain avait déjà succombé au chagrin. Le roi Charles fit grâce à sa femme et à ses enfants ; il voulut seulement que la bastide rasée fût reconstruite à leurs dépens. Rien désormais ne résistait aux Français. Ils promenèrent leurs armes victorieuses dans la province. Bordeaux, Bayonne et St-Sever restaient seules entre les mains de l'Angleterre, lorsqu'une trêve convertie ensuite en paix durable, vint arrêter leurs succès.

La noblesse du pays avait en masse pris part à cette brillante campagne. Mais si on l'avait facilement attirée sous les drapeaux, il ne fut pas aussi facile de la faire rentrer dans ses foyers. La lutte des deux grandes puissances, qui se disputaient la Gascogne, avait formé une infinité de soldats dont la licence publique avait encore augmenté le nombre. Les mœurs étaient alors profondément altérées. Les malheurs domestiques dont gémirent à la fois les trois fils de Philippe-le-Bel ne l'attestent que trop. Le mariage lui-même oubliait souvent la sainteté de ses devoirs, et en jetant les yeux sur les familles historiques de l'époque nous en trouvons bien peu qui ne vissent croître et s'élever au foyer domestique, sous les yeux de l'épouse et parmi les enfants légitimes, quelque rejeton adultérin. A ces fruits du vice il fallait une position sociale. Les armes seules pouvaient la conquérir. De là l'amour de ces bâtards pour les combats.

Irrités de ce que la paix avait été conclue sitôt, les bâtards Gascons, dit le continuateur de Nangis (1), pratiquèrent des intelligences avec quelques chefs anglais, et secrètement soutenus par eux, ils attaquèrent les châteaux et les domaines du roi. Le mal fut si grand que Charles IV fut contraint d'envoyer contr'eux Alphonse de La Cerda son cousin germain avec le titre de son lieutenant en Gascogne. Arrivé à Agen, Alphonse ordonna un subside général, qui pesa d'autant plus sur notre pays que le pape en faisait lever un autre sur le clergé pour soutenir une guerre en Italie. Le 7 août il assiégea Tonneins, qui se rendit après quelques jours de tranchée. Il prit ensuite Puyguilhem et quelques autres places dans l'Agenais, et entra à Condom le 5 octobre. Là se borna son expédition, qui fut loin d'amener les résultats qu'on devait attendre de préparatifs aussi considérables. A peine avait-il obtenu la capitulation de quelques chefs Gascons, et encore il les gracia sur leur promesse de servir désormais loyalement le roi de France. De ce nombre se trouvait le bâtard d'Armagnac, fils du comte Bernard. Dégoûté des armes, celui-ci renonça au monde et alla s'enrôler dans la milice sacerdotale. Alphonse de La Cerda dut lui aussi renoncer au

---

(1) *Id annum* 1326. Dom d'Achery, tom. 2.

tumulte des camps. Atteint d'un mal dont on ne soupçonna pas d'abord la gravité, il se retira près de Paris et y mourut l'année suivante.

Au commencement de ces troubles, le comte d'Armagnac avait perdu sa femme Régine. Bertrand de Goth avait précédé de quelques mois sa fille au tombeau. Maîtresse de sa fortune, la jeune comtesse en disposa en faveur d'un époux qu'elle adorait. Par son testament (1) retenu au château de Lavardens le 12 août 1325, elle lui légua la vicomté de Lomagne et d'Auvillars avec les terres et seigneuries de Dunes, Monsegur, Allemand, Puyguilhem, Seisses, Puyrampion, Livran, Blanquefort, Villandrau, Donzac, Peyrusse-Monties, Pernes, Mayans et Cedron. Elle lui substitua, au cas qu'il mourût sans enfants nés de légitime mariage, Bernard de Preyssac, Arnaud et Bernard de Lamothe ses cousins et Eymeric de Durfort, Régine de Goth femme d'Amanieu de Pins, et enfin la dernière de toutes sans qu'on en sache la raison, Braïde comtesse de Bruniquel son unique sœur, qui mourut aussi bientôt après sans postérité. Régine voulut être enterrée près des cendres de son ayeul dans l'église des Cordeliers d'Auvillars qu'elle avait comblés de bienfaits. Avec elle disparut la puissance et le haut rang où Clément V avait élevé sa famille. Le ciel se joua de l'ambition du pontife et souffla sur l'édifice de sa vanité. Treize ans après sa mort, il ne restait à peu près aux siens que les terres et la position sociale qu'ils avaient avant qu'il ceignît la tiare.

Un aussi riche héritage portait bien haut la puissance

(1) Grands Officiers de la couronne. Inventaire du château de Pau.

de la maison d'Armagnac. Les parents de Régine essayèrent de le disputer à son époux. Mais tous les différends furent terminés en 1327 sous la médiation du duc de Bourbon qui condamna le comte d'Armagnac à laisser aux prétendants deux ou trois terres situées dans l'Agenais. Un autre adversaire avait voulu se mettre sur les rangs. Le roi d'Angleterre prétendit que, la femme ne succédant point aux fiefs, il devait rentrer en possession des châteaux de Blanquefort, de Monsegur, de St-Clar et de la cité de Lectoure dont il avait gratifié le père de Régine. Il chargea le comte de Kent de les revendiquer en son nom. Il réclamait surtout le château de Gensac que le seigneur de Brignac avait aliéné sans sa permission et remis au vicomte de Lomagne. Mais le duc de Sully avait fait saisir presque tous les domaines contestés et les détenait au nom de la France, et grâce à cette intervention, les prétentions d'Édouard furent promptement écartées. Ce procès n'empêcha pas le comte d'Armagnac de prendre part à la guerre qui se poursuivit en Gascogne après le départ d'Alphonse de La Cerda. Le roi l'avait remplacé par le maréchal de Briquebec (1). Celui-ci s'étant joint au comte d'Eu qui commandait en Saintonge, attaqua les bâtards Gascons, les dissipa entièrement et soumit presque toutes les places dont ils s'étaient emparés. Le 1ᵉʳ de juin 1327, il donna à Agen ordre aux trésoriers de guerre de compter les sommes promises à *hauts hommes nobles et puissants le comte de Foix et le comte d'Armagnac, et à tous hommes d'armes récheus ès gaiges de notre sire le roi, desservis en la présente guerre en la forme et la manière que haut*

---

(1) Dom Vaissette, tom. 4, p. 203.

homme monseigneur Alphonse d'Espaigne jadis lieutenant de notre sire le roi leur fesait compter.

Peu de jours auparavant, Jean venait de s'allier à la maison de France en épousant Béatrix fille aînée de Jean de Clermont petit-fils de St-Louis et de Jeanne sœur et héritière du comte de Soissons. Roger évêque de Lavaur, toujours dévoué à son neveu, avait négocié ce mariage qui fut arrêté et conclu sous les auspices et en présence de Charles-le-Bel. Béatrix apportait à son époux le comté de Charolais. Chaque alliance agrandissait ainsi la couronne seigneuriale de nos comtes.

L'archevêque d'Auch était mentionné dans le testament de Régine de Goth. L'année où mourut la comtesse, il visita Bassoues, et renouvela ou plutôt confirma les coutumes qu'Amanieu son prédécesseur avait données à cette ville, et l'année suivante il assista aux pactes de mariage de Mabile fille du comte de Pardiac avec Arnaud Guilhem de Barbazan. L'acte en fut passé à Ville-Comtal (1) le 18 juillet, et eut pour témoins Géraud de Montlezun, Garsie-Arnaud d'Antin, Arnaud de Cassagne, Morin de Montégut, Géraud de Ferragut et Pierre de Pouy. Guillaume de Flavacourt songeait alors à réunir le Concile de la province qu'il tint à Marciac (1326) (2). On y fit soixante Canons. Nous n'en lisons toutefois que cinquante-six dans tous les exemplaires qui nous ont été conservés. Plusieurs sont renouvelés des Conciles précédents. Nous signalerons le quatorzième qui confirme les peines prononcées depuis longtemps contre les violateurs du droit

(1) Inventaire du château de Pau. Grands Officiers, tom. 2. Dom Brugelles, page 131. — (2) Col. Concil., tom. 11. pars 2. M. d'Aignan. Preuves.

d'asile, et veut qu'ils soient privés de la sépulture ecclésiastique, lors même qu'ils auraient été absous à la mort; le neuvième qui permet de dire tous les jours une messe et de faire les offices dans les lieux soumis à l'interdit, mais avec les portes fermées et en ayant soin d'exclure les personnes interdites ou excommuniées, tandis qu'il autorise les chants solennels et les portes ouvertes à Noël, à Pâques, à la Pentecôte et à l'Assomption de la Vierge, et permet d'admettre tous les fidèles excepté les excommuniés; le vingt-unième qui protège la liberté des sépultures contre la cupidité de quelques clercs; le vingt-deuxième qui ordonne de cesser les offices, dans les funérailles où les parents, les amis et les domestiques troublent la cérémonie par leurs chansons, leurs lamentations, leurs hurlements ou leurs cris (*); le vingt-cinquième qui défend sous peine d'excommunication de couper par morceaux les corps des défunts afin d'en enterrer les parties dans divers endroits. C'est par un reste de cet ancien usage que les princes, les rois et quelquefois les évêques ordonnaient qu'après leur mort leur cœur fût porté dans une église qu'ils voulaient honorer. Nous remarquerons encore le trente-huitième et le trente-neuvième qui règlent et modèrent les frais de visite des archidiacres. Il fallait qu'il y eût alors de grands excès à cet égard, puisque le Concile croit devoir borner l'équipage de l'archidiacre à cinq chevaux et cinq valets de pied au plus, sans chiens et sans oiseaux de chasse. On lui permet de

(*) On sait qu'encore aujourd'hui dans les Pyrénées il n'est presque pas d'enterrements où les parents et les amis ne fassent entendre des chants rimés en l'honneur du mort, à peu près comme on le fait dans nos campagnes le jour de noces en l'honneur des deux époux.

prendre sa procuration en argent, taxée à trente sous Tournois chaque visite, ou bien à un repas peu somptueux. Le quarante-unième qui défend de tirer les reliques de leurs châsses pour les montrer, bien moins encore pour les vendre, et d'en recevoir de nouvelles, si elles ne sont approuvées par l'église romaine. Il défend aussi aux quêteurs de porter des reliques, des croix et des chaînes. Enfin il veut qu'on punisse ceux qui se soustrairaient à cette prescription ; le quarante-sixième qui défend aux juges séculiers de tenir des assemblées dans les églises ou les cimetières, d'y juger les affaires surtout lorsqu'il s'agit d'effusion de sang, enfin d'y faire des statuts. Il excommunie les délinquants et annulle leurs actes ; enfin le cinquante-troisième qui excommunie les comtes et les barons ou les baillis qui assujettiraient à quelque taille non seulement les clercs et les religieux, mais même les lépreux.

Plusieurs de ces Canons frappaient les détenteurs des biens ecclésiastiques. La violence des seigneurs et surtout des enfants naturels, qui remplissaient leurs châteaux, ne connaissait pas de frein. Tous les évêques de la province se plaignaient de leurs usurpations et travaillaient, quoique le plus souvent en vain, à faire restituer à leurs églises ce qui leur avait été enlevé. Mais nul ne déploya autant d'ardeur et de fermeté que Anesanse de Toujouse. Il appartenait à la noble famille de ce nom qui avait concouru à la fondation de Monguilhem et il avait succédé à Guillaume de Corneillan à la fin de 1323 ou dans les premiers mois de 1324. Son zèle lui coûta la vie (1). Tersol de Baulat,

(1) *Gallia Christiana*, tom. 1. Le Père Labbe, tom. 11, *pars secunda*. Manuscrit d'Aire. Dom Brugelles.

Bernard et Raymond Guillaume de Canet, Jean et Arnaud de Rive-Haute, fils de celui qui avait vendu l'emplacement sur lequel avait été bâtie la ville de Plaisance, le bâtard de Medo, Pierre, bâtard de Sanguinede, Arnaud Guillaume de Sariac bâtard de Jû, Menot et Jean de Capdeville frères, irrités de ses démarches, l'attendirent à une lieue de Nogaro, se jetèrent sur lui et le massacrèrent le 13 octobre 1326. Une pierre placée sur le chemin qui conduit de Nogaro à Aire marque, dit-on, encore le lieu où il tomba sous les coups de ses assassins, et une tombe vide, qu'on voit sous le porche de la petite église d'Espagnet, renferma d'abord ses dépouilles mortelles transportées sans doute plus tard dans sa cathédrale. Depuis l'évêque Jean, massacré sous Charlemagne, en haine vraisemblablement de la domination Franque, la Gascogne était restée pure du sang de ses prélats. On avait pu souvent méconnaître leur voix ou braver leur autorité, mais du moins on avait toujours respecté leurs jours. Ce meurtre audacieux souleva l'indignation publique. Néanmoins tels étaient les malheurs des temps et le rang des coupables, que la justice fut contrainte de gémir quelque temps en silence et de s'avouer impuissante.

L'archevêque luttait alors avec le comte d'Astarac au sujet des dîmes du comté. La querelle s'était ouverte presque avec son épiscopat; mais comme les seigneurs se groupaient autour de leur suzerain dont ils partageaient les envahissements, Guillaume de Flavacourt craignit les violences qui avaient ensanglanté le siége d'Aire, et invoqua l'autorité royale. Celle-ci vint à son aide. Guillaume de Villars et Raymond de Rabastens, sénéchal du Poitou, reçurent ordre de faire restituer toutes les usurpations, et s'il le fallait, d'employer la force pour l'obtenir. Ils citèrent devant eux (1) Arnaud-Guilhem de Betpouy, Guillaume-Bernard de Laroche, Géraud Dartigues, Vital et Bernard de Ste-Marie, Menaut de Peguilhan, Raymond de Mercadier, Raymond d'Auvillars, Raymond de Seissan, Pierre de Panassac, Vital de Lafitte, Bernard de Mons, et quelques jours plus tard, ils appelèrent les seigneurs de Bazillac et de Sadornin, et les *ouvriers* de St-Jean-Poutge, et jusqu'à Pictavin de Montesquiou, évêque de Bazas, et après de longs débats ils condamnèrent les seigneurs. La plupart se soumirent et abandonnèrent leurs prétentions.

Le comte d'Astarac, qui avait provoqué ces débats se nommait Amanieu (2) ou, selon d'autres, Jean. Il était le second fils de Bernard V. Son frère aîné était mort longtemps avant son père sans laisser de postérité. Amanieu lui survécut pour le malheur de sa famille et plus encore de ses vassaux. Dans sa jeunesse, il se laissa entraîner par la fougue de ses passions et commit de nombreux méfaits. Les excès s'élevèrent si haut que le viguier de Toulouse se saisit de sa personne et l'amena (1322) à Paris où il fut enfermé dans les prisons du Châtelet. Son père, qui pleurait encore la mort de son fils aîné, trembla pour les jours du second, et pour intéresser la religion en sa faveur, il combla de bienfaits les Cordeliers d'Auch. Le ciel eut pitié de ses larmes et rendit Amanieu à sa tendresse. Bernard survécut plus de deux ans à ce retour; mais nous ignorons l'époque précise de sa mort. Nous savons que sur la fin

---

(1) M. d'Aignan. Preuves. — (2) L'Art de vérifier les dates, tom. 2. Dom Vaissette. tom. 4. page 291.

de ses jours il fit la guerre au comte de Comminges et marcha contre lui. Déjà les deux partis étaient en présence et le combat allait s'engager, lorsqu'on vit apparaître Bernard de Castelbajac, seigneur de Rouède. Une haine profonde et invétérée le séparait du comte d'Astarac; mais à la nouvelle des hostilités, oubliant tout ressentiment, il était accouru à la tête de ses vassaux. Il se joignit à Bernard et lui assura une pleine victoire. On ne pouvait résister à tant de générosité; la réconciliation se fit sur le champ de bataille et, depuis, l'union la plus étroite régna entre le comte et le seigneur de Rouède.

Amanieu ne pesa pas longtemps sur ses peuples. Il était déjà mort en 1331, car nous trouvons alors Centule IV sous la tutelle de Cécile de Comminges. Cécile se remaria dans la suite avec Jean Paléologue, marquis de Monferrat. Longtemps après elle plaidait contre les enfants du premier lit pour répéter la dot qui lui avait été fixée par son contrat de mariage et la jouissance de Castelnau-Barbarens que lui avait donnée son époux, et que Centule son fils lui contestait. Mais la cour la maintint dans toutes ses prétentions.

La piété de ces temps ne se piquait pas toujours d'être aussi éclairée que généreuse. Amanieu au milieu des orages de sa jeunesse voulut se signaler par une fondation et bâtit le couvent des Carmes de Pavie. Du reste, pendant qu'il souillait par ses excès le nom d'Astarac, d'autres membres de sa famille l'illustraient dans les lettres, carrière nouvelle que plusieurs seigneurs de la province parcouraient comme eux avec honneur (1).

(1) Dom Vaissette, tom. 4.

Guillaume de Montlezun brillait parmi les plus célèbres professeurs dont s'honorait alors l'université de Toulouse. Il composa ce que composaient les beaux génies de son temps, un commentaire sur les Clémentines et un sacramentaire. A la même époque, à la tête d'une requête présentée par les étudiants de l'université de Toulouse, nous remarquons Robert de Foix frère du comte de ce nom, Pierre-Raymond d'Astarac, Guillaume de Durfort, Etienne d'Apchon, Sicard de Montaut et Bernard de Latour.

Le monarque qui avait protégé l'archevêque d'Auch contre le comte d'Astarac n'était pas Charles IV (*). La main de Dieu s'était appesantie sur le persécuteur de Boniface et des Templiers et sur sa postérité. Philippe-le-Bel s'était assis dans le Concile de Vienne entre ses trois fils tous dans l'âge d'homme et tous comme lui remarquables par leurs traits mâles, par leur robuste constitution et par leur beauté physique; et presque aussitôt tous les trois sont trompés par leurs femmes et révèlent leur honte à l'Europe par des procès scandaleux. Lui-même meurt bientôt dans toute la vigueur de l'âge. Le premier de ses fils le suit de près, à peine âgé de 26 ans, laissant un fils posthume qui ne vit que cinq jours. Le second meurt âgé de 28 ans après avoir vu mourir son fils avant lui. Le troisième, Charles-le-Bel avait déjà perdu ses deux fils, lorsque dans sa 34e année, il tombe malade à Vincennes le jour même de Noël 1327. Sa maladie est longue et douloureuse, il y succombe dans la nuit du 31 janvier au 1er février 1328, laissant sa troisième femme Jeanne d'Evreux,

---

(*) On rattache assez communément l'origine des Jeux Floraux à un voyage que Charles IV fit à Toulouse en 1324.

désolée et enceinte. *Et ainsi la lignée du roy Philippe-le-Bel en moins de treize ans fut défaillie et amortie, dont ce fut très-grand dommage* (1).

Philippe-de-Valois cousin germain des trois derniers monarques, et le premier prince du sang fut d'abord nommé régent du royaume; durant sa régence (mars 1328) il confirma le paréage de Solomiac. Cependant la reine étant accouchée d'une fille deux mois après, le 1ᵉʳ avril, Philippe fut salué roi. D'après les exemples que venait d'offrir la famille royale et l'ascension successive au trône de Philippe-le-Long et de Charles-le-Bel à l'exclusion de leurs nièces, son droit ne pouvait être contesté, mais il restait une fille de Philippe-le-Bel, Isabelle, l'épouse adultère du faible Edouard et vraisemblablement la meurtrière de son roi et de son époux. Elle prétendit, malgré les Français, succéder au trône de France, non par elle-même, mais par son fils comme si sept princesses, une fille de Louis-le-Hutin, quatre de Philippe-le-Long et deux de Charles-le-Bel n'eussent pas pu élever des prétentions mieux fondées que les siennes. On lui opposa la loi salique d'après laquelle *fame, ne par conséquent son fil ne pouvait par coustume succéder el royaume de France* (2), et le droit prévalut; mais la prétention subsista, prétention funeste qui, pendant plus d'un siècle devait couvrir de sang et de ruines notre malheureuse patrie.

(1) Grandes Chroniques citées par Laurentie, Histoire de France, tom. 3, page 360. — (2) Idem, page 364.

CHAPITRE IV.

Edouard III, roi d'Angleterre, traite avec les seigneurs Gascons. — Nouvelle sentence sur les différends qui armaient les maisons de Foix et d'Armagnac. — Edouard écrit de nouveau à une foule de seigneurs Gascons. — Condamnation des meurtriers de l'évêque d'Aire. — Le comte d'Armagnac passe en Italie et est fait prisonnier. — Maison de Comminges. — Chapitre de Jegun. — Nouvelle guerre de Gascogne. — L'évêque d'Aire assiégé dans son palais. — Divers actes de son pontificat.

L'Angleterre venait aussi de changer de maître, et, à la place du faible Edouard II forcé d'abdiquer la couronne et mort bientôt après dans sa prison, elle avait à sa tête le fils d'Isabelle, Edouard III, jeune prince, alors à peine âgé de 16 ou 17 ans, et qui promettait déjà de faire revivre Edouard 1er son ayeul. Un de ses premiers soins avait été d'envoyer offrir le pardon à tous les seigneurs Gascons qui avaient porté les armes contre son père. Le sénéchal de Gascogne et le connétable de Bourgogne, qu'il avait investis de ses pouvoirs, traitèrent avec Donadieu de Montestruc, seigneur de Montestruc, Auttensius de Baylens, Bertrand de Saintrailles, Ermenon de Montegut, Pierre de Gontaud seigneur de Biron, Anesance de Caumont, Arnaud d'Espagne, Bernard de Trencaleon, seigneur de Fimarcon, Sans de Pins seigneur de Taillebourg, Bernard de Ravignan, Jourdan de Fourcés seigneur de Fourcés, André de Cazenove, Amanieu de Noaillan, seigneur de Ste-Livrade, Bertrand d'Estang et Bernard

(1) *Col. Brequigni.*

de Ladoux (3 juin 1326); mais après avoir apaisé les derniers mouvements de la tempête qui l'avait porté sur le trône, Edouard songea à multiplier ses partisans dans l'Aquitaine. Il députa Pierre de Galiciac (1) chanoine d'Agen vers l'archevêque de Bordeaux, les évêques d'Agen, de Condom, de Lectoure et de Bazas, les comtes de Foix, d'Armagnac et de Comminges, le vicomte de Fezensaguet, Jourdain de l'Isle et le sire d'Albret.

Galiciac avait encore pour mission de parcourir Condom, Lectoure et la plupart des villes de la province, et de s'aboucher avec les seigneurs et en particulier avec Anesans de Pins, Amanieu de Noailhan, Aysius de Galard, Arnaud Desparbès, Armand de Latour, Jean de Mauleon, Arnaud de Durfort, Bernard de Poyanne, Roger de Poudens, Arnaud-Guilhem de Barbazan et Branet de Solar (2). Partout il devait semer des promesses, soutenir la fidélité et faire naître ou raviver le dévoûment à son maître. Mais tous les regards se portaient sur le roi féodal qui, à peine assis sur le trône de France, entraînait la noblesse vers la Flandre et gagnait, le 22 août 1328, la célèbre bataille de Cassel. Parmi les héros de la journée, l'histoire cite les comtes d'Armagnac et de Foix. Quoiqu'ils eussent paru sous les drapeaux de la France, ils n'en prêtèrent pas moins l'oreille aux nouvelles propositions d'Edouard qui chargea (3) (15 septembre) Jean de La Bastide sénéchal de Gascogne, Jean de Wiston son connétable de Bordeaux et Jean Travers de traiter avec eux et avec

---

(1) *Col. Brequigni* et *Rymer*, tom. 2, *pars secunda*, p. 160 et suivantes. — (2) Rymer, tom. 2, pars 2°, p. 171, complète les documents de Brequigni et donne la longue liste que nous renvoyons à la fin du volume, Note 8. — (3) Rymer, tom. 2, pars 3°, p. 18.

le vicomte de Fezensaguet et le sire d'Albret. Pour attacher davantage ces seigneurs à sa cause, il leur promit de les indemniser de toutes les pertes qu'ils feraient à son service aux dépens des villes que Charles-le-Bel avait enlevées à l'Angleterre dès qu'elles seraient rentrées sous sa domination ou au plus tard dans cinq ans; si après ce terme ces villes n'étaient pas encore soumises, alors il leur assignerait d'autres terres en Guyenne ou ailleurs, ou une pension à prendre à son château de Bordeaux, à la tour de Londres ou à son échiquier. Il s'obligeait encore à leur rendre toutes les terres qu'il pouvait avoir saisies sur eux ou sur leurs alliés durant la dernière guerre. Enfin, il s'engageait à ne jamais conclure ni paix ni trêve avec la France que tous ces seigneurs, leurs vassaux et leurs partisans, n'y fussent compris et sauvegardés.

La vieille querelle entre les comtes d'Armagnac et de Foix dormait toujours. Le pape espérant l'éteindre à jamais leur députa les archevêques d'Embrun et de Besançon. Les deux archevêques les déterminèrent, sans trop de peine, à choisir pour arbitre de leurs différends Philippe, roi de Navarre, comte d'Evreux et d'Angoulême. Les deux rivaux donnèrent leur compromis. Philippe rendit sa sentence (1) le 19 octobre 1329 dans le couvent des Frères Mineurs de Tarbes en présence des deux légats, du comte de Sully, de Pierre de Galard grand-maître des arbalétriers de France et de Beraud de Solomiac sénéchal de Toulouse. Gaston de Béarn et ses frères d'une part, et Jean d'Armagnac, Géraud, vicomte de Fezensaguet, et leurs enfants de

(1) Château de Pau. Dom Vaissette. tom. 4. Preuves. page 176.

l'autre devaient déposer toutes les haines, oublier le passé et s'embrasser en signe de parfaite réconciliation. Le comte d'Armagnac et le vicomte de Fezensaguet abandonneraient leurs prétentions sur les vicomtés de Béarn, de Marsan, de Gavardan et de Nébousan. Le comte de Foix et ses frères à leur tour déclareraient ne plus rien prétendre sur les terres de Rivière, sur l'Eusan et le Bruilhois, sur Manciet et sur Muret possédés par le comte d'Armagnac, et sur les terres de Carcassés dont jouissait le vicomte de Fezensaguet. Le comte de Foix s'obligerait encore à payer à ses deux rivaux treize mille livres Tournois pour lesquelles il donnerait sur-le-champ une double caution destinée à tenir otage à Toulouse sous la garde de la France, et à Pampelune, capitale de la Navarre, sous les yeux du royal arbitre. Enfin il rendrait le château de Bidouse au comte d'Armagnac, qui lui aussi rendrait à son ancien ennemi le château de Laterrade. Ces conditions furent acceptées solennellement en présence des principaux vassaux des deux maisons. Gaston donna pour caution de son engagement le comte de Comminges et son frère, le fils du seigneur de l'Isle-Jourdain, Pierre seigneur de Castelnau dans le Tursan et l'élite de sa noblesse. Tout semblait désormais terminé : mais la haine des deux familles était plus forte que tous les traités et tous les serments: nous la verrons se réveiller bientôt.

L'Angleterre parut aussi vers cette époque vouloir se réconcilier avec la France. Le jeune Édouard sommé de venir rendre hommage pour la Guyenne, avait d'abord tergiversé : mais voyant que Philippe rassemblait une armée pour l'y contraindre, il s'y prêta de bonne grâce et s'avança vers Amiens (1) escorté d'une brillante noblesse. Le roi de France, pour ne pas se laisser vaincre en splendeur, alla le recevoir *à grande foison de ses barons, prélats et autres, et s'y firent moult grand fête l'un à l'autre.* Il y eut néanmoins quelques difficultés sur les formes de l'hommage. Philippe demandait l'hommage lige. Edouard ne voulait accorder que l'hommage simple. La différence était importante. Le premier se prêtait à genoux, tête nue, sans gants, sans épée, sans éperons, les mains dans les mains du suzerain. Il obligeait l'homme et le liait personnellement; l'autre au contraire reconnaissait simplement la terre comme un fief mouvant de la seigneurie. On transigea, et Edouard prêta l'hommage en termes généraux (6 juin 1329). La cérémonie se fit en présence d'une cour nombreuse; on y vit à côté des princes du sang le comte d'Armagnac et sire d'Albret. L'année suivante, Edouard repassa la Manche et déclara solennellement que l'hommage qu'il avait rendu était l'hommage lige. La charte qu'il en donna scellée de son sceau nous a été conservée par Froissart et par Rymer.

Néanmoins il ne perdait pas de vue la Gascogne, et attirait (2) en Angleterre le comte de Foix, le vicomte de Lautrec, Bernard, seigneur d'Albret, de Pins, seigneur de Montcrabeau et quelques autres seigneurs (26 décembre 1329). Quelques mois auparavant il avait écrit à Amanieu de Barès, seigneur de Montferran, à Pierre Arnaud de Lambert, à Arnaud Garsie de Goth,

(1) Voir, pour cet hommage, le Continuateur de Nangis à l'année 1329, Rymer, tom. 2, *pars tertia*, Froissart et Grandes Chroniques. — (2) Pour tous ces détails, voir Rymer, tom. 2, *pars tertia*, p. 34 et suiv.

à Bernard d'Albret, seigneur de Vaires, pour s'excuser de n'avoir pas encore mis à exécution quelques délibérations prises dans son conseil, et pour les assurer qu'il ne négligerait point leurs intérêts (15 mars). Un mois plus tard, il envoya (27 avril 1330) deux commissaires en Gascogne, leur donna pouvoir d'écouter les plaintes, de corriger les abus et de traiter avec les seigneurs de tout rang, en les enrôlant à son service pour un temps ou pour la vie. Il notifia l'envoi de ces commissaires et les pouvoirs dont ils étaient revêtus à Jean de Grailly, Arnaud de Lalande, Arnaud de Lécussan, Bernard de Béarn, Raymond-Arnaud de Gerderest, Denot de Siderac ou Sariac, aux seigneurs de Castelnau, de Caupène, de Benquet, de Poudens, de Pouillon, de Toujouse, à Arnaud de Marsan, seigneur de Cauna, aux vicomtes d'Orte, à Jean de Mauléon, à Guillaume-Arnaud de Sault, à Arnaud, seigneur de Poyanne, à Garsie-Arnaud de Navailles, à Guillaume Emeric de Barbotan, à Arnaud de Monpezat, à Guilhem de Galard, à Arnaud-Bernard de Pressac, à Thibaut de Gensac, à Raymond de Mélignan et une foule d'autres seigneurs. Les villes ne furent pas oubliées : Bayonne, Dax, St-Sever, le Mas-d'Aire et quelques autres sont mentionnées dans Rymer (*).

L'auréole de la victoire rayonnait sur le front de Philippe-de-Valois; l'ambitieux Edouard avait abjuré

(*) Quelques jours plus tard (18 août), il fesait payer leurs gages à Vital de Poudens, à Arnaud Bernard de Pressac, à Arnaud de La Claverie, à Bernard de Francs, à Guillaume de Caupène, à Guillaume de La Case, à Taillefer du Thil, à Arnaud du Lyon, à Raymond de Miossens et à Jean de Mauléon.

ses prétentions et s'était déclaré vassal. La paix et la tranquillité régnaient dans le royaume. Le roi profita de ce calme pour réunir les prélats à Paris. Il s'agissait de régler la juridiction civile, œuvre difficile où se mêlaient des passions et des jalousies, et où Philippe fit éclater sa prudence et sa modération. L'assemblée (1) se composa de cinq archevêques et de quinze évêques. Notre province n'y connaît d'une manière certaine que Guillaume de Flavacourt, son métropolitain. Quelques auteurs lui adjoignent l'évêque de Comminges et son suffragant, et les comtes de Comminges et de Foix. S'il fallait en croire dom Brugelles, l'archevêque y soutint hautement, avec l'évêque d'Autun, les libertés de l'Église gallicane.

A peine rentré dans son diocèse, il convoqua son Concile provincial. Deux ans s'étaient écoulés, et aucun bras ne s'était encore levé pour venger le sang d'Anesauce de Toujouse. Ses meurtriers avaient trouvé un asile auprès de Thibault et de Menaud de Barbazan, de Guillaume de Moncade, d'Arnaud, seigneur de Morlas et de Thibault de Tusaguet. Loin d'éprouver des remords, ils tiraient vanité de leur forfait, et s'en glorifiaient publiquement. Au milieu de ce silence de la justice, Guillaume réunit ses suffragants à Marciac (2). On y vit Guillaume de Lectoure, Guillaume de Tarbes, Arnaud d'Oleron et Garsie Lefevre, successeur de la victime. Les évêques de Comminges et d'Agen se firent représenter par Raymond du Clerc et Arnaud Foucaud leurs vicaires-généraux, l'évêque de

---

(1) Histoire de l'Église gallicane. Histoire de France, par Villy, tom. 4. — (2) Le Père Labbe, tom. 11. Dom Brugelles. M. d'Aignan. Pièces justificatives.

Lescar par Bernard, abbé nommé de La Réoule, l'évêque de Couserans par Jean de Villeneuve. Hugues de Pardaillan, prévôt de St-Justin, Guillaume de Caupène et Bernard Sanche y représentaient le Chapitre d'Auch; Guillaume de Taillac celui de Lectoure, Guillaume Amelius de Mauvesin celui de Comminges, Pierre d'Arqué celui de Tarbes, Bernard de Saran celui de Lescar, Bernard, archiprêtre d'Elborea, celui de Bayonne, Henri de Cadillon, celui de Dax, Vivien de Rochefort, celui de Couserans. On y comptait encore les abbés de Simorre, de Pessan, de St-Savin, de Tasque et les fondés de pouvoir d'un grand nombre d'autres prélats, abbés, prévôts, doyens, chapitres et collégiales.

Les Pères y déclarèrent que les assassins et leurs fauteurs avaient encouru les peines portées par une constitution du Concile de Nogaro, en 1290, contre les meurtriers. Ils requirent justice de Guillaume de Baucaire, sénéchal d'Armagnac, et de Raymond de Monteils, juge ordinaire du comté, qui représentaient dans l'assemblée leur maître; et, si ceux-ci se montraient lents ou faibles dans l'exercice de leurs devoirs, ils menaçaient d'aller demander justice au souverain pontife et au roi de France, non-seulement contre les coupables, mais encore contre le comte et ses officiers. Nous ignorons la suite de cette affaire; nous savons seulement que ceux des meurtriers qui ne tombèrent pas sous le glaive de la loi, périrent misérablement, et que leur famille s'éteignit en peu d'années. Leurs fauteurs ne furent pas plus heureux, et à la seconde génération on ne retrouvait aucun rejeton de tant de nobles souches.

Cette même année, l'archevêque appela le roi de

France au paréage de sa justice (1); plusieurs membres de son Chapitre s'opposaient à cette libéralité. Pour les apaiser, il réduisit de 25 à 20 le nombre des chanoines. Les malheurs des temps, les usurpations des seigneurs sans cesse combattues par l'Église, mais toujours renouvelées, réclamaient d'ailleurs cette mesure. Elle fut adoptée le 11 septembre 1331, en présence d'Arnaud Delort, syndic du Chapitre, Henri de Pardaillan, Guillaume de Villefranche, Fortanier de Baulac, B. de Lamaguère, Arnaud de Molère, B. de Sonis, Garsias de Malartic, Odon de Massès, B. de Planche, Armengot de Posat, Jean de Falgar, Pierre Desbarats, Vital-Roger, Gaston de Jumat qui alors composaient le Chapitre (2). Parmi les témoins nous trouvons Garsias de Labarrère. Cette concession n'apaisa pas les murmures des chanoines. Ils se plaignirent au pape de ce que le prélat avait sacrifié les droits et les intérêts de son siége. Les consuls d'Auch prirent le parti de l'archevêque. Ils écrivirent le 6 janvier 1337 en sa faveur au Saint-Père qui paraît avoir approuvé Guillaume de Flavacourt, car il ne le condamna point.

Pendant que l'archevêque se défendait contre son Chapitre auprès de Jean XXII, le comte d'Armagnac combattait sous les drapeaux de l'église. Tranquille pour ses possessions, il voulut se montrer reconnaissant de tous les soins que le souverain-pontife s'était donnés pour le réconcilier avec la maison de Foix. D'ailleurs son humeur belliqueuse et son caractère aventureux ne s'accommodaient pas d'une vie paisible. Il laissa le gouvernement de ses états à l'évêque de Lavaur son

(1) Cartulaire d'Auch, dom Brugelles. — (2) M. d'Aignan, Pièces justificatives.

oncle dont il reconnaissait la sagesse et l'habileté, et alla joindre en Italie Jean de Luxembourg, roi de Bohême, qui y défendait les intérêts du Saint-Siége contre une vaste ligue composée de la plupart des seigneurs d'Italie. Ce prince l'accueillit avec joie et l'envoya aussitôt à la tête de trois cents chevaliers presque tous venus à sa suite presser le siège de Ferrare. Jean de Luxembourg devait lui-même le suivre de près avec le reste de ses troupes.

Les seigneurs italiens, comprenant combien il leur importait de prévenir son arrivée, ne perdirent pas un instant. Ils rassemblèrent toutes leurs forces, et cachant leur marche, ils tombèrent subitement sur le camp des assiégés que venait de grossir le comte d'Armagnac. Quoique surpris, celui-ci soutint courageusement leur choc pendant plus d'une heure, et il les eût forcés à s'éloigner s'il avait été secondé; mais les autres chefs essayèrent à peine une courte résistance; rompus et défaits presqu'aussitôt ils cherchèrent leur salut dans une prompte fuite. Peu néanmoins s'échappèrent. Quelques-uns se noyèrent, plusieurs furent tués, et le plus grand nombre restèrent prisonniers avec le comte d'Armagnac et l'abbé de Grandselve. L'abbé ne tarda pas à être rendu à sa liberté. Son compagnon d'infortune fut moins heureux. Son élargissement se fit attendre et lui coûta vingt mille florins d'or. L'évêque de Lavaur les emprunta à Bernard Esi sire d'Albret, beau-frère du prisonnier; il fallut donner en gage des terres nombreuses et lui garantir de nouveau la dot de Mathe d'Armagnac qui n'avait point été payée.

Le pape Jean XXII ne vit pas la fin de cette malheureuse expédition. Il mourut cette même année à l'âge de 90 ans. A sa mort le conclave composé de vingt-quatre cardinaux, se partagea en deux factions dont l'une reconnaissait pour chef le cardinal Taleyrand, frère du comte de Périgord, et dont l'autre obéissait au cardinal Jean Colonne. La première, maîtresse de l'élection offrit la tiare à Jean de Comminges, ce premier archevêque de Toulouse dont nous avons parlé, et que Jean XXII avait revêtu de la pourpre (en 1227). Mais elle exigeait qu'il promît de ne pas reporter la chaire de St-Pierre au delà des Alpes. Son amour pour les pauvres et sa vie exemplaire le rendaient digne du rang suprême où l'appelaient les suffrages de ses collègues; mais il repoussa la condition imposée (1). Ce noble refus qui eût dû hâter son élection y mit obstacle. Les cardinaux français ne purent vaincre leur répugnance pour le ciel de l'Italie. Leurs vœux se portèrent sur Jacques Fournier qu'on proposa pour essayer les voix, et que tous acceptèrent par acclamation. Qu'avez-vous fait, mes frères, s'écria aussitôt l'élu, étonné lui-même de sa promotion ? Votre choix est tombé sur un homme grossier et sans connaissance (*). La modestie lui dictait ce langage, ou plutôt il se rendait justice du côté de l'urbanité des formes et de l'élégance des manières; mais il rachetait l'absence de ces qualités assez secondaires par un sens très-droit et une science profonde du droit canon et de la jurisprudence.

Jacques Fournier, ou peut-être Dufour, était né à Saverdun dans le comté de Foix. On le dit généralement fils d'un meunier et de la fille d'un cordonnier

---

(1) Voir Duchesne. Villani et toutes les Histoires ecclésiastiques.

(*) Avete eletto uno asino. *Villani.*

de Cahors, qui avait épousé la sœur de Jean XXII; mais cette filiation n'est pas prouvée, quoique tous conviennent de l'obscurité de sa naissance. Dès sa plus tendre jeunesse il se consacra à Dieu dans l'abbaye de Bolbone et alla faire ses études à Paris où il prit le bonnet de docteur. Avant son doctorat, il se fit aggréger à l'abbaye de Fonfrède. Son oncle Arnaud Novelli en était abbé, et quand Arnaud fut élevé au cardinalat, son neveu lui succéda dans le gouvernement de cette maison. En 1317, il monta sur le siége de Pamiers, et pendant les neuf années qu'il l'occupa, il parvint à en augmenter les revenus et à en extirper les hérésies toujours vivaces dans le Languedoc. De Pamiers il passa à l'évêché de Mirepoix où son oncle alla le chercher l'année suivante pour le décorer de la pourpre. Il prit le nom de Benoît XII, et fut sacré et couronné dans l'église des Jacobins d'Avignon.

La maison de Comminges que le cardinal Jean honorait par ses vertus et son noble désintéressement perdit bientôt son chef. Bernard IX frère aîné du cardinal mourut (1) l'année suivante, laissant de Mathe de l'Isle-Jourdain sa seconde femme une fille et un fils posthume nommé Jean, qui lui succéda sous la tutelle de sa mère. Le comte de Foix, resté en France, ne fit point partie de l'expédition d'Italie. Il était alors occupé à marier sa sœur avec l'infant Pierre, frère du roi d'Aragon (2). Il lui constitua trente-cinq mille livres de Barcelonne. Arnaud-Guilhem comte de Pardiac, Géraud de Montlezun seigneur de Montégut, Loup de Foix, seigneur de Durban et quelques autres barons

(1) L'Art de vérifier les dates, tom. 2. Grands Officiers de la couronne, tom. 2. — (2) Dom Vaissette, tom. 4, page 211.

de la province se rendirent garants pour le comte de Foix. Le mariage se célébra à Castillon dans le Lampourdan après les fêtes de Pâques (1331). Gaston transigea peu après avec Robert son dernier frère, lui abandonna le château de Sors avec la vallée de Donasan et l'établit son sénéchal et son lieutenant dans le pays de Foix.

Jeanne d'Artois leur mère ne parut ni à cet accord ni aux noces de sa fille. Le temps avait accru la haine de ses ennemis sans lui inspirer plus de prudence. Ils profitèrent de sa conduite légère et inconsidérée pour la faire exclure de la tutelle. Cette exclusion prononcée ne la rappela pas à elle-même. Dégagée de tout soin, elle s'abandonna plus librement à ses passions. Ses écarts furent si fréquents et si publics que son fils dut la faire enfermer (1) dans le château de Foix. Le roi de France, dont elle était proche parente, approuva cette réclusion et défendit à ses officiers de s'y opposer. Mais comme Gaston faisait sa résidence habituelle dans le Béarn, il demanda au roi la permission d'y transférer sa mère. Philippe y consentit encore et chargea son propre sénéchal de la conduire lui-même sous bonne et sûre escorte, soit au château d'Orthez, soit dans tout autre lieu qui conviendrait au comte. Il exigea seulement que le fils la gardât avec sa femme, ou lui donnât une honorable société.

L'archevêque d'Auch, qui venait alors de triompher du Chapitre de sa métropole, s'occupa de réformer celui de Jegun (2). Les désordres y étaient grands

---

(1) Dom Vaissette, l'Art de vérifier les dates, tom. 2, page 311. — 2 Extrait du Livre rouge d'Auch, dom Brugelles, pièces justificatives, M. d'Aignan, idem.

parmi les titulaires; les uns vivaient éloignés, les autres ne se mettaient nullement en peine de se faire promouvoir aux ordres sacrés, et au milieu de ce relâchement, le culte public s'était tellement affaibli qu'on en trouvait à peine vestige (*).

Une affaire plus grave préoccupait le prélat. A la mort des clercs, leurs biens presque partout appartenaient à l'évêque. C'est ce qu'on nommait le droit de dépouilles. Ce droit était né de la constitution du clergé qui, dans la primitive Église, se groupait tout entier autour de l'évêque, ou même le plus souvent vivait sous le même toit que lui. Dès qu'il y avait vie commune, l'administration devait naturellement se con-

(*) Guillaume de Flavacourt statua que le Chapitre se composerait désormais de sept membres dont trois seraient prêtres, deux diacres et deux sous-diacres, et qui tous seraient obligés à la résidence sous peine d'être privés des fruits de leurs bénéfices. Il régla qu'ils assisteraient tous à l'office de nuit et de jour; que chaque semaine il y aurait un hebdomadier chargé de noter et de révéler les absents sous la foi du serment; qu'outre les sept chanoines, il y aurait un sacristain sachant lire et chanter, pour sonner les cloches et servir aux besoins de l'office divin; qu'il y aurait une maison claustrale où habiteraient constamment les chanoines. Il assignait à chaque chanoine, s'il y avait fait une résidence continuelle, vingt sacs de blé, mesure de Vic, et dix *salmates* de vin, payés annuellement par le portier de l'archevêché. Il y ajoutait six livres tournois *pro campanagio*. Au sacristain il donnait dix conques de froment, mesure de Vic, cinq *salmates* de vin et trois livres *pro campanagio*.

Les chanoines-prêtres devaient en outre recevoir chacun, le jour de la Toussaint, 860 sols Tournois. Pour punir les absents, leur part s'amoindrissait au profit de leurs confrères plus exacts. Enfin les offrandes journalières, les droits de sépulture ou de fossage, les gâteaux de noces étaient partagés entre les chanoines présents, sauf toujours le droit du curé. Enfin l'archevêque abandonnait au Chapitre un jardin et un verger qu'il possédait à Jegun. L'acte fut passé à Auch, le 20 novembre 1336.

centrer entre les mains du premier pasteur. Sous les empereurs chrétiens et surtout plus tard sous les rois de la seconde race, l'église s'était trop développée pour que cette discipline n'eût pas subi des changements; mais dans les ixe et xe siècles, les Normands, en ne faisant de presque toute l'Europe qu'un monceau de ruines, ramenèrent pour le clergé paroissial avec la pauvreté primitive la vie commune. Ainsi il s'établit que l'évêque, le chef de la hiérarchie, eût sous sa main tous les biens ecclésiastiques et succédât à tous ses clercs, comme l'abbé gérait les biens du monastère et profitait du pécule de tous ses moines.

Mais depuis le xe siècle, les temps étaient changés. Les populations en se dilatant avaient forcé le clergé à se disperser dans les diocèses. Dès-lors la part de chaque membre avait dû être distincte. Rien ne rappelant plus la communauté, l'évêque ne pouvait désormais être assimilé au supérieur du monastère. Une modification à la législation existante devenait nécessaire. Les prêtres, d'ailleurs, se plaignaient de ce que l'impuissance dans laquelle ils étaient de tester, éloignait d'eux, surtout au jour de leur vieillesse ou de leurs infirmités, leurs proches et leurs amis, ou du moins refroidissait leurs sentiments et paralysait leurs soins. Ils déléguèrent quelques-uns d'entr'eux pour porter leurs réclamations et leurs vœux auprès de Guillaume qui accueillit leur message. Pour mieux concilier tous leurs intérêts, on nomma de part et d'autre un commissaire. Le clergé choisit Hugues de Marchès ou de *La Marche*, abbé de Berdoues. L'archevêque nomma André de Boulanger (*de Pistorio*), professeur à l'université de Toulouse et chanoine de Meaux. Hugues et André préparèrent et firent agréer la convention suivante (1). 1° Les prêtres pourront disposer de leurs biens à leur mort et durant leur vie en se conformant aux lois. 2° Si quelqu'un meurt sans testament, l'archiprêtre, après avoir fourni aux funérailles, satisfait les créanciers et payé les gages des serviteurs partagera les biens entre les parents du mort, les pauvres et la fabrique du lieu. Si le mort était un curé, les héritiers avaient droit à la moitié des fruits majeurs quand le décès arrivait après Pâques; le reste appartenait à son successeur.

Il fut arrêté encore que le synode diocésain ne s'assemblerait qu'une fois l'an, après l'octave de Pâques, et qu'alors tous les curés du diocèse payeraient à l'archevêque cent cinquante livres Tournois. Guillaume de Flavacourt et le Chapitre ratifièrent cette convention le 20 avril 1336. Le prélat fut si satisfait de la prudence et de la dextérité d'André le Boulanger qu'il en fit bientôt son vicaire-général et son official.

Peu de mois après, l'archevêque fit publier de nouveau la trêve de Dieu. Cette institution bienfaisante due à l'église était mal observée. Le pape en écrivit à Guillaume de Flavacourt en lui envoyant les décrets d'un Concile tenu récemment à Rome où elle était fortement recommandée, et à la voix du pontife, Guillaume en ordonna de son autorité et de l'autorité du Saint-Siége la stricte et inviolable observation dans toute la province. Mais cette double autorité fut impuissante. L'Europe entière retentit bientôt du bruit des armes.

Las de se combattre sourdement, les rois de France

---

(1) Dom Brugelles et M. d'Aignan, Pièces justificatives.

et d'Angleterre levèrent le masque (1337), et pendant qu'Edouard nouait des négociations sur les frontières et cherchait des ennemis à son rival, Philippe confisqua la Gascogne et envoya des commissaires pour saisir cette province en son nom (1). Les commissaires prévoyant des obstacles, convoquèrent les milices du Languedoc et condamnèrent les nobles qui ne viendraient pas se ranger sous leurs drapeaux à payer le cinquième de leurs revenus. Ils exigeaient en même temps de chaque famille un subside de vingt sols Tournois par mois durant quatre mois. Le clergé ne fut pas épargné. On lui demanda une double décime pendant deux ans. Le roi manda en même temps au comte de Foix de se trouver à Marmande vers les premiers jours de juillet. Il fit partir bientôt après le connétable Raoul de Brienne.

Les Anglais l'avaient prévenu et avaient commencé les hostilités. Edouard avait cherché à intéresser à sa cause les seigneurs et les villes de la Gascogne (2). Dès qu'il apprit que son rival y faisait avancer des troupes, il leur écrivit (23 juin 1337) pour leur représenter qu'il avait fait tous ses efforts pour éviter l'effusion du sang. Il les engageait en même temps à repousser l'aggression et leur promettait de ne jamais faire la paix sans mettre à couvert leurs intérêts. Il s'adressa au vicomte de Tartas, à Bernard d'Albret, au vicomte de Benauges, à Jean de Grailly, à Arnaud de Lalande, à Bertrand de Latour, à Raymond de Bats, aux trois bâtards d'Armagnac, aux seigneurs de Caupenne, de Rausan, de Pommiers, de Montaut, de Montpezat, de Landiran, de Maulec, de Benquet, de Poudens et à

(1) Dom Vaissette, tom. 4, pag. 221 et suivantes. — (2) Rymer, tom. 2, pars tertia, pag. 172 et suiv.

une foule d'autres. Bordeaux, Bayonne, Dax, Puymirol, Penne, Bourg, Libourne, St-Emilion, St-Sever, Aire, Geaune, Pimbe, Pouillon, reçurent des félicitations sur leur fidélité passée et des encouragements à se montrer dignes d'elles-mêmes et à mériter ainsi de nouvelles faveurs de la part de leur souverain. Il sollicitait les habitants de Bayonne à attaquer les Français avec leurs vassaux, et s'obligeait à les indemniser des pertes qu'ils feraient et à ne traiter avec Philippe que de concert avec eux. Le vicomte de Tartas était surtout dévoué à sa cause. Son zèle lui fit perdre quelques terres. Edouard se hâta de le rédimer amplement. Ce vicomte était Guitard d'Albret frère puîné de Bernard Esi. Il fut chargé, 8 janvier 1337, de tenter la fidélité de son frère et de le ramener sous les drapeaux de l'Angleterre. Le sire d'Albret ne se piquait pas de trop de constance. Il céda (1) aux offres de Guitard et abandonna la France, malgré le serment de la Sainte-Chapelle.

Cependant le connétable s'avançait en toute hâte. Il était déjà arrivé le 10 juillet à Villeneuve-d'Agen d'où il proposa au comte de Foix, pour le lendemain, une entrevue dans la ville d'Aiguillon (2). Il voulait y concerter avec lui le plan de la nouvelle campagne. Mais le comte était encore éloigné et le connétable lui écrivait le 29 pour lui permettre d'amener avec lui outre les deux cents hommes d'armes et les quinze cents hommes de pied qu'il avait promis tout ce qui voudrait se joindre à lui. Il le chargeait en même temps de se saisir de toutes les places qu'il trouverait

(1) *Col. Doat*, tom. 22. — (2) Voir, pour toute cette expédition dom Vaissette, tom. 4, pag. 223 et suivantes.

sur sa route, d'y établir des garnisons et d'y faire prêter serment de fidélité à la France.

Le malheureux succès de l'expédition d'Italie n'avait pas dégoûté des armes le comte d'Armagnac. Ses fers avaient été brisés au plutôt dans les derniers mois de 1335, et dès le commencement de 1337 il prévint le comte de Foix et se joignit avant lui aux troupes du connétable. Ils assiégèrent ensemble Siourac défendue par le seigneur de Gensac qui n'osa pas, avec des forces inégales, exposer la place aux horreurs d'un assaut, et capitula. On songea un instant à attaquer Bordeaux, mais, parvenu à La Réole, le connétable congédia le comte de Foix et l'envoya défendre ses domaines à la tête de cent vingt hommes et de mille neuf cents piétons qu'il retint aux gages du roi. Le lendemain il donna des lettres de rémission en faveur de Bernard Jourdain comte de l'Isle pour le récompenser des services qu'il avait rendus dans cette expédition. C'est tout ce que nous savons de cette campagne rapportée vaguement par les historiens de l'époque.

Le connétable eût poussé plus loin ses succès, mais Philippe-de-Valois le rappela dans le nord menacé par les ennemis, et nomma, le 13 septembre, Simon de Provigni sire d'Erguery et Etienne de la Beaume, dit le Galois, pour commander dans l'Agenais, la Gascogne et les autres pays situés au delà de la Garonne. Les deux généraux avaient déjà pris le commandement vers la mi-décembre. Ils entrèrent en campagne malgré la rigueur de la saison et allèrent assiéger le château de Madailhan. Les comtes de Foix et d'Armagnac servaient dans leurs lignes. Le premier venait de conquérir sur les Anglais la ville de Geaune où il avait laissé une garnison de cinquante hommes d'armes soutenus par une troupe de fantassins sous les ordres de Loup de Béarn. Madailhan soumis, Provigni et le Galois allèrent attaquer Penne en Agenais, une des plus fortes places de la Gascogne défendue par une admirable position et par une garnison nombreuse. Mais bientôt jugeant leurs forces insuffisantes, ils appelèrent à eux les milices de la province et retirèrent même du Marsan les troupes qu'y entretenait le comte de Foix et que commandait Bertrand de l'Isle. Durant le siège Gaston de Foix reçut ordre de la cour de France de se porter contre le vicomte de Tartas le partisan le plus actif de l'Angleterre. Il prit avec lui une partie de sa noblesse et parut bientôt sous les murs de Tartas qu'il emporta après quelques jours de tranchée. Parmi ceux qui se signalèrent sous ses ordres, on compte Arnaud de Montaud, Bernard de Saquet, Bertrand de Lille, Pons de Villemur, Guillaume-Bernard de Roquefort, et les seigneurs de Lescun, d'Andouins et de Coarrase.

Le sire d'Erguery étant mort sur ces entrefaites, le roi, sans révoquer le Galois de la Beaume, nomma le 8 juillet 1338 les comtes de Foix et d'Armagnac ses lieutenants dans l'Agenais, le Bordelais, la Gascogne et le Languedoc, et leur donna des pouvoirs très-étendus. En même temps il écrivit à tous les prélats de son royaume pour les engager à ordonner des prières publiques pour la prospérité de ses armes et à faire prêcher dans toutes leurs églises, par des orateurs habiles, les motifs qui l'avaient forcé à déclarer la guerre à l'Angleterre. Nous ignorons ce que fit durant sa lieutenance le comte d'Armagnac. Nous sommes un peu plus heureux pour son rival. Gaston après s'être concerté (26 juillet 1338) à La Réole avec le Galois, ordonna à Arnaud-Guillaume de Béarn seigneur de Lescun de se rendre à Mont-de-Marsan à la tête de trois cent quarante hommes d'armes et de neuf cent soixante fantassins, et après s'être adjoint les milices de la vicomté d'aller attaquer Brassens (1), Advisans et toutes les places soumises à l'Angleterre. Il suivit lui-même de près le seigneur de Lescun et s'avança jusqu'à Mont-de-Marsan. Sa présence encouragea les troupes. Le château d'Advisans fut pris. Roger, après s'être concerté avec le sénéchal de Carcassonne, le condamna à être rasé, ce qui fut exécuté sur-le-champ.

Mais la guerre s'allumait sur la frontière opposée. Philippe, voulant prévenir la descente dont Edouard menaçait depuis longtemps les côtes de Flandre, ordonna à ses troupes de se réunir à Amiens. Il écrivit (26 juillet 1338) à Gaston de Foix de venir l'y joindre (2) avec toutes les forces qu'il pourrait réunir; il lui écrivit encore le 8 et le 15 août pour presser sa marche. Le comte arriva à Paris le 1er septembre. Il amenait avec lui douze chevaliers bannerets, sept damoiseaux damerets, treize chevaliers bacheliers et trois cent seize écuyers. Le roi, après avoir attendu quelque temps à Amiens entouré de presque toute la noblesse de son royaume, voyant qu'Edouard ne se montrait pas, congédia son armée et s'en retourna à Paris avec le comte de Foix dans les premiers jours d'octobre. On régla alors ce qu'on devait à Gaston pour cette expédition et pour la guerre de Gascogne. La somme se porta à vingt-huit mille huit cent quarante-deux li-

(1) Col. Doat, tom. 22. — (2) Dom Vaissette, tom. 4, page 227.

vres pour lesquelles le roi lui céda la moitié de la vicomté de Lautrec, et pour lui témoigner combien il appréciait ses services, il lui remit tout ce que les comtes de Foix ou leurs vassaux pouvaient devoir au fisc depuis vingt-huit ans. Il le lui prouva mieux encore en lui continuant peu de jours après (4 novembre) pour un mois ses pouvoirs de lieutenant dans la Gascogne.

Rien n'atteste que le comte d'Armagnac ait paru sous les murs d'Amiens. Il avait alors de vifs démêlés avec l'archevêque d'Auch. L'un et l'autre prétendaient à la possession des villes de Vic et de Barran. Il fallut en venir à des arbitres, qui reconnurent les droits respectifs des deux adversaires et partagèrent entr'eux les droits seigneuriaux et la justice (1). Cette décision assoupit un instant la querelle; mais elle se réveilla bientôt. Nous la retrouverons sous Monseigneur de Lamothe-Houdancourt dans le xviie siècle. Jean était néanmoins un seigneur religieux, il vivait dans une étroite liaison avec Clément VI comme l'attestent les lettres fréquentes que lui écrivait le souverain-pontife et dont plusieurs ont été longtemps gardées dans les archives du comté de Rhodez (2). Guillaume Roger frère de Clément recueillit les fruits de cette liaison. Le comte d'Armagnac le gratifia (1342) d'une pension de deux cents livres qu'il assit sur le château de Parisot.

Le roi n'avait borné l'autorité du comte de Foix à un terme aussi court que parce qu'il songeait à envoyer en Gascogne Jean, roi de Bohême. Ce prince arriva à Marmande le 26 décembre (3). Il y fixa son séjour

---

(1) *Col. Doat*, tom. 22. M. d'Aignan, pièces justificatives. — (2) Bosc, Histoire du Rouergue, tom. 2, page 147. — (3) Voir, pour ce qui suit, dom Vaissette, tom. 4, p. 228, et aussi le Continuateur de Nangis aux années 1338 et 1339.

pour mieux observer les mouvements des Anglais, tandis que le Galois et Gaston pressaient le siège de Penne, interrompu pendant quelque temps et repris depuis avec une nouvelle vigueur. La ville se soumit la première et le château lui-même fut forcé de se rendre dans la première quinzaine de janvier 1339. Le Galois et le comte de Foix prirent aussitôt la route de Paris. Gaston y conclut le 19 une alliance offensive et défensive avec le sire de Beaujeu, qu'il s'engageait à servir durant quatre ans contre le dauphin de Vienne, le seigneur de Villars et l'église de Lyon. Le sire de Beaujeu s'obligeait à son tour à prêter durant ce temps aide au comte de Foix contre le roi d'Angleterre, le comte d'Armagnac et le sire d'Albret.

Le roi de Bohême continua à séjourner à Marmande et, le 24 janvier, il y dispensa les deux frères Amanieu et Arnaud Guillaume de Gelas de payer une amende à laquelle ils avaient été condamnés par le sénéchal de Toulouse pour avoir enfreint la sauvegarde du roi. Jean, comte d'Armagnac, avait conduit ses milices à cette expédition. Le roi lui alloua une rente de quinze cents livres, dont une partie fut assignée sur la terre de Montignan, en Agenais. Il lui avait abandonné peu de temps auparavant les droits et les hommages qui appartenaient à la couronne de France dans la ville de Cazaubon, près d'Eauze, et ses dépendances (1).

Le comte de Foix s'arrêta peu à la cour. Le roi lui prorogea son titre de capitaine général, et le renvoya dans la Gascogne avec le Galois de la Beaume; et bien-

(1) *Col. Doat*, tom. 22.

tôt, pour le récompenser d'avoir conquis sur les Anglais la ville et le château d'Aire, il les lui céda à condition toutefois qu'il les tiendrait en fief. Le Galois fut l'instrument de cette largesse. Il y ajouta ensuite la ville de Sordes, qu'il le chargea d'enlever aux ennemis, et Philippe ratifia cette nouvelle libéralité.

Le Galois ne tarda pas à être rappelé. Édouard, après de longues menaces, avait enfin ouvert la campagne et s'était présenté devant Cambrai. Le Galois, accouru à temps pour s'y jeter, la défendit avec tant de valeur qu'il força le monarque anglais à lever le siège. Le comte de Foix fut rappelé avec lui, mais il ne paraît pas l'avoir suivi. Nous le trouvons durant tout le siège combattant en Gascogne où il prit part à la conquête des villes de Bourg et de Blaye, qui tombèrent sous les coups des Français. Pierre de Lapalu, sénéchal de Toulouse, chargé de remplacer le Galois, envoya Gaston faire une course sur les Anglais du côté de St-Sever (Landes), et, le 8 septembre, il le détacha à la tête de deux cents hommes d'armes et de deux mille sergents, outre ses troupes ordinaires, et le chargea de ravager le pays ennemi. Les noms de ces hommes d'armes nous ont été conservés (1). Nous les donnerons presque tous à la fin du volume (*).

Cette excursion terminée, Gaston s'achemina enfin vers la Picardie. Le comte d'Armagnac l'y avait précédé. La plus grande partie de la noblesse du Languedoc et de la Gascogne était accourue, comme eux (2), se ranger autour de Philippe-de-Valois sous les murs

---

(1) *Col.* Doat, tom. 22.
(*) Voir la Note 9 à la fin du volume.
(2) Froissart, tom. 1, ch. 42. Dom Vaissette, tom. 4, page 237.

de St-Quentin; mais, au moment où tout semblait disposé pour une bataille, Edouard se retira vers le Pays-Bas, et l'armée française fut dissoute. A la fin de la campagne, le roi voulut reconnaître les services du comte de Foix. Il lui abandonna le pays de Soule, alors occupé par les Anglais auxquels Gaston devait l'enlever, et y ajouta Ste-Gabelle et ses dépendances. A peine rentrés dans la Gascogne, les deux rivaux ravivèrent, ce semble, l'ancienne querelle qui divisait leurs maisons. Il est du moins certain que le comte d'Armagnac courut assiéger le château de Miremont dans le Tursan, qui appartenait au comte de Foix. Pierre de Lapalu, qui commandait dans la province, s'empressa d'étouffer le feu de la discorde à sa naissance; et pour faire lever le siège sans se prononcer entre des prétentions opposées, il envoya le juge-mage de Toulouse saisir le château et le plaça sous la main du roi.

Le Tursan était depuis longtemps agité. Garsias, évêque d'Aire, le successeur d'Anesance de Toujouse, trouvait autour de lui presqu'autant d'ennemis que son infortuné prédécesseur. Il chercha un appui dans Gaston de Béarn, vicomte de Marsan, et l'admit au paréage d'Aire (1). Le roi d'Angleterre qui, depuis 1285, partageait avec l'évêque la justice du Mas-d'Aire, et qui espérait alors gagner Gaston à son parti, y donna volontiers les mains. L'acte en fut passé à Aire. L'évêque et le comte de Foix y assistaient en personne. Le roi d'Angleterre y était représenté par Olivier de Huningham, sénéchal de Gascogne. L'évêque proposa en même temps d'ajouter à l'ancien paréage quel-

(1) Voir, pour tout ce qui va suivre, le **Manuscrit de l'évêché d'Aire** et la *Gallia Christiana*, tom. 1.

ques articles favorables à son siége ou à son Chapitre. Le comte, trop occupé pour pouvoir les discuter, abandonna ce soin à Bernard de Labarrère, doyen de Jacca, à Pierre de Beauvoir ou de Betbèze chanoine d'Oleron et à Raymond de Lordat sénéchal de Marsan, et promit de ratifier ce qu'ils auraient approuvé. L'original du paréage s'étant égaré, la date en est restée incertaine; le paréage lui-même et les dix-neuf articles acceptés avec quelques modifications par les trois commissaires, ont été quelquefois contestés, mais sans fondement. On place d'ordinaire ce paréage aux premiers jours de 1331.

La protection, qu'avait recherchée le prélat, le couvrit assez peu; car le 14 février de cette même année, un dimanche, Raymond Arnaud de Béarn, fils naturel de Gaston se présenta avant le jour à la porte du château du Plan (1), résidence ordinaire de l'évêque. Il était accompagné d'Arnaud-Guillaume seigneur de Sault dans l'Ostabarés, d'Arnaud-Guillaume seigneur de Baure, d'Arnaud seigneur de Bisanos, de Raymond de Barsun, de Gaillard de Clarac, de Bertrand seigneur de Noseilhes, d'Arnaud de Sanos, de Pierre Arnaud de Bernus, de Pelegrin de Filartigue, de Garsie-Arnaud de Segos, de Bertrand seigneur du Vignau, et de quelques autres hommes d'armes et suivi de quelques fantassins. On voyait encore à sa suite les gens des communes de Villeneuve, de Perquies et de Pujol armés aussi. Les portes du château étaient fermées et le prélat dormait dans son lit. Le bâtard somma, au nom de son père et au sien, les gens de l'évêque d'ouvrir le château à la troupe qui se pressait sous ses pas, parce que les évê-

---

(1) Manuscrit d'Aire.

ques le tenaient du seigneur de Béarn et de Marsan. Vital Ducassé, procureur de l'évêque, répondit que le château avait été donné par le duc d'Aquitaine, et qu'on n'avait jamais compris que le seigneur de Béarn y eût eu aucun pouvoir, ni que jamais il y eût été reçu comme il l'entendait; que cependant, comme l'évêque chérissait le seigneur de Béarn et toute sa lignée, s'il voulait y entrer, comme il le devait, sans armes et en ami, et parler au prélat, on lui ouvrirait volontiers.

Raymond Arnaud répliqua qu'il entrerait, comme il l'avait dit, avec toute sa suite, qu'il emporterait le château de force et égorgerait sans pitié tous ceux qu'il renfermait. Sans s'épouvanter de ces menaces, Vital Ducassé fit observer au bâtard et à ceux qui l'entouraient, que l'évêque avec toute sa maison et ses biens étaient sous la sauve-garde du roi de France, et que cette sauve-garde avait été proclamée solennellement à Perquies, à Villeneuve, à Pujol et dans plusieurs autres endroits du Marsan. Il invoquait à cet égard les actes publics et les pennonceaux du roi qui flottaient sur le château et qu'il montrait de sa main. Enfin, il sommait Raymond Arnaud et ses complices, au nom du roi de France et du duc d'Aquitaine, de respecter l'évêque, et lui défendait d'insulter à sa personne et de nuire à ses gens ou à ses biens. En même temps il prenait d'un notaire acte de ses protestations.

Cette fermeté n'arrêta pas le bâtard ni ses complices. Ils se ruèrent sur le château, s'en rendirent maîtres, brûlèrent une grange et le blé qui y était entassé, blessèrent plusieurs serviteurs de l'évêque et le firent lui-même prisonnier. Toutes ces violences étaient consommées à neuf heures. Quelques moments après, ils laissèrent sortir l'évêque et ses gens, mais gardèrent le château avec tout ce qu'il renfermait. Forcé de fuir, Garsias protesta contre l'insulte faite à son caractère sacré (*) et se pourvut devant l'official d'Auch. Les évêques de Lescar et d'Oleron s'intéressèrent vivement à sa cause. Gaston, à qui ils se plaignirent, n'osa pas braver l'église. Il réprimanda son fils et lui ordonna d'aller faire sa soumission à Garsias.

Raymond Arnaud se transporta, le 9 mars, dans l'église des Jacobins d'Orthès, et là en présence des deux évêques et d'Arnaud-Guillaume de Béarn seigneur de Lescun et de Roger de Foix seigneur de Rabat, il s'abandonna (1) au bon plaisir de l'évêque, s'engagea à se présenter devant lui au jour et au lieu que le prélat voudrait fixer, et enfin il promit d'accepter sans réclamation la sentence qui serait rendue. Il confirma ces paroles d'un serment prêté sur les saints évangiles. Gaston s'obligea avec son fils, et tous les deux se soumirent à une amende de deux mille livres de bons Morlas, aux peines de droit et aux foudres de l'église, s'ils étaient infidèles à leur engagement. Ils donnaient à l'évêque d'Aire jusqu'à la St-Jean prochain pour prononcer la sentence.

Garsias ne se pressa pas de prononcer. Il prit conseil de gens probes et habiles, et après un mûr examen,

---

(*) L'évêque perdit alors un livre pontifical, (100 saumées *salmatas*), 500 sacs de l'un et l'autre blé, 10 pipes de vin nouveau et une de vin vieux, 3 couétes, 20 coussins, 11 couvertures de lit, 26 linges, 2 grandes marmites de métal, 1 grand bassin de cuivre, 4 jarres et 2 pots d'étain, 4 porcs salés, 2,000 sardines, 200 morues salées, 2 corbeilles de figues et de raisins confits *mellatis*, une somme d'argent et des armes de diverses espèces.

(1) Manuscrit d'Aire.

voulant, dit-il, *tempérer la discipline par sa miséricorde et préférant la bonté à la rigueur*, il statua le 14 juin, 1° que Raymond Arnaud et ses complices lui payeraient avant la Toussaint trois cents livres de bons Morlas pour le rédimer de toutes les pertes qu'ils lui avaient fait essuyer ; 2° que pour réparer l'insulte faite à son caractère sacré et à son église, ils lui payeraient par moitié trois cents autres livres qui seraient données en aumône aux pauvres et à l'église d'Aire ; 3° qu'en l'honneur de Dieu, du bienheureux Jean-Baptiste et de toute la cour céleste au mépris desquels les excès avaient été commis, Raymond viendrait en personne à l'église d'Aire, sans chaperon, un cierge allumé à la main, un dimanche ou un jour de fête solennelle, pendant que le concours du peuple serait le plus grand, et qu'il y ferait venir durant trois dimanches consécutifs les autres nobles revêtus de leur seule tunique, sans chaperon et sans ceinture, nu-pieds et un cierge allumé à la main, et que tombant tous à genoux, ils demanderaient à lui ou à son délégué humblement pardon des violences dont ils s'étaient rendus coupables ; 4° qu'il enverrait au prélat ou à son délégué dans l'église d'Aire ou de Mont-de-Marsan, durant trois dimanches ou fêtes solennelles, cent notables de Villeneuve, cinquante de Perquies et trente de Pujol, et qu'arrivés aux portes de la ville, ces notables se formeraient en procession et marcheraient à travers les rues, nus, en chemise, un cierge allumé dans une main et des verges dans l'autre, et qu'entrés dans l'église, non seulement ils demanderaient humblement pardon, mais ils recevraient dévotement la discipline ; 5° qu'avant la Noël ils feraient faire en cuivre ou en marbre une croix ou une belle statue de St-Jean aux pieds desquelles seraient gravés les motifs de cette libéralité; enfin qu'avant la Noël tous les notables se feraient absoudre par le Saint-Siége de l'excommunication qu'ils avaient encourue (*).

Garsias eut des démêlés avec l'abbé de St-Sever au sujet des novales. Peregrin de Baquerisse chanoine d'Aire et archiprêtre de Mauleon pris pour arbitre par l'archevêque et le Chapitre, et Bernard Deluc camérier de St-Sever délégué par sa Communauté, se réunirent à Roquefort et arrêtèrent que le monastère paierait à l'évêque deux cent cinquante livres Tournois et lui abandonnerait les dîmes d'Urgon et de Parenties, mais il devait garder les autres (28 mars 1330) (**).

L'évêque eut un semblable démêlé avec Guillaume de Luppé, abbé séculier de St-Girons. Bellus de Betous et Arnaud de Gerton chanoines d'Aire, Arnaud de Go-

---

(*) L'acte en fut dressé à Aire et eut pour témoins l'abbé de la Castelle, Pierre de St-Aunis, moine de Ste-Quitterie, Jean de Malartic, franciscain, Bellus de Betous et Guillaume de Pesquidous, chanoines d'Aire, Edouard de Labéyrie, Raymond de Cadeilhon Vital d'Extrême et Raymond de Malartic de Roquefort. Guillaume Ayguelent et Arnaud Guillaume de Guidon de Lebret, Pierre Seguin de St-Geniez, Jean Blanc de Villeneuve, Bernard de Pomède de Perquies, Arnaud Guillaume de Lapeyre de Cazères, Bertrand de Noguès de Renunc, Bertrand Arros de Grenade, Guillaume Arnaud de Lafargue de Doazit, Arnaud de Cayron de Mugron, Raymond Guillaume de Camgrand de Faget, Pierre Basset de Geoune, Arnaud Guillaume de Lucomale de St-Louboué, Martin Dubarri de Castelnau, Fortaner Dufor de Pimbe, Pierre de Lafargue de Samadet, Arnaud de Gore et Augers Dufers d'Aire, et Raymond Bertrand de La Reine du Mas, consuls ou chapelains de ces lieux.

(**) C'étaient les dîmes de St-Geniez, près de St-Maurin, de Gaillos, d'Eyres, de Cona, d'Aurice, d'Arut, de Toujouse, de Priam, de Lagasset, de Lamothe, de Ste-Eulalie, de St-Barthélemi, d'Anglade et de Marenches.

ver et Garsie-Arnaud de St-Cric chanoines de St-Girons, chargés de vider les différends, ramenèrent la paix (16 novembre 1330).

L'abbé de la Castelle disputait à Garsias le patronage de quelques cures et une redevance de vingt conques de froment que son abbaye faisait au prélat. Il fallut recourir à l'évêque de Condom. Sous sa médiation les différends s'aplanirent. Enfin l'évêque eut un procès avec les habitants de sa ville épiscopale. Ceux-ci réclamaient une extension de priviléges. Ils furent condamnés en 1330. Néanmoins deux ans après Garsias accéda à leurs vœux (15 février 1332). On place communément sa mort à la fin de cette année. Mais il y a erreur dans cette opinion; car le livre rouge d'Aire lui attribue quatre actes postérieurs à cette date. Le 7 novembre 1333 il ordonna à l'archiprêtre de Mauléon d'avertir les abbés, les prieurs et les curés de son archiprêtré d'avoir à payer avant l'Épiphanie les sommes qui lui étaient dues pour le droit de *caritatif* qui avait été accordé dans le synode tenu à St-Justin ; et si, malgré cet avertissement, cette contribution n'était pas payée à l'époque assignée, il voulait que l'archiprêtre dénonçât tous les dimanches les retardataires excommuniés, et s'ils s'obstinaient durant huit jours, il les soumettait à l'interdit avec leurs églises. L'archiprêtre lui-même fut menacé d'excommunication dans le cas où il remplirait sa mission avec négligence.

Deux usages particuliers au diocèse d'Aire et dont on ignore l'origine augmentaient les revenus de l'évêque. Chaque année bissextile les fabriques des paroisses ne percevaient aucun droit. Leurs produits allaient grossir la mense épiscopale. Cet usage s'est maintenu, je crois, jusqu'en 1789. L'autre, plus productif encore, n'était pas de nature à se perpétuer aussi longtemps. A la fête de la décollation de St-Jean-Baptiste, patron du diocèse (29 août), un membre de chaque famille visitait la cathédrale et y laissait un présent (*). Des indulgences étaient attachées à ce pèlerinage. Ceux qui en étaient empêchés, devaient envoyer leur offrande. On dressait une liste exacte de tous ceux qui payaient et qui ne payaient pas; elle devait être apportée à Aire par les curés des paroisses obligés de venir assister avec tous leurs clercs le jour de la fête aux offices de la cathédrale (**). Garsias frappa d'excommunication les fermiers des fabriques qui ne versaient pas dans ses trésors les revenus de l'année bissextile, les curés qui n'assistaient point à la fête ou ne dressaient pas exactement le rôle de leurs paroissiens, enfin, les familles qui sans raison légitime se dispensaient de visiter la cathédrale ou d'y faire parvenir leurs contributions (juillet 1335). Ces excommunications multipliées expliquent peut-être la détention momentanée de Garsias et le meurtre de son prédécesseur. Quand on emploie ainsi les foudres de l'église, non seulement on les avilit, mais on déchaîne contr'elles les passions. Le rigide et intolérant prélat ne survécut guère à ce dernier acte. Il fut remplacé par Guillaume de Caupenne, que nous avons vu sous le règne de Philippe-le-Bel si hostile aux Anglais. Il fut du moins comme Arnaud l'ennemi irréconciliable de cette nation. C'est tout ce que nous savons de son épiscopat.

(*) Vadant ad dictam matrem ecclesiam Adurensem cum obsoniis et aliis deveriis consuetis, faciendo escarium consuetum.

(**) Nous donnerons ces chartes dans notre 6e volume. Elles étaient tirées du livre rouge d'Aire maintenant égaré.

LIVRE XI.

CHAPITRE Ier.

Edouard III prend le titre de roi de France et attaque Philippe-de-Valois. — Il écrit aux communautés et aux nobles de Gascogne. — Noms de ces seigneurs. — Les comtes d'Armagnac et de l'Isle-Jourdain, le sire d'Albret et l'archevêque d'Auch. — Le cardinal d'Aure. — Mort de Gaston, comte de Foix. — Son fils Gaston Phœbus lui succède. — Hommage des seigneurs du Marsan. — Mort des comtes de l'Isle-Jourdain et de Comminges. — Crimes de Guy de Comminges. — Évêques de la province.

Cependant Edouard faisant revivre des prétentions abandonnées, avait placé sur ses bannières nos lys à côté de ses léopards et pris solennellement le titre de roi de France que ses successeurs ne devaient abandonner que dans ce siècle. La guerre allait ainsi changer de caractère. Il ne s'agissait plus de la prise de quelques places ou de la conquête de quelques provinces; c'était ses états qu'Edouard venait réclamer, les armes à la main. La lutte grandissait, les rivalités nationales ne pouvaient que s'éveiller, et avec elles allait naître cette antipathie, qui en dépit des institutions et des gouvernements, nous séparera bien longtemps encore de la fière Albion. La victoire se rangea d'abord du côté d'Edouard; il triompha à l'Ecluse (24 juin 1340) et détruisit la flotte française. Maître de la mer, il débarqua sur les côtes de Flandres et s'avança vers Tournay. Philippe, au bruit de son approche, se hâta de rappeler dans le nord la noblesse et les communes du royaume. Les comtes (1) de Foix et d'Armagnac accoururent des premiers et se firent remarquer parmi les plus puissants seigneurs qui se pressaient autour de la bannière royale; mais malgré la haine qui divisait les deux partis, aucun fait d'armes ne signala cette campagne. Edouard s'avança sans presque trouver d'obstacle jusque sous les murs de Tournay dont il ouvrit le siège en personne. Gaston de Foix se jeta dans la place à la tête de ses vassaux et les chroniques remarquent que le nombre en était assez considérable pour former une *bataille* ou escadron séparé. Jean d'Armagnac resta près du roi, mais le corps que commandait Aymeric vicomte de Narbonne son tuteur et où l'on remarquait Bertrand Jourdain de Monlaur, entra à Tournay et prit part à sa défense. Cette fois encore un armement aussi considérable, et qui pesait si lourdement sur le peuple, ne devait amener aucun résultat.

Pendant que le siège traînait en longueur, on parla de trêve. Jeanne de Valois sœur de Philippe et mère du comte de Hainaut, un des principaux alliés du monarque anglais, s'employa de toutes ses forces à la faire accepter. A ses instances, on nomma de part et d'autre des commissaires qui s'abouchèrent dans une chapelle isolée au milieu des champs. C'était du côté de la France le roi de Bohême, l'évêque de Liége, et les comtes d'Alençon, de Flandre et d'Armagnac (2); et du côté de l'Angleterre l'évêque de Lincoln, les ducs de Gueldre, de Brabant et de Juliers, et le comte de Hainaut. Après deux jours de conférences, les commis-

---

(1) Froissart, tom. 1, ch. 54 et 57. — (2) Froissart, liv. 1, ch. 61.

saires signèrent une paix d'un an que Jeanne espérait convertir plus tard en paix durable sous la médiation du pape. Mais tous les efforts du père commun des fidèles échouèrent contre l'intraitable rivalité des deux monarques; il ne put que faire proroger la trêve de deux ans.

En prenant le titre de roi de France, Edouard s'empressa d'écrire (1) aux populations d'Aquitaine que son élévation au trône de St-Louis ne changerait en rien leur sort, qu'il conserverait religieusement leurs franchises et leurs libertés, et qu'il était même prêt à les confirmer par de nouvelles lettres patentes. Il écrivit encore aux Communautés et nobles de la Gascogne la lettre suivante :

Aux consuls de NN. suivre l'équité et éviter l'injustice.

La couronne de France nous a été par droit héréditaire notoirement dévolue par la mort de monseigneur Charles de glorieuse mémoire, dernier roi de France et frère germain de madame notre mère. Le seigneur Philippe-de-Valois, fils de l'oncle dudit Charles, s'est emparé de force de cette couronne pendant notre minorité. Non seulement il la retient encore injustement, mais nous déclarant une guerre inique, il tâche de nous abaisser afin que par un crime que réprouvent Dieu et le droit, il puisse dominer dans le siècle au mépris de la justice. En conséquence, nous vous prions qu'après avoir mûrement pesé ce qui précède, il vous plaise de nous favoriser en justice contre ledit Philippe et nous aider activement nous et les nôtres à recouvrer

(1) Rymer, tom. 2, pars quarta, page 77.

nos droits. Nous espérons que le roi d'en-haut qui humilie les injustes à cause de leurs injustices, mais qui aime et exalte les justes, nous traitera dans sa bonté, afin que nous puissions dignement vous récompenser, comme nous désirons le faire, et récompenser aussi tous ceux qui nous auront prêté aide.

Il écrivit ainsi à Hugues de Ravignan, à Rudel seigneur de Seisses, à Arnaud de Laboulbenne, à Géraud de Labarthe, à Gallard de Fossat, à Izarn de Baylens seigneur de Montpezat, à Bernard de Pardaillan seigneur de Juillac, à Amsans de Caumont, à Amsans de Pins, aux seigneurs de Manleche, d'Aiguillon, de Moncaud, de Fourcès et de Tonneins, à Arnaud de Montpezat, à Pierre de Gallard, à Vezian de Lomagne seigneur d'Astafort, à Gaillard de St-Symphorien seigneur de Landiran, à Bernard de Béarn, à Jean de Grailly captal de Buch, à Gaston de l'Isle, à Elie d'Andiran, à Arnaud de Pouyhaut, à Jean de Lalande seigneur de Labrède, aux seigneurs de Cauna, de Poyanne, du Thil, de Poudens et de St-Paul, à Senebrun seigneur de Lesparre, à Jean de Mauleon, à Raymond-Guillaume seigneur de Caupenne, au vicomte d'Orthe, à Guitard seigneur d'Arzac, à Pierre seigneur de Pouy, à Arnaud de Montferran, à Bertrand de Durfort, à Fortanier de Lescun, à Arnaud-Garsie seigneur de Puy-Guilhem, aux consuls et aux communautés de Penne, Miramont, Monflanquin, Puy-Guilhem, Tonneins, Fleurance, Réjaumont, le St-Puy, Marmande, Ste-Foi, Puymirol, Casteljaloux, Valence, Montréal, Montclar, Bellegarde, Libourne, Montfort, St-Emilion, St-Macaire, St-Sever, Pouillon, Mimizan, Toujouse, St-Maurice et Francescas, et aux cités de Dax, d'Agen et de Condom.

Edouard s'adressa en particulier au comte d'Armagnac. Ce comte, pour se soustraire aux réclamations toujours renaissantes des parents de Régine, avait cédé (1) à la France les vicomtés de Lomagne et d'Auvillars pour une rente de deux mille livres qu'on avait assise sur le comté de Gaure. Mais ce pays ayant été cédé à l'Angleterre, Jean dut à son grand regret accepter d'autres terres. Aussi quoiqu'il eût paru sous les bannières de Philippe-de-Valois dans la dernière campagne, il prêta facilement l'oreille aux propositions de son ennemi. Il promit (2) de se rendre homme lige du monarque anglais et même de lui remettre pour garantie de sa fidélité le comté de Rhodez qui donnait un revenu de quinze cents livres sterling ou trente-sept mille cinq cents livres Tournois. Edouard s'engagea à son tour à lui faire restituer les deux vicomtés et à lui assurer ailleurs les revenus dont il se dépouillait. Il les asseoierait un jour sur Condom, Mezin et Montréal; mais comme ces villes étaient alors au pouvoir de la France, il allait temporairement les lui faire compter sur son épargne. Enfin il s'obligeait à lui donner quatre mille livres pour l'aider à mettre ses nombreux domaines en état de défense et à lui rendre le comté de Rhodez, dès que Jean lui remettrait Condom et les deux autres villes. En signant ce traité le comte d'Armagnac n'avait peut-être en vue que de se faire mieux rechercher par Philippe. Rien du moins ne prouve que ce traité ait été mis à exécution; ce qui est certain, c'est que deux ans après (18 août 1343), la Lomagne lui

---

(1) *Col. Doat.* tom. 13. — (2) Idem.

fut rendue (*), et depuis elle resta toujours entre les mains de ses successeurs.

Pendant qu'Edouard allait attaquer la France du côté de Flandre, il fit faire une diversion dans la Gascogne. Bernard Esi, sire d'Albret, y commandait avec le titre de son lieutenant de concert avec Hugues d'Athon successeur d'Olivier d'Imgham. Les deux généraux assiégerent Condom que défendait Bertrand de l'Isle-Jourdain. Ce seigneur fils ainé de Bernard Jourdain (1) promettait dès-lors de devenir un des premiers hommes de guerre de son siècle. Il s'était signalé par ses exploits dans les guerres de la Gascogne, et Philippe, malgré sa jeunesse, l'avait nommé capitaine du Condomois, lui avait confié la garde du Mas-d'Agenais et de Ste-Bazeille, et lui avait abandonné Donezan, Villefranche, Lamothe et quelques autres places dont la conquête était due en grande partie à son courage et à son activité.

Pierre de Lapalu, sénéchal de Toulouse et gouverneur général du Languedoc, résolut de marcher au secours de Condom. Il manda d'Agen, le 3 août, au sénéchal de Beaucaire de lui envoyer tout ce qu'il pourrait recruter de gens d'armes; et comme plusieurs s'excusèrent sur ce qu'ils avaient déjà servi dans les guerres précédentes, il lui ordonna d'assembler à lettre

---

(*) Parmi les seigneurs qui lui rendirent hommage, nous trouvons Othon de Montaut, seigneur de Gramont, Ort de Caumont, seigneur de St-Pesserre, Gaillard de Goth, Jean de Seguenville, Auger de Lomagne, Bertrand de Pouygallard, N. de Bonnefont, plusieurs du Bouset, des Galard, des Latour, des Francs, des Serillac, des Viemont, des Caumont, des Marras, des Bordes, des Magnaut, des Gachapuy, etc. etc.

(1) Grands Officiers, tom. 2. Dom Vaissette, tom. 4.

vue tous les nobles et tous les sujets de la sénéchaussée au-dessus de quatorze ans, et de les faire partir sous peine d'être dégradés de la noblesse ou déchus de tous leurs priviléges. Pendant que ce secours approchait, Condom fut pris; plusieurs autres villes partagèrent son sort. Les Anglais faisaient tous les jours des progrès dans l'Agenais et la Gascogne, et menaçaient le Languedoc; ce qui força le sénéchal à réitérer ses ordres et à les étendre aux autres sénéchaussées.

Les succès des Anglais n'empêchèrent pas Pierre de Lapalu d'aller attaquer Montrejeau qui s'était sans doute déclarée pour les Anglais et qu'il assiégeait le 10 juillet. Le roi craignit qu'il ne pût faire face aux affaires et lui adjoignit, le 4 août, les archevêques d'Auch (1) et de Sens et l'évêque de Noyon. Il les nomma capitaines dans le Languedoc et dans tous les pays voisins, et commanda aux sénéchaux de Toulouse, d'Agenais, de Périgord, de Rouergue, de Bigorre et de Xaintonge et à leurs officiers de leur obéir comme à sa personne. Les deux derniers prélats ne paraissent pas avoir pris possession de la dignité dont les investissait la confiance de leur maître. Guillaume de Flavacourt et Lapalu établirent leur séjour à Agen d'où ils surveillaient les mouvements des ennemis et distribuaient des récompenses ou des amendes. Ils vinrent ensuite dans le Toulousain. Le 2 novembre, ils disposèrent de quelques biens confisqués à Gaillac et en gratifièrent Vital de Nogaret. Quelques jours auparavant ils avaient transigé avec les habitants du Bigorre occupés alors à recueillir leurs moissons et à préparer leurs vendanges, et

1 Dom Vaissette, tom. 4, page 232.

les avait, moyennant une somme d'argent, dispensés de prendre part à l'expédition de Gascogne.

Cependant la trêve conclue à Tournay vint suspendre les hostilités. Edouard, en ordonnant à ses officiers de déposer les armes, leur recommanda (1) de réparer les fortifications des places, de les pourvoir de garnisons et de vivres et de ne négliger aucune des précautions que la prudence conseillait en face d'un ennemi actif et puissant. Philippe, dont les trésors étaient épuisés multipliait de son côté les impôts. Il établit (2) alors (1341) la gabelle sur le sel qu'il étendit à tout le royaume, pour le profit, disait-il (*), de tout le commun peuple. C'était presque se jouer de ceux que l'on pressurait.

Au milieu des combats la noblesse était avide de tournois. Philippe à qui ces passe-temps enlevaient toujours quelques défenseurs, les avait prohibés tant que durerait la guerre. Jacques II roi de Majorque, son ennemi secret, osa braver cette défense et fit publier (1341) une brillante passe-d'armes dans la ville de Montpellier dont il était seigneur et qui relevait de la France. Les comtes de Foix et d'Armagnac ne se montrèrent pas plus soumis, et y accoururent accompagnés d'un grand nombre de leurs chevaliers. Le comte de Valentinois, nouveau gouverneur du Languedoc, instruit de cette publication, défendit de célébrer la passe-d'armes, et pour appuyer ses ordres de la force il s'approcha de Montpellier à la tête d'un corps de

(1) Rymer, tom. 2, pars quarta. — (2) Dom Vaissette, tom. 4, p. 234.

(*) Edouard, contre lequel on avait invoqué la loi salique qui exclut les femmes du trône, appelait cet impôt la loi salique de Philippe.

troupes et alla camper à une heure de la ville. Sa présence n'arrêta pas les jouteurs. A l'heure de vêpres le roi descendit dans la lice suivi de plusieurs gentilshommes de sa cour. Il rompit onze lances, six avec un chevalier du comte d'Armagnac et les autres avec le seigneur de Barthelenne. Le comte d'Armagnac (1) jouta aussi avec le lieutenant du roi, et quand les combats furent finis, Jacques II fit proclamer dans l'arène qu'ils recommenceraient le lendemain.

Le comte de Valentinois, piqué de cette désobéissance, alla le soir même s'en plaindre au prince; mais Jacques, loin d'écouter ses représentations, fit publier en sa présence qu'il y aurait de nouvelles joutes le lendemain 12 mars. Les troupes françaises s'avancèrent pour y mettre obstacle, et le sang eût coulé si le comte de Foix n'eût interposé sa médiation. Le roi de Majorque promit que les joutes n'auraient pas lieu, et au mépris de sa parole, le soir même il rentra en lice et jouta six fois. Le comte d'Armagnac et quelques autres seigneurs rompirent aussi des lances en présence de plus de six mille spectateurs. Une insubordination aussi audacieuse eût été punie dans un autre temps; mais alors on avait besoin des bras des coupables. Ils obtinrent tous sans peine des lettres de rémission.

Cette querelle avait servi à rapprocher encore davantage le comte de Foix du gouverneur du Languedoc. Il en obtint peu de jours après une nouvelle pension qui lui fut adjugée dans la ville de Rabastens; mais en attendant que la France réclamât ses services, il voulut venger ses querelles particulières et résolut

(1) Dom Vaissette, tom. 4, page 233.

d'attaquer Bernard Esi, sire d'Albret son ennemi. Le roi d'Angleterre, instruit de son dessein, ordonna (1) à son lieutenant-général de Guyenne et au sénéchal de Gascogne de se porter au secours de Bernard son allié. Cet ordre intimida Gaston; il n'osa pas se commettre avec l'Angleterre et l'attaque n'eut point lieu. Néanmoins le sire d'Albret ne se reposa pas entièrement sur la protection dont le couvrait Edouard. Il se transporta à Bordeaux, et, le 21 mars 1342, il y fit (2), avec Jean d'Armagnac son beau-frère, un traité de ligue contre le comte de Foix.

La trève expirait alors entre la France et l'Angleterre; les hostilités recommencèrent en Gascogne, et Robert de Marigni y assiégea les châteaux de Damazan et de Ste-Baseille, dans le Bazadois. Ce dernier appartenait à Alexandre de Caumont, un des seigneurs les plus puissants du pays, dont la sœur Marie venait d'épouser Pierre de Gallard. Alexandre essaya de le défendre contre les Français. Le sire d'Albret s'y était renfermé avec lui. Ils furent faits prisonniers l'un et l'autre. On ignore, dit l'Art de vérifier (3) les dates, combien dura la captivité de Bernard Esi, et on ne voit pas qu'il ait désormais pris part aux événements de son époque; mais le Père Clément et ses doctes collaborateurs se trompent. Nous allons voir Bernard Esi rendu bientôt à la liberté, et nous le retrouverons plusieurs fois sur le champ de bataille. Dans sa prison, il se tourna vers la France et s'attacha à sa cause. Philippe-de-Valois lui

---

(1) Dom Vaissette, tom. 4, page 236. Rymer, tom. 2, pars quarta.
—(2) Dom Vaissette, ibid. Inventaire du château de Pau.— 3) Tom. 2, page 262.

fit alors restituer les places qu'il lui avait enlevées pour le punir de s'être déclaré contre lui (1).

Edouard au contraire, piqué de cette infidélité, confisqua deux de ses terres et les donna au sénéchal des Landes (2). Il n'en fallait pas autant pour ramener l'ancien lieutenant de l'Angleterre. En général, durant toute cette lutte, les seigneurs Gascons ne se piquèrent guère de constance. On dirait qu'ils ne prenaient presque jamais conseil que de leurs intérêts. Malgré tous les beaux sentiments que l'on prête trop souvent à la féodalité, elle agit presque toujours ainsi à toutes les époques. Avouons toutefois que dans la Gascogne il y avait souvent nécessité. Placés entre deux ennemis puissants, tour à tour maîtres du pays, que pouvaient de faibles gentilshommes devant les droits de la victoire? La résistance eût amené leur ruine. Ils ne se conservaient qu'en cédant aux événements, et céder aux événements c'était passer successivement dans les camps opposés, puisque la guerre était l'élément obligé de toute la noblesse.

Ce changement fut payé par de nombreuses faveurs. Edouard, pour dédommager Bernard Esi de sa prison, lui donna Sauveterre, Blasenot et quelques autres lieux. Il y ajouta ensuite le château de Blanquefort, dont le sénéchal de Gascogne avait sans son autorisation gratifié Gaillard de St-Symphorien; et comme le nouveau serment du sire d'Albret l'exposait au courroux de Philippe, il lui promit les châteaux de St-Macaire, de Blaye et de Bourg, reconquis depuis peu sur les Fran-

(1) Inventaire du château de Pau déposé aux archives du Séminaire d'Auch. C'est celui que nous citons toujours. — (2) Idem, pour tous les faits suivants.

çais. Bernard Esi lui fit alors hommage pour les châteaux d'Albret, de Casteljaloux, de Meilhan et d'Aillas. Jeanne de Périgord, dame de Lavardac et Sans Aner de Pins son mari, lui contestaient quelques droits sur Nérac, Lavardac, Bordes et deux ou trois villes voisines. La querelle était déjà vieille. Amanieu père d'Esi avait cherché à les terminer les armes à la main (1). Plusieurs personnes périrent dans cette affaire, mais leur sang profita peu à sa cause. Les prétentions des deux familles étaient toujours les mêmes. Esi recourut à des voies plus douces. Bernard d'Escoussens et Arnaud de Santon, qu'il choisit pour arbitres, rendirent une sentence agréée de tous, et le sire d'Albret, remplissant les derniers vœux de son père mourant, partagea vingt-cinq livres entre les proches parents des victimes de cette triste dissension.

La guerre entre la France et l'Angleterre ne tarda pas à s'assoupir. Au premier bruit des armes, le pape et le sacré-collége s'entremirent auprès des deux rivaux, et à force de sollicitations ils les amenèrent à conclure une nouvelle trêve. Benoît XII n'était plus alors. Il avait terminé le 25 avril 1342, après sept ans de pontificat, une vie pure et sainte à laquelle il ne manqua que le courage nécessaire pour ramener la cour pontificale dans la ville éternelle. Il ne fit que six cardinaux parmi lesquels nous signalerons Pierre de Roger son successeur et Guillaume d'Aure (2) fils d'Arnaud 1er, vicomte de l'Arbousl et de Brunissinde de Lavedan. Voué au cloître dès sa naissance, Guillaume d'Aure prit l'habit religieux dans l'abbaye de Lésat, d'où Benoît XII le

(1) Inventaire du château de Pau. — (2) Duchesne, *Gallia purpurata*.

tira au commencement de son pontificat pour le placer à la tête du monastère de Montolieu dans le diocèse de Carcassonne. Le pape, qui l'affectionnait, l'appela bientôt auprès de lui et le décora de la pourpre le 18 décembre 1338. Guillaume d'Aure survécut à son bienfaiteur. Il mourut en 1346 à Avignon où il avait fixé son séjour; mais il conserva toujours le souvenir de l'abbaye qui avait accueilli son enfance et où s'était écoulée presque toute sa vie, et il n'attendit pas ses derniers moments pour lui donner des preuves éclatantes de sa munificence.

Pierre de Roger (1) était né dans le Limousin et avait d'abord revêtu l'habit de St-Benoît ainsi que Guillaume d'Aure. Conduit à la cour de Jean XXII par le cardinal Pierre de Mortemer son compatriote, qui l'aima comme son fils, il devint successivement abbé de Fécamp, évêque d'Arras, archevêque de Rouen, cardinal et enfin pape sous le nom de Clément VI. Le conclave ne dura que deux jours. Tous les suffrages se réunirent presque aussitôt pour le porter sur la chaire de St-Pierre où il devait faire briller les mœurs élégantes et faciles d'un grand seigneur nourri à la cour des rois, ou plutôt la pompe et l'éclat d'un prince séculier. A la place de ces qualités, si louées par nos anciens historiens ecclésiastiques toujours prévenus en faveur des papes d'Avignon, nous aimerions mieux trouver la bienveillante dignité d'un pontife ou la grave et austère paternité d'un vicaire de Jésus Christ. La papauté était mal placée sur les bords de la Durance. Il est rare qu'on se tienne dignement dans une fausse position.

(1) Duchesne, *Gallia purpurata*.

A peine cette trêve fut-elle signée que le comte de Foix songea à recommencer sa lutte contre le comte d'Armagnac (1). Il manda à tous ses vassaux de le venir joindre en toute diligence; et comme plusieurs ne se montraient pas assez empressés, il nomma le 3 mars 1347 des commissaires pour mettre leurs fiefs sous sa main. Alphonse, roi de Castille, l'ayant sur ces entrefaites appelé à son secours contre les Maures, il oublia le comte d'Armagnac et s'achemina vers l'Espagne à la tête d'une partie de ses vassaux. Une foule de seigneurs Gascons, impatients de repos, accompagnèrent ses pas. Ils allaient chercher sous un ciel étranger des lauriers et des aventures que leur refusait leur patrie. Cette expédition fut funeste à Gaston (2); il tomba malade au siège d'Algésiras et alla mourir à Séville (septembre 1343) dans un âge peu avancé. Il ne laissait qu'un fils que sa mâle beauté fit surnommer Phœbus et qui porta plus loin qu'aucun de ses prédécesseurs le nom et la gloire du Béarn.

Le corps de Gaston fut rapporté d'Espagne et enterré à Bolbone près des cendres de ses ayeux. Il l'avait demandé dans un testament qu'il fit au château d'Orthez le 17 avril au moment où il allait s'acheminer vers les Pyrénées. Il voulut même y être enterré avec l'habit monastique sous lequel il désirait rendre le dernier soupir. Il avait épousé Eléonore, fille de Bernard VIII. comte de Comminges. Eléonore était beaucoup plus âgée que son mari, et malgré la disparité d'âge, rien ne troubla leur bonheur domestique. La comtesse aimait surtout tendrement Gaston. Elle avait refusé la main

(1) Dom Vaissette, tom. 4, v. 11. — (2) L'Art de vérifier les dates, tom. 2. Grands Officiers, tom. 2.

de plusieurs prétendants dans l'espoir de devenir son épouse, et plus tard, au souvenir d'un époux adoré, elle disait souvent, à ce que l'on raconte, qu'elle l'eut volontiers attendu lors même qu'il ne fut pas encore né. A sa mort, Gaston lui légua, en usufruit, la vicomté de Lautrec avec le pays d'Andorre et de Doasan, et lui confia la tutelle de son fils. A son défaut, il lui substituait Gaston et Thibaut de Levis, Pons de Villemur, Raymond-Arnaud de Gerderest, qui avait épousé une de ses sœurs naturelles, Bernard de Béarn et enfin Raymond Arnaud, le même que nous avons vu assiéger l'évêque d'Aire et qui fut bientôt après massacré par les Toulousains dans le château de Miremont.

Éléonore s'empressa de faire reconnaître son fils dans les divers domaines que possédait la maison de Foix. Elle se présenta avec lui le 23 février 1344 devant la cour des Sers, et après que la mère comme tutrice et le fils comme seigneur du Marsan, eurent juré de garder inviolablement les coutumes de la vicomté, ils reçurent le serment de la cour. On y voyait l'abbé de La Castelle, En Fortaner d'Esgarabaque, En Gaillard de Preissac, seigneur d'Estang, Bos, seigneur de La Mieussans, Arnaud, seigneur de Classum, Raymond-Arnaud, seigneur de Magnos, Pey (Pierre) Arnaud de Monlezun, seigneur de Vignaux, Miramonde de Castel-Pujo, Dauna, *seigneuresse* de Feugarolles, Bernard de Pouy, Pey de Ferbeaux, Pierre Arnaud de Lasssus, Raymond de Micarrère et Pey Arnaud de Crabère, co-seigneur de Martyens (*).

(*) On avait convoqué à cette cour la Dauna de Montaulieu, le seigneur de Campet, la Dauna de Lezuru, Laubat, co-seigneur de Garens, les seigneurs de Cazaux, de Mayssens, de Lacassaigne, de

Les nobles de Gavardan ne prêtèrent leur serment de fidélité que l'année suivante. Leur assemblée se composait (1) de Pès (Pierre) de Lavielle, Bernard de Lados ou Ladoux, Gaston de Barbotan, Not de Lassus, Raymond Guilhem Du Four, Arnaud de Lucbon, Arnaud-Guilhem de Bourrouillan, Pès d'Escolas et Arnaud de Prat.

Peu de mois après, 2 août 1345, Gaston ou plutôt Eléonore de Comminges sa mère acheta (2) de Géraud d'Aux la ville de Lanemesan et ses dépendances pour la somme de mille sept cents livres. Les habitants rendirent hommage à leur nouveau maître le 2 novembre suivant, mais il y eut quelque difficulté sur cette transmission, et Gaston ne fut mis en pleine possession de la ville que le 28 février 1347.

Jeanne d'Artois, l'ancienne comtesse douairière, languissait toujours dans le château qui lui servait de prison. Robert de Foix, ce fils que ses parents avaient presque déshérité, et qu'ils avaient voué à l'église dès sa naissance, mais qui n'en aimait pas moins sa mère, espéra briser ses fers et sollicita en sa faveur le roi de France. Philippe (3), prenant en pitié les malheurs d'une princesse du sang royal, ordonna qu'elle lui serait remise et se chargea de la faire garder par des personnes qu'il nommerait. Il exigea pour ses soins deux mille livres Tournois et adjugea au jeune Gaston

---

Cère, de St-Avit, de Carreron, de Castandet, de Ladoux, de Bueste, de Parenties et de Gaillère, Vital de Campet, Amanieu de Cazaux, Pey de Ferbeaux, Guilhem Sans de Castet, Vivian de Cousset, Fortaner de Garderon, Jean de Gontaud et Arnaud de Lartey.

(1) *Col.* Doat, tom. 23. — (2) Idem et Chartier du Séminaire. — (3) Dom Vaissette, tom. 4, page 242 et 243.

Phœbus le reste des revenus qui appartenaient à son aïeule.

Jeanne fut alors conduite au château de Lourdes; mais quoique sa détention fut moins rigoureuse, elle n'avait en réalité que changé de prison. Eléonore et les siens s'opposaient à son entier élargissement. Robert de Foix revint à la charge. Le vicomte de Castelbon se joignit à son frère. Béranger de Montaut archidiacre de Lavedan, conseiller du roi, s'associa à leurs efforts par ordre de son maître. Enfin le 19 septembre 1347, il fut arrêté que Jeanne abandonnerait à son petit-fils tout ce qu'elle pouvait réclamer pour sa dot et son douaire, et qu'à la place, Eléonore de Comminges assignerait à sa belle-mère le Nébousan, St-Gaudens, Dalmasan, St-Ybars et le Mas-d'Azil. A ce prix Robert de Foix évêque de Lavaur et Roger-Bernard vicomte de Castelbon pardonnèrent *à l'âme du feu* comte de Foix leur frère tout le mal qu'il avait fait à leur mère. Jeanne ratifia ces conventions dans le château de Lourdes le 1er janvier 1348, après qu'on lui en eut fait lecture en *langue vulgaire ou romane*. Néanmoins quelques mois se passèrent encore avant qu'elle ne fût rendue à la liberté.

Bernard Jourdain IV (1) beau-frère de Gaston l'avait précédé dans la tombe. Il avait servi avec distinction ainsi que Bertrand son fils dans les guerres de Gascogne. Il fut retenu à quarante hommes d'armes et cent vingt-cinq sergents depuis le 14 août 1339 jusqu'au 21 octobre 1340, où il mourut. Il s'était remarié dix mois auparavant pour la troisième fois. Marguerite de Foix

---

(1) Grands Officiers de la couronne, tom. 2, page 707.

sa première femme lui laissa cinq enfants, Bertrand le héros de la famille dont nous avons déjà parlé, Gaston mort sans alliance, Jean que nous verrons succéder à ses arrière-neveux, Mathe que son père maria au comte de Comminges, et qui fut le gage de la réconciliation entre deux maisons longtemps divisées, et enfin Marguerite qui épousa Arnaud d'Euse vicomte de Carmain, neveu de Jean XXII. Marguerite de Foix mourut vers 1323, et son mari s'unit presqu'aussitôt à Bérengère de Moncade, de l'illustre famille Catalane qui a donné des souverains au Béarn. Bérengère lui apporta quelques terres situées au delà des Pyrénées, mais Bernard Jourdain n'en jugea pas le revenu suffisant pour une comtesse de Comminges, et y ajouta un riche douaire qu'il assigna sur ses domaines de Gascogne. Il n'eut point d'enfants de cette alliance. Devenu veuf une seconde fois, il épousa Sedille de Durfort qu'il laissa enceinte et qui accoucha peu après d'une fille nommée Indie. La naissance d'Indie amena un long procès entre sa mère et les enfants de Marguerite. Le roi de France irrité contre la maison de Durfort qui avait embrassé le parti d'Edouard, fit très-mince la part de la jeune orpheline.

Bernard IX (1) comte de Comminges, qui avait épousé en troisièmes noces Mathe de l'Isle-Jourdain était mort avant son beau-père (1335), et, comme lui, il laissa sa dernière femme enceinte. Mathe ne tarda pas d'accoucher d'un fils qui fut nommé Jean et qui succéda à son père, mais il ne vécut que quatre ans. Jean avait une sœur, Jeanne, à peine un peu plus âgée que lui.

---

(1) Grands Officiers de la couronne, tom. 2. p. 634. Art de vérifier les dates, tom. 2. p. 266.

Pierre Raymond I⁽ᵉʳ⁾ profita de sa jeunesse pour s'emparer du comté sous prétexte que c'était un fief masculin, dont les femmes étaient exclues. Mathe et sa fille trouvèrent des partisans. Elles en appelèrent aux armes, seule justice invoquée alors dans une pareille circonstance. Mais Philippe-de-Valois qui à l'exemple de ses prédécesseurs ne négligeait aucune occasion d'étendre ou d'assurer sa domination sur les grands vassaux de la couronne, somma Pierre Raymond et Jeanne de se soumettre à son jugement et fit en attendant saisir le Comminges. La contestation, passée des armes devant les tribunaux, s'apaisa enfin par la médiation du cardinal qui ménagea le mariage du fils unique de Pierre Raymond avec Jeanne. Ce mariage confondait tous les droits et conservait le comté dans les deux familles. Le Père Anselme (1) en fait honneur à la politique de Pierre Raymond qui, se voyant dangereusement malade, craignit pour son fils presqu'aussi jeune que Jeanne les chances de l'avenir, et l'unit à la fille de son frère. Dom Clément (2) au contraire rejette le mariage jusqu'après la mort de Pierre Raymond, arrivée en 1342 suivant Oihenard ou peut-être en 1344. On lui donne pour femme Françoise de Fezensac dont on ignore la famille, puisque la maison de ce nom était éteinte depuis longtemps et qu'on ne connaît pas de Françoise dans les deux branches d'Armagnac. Il en eut, outre son successeur, deux filles: Éléonore mariée d'abord au vicomte de Paillas, et ensuite à Gaillard de Lamothe seigneur de Clermont dans le Condomois, et

(1) Grands Officiers de la couronne, tom. 2, p. 634. — (2) L'Art de vérifier les dates, tom. 2. p. 266.

Jeanne femme de Géraud d'Armagnac vicomte de Fezensaguet.

Avant sa mort Pierre Raymond avait obtenu rémission de divers crimes dont il s'était rendu coupable depuis 1316 jusqu'au mois d'août 1344. Son frère Guy (1) surtout avait dans cet intervalle commis une infinité de brigandages. L'Albigeois où il possédait divers domaines en avait été le théâtre. Blesser, voler, piller, détrousser, rançonner tout ce qui tombait sous sa main, était un jeu de son âme atroce. Ce n'était même point assez des larmes et de la douleur, il lui fallait le sang de ses victimes. Vingt hommes périrent sous ses coups dans la vicomté de Lautrec, plusieurs autres à Giroussens et à Ambres. Les livrées de la religion n'étaient pas plus respectées que la faiblesse de l'âge ou les grâces de la jeunesse. Deux religieux furent massacrés par lui, l'un près de Graulet, l'autre aux portes de Parisot. Il se ruait de préférence sur les églises et les monastères. L'abbaye de Candels eut surtout à souffrir de sa rapacité. Peu content encore de ces excès, il s'était ligué avec les ennemis de l'Etat, avait levé de sa propre autorité des péages en divers lieux et donné retraite à tous les malfaiteurs, principalement durant la guerre de sa famille contre la comtesse de Vendôme, et depuis durant la lutte entre Jeanne et Pierre Raymond pour lequel il avait pris parti.

Malgré tant de crimes, Jean duc de Normandie fils de Philippe-de-Valois, pardonna à Guy *attendu la bonne volonté et loyauté que ledit chevalier et son lignage avaient toujours eue à son seigneur et à lui.*

---

(1) Grands Officiers. tom. 2, et plus encore dom Vaissette. tom. 2. p. 252 et 253.

Jean fit aussi grâce à ses complices à la tête desquels se trouvaient Bernard XI et Pierre Raymond, Amalric comte de Lautrec, Raymond de Martres, Barthélemi de Beaumont, Aymeric de Simorre, Adhemar d'Olon, Arnaud de Galard, Bos de Laroche, Bernard et Bos de Larroque, Bernard de Pardaillan et Gallard son frère, Bertrand de Montesquiou, Géraud de Cours, Bernier de Castillon, etc., etc. Le roi confirma à Paris ces lettres de grâce au mois de janvier suivant.

Guy de Comminges n'en devint pas plus sage, et l'année suivante le sénéchal de Carcassonne se plaignit au duc de Normandie que Guy, après s'être rendu coupable de divers crimes, tranchait du souverain dans ses terres, empêchait qu'on n'y payât les subsides au roi, y commettait mille violences. Nous voyons ailleurs qu'il se faisait appeler roi des Albigeois, et exerçait autour de lui une de ces tyrannies de Procuste et de Phalaris dont on aimerait à croire que les maximes humanitaires du Sauveur avaient à jamais purgé la chrétienté. Ce monstre mourut sans enfants, quoiqu'il eût épousé successivement Marguerite de Montheil-Adhemar et Indie de Caumont.

Gaston de Foix avait choisi pour exécuteurs testamentaires les évêques de Lescar et d'Oleron. Le premier était encore ce Raymond d'Andouins (1) qui, en 1329, confirma de sa présence et de son autorité le traité conclu sous les auspices du roi de Navarre entre les maisons de Foix et d'Armagnac. Les malheurs du temps avaient appauvri son Chapitre. Il s'adressa au saint-siége pour faire diminuer le nombre des chanoi-

(1) Voir pour tous ces évêques *Gallia Christiana*, tom. 1. Du temps. tom. 1.

nes. Bernard évêque d'Oleron, nommé commissaire, les réduisit à quinze (1342). Nous ne connaissons de ce commissaire que le nom. Il avait en 1342 succédé sur le siége d'Oleron à Arnaud de Valensun aussi ignoré que lui. Le temps n'est plus où les vieux chroniqueurs ne savaient enregistrer que les vertus des cloîtres ou les actes des prélats. Maintenant l'histoire a déserté l'église pour les châteaux. A peine peut-elle suffire à raconter les luttes des seigneurs et des rois; nous ne pouvons que glaner dans les diverses cathédrales. Hâtons-nous de les parcourir avant que la guerre ne recommence entre la France et l'Angleterre. Raymond d'Andouins survécut deux ans à l'acte qu'il avait provoqué et fut remplacé par Arnaud-Guillaume d'Andouins vraisemblablement son neveu, mais certainement son parent.

Le siége de Dax était toujours occupé par Bernard de Liposcoa ou de Lipasse, successeur de Garsias Arnaud Ier. A la mort de celui-ci les chanoines avaient élu Guillaume de Pouylevaut archidiacre de la cathédrale et neveu d'Arnaud de Caupenne. Son élection allait être confirmée par l'archevêque d'Auch, lorsqu'arriva un rescrit du pape Jean XXII qui défendait d'aller plus loin et nommait Bernard de Liposte, chanoine de Bayonne et neveu du cardinal Godin. Le Chapitre ayant voulu résister, Bernard lui suscita un procès ruineux qui réduisit les prébendes à un très-faible revenu et fit même abandonner quelque temps le service divin. Ce procès n'était pas de nature à lui ramener les cœurs. La froideur qu'il trouvait auprès de lui, l'engagea à faire le pèlerinage de la Terre-Sainte.

Après avoir prié sur la tombe du Christ, il avait repassé la mer. Déjà il s'avançait à travers la France. Le voyage avait été heureux, mais aux portes d'Aleth il tomba entre les mains de Jean de Berthier et de quelques autres brigands qui se jetèrent sur lui et sur ses compagnons, les dépouillèrent sans pitié et les jetèrent dans un noir cachot pour leur arracher une rançon. Clément VI instruit de cette violence, en écrivit en 1347 au roi de France et aux évêques d'Agde, de Béziers et de Maguelone. Cette mésaventure ne guérit pas Bernard de son goût pour les pérégrinations lointaines. Il reprit le bourdon du pèlerin et s'achemina de nouveau vers la Palestine (1348); mais avant de s'embarquer il se démit, dit-on, en faveur de son compétiteur. Le manuscrit de Dax distingue deux Bernards entre lesquels il place Arnaud Guillaume de Pouylevaut. Il fait mourir le premier en 1333 et prolonge longtemps la vie du second; nous ignorons sur quels documents il s'appuie, mais toujours l'un des deux eut quelques démêlés avec les Cordeliers de Dax dont le maire de la ville se plaignait. Bernard se déclara pour le maire et força les religieux à donner la satisfaction réclamée par le premier magistrat. Durant cette période, Dax (1) obtint plusieurs faveurs de l'Angleterre. Le maire et les jurats furent constitués juges des appellations de toute la Gascogne. On confia (1330) aux habitants la garde de la ville sous le commandement d'un gouverneur. On leur abandonna la prévôté avec la justice haute, moyenne et basse de la ville et de la banlieue (1335). Enfin dix ans après fut créée la cour noble de

---

1 Manuscrit de Dax.

Dax composée d'un président et de douze nobles, savoir : les vicomtes de Dax, de Tartas, d'Orthès et de Marenne, et les seigneurs de Balhade, de Sort, de Besaudues, de Labatut, de Pouilhon, de Montolieu, de Lugas et de Fabars.

L'épiscopat de Pierre de St-Jean (1) évêque de Bayonne, fut encore plus long que celui de Bernard de Liposte; comme Bernard, Pierre devait sa promotion au cardinal Godin qui, à sa mort, lui laissa quelques manuscrits et le nomma son exécuteur testamentaire. Le roi d'Angleterre connaissant ses talents et sa dextérité dans les affaires l'employa dans plusieurs négociations. En 1344 il le chargea d'apaiser quelques différends survenus entre des caboteurs anglais et biscayens ou castillans. Il l'envoya bientôt après négocier un traité d'alliance avec le roi de Castille et le mariage du fils aîné du prince espagnol avec Jeanne sa fille. La prudence de Pierre de St-Jean avait réconcilié les caboteurs des deux nations, mais leur rivalité s'étant rallumée trois ou quatre ans après, il reçut aussi mission de l'éteindre. Il réussit encore cette fois; toutefois la réconciliation dura peu. La cupidité était plus forte que la prudence du négociateur, et malgré les paroles de paix on se disputa longtemps le commerce de la mer de Gascogne.

Pierre de St-Jean siégea près de trente-six ans. Ce long pontificat fut marqué par un de ces actes de violence dont les annales de cette époque ne nous offrent que trop d'exemples. Les citoyens de Bayonne étaient divisés avec les seigneurs du Labour au sujet de l'étendue

(1) Pour cet évêque et pour les détails qui suivent, voir le manuscrit de Bayonne et les deux auteurs déjà cités.

de la juridiction de leur ville. Ceux-ci prétendaient qu'elle n'atteignait pas un certain pont nommé de Pradines, et ceux-là soutenaient qu'elle allait plus loin. Les altercations s'envenimèrent, on en vint aux insultes, et des insultes on passa vite aux provocations. Pendant que les esprits étaient échauffés, Pey de Poyanne, maire de Bayonne, est secrètement averti que les Lampourdans sont réunis en grand nombre dans un château voisin. Poussé par les jurats et par la Communauté, il court les y surprendre, en tue quelques-uns, disperse les autres et amène prisonniers cinq seigneurs des plus considérables de la contrée. Deux appartenaient à la famille de Sault, le troisième à la maison de St-Pé, le quatrième à celle d'Urtubie et le dernier à celle de Lehet. Leur sort fut bientôt décidé. Le maire, sans aucune forme de procès, les fait attacher aux marches du pont objet du litige, afin qu'à la marée montante ils soient submergés, ce qui arriva en effet. Cette froide cruauté excita la rage des Lampourdans. Ils usèrent de représailles et immolèrent à la mémoire de leurs malheureux compatriotes tous les Bayonnais qui s'écartèrent dans la campagne. Ceux-ci furent vengés à leur tour. Le sang coula ainsi de part et d'autre; mais enfin les deux partis se lassèrent de ces violences. L'humanité, la religion et la patrie tout devait crier au fond des cœurs.

On choisit pour arbitre Bernard Esi sire d'Albret. Celui-ci condamna la cité à payer quatre mille écus d'or avec lesquels on établirait des prébendes destinées à assurer des prières aux âmes des cinq victimes. Il la condamna encore à verser mille cinq cents écus d'amende dans les mains des gentilshommes. A ce prix la paix devait renaître. Les enfants du maire étaient seuls exceptés de la réconciliation. Les Lampourdans pouvaient les poursuivre, s'ils les rencontraient hors de la ville et les citoyens devaient les abandonner sans secours à leur juste vengeance. Cette sentence parut trop rigoureuse aux habitants de Bayonne. Ils en appelèrent au roi d'Angleterre qui renvoya le jugement de cette affaire au prince de Galles alors son lieutenant dans la Gascogne. Le prince modérant les prescriptions du sire d'Albret, exigea seulement la fondation de cinq prébendes et réduisit l'amende à cinq cents écus (1337). On se soumit à cette décision et la concorde s'établit.

Les évêques s'arrêtèrent moins sur le siége de Bazas que sur les siéges précédents. A Thibaut de Castillon avait succédé, en 1319, Guillaume V. Le Bazadois était alors le principal théâtre de la lutte entre la France et l'Angleterre. Les armes de la France ayant triomphé, Bazas et les pays voisins s'étaient soumis à Philippe-le-Bel. Edouard, irrité de cette soumission, fit confisquer les biens de la cathédrale, mais Guillaume en obtint la restitution ; néanmoins il n'osa pas se commettre aux hasards des combats toujours renaissants. Il fit gouverner son diocèse par un vicaire-général et se tint constamment éloigné. Son nom n'est plus mentionné dans les archives après 1324. Pictavin de Montesquiou le remplaça. Il était fils de Raymond Aimeric IV, baron de Montesquiou, et d'Alpaïs d'Ossun. Quoique élu dans les premiers jours d'avril 1325, il ne prêta serment au Chapitre qu'en 1332. Les troubles de la province l'empêchèrent sans doute de prendre plutôt possession de son siége. Il s'y assit à peine, car il fut transféré l'année suivante à Maguelone, d'où il passa à Albi.

Édouard fit alors nommer Jean de Wosc, d'origine anglaise, mais sa nomination ne fut point maintenue, ou Jean mourut presque aussitôt ; du moins quelques mois après (1334), Gaillard de Farges était incontestablement évêque de Bazas. Il appartenait à cette famille de Farges dans laquelle était entrée la sœur de Clément V, et qui avait donné un cardinal et plusieurs prélats à l'Église. C'est le même qu'un Géraud que quelques écrivains placent sur le siége de Bazas, en 1340, lorsqu'ils font passer Gaillard à Toulouse ; mais celui-ci siégeait encore à Bazas en 1346. Il eut pour successeur Raymond Bernard de Lamothe, un de ses parents, fils d'Arnaud de Lamothe, seigneur de Roquetaillade et de Langon, et d'Elpide de Goth, petite nièce de Clément V. Son sacre eut lieu dans la cathédrale de Bazas. Mais il fut retardé par la peste qui sévissait dans le Bazadois, et la guerre que se faisaient Bertrand de Lamothe son frère et le seigneur de Caumont. Raymond se distinguait par son savoir. Il composa une chronique qui n'est que la continuation de celle de Garsias, et n'embrasse que 56 ans, de 1299 à 1355. Baluze l'a employée dans ses notes des papes d'Avignon. L'évêque de Bazas avait un troisième frère revêtu de la pourpre qui mourut à Boulogne en 1346, et auquel il ne survécut qu'un an.

On varie sur les évêques qui occupaient vers cette époque le siége de Lectoure. A Guillaume de Bordes, que les uns font mourir en 1325 et dont les autres prolongent la vie jusque vers 1330, certains donnent pour successeur un Jean dont l'existence est plus que problématique, et quelques autres Roger d'Armagnac, depuis longtemps évêque de Lavaur, mais qui ne paraît pas s'être plus assis que Jean sur la chaire qu'on lui assigne. Peut-être qu'à la mort de Guillaume, Roger, oncle et ancien tuteur du souverain de la Lomagne, eut-il quelques voix, et la flatterie aura depuis consacré, dans quelques monuments de l'époque, l'acte d'une minorité sans effet. L'existence d'Arnaud-Guillaume est plus certaine. Il appartenait à la famille de Labarthe. C'est le même Guillaume dont parle un arrangement conclu entre Beraut, seigneur de Faudouas et Bertrand de Faudouas, seigneur d'Avensac son cousin. Une transaction passée entre le vicomte de Fezensaguet et les consuls de Monfort sur l'exercice de la justice de cette ville, fait aussi mention de lui le 4 août 1346. Suivant Oihenard, il vivait encore en 1349.

Les évêques de Tarbes sont mieux connus (1). Ce siége fut longtemps occupé par Guillaume Hunald de Lantal, prélat pieux et charitable qui, sur la fin de ses jours, fut transféré à Agde et remplacé, en 1340, par Pierre Raymond de Montbrun, issu des seigneurs de Dunes, dans le diocèse de Dax. Celui-ci apaisa une querelle élevée entre Arnaud de Tusaguet, abbé de La Réoule, près de Maubourguet, et ses moines. Il abandonna plus tard à l'abbaye de St-Savin quelques dîmes qui lui appartenaient personnellement; mais l'acte le plus important de son épiscopat fut le partage qu'il fit de son diocèse en 26 archiprêtrés; nous le donnerons à la fin du volume (*).

Nous ne connaissons guère que les noms des évêques de Couserans et de Comminges. Après Arnaud Fredet, mort le 31 mai 1329, le siége de St-Lizier fut occupé

---

(1) Voir outre les deux autorités, Manuscrit Duco et Larcher.
(*) Voir la note 10 à la fin du volume.

successivement par Antoine de Montégut et par Antoine d'Aspet qu'on dit arrière-neveu de Clément V. Cette parenté lui facilita sans doute l'entrée des dignités ecclésiastiques. On le fait mourir en 1340 et on lui donne communément pour successeur Pierre de Narbonne, qui siégeait vers 1345 ; mais Claude Robert omet ce prélat et lui substitue un Guillaume dont rien ne révèle l'existence. Celle de Duran, placé ensuite dans les dyptiques de St-Lizier, est plus certaine. Jean, comte d'Armagnac, qui commandait alors dans le Languedoc, le dispensa (16 octobre 1346), de prêter d'un an et demi l'hommage qu'il devait au sénéchal de Toulouse pour le temporel de son évêché. Cette dispense se basait sur ce que le prélat ne pouvait pas quitter le souverain-pontife dont il était proche parent. C'est tout ce que nous savons de son épiscopat dont la fin est aussi ignorée que le commencement.

Les évêques de Comminges se présentent dans l'ordre suivant : Scot de Luines, d'abord chanoine de Toulouse et porté en 1318 sur le siége de St-Bertrand ; Guillaume, qu'Oihenard fait entrer en 1336 dans les conseils du roi de France, et qui fut remplacé cette même année par Hugues de Castillon. Celui-ci acheva la cathédrale commencée sous le pontificat de Clément V. Il mourut le 4 octobre 1352, et fut enfermé dans une magnifique tombe de marbre blanc qu'on déposa d'abord dans le cloître, mais qui fut portée depuis à l'entrée d'une des chapelles latérales. Les religionnaires qui dégradèrent l'église respectèrent cette tombe, ou du moins elle fut soustraite à leurs profanations. C'est le plus beau monument funèbre que le moyen âge ait légué à la Gascogne.

CHAPITRE II.

La guerre est déclarée entre la France et l'Angleterre. — Le comte de Derby débarque à Bordeaux, — prend plusieurs villes. — Bertrand, comte de l'Isle-Jourdain. — Il est fait prisonnier sous les murs d'Auteroche. — Nouvelles courses des Anglais. — Siège et prise de la Réole. — Siège d'Aiguillon par les Français.

La mort du comte de Foix servait les intérêts du comte d'Armagnac. Il ne paraît pas toutefois qu'il ait cherché à profiter des embarras qu'amènent un changement d'administration et surtout les soins d'une tutelle. Peut-être, il est vrai, n'osa-t-il pas le tenter. Le roi de France venait de renouveler à tous ses sujets la défense de poursuivre leurs querelles particulières et même de sortir du royaume. Quoiqu'il en soit, nous le voyons recevoir paisiblement le serment de ses vassaux (1). Le 14 avril 1344 Bertrand de Faudouas se reconnaissait son homme lige dans le château du Castéra-Lectourois, il lui faisait en personne hommage de la portion des terres de Plieux et de l'Isle-Bouzon qu'il possédait en toute justice, ainsi que de tout ce qu'il avait dans la commune de Vicmont près de Lavit. Peu de temps après, le comte ayant appris que le seigneur d'Avensac voulait transporter ailleurs l'hommage de sa terre, prétendit qu'Avensac dépendait de la Lomagne, et lui défendit de reconnaître d'autre suzerain que lui.

(1) Inventaire du château de Pau. Nous donnerons à la fin du 3e et 4e volume tous les hommages que nous trouvons avoir été rendus aux comtes d'Armagnac.

L'acte de cette défense est signé de Raymond de Montheil, d'Othon de Caumont, de Pierre de St-Géry chevaliers, et de Géraud de Gontaud damoiseau. Le seigneur d'Avensac ne se crut pas assez puissant pour désobéir et vint faire acte de vasselage auprès de Jean.

La guerre devenait tous les jours plus inévitable. Comme elle paraissait menacer surtout les provinces méridionales, Philippe y envoya son fils aîné le duc de Normandie. Il lui donna le commandement supérieur et l'investit du titre de lieutenant général du royaume, et en particulier du Languedoc. Ce prince visita d'abord la cour d'Avignon, parcourut ensuite la Provence, le Languedoc et tout le pays voisin des possessions anglaises. Il s'avança enfin jusqu'à Agen, levant partout des troupes, et surtout tâchant d'arracher des subsides aux populations épuisées. Ainsi se passèrent l'année 1344 et les premiers mois de la suivante, dans les préparatifs et dans l'attente ; mais enfin l'heure des combats sonna.

« Or approcha (1) le jour saint George, que ceste feste se devait tenir au chastel de Winderose, *Windsor*, et y fit le roi d'Angleterre grand appareil de comtes, barons, dames et damoiselles. La feste fut moult grande et noble, bien festoyée, et bien joustée : et dura par le terme de quinze jours : et y vindrent plusieurs chevaliers de deça la mer, de Flandres, de Haynaut, et aussi de Brabant : mais de France n'y eut-il nuls. La feste durant, plusieurs nouvelles vindrent au roy, de plusieurs pays : et par espécial y vindrent chevaliers de Gascogne le sire de l'Esparre, le sire de Chaumont, et le sire de Mucident, envoyez de par les autres barons

---

(1) Froissart, liv. 1, ch. 103.

et chevaliers, qui pour le temps de lors se tenoyent anglois : tels que le seigneur de Labreth, le seigneur de Pomiers, le sire de Montferrat, le sire de Duras, le sire de Craton, le sire de Grailly et plusieurs autres : et aussi de par la cité de Bordeaux et de Bayonne. Si furent lesdits messagers moult bien venus, et festoyez du roi d'Angleterre et de son conseil : auquel ils monstraient comment moult foiblement son pays de Gascogne, et ses bons amis, et la bonne cité de Bordeaux estoient confortez. Si luy prièrent qu'il y vousist envoyer tel capitaine, et tant de gens d'armes, qu'ils fussent fors à l'encontre des François (qui y tenoient les champs) avecques ceux qu'ils y trouveroyent. Et assez tost après ordonna le roy le comte d'Erby, son cousin. Et dit le roy à son cousin, qu'il print assez or et argent, et en departist largement aux chevaliers et escuyers, parquoy il eut l'amour et la grace d'eux. »

Henri de Lancastre comte de Derby aborda à Bayonne, le 6 juin, à la tête d'une flotte nombreuse et d'un corps d'armée considérable. Bayonne (*bonne cité et forte qui toujours s'était tenue anglesche*) l'accueillit avec joie. Derby s'y reposa sept jours. *Au huitième jour le comte de Derby et tous ses gens s'en partirent et vindrent à Bordeaux où ils furent reçus à grande procession.* Le général anglais y séjourna quinze jours : marchant ensuite sur le Périgord il résolut d'assiéger Bergerac (1). Bertrand comte de la Ile, comme on parlait alors, ou plutôt de l'Isle-Jourdain, commandait dans le pays sous les ordres du duc de Normandie. C'est celui que Froissart et la plupart des historiens transforment en comte

(1) Froissart, ch. 104. Dom Vaissette, tom. 4, page 254 et suiv.

de Laille (*) nom chimérique qui n'exista jamais dans notre patrie. C'était un des chefs les plus braves et les plus expérimentés que comptait alors la France, et le roi Philippe, pour reconnaître ses services, avait érigé en sa faveur la baronnie de l'Isle-Jourdain en comté (1). A cette faveur il avait ajouté plusieurs terres dans la sénéchaussée de Toulouse.

Instruit de l'approche des Anglais, Bertrand manda près de lui la plupart des capitaines qui servaient en Gascogne. On vit accourir les comtes de Comminges, de Périgord, de Carmain, de Valentinois, de Mirande (ou d'Astarac), de Duras; les vicomtes de Villemur et de Castillon, les sires de Labarthe, de Lescout ou Lescun, de Pincornet, le seigneur de Mirande (puiné du comte d'Astarac) et l'abbé de St-Sever. Le comte de l'Isle alla avec eux prendre position sur les bords de la Dordogne pour en disputer le passage aux ennemis et les empêcher ainsi d'assiéger la ville située sur la rive opposée. Les Anglais ne tardèrent pas à paraître, et après une première action chaudement disputée, ils emportèrent les faubourgs.

Le comte de l'Isle contraint de reculer se retira en bon ordre dans la ville poursuivi par les Anglais. Le combat s'engagea de nouveau au débouché du pont. Les deux partis déployèrent une égale valeur. On combattait main à main. *Là ne se pouvait chevalerie ne bachelerie céler.* Le sire de Mauny s'avança si avant dans les rangs ennemis qu'on eut la plus grande peine à le dégager. Mais là encore l'avantage resta à l'Angle-

---

(*) Laille, composé de La Ille ou La Hille, comme se prononçait Lisle dans la Gascogne.

(1) Dom Vaissette, tom. 4, page 254. Grands Officiers, tom. 2, page 708.

terre. Les Français, après avoir perdu quatre braves chevaliers, le vicomte de Roquebertin et les sires de Châteauneuf, de Castillon et de Lescout ou de Lescun, abandonnèrent la ville et se réfugièrent dans le fort d'où ils firent pleuvoir une grêle de traits sur les ennemis pour les forcer à s'éloigner. Mais ceux-ci s'obstinèrent, et la nuit allait tomber lorsque l'épuisement et la fatigue les obligèrent à regagner le faubourg où ils trouvèrent assez de vivres et de provisions pour vivre largement pendant deux mois. Le lendemain, dès que le jour parut, Derby fit sonner les trompettes et donner un nouvel assaut, qui dura jusqu'à trois heures ; mais il ne fut pas plus heureux que la veille.

Voyant que ses efforts allaient se briser contre le courage et la résolution des assiégés, le général anglais fit venir des barques de Bordeaux et attaqua la place par eau. Cette voie lui réussit. Près d'être forcés, les Français demandèrent une suspension d'armes. On leur accorda le reste du jour et la nuit suivante. Les seigneurs Gascons profitèrent de cet armistice pour se réunir en conseil. Après une courte délibération, ils chargèrent leurs bagages, et à la faveur des ténèbres ils s'échappèrent secrètement et se dirigèrent vers La Réole. Le lendemain matin, les habitants s'assemblèrent sur la place publique, et, ouvrant leurs portes, ils allèrent en procession chercher Derby qu'ils conduisirent à la grande église. Là ils lui prêtèrent serment de fidélité et le reconnurent pour seigneur au nom du roi d'Angleterre.

A peine arrivés à La Réole, le comte de l'Isle, les barons et les chevaliers de Gascogne (1) tinrent un con-

---

(1) Froissart et dom Vaissette.

seil de guerre où il fut décidé qu'on disperserait les troupes dans les diverses forteresses et qu'on ne laisserait en campagne qu'un léger corps de cinq ou six cents hommes commandé par le sénéchal de Toulouse. Le comte de Villemur alla s'enfermer à Auberoche, Bertrand Desprès à Pellagrue, Philippe de Dyon (de Béon probablement) à Montagret, le sire de Montbredon à Mauduran, Arnaud à Lamonjoie, Robert de Malemort à Beaumont en Lomagne et Charles de Poitiers à Penne en Agenais, tandis que le comte de l'Isle demeura à La Réole dont il releva les murs et se prépara à recevoir le comte de Derby; mais celui-ci, après s'être rafraichi deux jours à Bergerac, prit avis du sénéchal de Bordeaux, et, à sa persuasion se dirigea vers le Périgord et la Haute-Gascogne. Sa marche ressembla à une course militaire. Tous les châteaux que rencontrèrent ses pas, de gré ou de force lui ouvrirent leurs portes; nul ne l'arrêta deux jours. Il arriva ainsi, dit Froissart, *devant une bonne ville et grosse qui est appelée Beaumont en l'Aillois* (Lomagne) *qui se tenait ligement du comte de Laille.* Elle résista trois jours; il fallut multiplier les assauts, car elle estait *moult bien pourveu de gens-d'armes et d'artillerie qui la défendirent tant qu'ils purent durer;* mais enfin elle fut prise et on y fit une horrible boucherie de tous ceux qu'elle renfermait.

Après avoir reçu quelques recrues, le général anglais parut enfin devant l'Isle-Jourdain que le comte de l'Isle avait confiée à la garde des sires Philippe et Arnaud de Béon. Il l'entoura aussitôt de toutes parts et fit avancer les archers qui lancèrent si bien leurs traits que les assiégés n'osaient se montrer pour se défendre. Ce jour-là les Anglais s'emparèrent de toutes les fortifications extérieures jusqu'à la porte de la ville; mais à la nuit ils se retirèrent. Le lendemain, avant l'aurore, ils recommencèrent l'attaque sur plusieurs points à la fois, en sorte que les Français, ne sachant où se porter, prièrent les deux chevaliers de traiter avec le comte de Derby. On lui envoya un héraut qui obtint un jour de répit pour entrer en composition. Derby fit retirer ses gens et vint jusqu'aux barrières parlementer avec ceux de la ville. Il voulait d'abord qu'ils se rendissent à merci, mais il se relâcha ensuite et se contenta de recevoir la ville sous l'obéissance du roi, tandis que les chevaliers et écuyers Français sortirent avec un sauf-conduit et se retirèrent à La Réole.

De l'Isle, Froissart, qui n'est guère meilleur géographe qu'impartial historien, fait replier le comte de Derby vers le Périgord, et, suivant lui, il soumit cette province aussi rapidement que la partie de la Gascogne déjà traversée. La conquête du Périgord fut suivie de celle d'Auteroche, château très-fort, appartenant à l'évêque de Toulouse, et enfin de celle de la ville de Libourne. Cette prise mit fin à la campagne, et le comte de Derby rentra à Bordeaux couvert de lauriers et chargé de butin.

Pendant que les Bordelais fêtaient son retour et célébraient ses succès, le comte de l'Isle crut l'occasion favorable. Il écrivit au comte de Comminges et aux autres capitaines qu'il avait réunis précédemment, et leur donna rendez-vous sous les murs d'Auteroche (1) qu'il voulait reprendre. Ses ordres furent exécutés avec tant de promptitude et de secret que le château se trouva

(1) Froissart, ch. 108.

environné de toutes parts avant qu'on se fût douté de l'approche des Français. Dix ou douze mille combattans se pressaient auprès de ses tours et poussaient le siège si vivement qu'une plus longue résistance paraissait devoir être bientôt impossible. Les machines incommodaient surtout les Anglais. Les pierres qu'elles faisaient pleuvoir *leur baillaient de si durs horions qu'il semblait à vrai dire que ce fût foudre qui chût du ciel, quand elles descendaient et frappaient contre les murs du chastel.* Un messager envoyé avec des lettres pour informer le comte de Derby fut pris par les assiégeants, jeté dans un engin, les lettres pendues à son cou, et lancé dans la place. Le comte de Périgord, le vicomte de Carmain, le sire de Duras et Charles de Poitiers, chevauchant autour des murs, *gabaient* les assiégés avec la gaieté du sol Gascon. Seigneurs, demandez à votre messager où il a trouvé le comte de Derby. *Ennuit se partit (il est parti cette nuit) de votre forteresse et jà est retourné de son voyage.*

Mais la prise du messager, le contenu des dépêches saisies avec lui et l'état presque désespéré des Anglais s'était répandu dans le camp. Un espion, qui s'y était glissé, en porta au plutôt la nouvelle au comte de Derby qui accourut en toute hâte à la tête de 800 ou 1000 lances et tomba à l'improviste sur les tentes des barons français. Ceux-ci, qui étaient loin de s'attendre à une attaque, allaient prendre leur repas du soir. Déjà plusieurs s'étaient assis à leur table lorsqu'on entendit retentir les cris : Derby ! Derby au comte ! et en même temps les tentes et les pavillons tombaient renversés, et la mort pleuvait sur leurs têtes. Les comtes de l'Isle, de Périgord et de Valentinois furent pris, et les sires de Duras et de Poitiers égorgés dans le premier tumulte. On ne savait à qui entendre : tout fuyait éperdu.

Le comte de Comminges et les seigneurs de Labarthe, de Terride et de Villemur, campés de l'autre côté du château, eurent seuls le temps de se reconnaître. Ils déployèrent leurs bannières et se retirèrent en rase campagne. Les Anglais marchèrent à eux avec la confiance que donne un premier succès. Le combat fut vif. *Là vist-on faire plusieurs et maintes belles appertises d'armes, maintes prinses et maintes recousses.* La garnison, entendant le bruit et reconnaissant les bannières anglaises, accourut se jeter dans la mêlée et décida la victoire. *Là fut pris tant de comtes, comme vicomtes jusqu'à neuf, et de barons, chevaliers et écuyers tant qu'il ny avait homme d'armes des Anglais qui n'en eut deux ou trois.* Sans la nuit qui tomba, nul ne fût échappé. Parmi les principaux prisonniers on compta, outre ceux qu'on a déjà nommés, le comte de Comminges, les vicomtes de Carmain et de Narbonne, le sénéchal de Toulouse et le seigneur de Clermont-Soubiran, à qui le comte de Bourbon donna, le 17 décembre suivant, deux mille livres tournois pour se racheter. La rançon totale (1) s'éleva, dit-on, à plus de 50,000 livres sterlings (1,250,000 livres tournois), somme énorme pour l'époque. Le vainqueur releva son triomphe par les égards dont il entoura ceux que la fortune avait livrés entre ses mains. Le soir même, il admit à sa table les comtes et les vicomtes, et donna à souper aux chevaliers et aux écuyers. Il en renvoya même plusieurs sur leur parole. Ce combat s'était livré le 23 octobre 1344 (2).

(1) Dom Vaissette, page 255. — (2) Froissart le place à la veille de St-Laurent (9 août).

Tout cœur français demande ce que faisait le duc de Normandie pendant que le général anglais enlevait ainsi à la France tant de places importantes, ou même des provinces entières. Les chroniques que nous avons pu consulter ne le disent pas, quoique son courage personnel ne soit contesté de personne. On assure, dit dom Vaissette (1), qu'il n'était campé qu'à dix lieues d'Auteroche, et qu'il ne daigna pas marcher au secours des assiégeants. Il est vrai toutefois d'observer qu'au premier bruit du débarquement des Anglais, il parcourut la Touraine, le Poitou et le Limouzin pour mettre ces provinces à l'abri de leurs entreprises. Philippe-de-Valois avait d'ailleurs à cette nouvelle nommé pour commander en Gascogne, Pierre, duc de Bourbon (8 août 1345), et l'avait revêtu d'un pouvoir très-étendu. Il y envoya en même temps de nouveaux commissaires pour engager le peuple et les nobles des sénéchaussées du Languedoc à lui accorder un subside pour six mois, mais ce subside fut généralement refusé. La misère était assise à tous les foyers.

Cependant Pierre de Bourbon, plus actif que le prince Jean, s'empressa de voler dans les provinces attaquées. Il établit son quartier principal à Agen, et y manda avec les comtes de Foix et d'Armagnac tous les hommes capables de porter les armes depuis l'âge de 14 ans jusqu'à 60. Par ordre du duc de Normandie, il changea plus tard le lieu du rendez-vous et convoqua toutes les milices à Cahors pour le 8 novembre. On vit successivement accourir à sa voix les comtes de Foix, que le prince Jean retint aux gages du roi avec trois

---

(1) Tom. 4, page 255. Consulter aussi cet historien pour les détails qui suivent.

cents hommes d'armes à cheval et mille hommes de pied pour garder les frontières des vicomtés de Marsan et de Gavardan, le comte d'Armagnac, Guy de Comminges, Bertrand, comte de l'Isle-Jourdain, délivré de sa prison, et Jean son fils, Pierre-Roger, vicomte de Castelbon, oncle du comte de Foix, Roger de Foix, évêque de Lavaur, qui alla servir sous le duc de Normandie, à la tête de deux cent quatre vingt-dix-sept sergents, Pierre, vicomte de Lautrec, et une foule de noblesse parmi laquelle nous signalerons Raymond de Montesquiou, seigneur de Caillavet, Pons de Thezan, Guy de Monlaur.

Le duc de Bourbon ne négligeait ainsi rien pour arrêter les progrès des ennemis; mais tous ses efforts étaient inutiles. La prise de Bergerac, de Beaumont et d'Auteroche, avait jeté l'épouvante dans tous les cœurs. L'argent d'ailleurs et les choses les plus nécessaires manquaient à ses troupes. Qu'attendre de soldats réduits quelquefois à vendre leurs armes et leurs chevaux pour acheter des vivres.

Tandis que le découragement et la misère énervaient les forces de nos soldats, le comte de Derby, après avoir laissé reposer son armée durant l'hiver, rouvrit la campagne aussitôt après Pâques. Ses forces n'étaient pas considérables. Il n'avait avec lui que mille hommes d'armes et deux mille sergents; mais c'étaient presque tous des soldats aguerris et pleins de confiance en leur chef. Il parut d'abord aux pieds des murs de Ste-Bazeille (1). Ceux qui la défendaient, voyant que tous les plus puissants seigneurs Gascons languissaient dans les

(1) Voir, pour toute cette campagne, Froissart, ch. 109. Nous y avons puisé tous les détails.

fers de l'Angleterre, et ne pouvant ainsi espérer aucun secours, n'osèrent résister et prêtèrent serment de fidélité à Edouard. Derby se dirigea aussitôt vers La Réole, et rencontra sur ses pas Roche-Milon, château abondamment pourvu d'hommes et d'artillerie. Il y fit néanmoins donner l'assaut; mais ayant été repoussé avec perte, il fit combler les fossés de fascines et parvint ainsi à ouvrir dans le mur une tranchée assez large pour donner passage à dix soldats de front. A cette vue, quelques habitants coururent se réfugier dans une église : tous les autres furent égorgés, et le château fut livré au pillage. On voulut punir la résistance.

L'armée anglaise s'avança ensuite jusqu'à Monsegur. Hugues de Batifol y commandait. Il sut pendant plus de quinze jours rendre inutiles tous les efforts des assaillants. Vainement firent-ils pleuvoir une grêle de pierres, plus vainement encore menacèrent-ils les habitants de les passer au fil de l'épée, si la place était emportée d'assaut, ou promettaient-ils de les traiter en amis s'ils ouvraient volontairement leurs portes : Batifol fut inébranlable. Les habitants, plus accessibles à la crainte, feignirent de lui demander avis; mais l'intrépide commandant répondit sans hésiter, qu'ils étaient encore maîtres de leurs fossés, et qu'ils pouvaient tenir plus de six mois s'ils le voulaient. Ils parurent accueillir sa réponse avec satisfaction, mais quelques heures après ils se jetèrent sur lui par trahison, s'emparèrent de sa personne et le confinèrent dans une étroite prison, d'où ils l'assuraient qu'ils ne le laisseraient jamais sortir s'il ne jurait de les aider à traiter avec le comte de Derby.

Batifol dut le leur promettre et recouvra ainsi sa liberté. Il eût pu retirer sa parole, puisqu'elle lui avait été arrachée par la force; mais en vrai preux il la tint religieusement. S'avançant jusqu'aux derniers retranchements, il fit signe qu'il voulait parler au général anglais. Gautier de Mauny, un des plus vaillants capitaines d'Edouard et que nous rencontrerons longtemps sur tous les champs de bataille, se présenta. Sire de Mauny, lui dit Batifol, vous ne devez pas vous étonner si nous vous fermons les portes, car nous avons juré fidélité au roi de France. Or, voyons-nous que personne de sa part ne tient la campagne contre vous. Il ne se peut ainsi que vous ne poussiez plus loin vos succès. Par quoi nous venons vous demander une trêve d'un mois. Si durant ce terme le roi ou le duc de Normandie ne viennent dans le pays avec des forces assez considérables pour vous livrer bataille, nous nous soumettrons à l'Angleterre. La capitulation fut acceptée et les assiégés donnèrent pour ôtages douze des principaux bourgeois qui furent envoyés à Bordeaux. Les Anglais se pourvurent de vivres apportés de la ville, mais n'y entrèrent point; *puis passèrent outre en courant et en exilant*, dévastant, rendant petit tout le pays *qu'ils trouvaient plein et dru*, riche et bien pourvu.

La trahison aidait quelquefois à leur triomphe. Le gouverneur d'Aiguillon n'attendit pas leur approche. Il alla à leur rencontre et leur rendit le château confié à sa garde, à condition qu'on respectât la vie et les biens de la garnison et des habitants. Il est vrai que le chevalier ne tarda pas à porter la peine de sa couardise. *Ceux du pays furent moult émerveillés de sa conduite, car c'était un des plus forts chasteaux du monde et le moins prenable*. Les habitants de Toulouse chez lesquels il alla cacher sa honte, *le prirent, lui mirent sus: trahison (attachèrent sur lui un écriteau portant* le mot trahison) *et le pendirent.* Le château d'Aiguillon est placé sur un roc élevé à la jonction de deux rivières navigables. Le comte de Derby le fit ravitailler et y ajouta quelques fortifications dans le dessein d'y établir sa principale retraite ; en attendant, il en confia la garde à un chevalier anglais. Il alla ensuite attaquer un château assez voisin qu'il emporta d'assaut ; aussi fit-il impitoyablement passer par l'épée tous les soldats étrangers qu'il renfermait.

Après cette sanglante exécution, Derby arriva devant La Réole, et la fit aussitôt serrer de si près qu'il fut désormais impossible d'y introduire ni vivres, ni provisions. En même temps il fit donner l'assaut, qui fut réitéré tous les jours, mais sans succès. Un mois s'écoula ainsi. Les habitants de Monsegur ne se voyant point secourus exécutèrent la capitulation et prêtèrent serment de fidélité à l'Angleterre. Le brave Batifol lui-même, désertant un prince qui semblait abandonner les siens, passa du côté de Derby et s'enrôla sous ses bannières avec toute la garnison. Cependant le général anglais avait fait construire deux beffrois de gros merrain à trois estages *et estaient ces beffrois du côté de la ville tous couverts de cuir boulu pour défendre du feu et des traits et avaient en chacun estage cent archers.* Derby avait fait en même temps combler les fossés. On traîna ces beffrois jusqu'aux pieds des remparts, et tandis que les archers qui les montaient éloignaient les assiégés, des pionniers placés à leurs pieds effondrèrent les murs. Les bourgeois épouvantés de la brèche proposèrent de capituler.

Agos de Baux, gentilhomme provençal, qui commandait dans la place, feignit d'y consentir; et pendant que les propositions étaient portées au camp et rendues, il dirigea vers le château une grande quantité de vins et de provisions, et courut s'y renfermer avec la garnison entière en protestant qu'il ne se rendrait jamais. Le comte de Derby se contenta de faire jurer aux habitants sur leur tête qu'ils n'aideraient en rien la garnison, mais la grèveraient de tout leur pouvoir *et défendit sous peine de la hart que nul ne leur fist mal. Il entra ainsi dans la ville et fit bientôt environner le chastel et dresser devant icelui tous ses engins qui nuit et jour jectaient contre ses murs. Mais petit l'empirèrent, car il était moult haut et de pierre et fut jadis ouvré par mains des Sarrasins* (*) *qui faisaient les fondements si forts et les ouvrages si étranges que ce n'est point de comparaison à ceux de maintenant.* Voyant le peu de succès de ses batteries, il employa la mine (**).

Le siège traînait depuis plus d'un mois et demi; mais enfin les mineurs s'étaient avancés si avant qu'ils abattirent une basse-cour dans l'enceinte du château: mais ils ne purent entamer le donjon, car il était maçonné sur une roche dont on ne trouvait pas le fonds. Néanmoins le gouverneur ayant découvert les progrès de la mine et sentant le péril, en fit part à ses compagnons, qui tous furent d'avis d'entrer en composition, et chargèrent leur capitaine de négocier. *Lors descendit messire Agos de la grosse tour, se bouta la teste hors d'une petite fenestre et fit signe qu'il voulait parler à aucun de lost* (de l'armée).

(*) On voit que l'opinion qui attribue aux Sarrasins les constructions lourdes et massives qu'on aperçoit encore de loin en loin dans la France, n'est pas nouvelle parmi nous: quoiqu'elle ne soit pas plus vraie.

(**) Voir Note 11 à la fin du volume.

Quand la nouvelle en fut venue (1) au comte de Derby, il dit à messire Gautier de Mauny et au baron de Stanfort: allons jusqu'à la forteresse savoir ce que le capitaine veut dire. « Lors ils chevauchèrent celle part. Quand messire Agos le vit, il ôta son chaperon tout just, et les salua l'un après l'autre; puis il dit: seigneurs, il est bien vray que le roy de France m'a envoyé en ceste ville et chastel, pour les garder et deffendre en mon pouvoir. Vous savez comment je m'en suis acquitté, et voudroye encore faire : mais tousjours ne peut-on pas demourer en un lieu. Je m'en partiroye volontiers, et tous mes compaignons s'il vous plaisoit : et voudrions aller austre part : mais que nous eussions nostre congé. Si nous laissez partir, sauf noz corps et noz biens (*), et nous vous rendrons la forteresse. Le comte de d'Erby dit : messire Agos, messire Agos, vous ne vous en irez pas ainsi : nous savons bien que nous vous avons si oppressez, que nous vous aurons quand nous voudrons. Car vostre forteresse ne gist que sur étaies. Si, vous rendez simplement, et ainsi serez-vous reçu. Messire Agos répondit : certes, sire, s'il vous convenoit d'entrer en ce parti, je tien de vous tant de bien et d'honneur et de gentillesse (**), que vous ne nous feriez que courtoisie : ainsi que vous voudriez que le roy de France fît à voz chevaliers : Si ne blecerez mie, si Dieu plaist, la noblesse de vous, pour un peu de soudoyers, qui cy sont : qui ont gaigné en grand peine leurs deniers, et lesquels j'ay amenez de Provence, de

---

(1) Froissart, ch. 112.
(*) Ainsi laissez-nous partir vie et bagues sauves.
(**) Je vous crois capable de tant de bien, d'honneur et de gentillesse.

Savoye et du Dauphiné. Car sachez que, si le moindre des nostres ne deust venir à mercy aussi bien comme le plus grand, nous nous voudrions vendre bien chèrement. Si, vous prie que vous y veuillez entendre : et nous faites compaignie d'armes : si, vous en saurons bon gré. Adoncques se tirèrent ces trois chevaliers ensemble. Si parlèrent longuement de plusieurs choses. Finalement ils regardèrent la loyauté de messire Agos, et qu'il estoit étranger, et qu'aussi on ne pouvoit miner la grosse tour du chastel : si luy dirent : monseigneur Agos, nous voudrions faire à tous chevaliers étrangers bonne compaignie. Si voulons, beau sire, que vous partez et tous les vostres : mais vous n'emporterez que vos armeures. Ainsi soit fait, dit messire Agos. Lors se tira à ses compaignons et leur dit comme il avoit exploité. Lors s'armèrent et sellèrent leurs chevaux dont ils n'avoient que six. Les aucuns en achetèrent des Anglois qui leur vendirent bien cher. Ainsi se partit messire Agos des Baux du chastel de La Réole, qu'il rendit aux Anglois : qui s'en meirent en saisine : et ledit messire Agos s'en vint à la cité de Toulouze. »

Le comte de Derby laissa à La Réole un chevalier Anglais chargé de réparer les murs de la place et le château, et poursuivant sa marche, il alla attaquer Montpezat (1). Cette ville n'avait pour défenseurs que de *bons hommes* (gens du peuple) du pays qui s'y étaient retirés avec leurs biens *sur la fiance du fort lieu. Et bien se défendirent tant qu'ils purent; mais finalement le chasteau fut pris par assaut et par eschellement.* Le comte y perdit un grand nombre de ses archers et

---

(1) Froissart, ch. 113.

le chevalier qui portait la bannière du comte de Stanfort. Il parut ensuite devant Mauleon qu'il fit aussitôt assaillir sans pouvoir l'emporter. La ruse vint au secours de la force. Un chevalier Gascon dont nous avons déjà parlé, Alexandre de Caumont, dit au comte : *sire, faites semblant de vous deloger et tirer autre part, et laissez un petit de vos gens* devant la ville. Ceux de dedans ne tarderont pas de sortir, je les connais bien. Vos gens qui seront restés en arrière se feront chasser et nous serons en embuscade sous ces oliviers. Dès qu'ils nous auront dépassés, une partie d'entre nous leur courra sus, et l'autre marchera sur la ville. Derby suivit ce conseil. Il laissa derrière le comte de Kenfort avec cent hommes seulement et lui donna ses instructions. *Puis s'en partit et fit tout trousser, chars et sommiers*, comme s'il voulait abandonner le siège. A une demi-lieue, il plaça une grosse embuscade dans un vallon planté d'oliviers et dans quelques vignes qui l'avoisinaient, et ensuite il chevaucha outre.

Quand les gens de Mauleon virent que le comte avait délogé et n'aperçurent plus qu'une faible partie de ses gens, ils se dirent entr'eux : sortons sans perdre un instant et allons combattre ce *tantet* d'Anglais qui sont demeurés derrière. Nous les aurons bientôt déconfits et mis à merci. *Si sera honneur et profit à nous grandement*. Tous furent de cet avis. Ils s'armèrent en toute hâte et *saillirent* (sortirent) *à qui mieux mieux*. Le comte de Kenfort et ceux qu'il commandait, les voyant sortir, commencèrent à reculer. La garnison se mit à leurs trousses, et dans sa poursuite elle dépassa le lieu où se cachait l'embuscade. Ceux qui la composaient, s'élancèrent aussitôt de leur retraite en criant :

Mauny, car Gautier était leur chef. Pendant que les uns tombaient à l'improviste sur la garnison, les autres coururent à la ville dont ils trouvèrent les portes ouvertes et se saisirent du pont et des issues principales, avec d'autant plus de facilité que le peu de soldats restés dans la place les prit pour une troupe des leurs revenus du butin. La garnison fut ainsi toute prise ou tuée. Mais le comte de Derby respecta *par gentillesse la ville d'ardoir et piller* (de brûler et piller la ville), *et la donna et toute la seigneurie à monseigneur Alexandre de Caumont par l'avis duquel elle avait été gagnée. Puis vint à Villefranche en Agenois qu'il print par assaut et le chastel aussi. Ainsi chevauchait le comte de Derby le pays de costé et d'autre. Ne nul ne lui allait au devant, et conquerait villes et chasteaux, et conqueraient ses gens si grand avoir que merveilles serait à penser.*

Maître de Villefranche, le général anglais se présenta devant Miremont, qui se rendit après trois jours de tranchée ouverte. Tonneins et le fort château de Damazan, quoique abondamment pourvus de gens d'armes et d'archers, ne présentèrent aucune résistance. Angoulême promit d'ouvrir ses portes si, dans un mois, le roi de France n'envoyait *homme si fort qu'il pût tenir les champs contre le comte de Derby;* mais cet homme ne s'étant point montré, Angoulême subit la loi anglaise et reçut pour gouverneur Jean de Norwich. Mortagne seule défendue par le jeune Boucicaut, destiné à relever plus tard la gloire de la France, repoussa toutes les attaques des Anglais, qui laissèrent au pied de ses remparts un grand nombre de morts et un plus grand nombre de blessés. Derby se vengea sur quelques villes voisines; mais comme l'hiver approchait, il repassa la Gironde, dispersa ses troupes et alla attendre à Bordeaux le retour du printemps.

Tandis que le comte de Derby promenait ainsi ses troupes victorieuses, Pierre de Bourbon n'avait pas quitté Cahors ou ses environs, convoquant les milices et enrôlant au service du roi le plus de seigneurs qu'il pouvait gagner. Pons de Thesan, Guers seigneur de Castelnau et une foule d'autres barons vinrent se ranger sous les bannières de Jean de l'Isle-Jourdain, digne fils de Bertrand. Le duc de Normandie, de son côté, donnait des ordres pour mettre sur pied une armée nombreuse; et en attendant qu'elle se réunît, il alla tenir l'assemblée des états de Languedoc. Les trois Ordres s'y trouvèrent; le tiers-état consentit à la levée aux moindres frais possibles d'un fouage de dix sols par feu payable par tiers, durant le mois d'avril, de mai et de juin. On s'ajourna ensuite à la fin de mai pour aviser au moyen de faire cesser la gabelle sur le sel et quelques autres subsides trop onéreux au peuple. Bientôt les troupes vinrent joindre le prince à Toulouse. *Tous ne purent loger à la cité tant estaient grand nombre, presque cent mille testes armées ou plus* (1).

Le duc prit les devants, passa à Montauban et s'arrêta à Agen. L'armée elle-même se mit en marche vers la fin de juin. Elle attaqua d'abord Miremont dont les Anglais s'étaient emparés peu de mois auparavant. Le gouverneur essaya de la défendre; mais il y perdit la vie avec la plupart des siens, et la place fut emportée. Ce sort n'intimida pas la garnison de Villefranche

---

(1) Froissart, tom. 1, ch. 119.

quoique le capitaine qui la commandait fût alors à Bordeaux près du comte de Derby qui l'avait mandé. Elle opposa une vive résistance; mais à la fin elle fut forcée et passée presque tout entière par les armes. La ville partagea le sort de la garnison. Elle fut livrée aux flammes et au pillage. Le château seul resta debout, et le prince Jean avec cette imprudente confiance, qui devait porter de si tristes fruits, ne songea nullement à s'en assurer.

Il s'avança ensuite jusqu'à Angoulême qu'il serra de près. Le comte de Derby n'osant pas tenir la campagne contre des forces si disproportionnées, se tint renfermé à Bordeaux et se contenta de surveiller sa marche. Apprenant que le château de Villefranche était abandonné, il envoya aussitôt quatre chevaliers pour l'occuper. Il leur donna soixante hommes d'armes et trois cents archers, et leur promit de voler à leur secours si on venait les attaquer. La troupe de ces chevaliers se grossit en route et bientôt ils se virent à la tête de plus de quinze cents hommes. Ils entrèrent ainsi dans Villefranche, en relevèrent les murs et les portes, et pourvurent le château de vivres pour plus de six mois. Le général anglais oubliait encore moins Aiguillon. Il y envoya Gautier de Mauny avec quelques-uns de ses plus braves chevaliers, et le chargea de garder la forteresse, *car trop serait courroussé s'il la perdait.*

Cependant le duc de Normandie ne pouvant emporter Angoulême d'assaut changea le siège en blocus (1). Cette vie inactive pesa bientôt à ses chevaliers; ils couraient tout le pays que les Anglais avaient conquis, y

---

(1) Froissart, ch. 120.

faisaient de grands dégâts, et revenaient au camp chargés de butin et quelquefois ramenant de nombreux prisonniers. Le sire de Bourbon et ses frères s'y firent remarquer. Ils étaient toujours des premiers chevaucheurs.

Quelques jours s'étaient écoulés, les vivres diminuaient sensiblement dans la place, et le comte de Derby ne paraissait pas vouloir exposer son armée à une bataille pour faire lever le siège. Enfin, les habitants penchaient pour la France, et ils n'auraient pas même attendu si longtemps à se prononcer s'ils l'avaient osé. Le duc de Normandie s'obstinait, et tout faisait croire qu'il resterait aux pieds des murs jusqu'à ce qu'il eût les clefs de la ville. Jean de Norwich dut penser à son salut et au salut de sa garnison. La veille de la Chandeleur il vint aux créneaux, seul, sans ouvrir sa pensée à personne; il fit signe de son chaperon à ceux de l'armée qu'il voulait parler à quelqu'un. On lui demanda ce qu'il voulait. Je parlerais volontiers, dit-il, à monseigneur le duc de Normandie, ou à l'un de ses maréchaux. On le dit au fils du roi qui y accourut escorté de quelques chevaliers. Dès que le commandant l'aperçut, il ôta son chaperon et le salua. « Le duc lui rendit le salut et lui dit: *Jehan*, comment vous va! Vous voulez vous rendre. Je ne suis mie conseiller de ce faire, dit le chevalier anglais, mais je vous voudrais bien prier que pour la révérence du jour de Nostre-Dame, qui sera demain, vous nous accordissez un respit qui durast demain seulement : par quoy les vostres ne les nostres ne pussent grever les uns les autres mais demeurassent en paix. Et le duc lui dit: je le veuil. »

Le lendemain matin, Jean de Norwich fit ouvrir la porte et s'avança vers les avant-postes conduisant sa troupe avec armes et bagages. Les Français s'étonnèrent de cette marche. Jean, chevauchant aussitôt à la tête des siens, leur cria : seigneurs! seigneurs! arrêtez, ne faites aucun mal aux nôtres. Nous avons trêves tout ce jour accordées par monseigneur le duc de Normandie, vous le savez, et si vous l'ignorez allez le savoir. Nous pouvons bien sur la foi de ces trêves aller chevaucher où nous voudrons. Le duc de Normandie, dont on prit les ordres, répondit qu'on les laissât aller de par Dieu leur chemin. Je leur tiendrai ce que je leur ai promis. Jean de Norwich traversa ainsi l'armée française et se retira à Aiguillon.

Ce trait et quelques autres semblables valurent sans doute au duc de Normandie le titre de Jean-le-Bon qui, chez nos ancêtres, signifie plutôt le simple que le débonnaire. Ce dernier titre conviendrait, ce nous semble, assez peu à un prince dur, violent, emporté, inflexible dans ses volontés comme le fut le fils de Philippe-de-Valois. Disons-le du moins, cette bonté coûta cher à la France. Jean de Norwich et les siens, en renforçant la garnison d'Aiguillon, prolongèrent le siège de ce château et empêchèrent ainsi le duc de Normandie d'aller joindre son père. Si l'armée du prince, se fut réunie à celle de Philippe, Edouard n'eût pas vraisemblablement osé s'aventurer dans la France; ainsi eût été épargné à notre patrie la défaite de Crécy. Les fautes politiques sont rarement légères : très-souvent même elles entraînent de bien graves conséquences.

Après le départ du capitaine anglais, Angoulême ouvrit ses portes. Jean pardonna aux citoyens, reçut leurs hommages et marcha sur Damazan *où il tint le siège quinze jours, et y eut tous les jours assaut. Fina-*

lement il fut prins et tous les Anglais et Gascons qui étaient dedans furent occis. Le duc de Normandie vint ensuite à Tonneins qu'il trouva bien *gardé d'Anglais et de Gascons.* Ils se défendirent longtemps, et, plus heureux que leurs frères de Damazan, ils obtinrent une capitulation qui assurait leurs biens et leur vie. Jean se chargea même de les faire conduire à Bordeaux. Il séjourna sur les bords de la Garonne jusqu'après Pâques. Il reprit alors sa marche, et longeant la rivière, il parut devant le port Ste-Marie que les Anglais avaient grandement fortifié et où ils avaient établi une garnison de deux cents hommes, mais la place fut emportée de force et la garnison devint prisonnière.

L'armée, grossie de toute la noblesse du pays, se montra enfin sous les murs d'Aiguillon (1). Les Anglais avaient eu le temps de la ravitailler et d'y introduire l'élite de leurs guerriers. Du côté des Français il y avait bien, dit Froissart, cent mille hommes armés à cheval et à pied. On y donna d'abord deux et jusqu'à trois assauts par jour, et le plus souvent on combattait du matin jusqu'au soir sans cesser. Bientôt on partagea l'armée en quatre parts. *La prime assaudrait dès le matin jusqu'à prime, la seconde de prime jusqu'à midi, la tierce de midi jusqu'à vêpres et la quarte de vêpres jusqu'à la nuit. Si assaillirent par cette ordonnance six jours, mais ceux de dedans ne furent oncques si travaillés, qu'ils ne se défendissent si très vaillamment.* On eut alors recours aux machines, et les machines ne réussirent pas davantage. On s'opiniâtra de part et d'autre. L'honneur national parut engagé. Ce siècle ne

(1) Voir, pour tout ce qui suit comme pour ce qui précède, Froissart et dom Vaissette, page 258 et suivantes.

vit point de siège aussi mémorable, soit pour l'ardeur de l'attaque, soit pour la vigueur de la défense. Le prince jura qu'il ne s'éloignerait pas du pied des remparts sans avoir le chastel à sa volonté, à moins qu'un ordre formel de son père ne le rappelât. Néanmoins il fit partir le connétable de France et le comte de Trancarville pour raconter au roi la résistance inattendue qu'il rencontrait. Philippe, applaudissant à sa résolution, lui commanda de rester jusqu'à ce qu'il aurait pris la ville par famine, puisqu'il ne pouvait l'emporter de force. Cet ordre fit changer le siège en blocus.

Sur la fin de mai, Jean en laissa la conduite aux généraux qui commandaient sous ses ordres et alla présider les états de Languedoc qu'il avait convoqués pour le dernier jour de ce mois. Il y fut résolu que chaque sénéchaussée fournirait au roi un gendarme par cent feux et donnerait pour son entretien sept sols six deniers par jour. A ce prix le roi supprimait l'impôt sur le sel, les quatre deniers par livre sur la vente des denrées et généralement tous les autres subsides. Le prince traita séparément avec le clergé des métropoles de Toulouse et d'Auch, qui offrit un aide pour l'entretien d'un certain nombre de troupes outre la décime qu'il payait. Cette offre fut acceptée avec joie, et on renvoya au mois de juillet pour régler la manière de la réaliser. Mais tous ces sacrifices devaient être perdus.

CHAPITRE III.

Bataille de Crécy. — Jean, comte d'Armagnac, gouverneur du Languedoc. — Il prend part, avec le comte de Foix, à l'expédition de Calais. — Arnaud Guilhem, comte de Pardiac. — Peste et famine — Guillaume de Flavacourt, archevêque d'Auch, gouverneur du Languedoc. — Jean Ier, roi de France. — Le comte d'Armagnac nommé encore gouverneur du Languedoc. — Le pape travaille à rétablir la paix entre les maisons de Foix et d'Armagnac. — Mort du comte de Pardiac. — Le prince de Galles débarque à Bordeaux, — il parcourt l'Armagnac et longe le Bigorre. — Le comte de Foix ne prend aucune part à la lutte que soutient la France.

Le roi d'Angleterre instruit de tout ce qui se passait en Guyenne, résolut d'y passer en personne. Il rassembla une flotte nombreuse à Southampton et fit voile (juin 1346) vers les côtes de Gascogne ; mais après deux jours de marche le vent tourna subitement et rejeta la flotte vers le pays de Cornouailles. Geoffroi d'Harcourt, un seigneur normand qu'une querelle avait jeté sur la terre d'exil et qui se vengeait des soupçons par des crimes, montait le vaisseau royal. Il conseilla d'aborder dans la Normandie, province riche et ouverte aux invasions. Ce conseil devait perdre la France. Edouard le goûta et dirigea lui-même sa nef vers le rivage.

Depuis que la famille des Capétiens était assise sur le trône, bien des malheurs avaient pesé sur notre patrie, mais du moins jamais l'étranger ne s'était aventuré dans l'intérieur du pays, et surtout jamais il n'avait entamé nos provinces. Maintenant aux maux qui n'atteignent que trop souvent les grands états allaient se joindre tous les fléaux de l'invasion et de la conquête.

Débarqué paisiblement à la Hogue, Edouard parcourt la Normandie, couvrant de cendres et de sang une terre sur laquelle il se prétendait appelé à régner. Il s'avance ensuite jusqu'aux environs de Paris, et épouvanté lui-même de sa témérité, il recule en toute hâte vers la Somme. Il venait de la traverser, lorsqu'atteint près de Crécy dans le Ponthieu, il est forcé d'accepter (26 août 1346) un combat inégal et remporte la plus signalée victoire. Philippe, qui ne devait sa défaite qu'à son imprudence, fit en vain des prodiges de valeur. En vain les comtes d'Alençon, de Blois, de Flandres, de Nevers, d'Auxerre, d'Aumale, en vain les ducs de Bourbon et de Lorraine, en vain surtout le roi de Bohême, guerrier aveugle qui pour combattre s'était fait attacher à son cheval, y déployèrent un brillant courage, cette désastreuse journée n'en coûta pas moins à la France plus de trente mille hommes et de douze cents princes, seigneurs ou chevaliers.

Les ordres réitérés du roi de France avaient déjà forcé le duc de Normandie à lever le siège d'Aiguillon après plus de quatre mois de tranchée ouverte. La nouvelle du désastre de Crécy hâta sa marche; mais avant de s'éloigner de la Gascogne, il se rendit à Agen où il ordonna la levée d'un nouveau fouage de dix sols par feu payable dans trois mois. Il y établit le 23 août son très cher et féal cousin, Jean, comte d'Armagnac (1) lieutenant du roi son père et le sien *es parties d'Agenais, Bordelais, Gascogne, Périgort, Caoursin et en tous les pays de la Languedoc.* Il lui donna en même temps des pouvoirs très étendus, lui permit d'accorder

---

(1) Dom Vaissette, tom. 4, page 261 et suivantes.

des rémissions pour toutes sortes de crimes excepté le crime de lèse-majesté ; l'autorisa enfin à disposer des biens du domaine et *à faire toutes autres choses qu'à office de capitaine ou lieutenant des dites parties peuvent ou doivent appartenir*.

Le comte d'Armagnac établit, à l'exemple des autres gouverneurs sa principale résidence à Agen, pour être plus à portée de veiller sur les provinces qui lui avaient été confiées. Malgré ces précautions, les Anglais, trouvant moins de résistance autour d'eux, et excités surtout par le triomphe de Crécy, reprirent l'offensive, s'emparèrent de plusieurs places et étendirent leurs courses jusque dans le Toulousain. Le 12 septembre, il manda au sénéchal de Carcassonne de le venir joindre en toute hâte à Agen avec deux cents hommes d'armes pour arrêter les progrès des Anglais. En même temps, il envoya saisir dans les trois sénéchaussées du Languedoc tout l'argent des recettes afin de l'employer aux nécessités de la guerre. Peu de jours après, il fit un voyage à Moncucq en Quercy et y donna des lettres en faveur d'Amalric, vicomte de Lautrec, seigneur d'Ambres, à qui le duc de Normandie avait délaissé le fouage de 20 sols par feu dans sa baronnie. Il était de retour à Agen le 4 octobre. Le 10 de ce mois, il permit aux capitouls de Toulouse de rendre plus générale l'imposition de 4 deniers par livre que le prince avait autorisée pour la réparation de leurs murailles. On l'étendit à toutes les denrées excepté le blé. On devait recueillir ainsi jusqu'à douze mille livres tournois, somme jugée nécessaire pour relever les murs que l'on voit encore, mais que les progrès incessants de l'industrie font disparaître tous les jours.

Jean d'Armagnac pressait alors le départ des gens d'armes de la province, et, joignant la fermeté et la vigueur au zèle et à l'activité, il envoya des commissaires dans tous les lieux de sa dépendance pour saisir les biens de ceux qui refuseraient d'obéir à ses ordres, ou oseraient se déclarer contre le roi. Il convoqua à Moissac pour le 8 novembre deux consuls ou députés de chaque bonne ville pour délibérer avec eux sur les malheurs du temps. Il se rendit ensuite à Toulouse. Durant le séjour qu'il y fit, il accorda divers privilèges aux villes et aux communautés de la Judicature de Verdun pour les récompenser de leur fidélité et de leurs services durant la guerre. Il passa par Castel-Sarrasin où il donna quelques ordres, rentra à Agen et s'avança jusqu'à Monflanquin où nous le trouvons le 1er novembre.

L'épuisement du trésor l'obligea de suspendre les libéralités assignées par la Cour à plusieurs chevaliers sur le dernier fouage établi par le duc de Normandie. Le roi à qui les chevaliers s'en plaignirent donna main levée de cette suspension, et manda au receveur de la sénéchaussée de Toulouse et à Pons Isalguier de prendre en même temps l'argent des décimes. Pons, et le receveur n'osèrent point obéir sans avoir pressenti les intentions du comte d'Armagnac. Ils lui écrivirent aussitôt et en reçurent la réponse noble et ferme que nous transcrivons. Elle est datée de Montignac le 5 novembre.

« Si hobéirez au commandement dudit seigneur comme besoin est, et sachiez que nous envoyons devers ledit seigneur pour nous décharger de notre lieutenance; quart nous ne saurions, ne voudrions être lieu-

(1) Dom Vaissette, page 263.

tenant et capitaine là, où ledit seigneur déferait sans nous appeler ce que nous aurions fait au profit de sa guerre. »

Le roi apaisa la juste susceptibilité de son lieutenant et lui laissa l'entière administration du peu d'argent que pouvait fournir une province déjà si épuisée. Il alla plus loin. A sa recommandation, il fit cesser la levée d'un second fouage et remit ce qui était encore dû à la couronne pour le premier. Le comte d'Armagnac avait alors entrepris le siège de Tulle en Limousin, dont la garnison composée de quatre cents hommes fut obligée de se rendre (15 décembre) après quinze jours de tranchée. Ni cette victoire, ni tous ses efforts n'arrêtèrent les progrès des Anglais. Ils étendaient tous les jours leurs conquêtes. Déjà ils ne menaçaient de rien moins que d'envahir tout le Languedoc. La crainte qu'ils inspiraient porta à réparer les fortifications que le temps ou les guerres avaient détériorées. Carcassonne, Limoux, Albi et une foule d'autres villes se hâtèrent de relever leurs murailles.

Pendant qu'on se préparait ainsi de toutes parts à la défense, le comte d'Armagnac rentra à Agen d'où il se transporta à Toulouse pour activer par sa présence les travaux de clôture. Il y publia quelques ordonnances où il reconnaissait les services que les Toulousains avaient rendus et rendaient tous les jours à la cause du roi. Il retourna à Agen dans le mois de mars et y donna des lettres de rémission en faveur de noble Bernard de Grossoles. Bernard s'était déclaré pour Edouard et avait pris part à la révolte de Vilaie en Périgord que Bernard de Durfort avait soulevée et livrée aux Anglais.

Bernard de Grossoles (1) appartenait à une ancienne maison de Périgord. Son second fils, nommé Bernard comme lui, vint s'établir à la fin de ce siècle dans la Lomagne où il acheta, en 1390, la terre de St-Martin près de St-Clar, possédée encore de nos jours par sa famille.

La guerre, semblable à un chancre toujours ouvert, dévorait depuis plus d'un demi-siècle la Gascogne ou plutôt la France entière. Argent et hommes, tout disparaissait, et toutefois, quel que fût son épuisement, les circonstances si critiques où se trouvait l'état, réclamaient impérieusement de nouveaux sacrifices. Le roi, n'osant point s'adresser au peuple, confisqua sans pitié les biens des Lombards, qui avaient succédé aux Juifs et qui concentraient dans leurs mains le peu de commerce que faisait alors la France; mais ces confiscations se trouvèrent insuffisantes. Philippe s'adressa alors au clergé et en particulier aux prélats de la province d'Auch (2), et sollicita un secours qui lui fut accordé. En même temps il appela près de lui toutes les milices de ses états. Il voulait faire lever le siège de Calais qu'Edouard était allé attaquer après sa victoire, mais cette fois encore, un des armements les plus brillants et les plus coûteux que la France eût mis sur pied fut complètement inutile. Le roi d'Angleterre ne put être forcé dans ses retranchements, et après un an d'efforts, sa constance fut couronnée de succès. Il entra le 4 août 1347 dans Calais, d'où sa nation parut, pendant plus de deux siècles, insulter à la France.

Les comtes (3) de Foix et d'Armagnac avaient pris

(1) Grands Officiers, tom. 9, page 384 et suiv. — (2) Dom Vaissette, page 265.— (3) Froissart, ch. 144. Dom Vaissette.

part à l'expédition de Calais. Le dernier avait résigné sa lieutenance pour pouvoir se porter vers le Nord. Le comte de Valentinois en fut d'abord seul pourvu, mais la Cour lui adjoignit bientôt (1) Guillaume de Flavacourt, archevêque d'Auch. Le dernier décembre, le roi nomma encore Gaston Phœbus, comte de Foix, et Bertrand, comte de l'Isle-Jourdain, ses lieutenants généraux et spéciaux en Gascogne et en Languedoc. Bertrand mourut peu après ne laissant qu'un fils, Jean, non moins brave que son père. Le roi lui substitua Gallois de La Beaume qui avait déjà administré la province. L'administration reposa bientôt tout entière sur lui, Gaston Phœbus s'étant retiré, et l'archevêque d'Auch ayant reçu mission de se transporter dans les diverses sénéchaussées du Midi. Il fallait en déterminer les habitants à aider le roi à soutenir le poids de la guerre, si la trêve précaire qui arrêtait le roi d'Angleterre venait à se rompre. Le prélat assembla à Toulouse les députés des diverses communautés ou plutôt le tiers-état du pays et en obtint ce qu'il demandait. Dans cette assemblée, l'Armagnac, ou pour parler plus exactement, le pays de Rivière fut représenté par le juge du pariage d'Auch, par Raoul de Monts ou du Mont, et par Pierre de Cours (de aulà), sergent d'armes, frère de Jean de Cours, juge d'Albigeois.

Philippe fut si content du succès de cette mission, que le 13 janvier 1349 il établit de nouveau Guillaume de Flavacourt son lieutenant en tout et par tout le pays de Gascogne et du Languedoc, avec pouvoir spécial de garder et gouverner tout ledit pays par

(1) Voir, pour tous ces détails, dom Vaissette, pag. 166, 67 et 68.

dessus tous capitaines, sénéchaux et autres officiers. Rien de plus fréquent alors dans toute la chrétienté que de voir les prélats appelés à gouverner les provinces. Double malheur pour l'église, d'abord parce que ses princes lui ravissaient ainsi une partie d'une vie qu'ils lui devaient tout entière, et puis parce qu'ils introduisaient dans le sanctuaire des mœurs mondaines qu'on prend presque toujours même malgré soi au contact continuel du monde. Ce malheur s'aggravait encore de la dépravation profonde dans laquelle était tombée la société. Des prélats désertant leurs siéges pour ne s'occuper que de l'état, comme Guillaume de Flavacourt; ou opinant sur la guerre comme l'évêque de Châlons à la journée de Poitiers, et mourant sur le champ de bataille à côté des preux, n'étaient guère propres à ramener des jours meilleurs. La religion, durant tout ce siècle, s'affaissait avec les royaumes.

Guillaume de Flavacourt exerça sa charge toute cette année et la plus grande partie de l'année suivante, et rien ne prouve qu'il ait eu aucun collègue. La ville de Penne en Agenais était surtout menacée par les Anglais. Il en confia la défense à Arnaud-Guilhem comte de Pardiac, qui courut s'y enfermer avec quatre-vingt-dix-huit écuyers et cent quatre-vingt-quatorze sergents. Cet Arnaud-Guilhem était le cinquième de nom (1), quoique l'Art de vérifier les dates ne le compte que pour le quatrième, et les Grands Officiers de la couronne que pour le troisième. L'identité du nom adopté pendant près de deux siècles par les aînés de cette famille, ne pouvait qu'égarer les écrivains, et faire confondre les

(1) Manuscrit du Séminaire. Grands Officiers, tom. 2. Art de vérifier les dates, tom. 2.

fils avec les pères. Celui dont nous parlons avait pris les rênes de l'administration dès 1333, et s'était formé au métier des armes sous son prédécesseur. Il servit dans les guerres de Flandres, et la valeur qu'il y déploya lui mérita l'honneur d'être armé chevalier devant St-Omer en 1339. Il prit part aux campagnes de 1342 et 1343, et fut chargé de défendre, de concert avec Géraud de Labarthe plusieurs places de l'Agenais contre le comte de Derby. Son courage était éprouvé et son expérience connue des ennemis. Aussi dès qu'ils le surent à Penne, ils ajournèrent leurs desseins et portèrent leurs armes ailleurs. Arnaud-Guilhem, ne craignant plus pour la place, s'ennuya de s'y tenir enfermé. Il en remit la garde à un de ses lieutenants, y laissa la jeune comtesse de Durfort qu'il avait épousée après la mort de sa première femme, et s'étant joint à Robert de Noudetot sénéchal d'Agenais, il alla avec lui prendre position entre la Garonne et la Dordogne. De là, ils se portaient sur tous les points menacés et faisaient aux Anglais une guerre de partisans, la seule peut-être qui eût alors sauvé la France. Ils étaient soutenus par Thibaut de Barbazan, que l'archevêque d'Auch avait chargé de veiller sur les places situées au delà de la Garonne, et qu'il avait nommé gouverneur de Condom, de Montréal, de Villeneuve près Mézin, de Poudenas et de quelques châteaux voisins.

Jean de Galard, fils aîné et héritier de Pierre de Galard, grand-maître des arbalétriers, fut moins heureux que ces seigneurs. Il fut pris dans une rencontre près de Bragiac, et condamné à payer une très-forte rançon. Le roi de France vint à son aide et l'aida à compléter la somme. Jean, dans sa reconnaissance, fit hommage au prince et s'engagea à combattre les Anglais avec une nouvelle ardeur. Néanmoins quelques mois après, il embrassa le parti de l'Angleterre et prêta à Edouard le serment qu'il venait de prêter à Philippe-de-Valois. Jean avait un frère, Guillaume de Galard seigneur de Brassac qui se montra plus fidèle et continua de servir sous les ordres de Guillaume de Flavacourt.

Pendant que tout entier aux combats Arnaud-Guilhem couvrait ainsi tous les jours son nom d'une nouvelle gloire, la volage comtesse se crut dédaignée, et oubliant ce qu'elle devait à son rang et à son époux, elle prêta l'oreille aux discours séducteurs de son médecin (1). Le bruit en parvint bientôt aux oreilles de l'époux outragé. Il accourut furieux, arracha de la bouche de l'infidèle l'aveu de son crime et la fit aussitôt saisir. On la transporta par ses ordres dans un de ses châteaux et on la confina dans un noir cachot où elle ne tarda pas à expirer de honte, de remords et sans doute aussi de faim et de mauvais traitements; car Arnaud-Guilhem crut devoir pour cette mort demander au roi des lettres de rémission, qui lui furent octroyées le 4 novembre 1349. La comtesse de Durfort ne lui laissait point d'enfants.

L'administration de l'archevêque d'Auch devait surtout réparer les maux sans nombre qu'une affreuse épidémie (2) était venue ajouter à ceux que la guerre et la famine faisaient depuis longtemps peser sur la Gascogne. Déjà ce pays avait été, en 1339, en butte à un mal cruel que les chroniques contemporaines ne défi-

(1) Grands Officiers, tom. 2, pag. 628. — (2) Voir, pour toute cette épidémie, la seconde continuation de Nangis et les Histoires de France.

nissent pas, mais qui présente tous les caractères de notre fièvre jaune. Le fléau avait été précédé par une comète enflammée qui commença à paraître la nuit du Samedi-Saint et se montra durant trente-huit jours. Pendant ce temps la France fut agitée par des tempêtes violentes et des tremblements de terre. L'effroi était dans tous les cœurs. Il redoubla lorsqu'on lut en gros caractères ces mots : Gémissez et faites pénitence, car le grand et formidable jour approche. En voyant l'humanité si malheureuse, comment ne se fût-on pas défié de son avenir. Aussi la fin du monde fixée d'abord à l'an 1000 venait d'être placée en 1365. De toutes parts hommes et femmes se précipitaient dans les églises, confessaient leurs péchés et jeûnaient au pain et à l'eau le mercredi et le vendredi. Ce premier élan s'arrêta bientôt, et, pendant qu'un petit nombre retournaient à la vertu, la plupart cédant à l'ivresse des sens se plongeaient avec plus de fureur dans toutes les voluptés.

Parmi ces anomalies, il se déclara vers l'automne une maladie épidémique qui sévit d'abord à Toulouse et se répandit bientôt dans les provinces environnantes. Elle s'annonçait par une légère fièvre, puis venaient des vomissements noirs, et le quatrième jour les malades étaient emportés. L'art des médecins fut forcé de s'avouer impuissant. Tous ceux qui furent atteints périrent sans exception. Suivant le cartulaire de la métropole, le diocèse d'Auch fut encore frappé d'un fléau semblable en 1342. La ville et surtout les faubourgs furent en proie à ses ravages. L'archevêque espéra fléchir le ciel en mettant la dernière main à une fondation laissée par Ispan un de ses prédécesseurs. Il établit (1)

(1) M. d'Aignan, Pièces justificatives.

dans la chapelle de St-Denis huit prébendes du St-Esprit et y ajouta de ses deniers une chapellenie en l'honneur du premier évêque de Paris. Il dota cette fondation d'une rente de vingt-cinq livres tournois et de quelques dîmes. Il réserva le droit de collation à ses successeurs par un acte du 13 février 1342, mais en 1354 il l'abandonna au Chapitre qui ratifia alors l'érection.

En 1347, 1348 et 1349 la mortalité s'étendit presque à toute l'Europe. Apportée à ce qu'on croit du Levant en Italie, elle passa en Provence où elle commença à la Toussaint (1347) pour ne disparaître que seize mois après. Narbonne ne fut visitée par le fléau que la première semaine du Carême, elle perdit plus de trois mille habitants; le Languedoc plus maltraité n'en garda guère plus que le dixième. On dit généralement que cette maladie, restée dans l'histoire sous le nom de peste noire, ou de peste de Florence, emporta le tiers du genre humain. C'est la froide observation que la vue de tant de tombeaux qui s'ouvraient à la fois arrache à l'insouciant Froissart; mais on n'a, comme on le pense, aucune donnée positive à cet égard.

Le peu d'hommes que la famine et la peste avaient épargnés et que la culture des champs presque abandonnée réclamait impérieusement, l'état les redemandait pour sa défense. Jacques de Bourbon était arrivé dans la province au mois de juin et avait pris le commandement des troupes. Le comte de Derby commandait toujours en Guyenne pour le roi d'Angleterre. Mais le pape et les cardinaux qui après la prise de Calais avaient arraché une trève à Philippe et à Edouard, s'interposèrent entre leurs généraux et la trève fut prorogée. Il eût d'ailleurs été assez difficile de courir aux armes. La peste faisait encore cette année de nombreuses victimes. Mais rien ne pouvait contenir les Anglais. En dépit des conventions, ils faisaient journellement des courses et revenaient chargés de butin. Enhardis par ces succès, ils s'avancèrent jusqu'aux portes de Toulouse.

L'Archevêque d'Auch, ne pouvant pas recruter de nouvelles milices autour de lui, envoya le sénéchal de Beaucaire dans la Provence, à Gênes et jusques au fond de la Toscane pour y lever un corps d'arbalétriers. D'un autre côté le roi députa deux nouveaux commissaires dans les diverses sénéchaussées du Languedoc. Ils étaient chargés de recueillir de l'argent qu'ils devaient employer au paiement des gens d'armes et des garnisons qui défendaient le pays. Il leur permettait (1) de légitimer, d'ennoblir et de donner rémission pour tous les crimes, excepté celui de trahison et de lèse-majesté. A quel degré de misère n'était pas alors descendu notre beau pays de France pour que son souverain recourut à de pareils expédients afin d'alimenter le trésor; et néanmoins ces jours si tristes devaient être suivis de jours plus tristes encore. Jean Ier ou plutôt Jean II venait de succéder à Philippe-de-Valois son père, mort à Nogent-le-Rotrou le 22 août 1350.

La magnificence, que déploya d'abord le nouveau monarque, sembla insulter aux malheurs publics. Rien jusqu'alors n'avait approché des fêtes de Reims et surtout de Paris, fêtes funestes que devait terminer une exécution sanglante. Le comte d'Eu, connétable de France, fut arrêté au milieu de la cour; on l'accusa de

---

(1) Dom Vaissette, page 270.

trahison. Les tortures lui en arrachèrent, dit-on, l'aveu, et sur cette preuve il fut condamné sans aucune forme de justice et décapité dans sa prison, en présence du comte d'Armagnac (1) et de quelques autres seigneurs. Pendant que ses accusateurs se partageaient ses riches dépouilles, Jean envoya le comte d'Armagnac en Normandie pour tâcher d'arrêter les Anglais et fit partir pour la Gascogne le roi de Navarre avec le titre de son lieutenant. Le nouveau gouverneur, si tristement célèbre dans nos annales sous le nom de Charles-le-Mauvais, était petit-fils par sa mère de Louis-le-Hutin et venait de succéder sur le trône de Navarre à Philippe d'Evreux. Il rassembla à Condom une armée formée de la noblesse et des communes du pays, et alla assiéger Montréal. C'est tout ce que nous savons de cette expédition qui dut profiter assez peu à la France, car les Anglais menacèrent bientôt après Moissac dont on s'empressa de relever les fortifications.

Charles-le-Mauvais ne paraît avoir gardé que quelques mois le commandement de la province; et comme, malgré la trêve, les incursions des ennemis s'y multipliaient, Jean nomma à la fois divers commandants. Amaury de Craon, l'un d'eux, retint à Toulouse Thibaud de Barbazan pour la garde de Condom avec cent hommes d'armes et deux cents sergents à pied. Il confia en même temps la défense de Marmande à Arnaud de Lomagne. Arnaud était seigneur de Jumat et du Jumadois qu'il ne faut pas confondre avec le Gimois dont Gimont est la capitale. Le roi, pour récompenser le comte d'Armagnac, se dessaisit (2) en sa faveur du

---

(1) Grandes Chroniques de France.—(2) Grands Officiers, t. 2.

haut domaine de cette baronnie et l'attacha à la vicomté de Lomagne. Arnaud protesta contre cet abandon qui reculait son vasselage. Il refusa quelque temps son hommage à son nouveau suzerain. Il ne pouvait se défendre d'un secret dépit en voyant celui-ci remplacer les descendants directs d'Arnaud Othon et commander en maître à une contrée où la maison de Lomagne avait si longtemps dominé. Néanmoins sa faiblesse dut subir la loi, et après quatre ans de refus ou de tergiversations, il prêta le serment qui pesait à sa fierté.

La libéralité du roi à l'égard du comte d'Armagnac ne se borna point à cette faveur ; il y ajouta en 1344 la riche baronnie de Benavent que Jean incorpora aussitôt à son comté de Rhodez, d'où elle n'a jamais été distraite. Amaury de Craon et ses collègues étaient soumis à Alphonse de la Cerda, nouveau favori, que le roi Jean avait nommé connétable après la mort du comte d'Eu et qu'il avait envoyé dans le Languedoc, avec une pleine autorité. La trêve avec les Anglais venait d'expirer. Les insulaires commandés par le comte de Straffort, successeur du comte Derby, se jetèrent sur les possessions françaises et se montrèrent en armes devant Agen. Alphonse convoqua les hommes capables de porter les armes, et dégagea la place ; mais il ne put arrêter les ennemis qui pénétrèrent dans le Languedoc et y commirent d'affreux désordres, pillant les campagnes, brûlant les bourgs, égorgeant tout ce qui tombait sous leurs mains. On craignit pour Toulouse. Jean, comte de l'Isle-Jourdain (1) qui commandait dans la contrée ordonna aux bourgeois et aux chefs de famille de

(1) Dom Vaissette.

la viguerie de prendre les armes. La plupart des seigneurs du pays n'attendirent pas ses ordres. Ils coururent se renfermer dans la ville. Gaston Phœbus comte de Foix ne se montra pas le moins empressé (1). Les Anglais n'osèrent pas se présenter devant une place si bien défendue et portèrent ailleurs leur rage dévastatrice.

L'empressement de Gaston et les succès qui l'avaient couronné excitèrent la jalousie du comte d'Armagnac. Les mémoires du comte de Foix, les seuls qui nous aient transmis ce fait, le disent du moins ainsi. Sans songer combien la France avait besoin des bras de tous ses enfants pour résister à l'étranger, il se prépara à porter la guerre dans le Béarn (2); mais le sénéchal de Toulouse lui défendit d'exécuter son dessein. Cette défense eût été sans doute méconnue comme tant d'autres, si le sénéchal n'eût pas été vivement secondé par le pape Clément VI, qui députa vers les deux concurrents l'évêque de Ferrare. Ce prélat leur fit accepter une trêve assez courte. Elle ne devait durer que jusqu'après les fêtes de Pâques de l'an 1353, et néanmoins ce délai parut trop long au comte de Foix devenu cette fois agresseur. Il voulut profiter à son tour de l'absence de son ennemi.

Jean venait en effet de remplacer le connétable rappelé par le roi. Il avait à peine repris le commandement de la province, qu'il assembla une petite armée à Castel-Sarrasin et alla assiéger sur les Anglais la ville de St-Antonin située à l'extrémité du Rouergue. Mais le siège traînant en longueur, il en laissa la conduite à Bernard Arnaud de Preissac, maréchal de son armée,

(1) Dom Vaissette, page 278.—(2) Id. Voir, pour tout ce qui suit page 270 et suiv.

et se rendit à Najac où il avait convoqué les communes du Languedoc. Après en avoir obtenu des subsides qu'on n'accorda que sous certaines réserves, il retourna devant St-Antonin ; mais tandis qu'il pressait la place avec une nouvelle vigueur, Gaston Phœbus, au mépris de son serment, fait attaquer l'Armagnac par quelques-uns de ses barons. Ceux-ci ayant réuni secrètement à Aire un corps de trois cents chevaux et de deux mille hommes, tombèrent à l'improviste sur les villes voisines et y portèrent le ravage et la mort. Clément VI, le médiateur et le garant de la dernière trêve, venait de descendre dans la tombe (6 décembre 1352). Deux ans auparavant il avait voulu remplir le vide que la peste avait fait dans les rangs du Sacré-Collége et avait nommé douze cardinaux dont deux appartenaient à notre province. L'un était Pictavin de Montesquiou qui en recevant la pourpre abandonna le siége d'Albi, et l'autre Pons ou Arnaud et plus vraisemblablement Pons Arnaud de Villemur. Celui-ci nâquit d'une ancienne famille, dans le comté de Foix. D'abord chanoine et prieur de Vic de Sos, il devint ensuite évêque de Pamiers. C'est là qu'alla le chercher le choix de Clément VI.

Le roi Jean, à la nouvelle de la mort de Clément VI, reprit en toute hâte la route d'Avignon. Il s'avança à grandes journées pour faire élire un pape entièrement dévoué à ses intérêts; mais le sacré-collége prévint son arrivée et nomma le 18 décembre, après deux jours de conclave, le cardinal d'Ostie qui prit le nom d'Innocent VI. Etienne Aubert, ainsi se nommait ce cardinal, était né à Breyssac diocèse de Limoges, d'une famille qui lui doit tout son lustre ; et lui-même ne fut redevable de son élévation qu'à l'intégrité de ses mœurs et à sa probité. D'abord professeur de droit à Toulouse, puis juge ordinaire ou selon d'autres juge-mage de la sénéchaussée de cette ville, il entra plus tard dans l'église, posséda tour à tour les évêchés de Noyon et de Clermont, et fut décoré de la pourpre à la première promotion que fit Clément VI en 1342. Il venait d'être nommé évêque d'Ostie et grand pénitencier en 1351 lorsqu'il fut élevé sur la chaire de St-Pierre.

Innocent, animé des mêmes sentiments que ses prédécesseurs, ne put voir sans peine la levée de boucliers du comte de Foix. Il lui écrivit (1) pour se plaindre de l'infraction de la trêve et pour le conjurer de la mieux garder à l'avenir. Il remit sa lettre à Jean évêque de Nîmes, qu'il chargea de pacifier tous les différends. Il écrivit en même temps à Éléonore de Comminges, mère de Gaston, pour la prier d'appuyer de son crédit les paroles du nonce apostolique. Les efforts du père commun des fidèles ne furent pas perdus. Gaston suspendit l'attaque et rappela ses vassaux. Le comte d'Armagnac s'était contenté de donner des ordres pour repousser cette agression et était demeuré sous les murs de St-Antonin, dont il poursuivit le siège; mais une trêve, conclue le 1er mars entre les deux grandes puissances par les soins du cardinal de Boulogne, vint le forcer à suspendre l'attaque. La Guyenne et le Languedoc y étaient spécialement compris. Cette trêve n'expirait que le 1er août, mais les haines nationales étaient plus fortes que toutes les stipulations. Les plus courts délais pesaient à leur impatience. Le comte d'Armagnac avait repris le siège dès les premiers jours

---

(1) Histoire d'Innocent VI, Dom Vaissette.

de juillet. Nous possédons plusieurs de ses lettres du 4, du 6 et du 14 de ce mois, données sous les tentes de St-Antonin. Il s'était personnellement intéressé à chasser les Anglais d'une place voisine de son comté de Rhodez, et il parvint enfin à s'en rendre maître.

Le prorogement de la trêve poussée jusqu'à la St-Martin l'empêcha de former ostensiblement aucune autre entreprise. Néanmoins elle fut assez mal gardée, du moins par les Anglais, car le 30 octobre il retint Gaillard de Lamothe chevalier banneret pour servir aux gages du roi *et résister* (1) *à la malice et aux entreprises des ennemis.* Nous voyons ailleurs que le roi ayant fait venir des côtés de l'Italie et de la Provence un corps d'arbalétriers, une partie passa seule dans le Nord tandis que l'autre s'arrêta en Gascogne pour y combattre sous les ordres du comte d'Armagnac.

La belle et infortunée Blanche-de-Bourbon traversait alors le Haut-Languedoc. Elle s'avançait sous une brillante escorte vers la Castille où elle allait partager le trône et la couche de Pierre-le-Cruel. Le comte d'Armagnac vint à sa rencontre jusqu'à Montpellier, lui fit les honneurs de la province et l'accompagna jusqu'aux frontières d'Espagne. Durant son séjour à Montpellier, il obtint de cette ville deux mille écus d'or. A l'aide de ce subside et de celui que lui donnèrent les autres Communautés du pays, il entra en campagne et assiégea le château de Beauville en Agenais qu'il reçut à composition (13 mai 1354). Cinq jours après, il ratifia une capitulation signée en son nom par le comte de Pardiac, qui faisait passer sous l'obéissance du roi de France

---

(1) Dom Vaissette, page 280.

le comte d'Aspremont avec tous ses domaines et ses vassaux.

Ce comte, nommé Arnaud-Guilhem comme la plupart des siens venait de succéder à Arnaud-Guilhem V. La guerre n'avait pu distraire celui-ci de ses malheurs domestiques, et il était mort le 7 septembre 1353 (1) sans laisser d'autres enfants qu'Arnaud-Guilhem VI qu'il avait eu d'Alienor de Peralta sa première femme, issue d'une des familles des plus anciennes de l'Aragon. Arnaud-Guilhem en héritant du nom et des biens de son père hérita aussi de son amour pour les combats. Il s'attacha au comte d'Armagnac et l'aida à repousser les Anglais. Beraud de Faudouas co-seigneur de Plieux et de l'Isle-Bouzon et gouverneur de Fleurance, Thibaud de Barbazan, frère aîné de Thibaud et oncle du comte de Pardiac, Viguier de Galard capitaine de La Salle de Balarin, accoururent aussi se ranger sous les étendards de Jean d'Armagnac et prirent quelques places.

Ces avantages furent compensés par les ravages que les Anglais firent dans le Toulousain et par quelques succès qu'ils obtinrent à St-Antonin et plus tard à Madailhan. A St-Antonin les Français étaient commandés par le sire de Terride. Son habileté et son courage atténuèrent le triomphe des ennemis et sauvèrent la place. La seconde action fut plus chaude; les gens d'armes qui jusqu'alors portaient presque seuls le poids du combat y donnèrent peu. La lutte fut presque toute entière entre les Lombards aux gages de la France et

(1) L'Art de vérifier les dates. Les Grands Officiers de la couronne le confondant avec son fils le font vivre longtemps encore, quoique le nécrologe de La Caso-Dieu, où il fut enseveli, porte expressément : *Obiit anno Dom*. 1353.

les Gascons soudoyés par l'Angleterre; l'avantage resta à ceux-ci (1). Ainsi se révélèrent ces bandes Gasconnes que nous allons retrouver pendant plus de deux siècles sur tous les champs de bataille. L'Angleterre leur devra la plupart de ses triomphes. C'est avec les bras Gascons qu'elle vaincra la France.

La voix d'Innocent VI ne cessait de se faire entendre. A force de sollicitations, il parvint enfin à déterminer Jean et Edouard à envoyer leurs ambassadeurs à sa cour; mais les prétentions des deux monarques étaient trop opposées. La paix fut rejetée, et on se prépara de part et d'autre à une guerre plus sérieuse que jamais. Le roi d'Angleterre, adoptant le plan de campagne qu'avait couronné la victoire de Crécy, résolut d'attaquer encore la France par la Normandie et par la Guyenne. Il donna une partie de ses forces au prince de Galles son fils aîné et fit voile vers Calais tandis que celui-ci cinglait vers Bordeaux.

Au bruit de son approche, le comte d'Armagnac, qui commandait toujours en Languedoc, se disposa à une vigoureuse défense. En ce temps-là, les combats privés commençaient à faire partie des lois d'honneur de la chevalerie. Ce fut une fatale altération (2) des idées de gloire, et peut-être aida-t-elle à la décadence de l'esprit national et patriotique. Tandis qu'on croyait faire assez pour l'honneur personnel, on n'eut point de souci de l'honneur public. On faisait tous ses efforts pour vaincre dans une lice, on s'inquiétait peu d'être vaincu dans une bataille. Telle est la pente des choses humaines. Ces joûtes, nobles passe-temps des jours de

(1) Dom Vaissette, tom. 4, page 282. — (2) M. Laurentie, Hist. de France, tom. 3. Nous lui empruntons cette appréciation.

paix et de calme, école la plus propre peut-être à former au métier des armes, étaient devenues doublement funestes à la patrie. Le comte d'Armagnac ayant appris qu'on devait en célébrer une à Toulouse le jour de St-Georges, la fit défendre. Le sénéchal, ajoutant à sa défense, interdisit toute mascarade durant le carnaval. Il craignit sans doute que sous les travestissements ne se cachât quelque surprise. Comme le premier poids de la guerre paraissait devoir tomber sur cette ville, Jean ordonna (1) à tous les habitants des campagnes voisines de se retirer dans la cité ou dans les châteaux fortifiés avec tout ce qu'ils possédaient de plus précieux et tous les vivres qu'ils pourraient rassembler. Il exhorta tous les habitants de la viguerie à prendre les armes, et exigea qu'un membre de chaque famille le fît en effet, et se tînt prêt à marcher dans la quinzaine de Pâques pour servir pendant quarante jours et aller au devant des Anglais. En même temps il convoqua la noblesse de la province, ordonna à ses troupes de porter une croix blanche sur leurs habits sous peine de rébellion, et défendit toute émigration hors du pays. Enfin il fit venir un corps d'arbalétriers génois et lombards, et leur enjoignit de se mettre en marche sous les bannières de leurs capitaines dès qu'ils en seraient requis, sous peine d'avoir le pied droit coupé. Les combats avaient endurci les cœurs ; les mœurs devenaient féroces. Une peine aussi barbare menaçait les sergents royaux. Ils devaient avoir le poing mutilé s'ils ne partaient pas au premier avis.

Pour soutenir les frais de cet armement, le comte

(1) Dom Vaissette, page 282 et 283.

d'Armagnac demanda un subside aux diverses sénéchaussées du Languedoc. Outre ce subside, le roi envoya recueillir d'autres impôts; mais les commissaires se livrèrent à tant d'exactions que le comte d'Armagna, sur la clameur publique, fut forcé de suspendre leur pouvoir. Vital de Nogaret, un des ancêtres du duc d'Epernon (*), ne se montra pas moins empressé que ces commissaires dans la jugerie de Verdun dont il était pourvu; mais à son zèle il sut joindre tant de prudence, que le comte, pour le récompenser, l'ennoblit le 4 avril 1355, ce que le roi confirma en 1361.

Cependant le prince de Galles était débarqué à Bordeaux. Après avoir renforcé ses troupes des recrues que lui avaient préparées les seigneurs Gascons placés sous la domination anglaise, il descendit jusqu'à La Réole. Les comtes d'Armagnac et de Foix, le connétable de Bourbon et le maréchal de Clermont commandaient dans le Languedoc et la Guyenne. Ils avaient sous leurs ordres deux fois plus de soldats que le prince, et néanmoins, d'après Froissart (1), ils ne firent rien pour arrêter les ennemis; ce qui fit soupçonner les deux premiers d'intelligence avec les Anglais. Mais l'histoire a repoussé ces soupçons; on eût mieux fait d'accuser l'ambition et la rivalité des généraux ou plutôt l'impéritie du roi Jean qui, au lieu de nommer un chef unique, partagea l'autorité entre quatre seigneurs égaux de rang et de puissance. Nous savons d'ailleurs que le comte d'Armagnac s'était hâté d'aller prendre position à Agen à la tête d'un corps assez considérable où Ray-

(*) C'est le sentiment le plus généralement suivi. D'autres font remonter bien plus haut les titres nobiliaires des Nogaret.

(1) Tom. 1, ch. 151.

mond de Preissac faisait l'office de maréchal. Il changea ensuite son camp et il se porta le 8 juin devant Moissac; mais tandis qu'il s'était avancé, le prince de Galles au lieu de prendre la droite de la Garonne pour entrer dans le Toulousain passa sur la rive gauche, et se détournant vers la Baïse qu'il traversa, il prit sa route par l'extrémité méridionale de l'Armagnac (*). Malheur au pays sur lequel il allait s'abattre; le sang, les cendres et les ruines marquèrent partout ses pas. Le souvenir de son passage ne s'est pas encore effacé des souvenirs de nos populations. Au fond des campagnes on vous parle des Anglais et du terrible Prince Noir, l'émule, dans plusieurs esprits, du prince des ténèbres.

Nous ignorons le nom des premières villes qui tombèrent sous ses coups. Suivant une ancienne tradition Aignan fut emportée d'assaut. Les Anglais entrés par un côté qui a conservé le nom de brèche, la pillèrent et la livrèrent aux flammes. Plaisance attaquée ensuite fut entièremens détruite (1). Le feu y consuma ce qui avait échappé au fer. Trie les arrêta quelques jours (2). Le comte d'Armagnac, instruit trop tard de la direction qu'avait prise le prince de Galles, ne se sentit pas assez fort pour le suivre en personne. Il détacha Bertrand de Terride auquel il donna trois cents hommes d'armes outre la compagnie déjà placée sous ses ordres. Bertrand atteignit les Anglais sous les murs de Trie, il entra dans

---

(*) La route suivie par le prince de Galles durant cette campagne et la suivante, n'est nullement indiquée dans les auteurs contemporains et moins encore dans les histoires modernes. Les lieux que nous signalons ont été brûlés par lui. Nous l'avons suivi à la lueur des incendies.

(1) Manuscrit sur les abbés de La Case-Dieu que nous déposerons au Séminaire. — (2) M. d'Aignan.

la place, mais ne put la sauver. Les Anglais la traitèrent comme ils avaient traité Plaisance. Montréjeau subit ensuite leur rage de destruction.

De là, le prince se porta sur Toulouse vers la mi-octobre. Après avoir insulté la ville, il passa la Garonne sans résistance et se répandit comme un torrent impétueux. Castannet, Carbonne, Miremont, Montgiscard, Villefranche éprouvèrent successivement toutes les horreurs qui accompagnaient alors la victoire; Castelnaudary fut encore plus maltraité.

Après avoir ainsi désolé une partie du Languedoc, le prince de Galles s'avança vers Carcassonne dont il prit et pilla les faubourgs. Il poursuivit ensuite sa marche vers la Provence; mais ayant appris que le comte d'Armagnac et le connétable, après avoir enfin rassemblé une armée, marchaient d'un côté tandis que les milices de Beaucaire s'avançaient de l'autre, il craignit d'être enveloppé, et, rebroussant chemin, il s'échappa par les montagnes du Cabardès portant le fer et la flamme dans tous les lieux qu'il traversait. Il rentra ainsi vers la mi-novembre à Bordeaux chargé de butin, et traînant avec lui une multitude de prisonniers (1).

Cette expédition du prince de Galles avait jeté la terreur dans les provinces méridionales. On ne s'occupait de toutes parts qu'à se fortifier pour se mettre à l'abri d'une nouvelle invasion. Plusieurs familles, ne se croyant pas même en sûreté dans la province (2), s'enfuyaient avec le peu d'argent qu'elles avaient sauvé de tant de malheurs, ou ce qu'elles pouvaient emporter, et couraient se réfugier dans la Catalogne. L'émi-

---

(1) Froissart, tom. 1, ch. 154. — (2) Dom Vaissette, page 284.

gration grossissait tous les jours. Le comte d'Armagnac fut obligé de l'interdire et de faire revenir les fugitifs dans leurs foyers; mais la violence rassure peu les cœurs. Ces mesures augmentaient les appréhensions et l'effroi. Au courage il fallait opposer le courage, au fer il fallait opposer le fer ; mais tout faisait défaut à la fois. L'argent, premier aliment de la guerre, manquait toujours. Jean obtint, malgré l'épuisement général, un assez large subside, et en même temps il recourut aux négociations étrangères.

Il conclut près de Béziers (1) un traité avec l'ambassadeur de Pierre roi d'Aragon. Par ce traité, Pierre s'engageait à envoyer quinze galères armées sur les côtes de la Bretagne pour attaquer les Anglais et à empêcher ses sujets de s'enrôler sous leurs bannières. Le comte d'Armagnac paya ce secours de vingt-quatre mille livres d'or, et afin de rendre l'alliance plus intime, il demanda et obtint la main de l'infante Jeanne pour Louis, comte d'Anjou, second fils de France. Le comte d'Armagnac s'adressa ensuite aux seigneurs Aragonais et s'efforça de les détourner d'acquiescer aux propositions du roi d'Angleterre qui avait envoyé vers eux le comte de Pommiers, un des gentilshommes Gascons attachés à sa cause.

Cette double négociation fut traversée par Gaston Phœbus. Il avait épousé, le 4 août 1349, Marie (2), sœur de Charles-le-Mauvais, roi de Navarre. Celui-ci ayant fait assassiner le connétable Charles de la Cerda et s'étant rendu coupable de quelques trahisons, fut arrêté le 5 avril 1356. Gaston se déclara pour son beau-frère et accourut à Paris réclamer sa liberté. La menace,

(1) Dom Vaissette, page 286 et 287. — (2) L'Art de vérifier les dates, tom. 2. Grands Officiers, tom. 2.

dans sa bouche, accompagnait la plainte. Le roi Jean irrité de son langage, crut devoir s'assurer de sa personne et le fit enfermer dans le Châtelet. Mais nul prince ne sut moins que Jean soutenir des mesures de rigueur. Après quelques jours il se laissa fléchir, et content d'avoir obtenu de Gaston la promesse d'aller servir en Gascogne, il le rendit à la liberté. Les annales de Foix prétendent que Phœbus ne fut jeté dans une prison que pour avoir refusé de faire hommage pour le Béarn, qu'il soutenait être indépendant de la couronne et ne relever que de Dieu et de son épée. Elles ajoutent que le roi d'Angleterre, instruit de son mécontentement, fit tous ses efforts pour l'attirer dans son parti, mais que rien ne put le gagner, et qu'il demeura constamment fidèle à la France. Cette double assertion nous paraît assez suspecte, et si Gaston ne se révolta pas entièrement, il fit du moins grandement soupçonner sa fidélité (1). Dès ce jour, il ne prit aucune part aux guerres qui désolèrent le royaume, et ses vassaux ne contribuèrent en rien aux subsides qu'on leva pour les soutenir.

Sa mauvaise volonté ne resta pas complètement oisive. Irrité du traitement qu'il venait de subir, ou jaloux de la confiance que le roi de France avait mise dans son rival, il essaya de paralyser les démarches du comte d'Armagnac et de refroidir le zèle ou même de tenter la fidélité des seigneurs dévoués à la France. Il s'adressa aussi au roi d'Aragon. Durant le mois de juillet, il se rendit à Perpignan, dépendant alors de l'Espagne, renouvela l'alliance qu'il avait contractée avec le monar-

(1) Voir, pour tous ces détails, dom Vaissette, page 287.

que espagnol, et employa tout ce qu'il possédait d'artifices et d'habileté pour le déterminer à rompre le dernier traité. Voyant tous ses efforts inutiles, il s'attaqua au comte d'Armagnac, lui déclara ouvertement la guerre et commit de grands désordres dans ses possessions; mais il évita longtemps toute attaque directe contre la France et ne parut point dans les rangs de ses ennemis.

CHAPITRE IV.

Nouvelles incursions du prince de Galles. — Bataille de Poitiers gagnée en grande partie par la valeur des Gascons. — Captivité du roi Jean. — Douleur de la France à cette nouvelle. — Sacrifices qu'elle s'impose pour procurer sa délivrance. — Le comte d'Armagnac. — Nouvel archevêque d'Auch. — Évêques de Bazas, — de Tarbes, — d'Aire.

Pendant que le comte de Foix fatiguait le Midi de ses sourdes menées et de ses étroites rancunes, le prince de Galles se préparait à recommencer ses incursions. Les marches et les combats avaient affaibli le nombre déjà assez faible des chevaliers qui avaient passé la mer avec lui, et quoique le printemps lui eût amené quelques recrues, il n'eût guère pu tenir la campagne, si la fidélité et plus encore ses promesses et l'appât du butin n'eussent attiré sous ses drapeaux une foule de seigneurs Gascons. Fort de ce secours, il retourna à La Réole et feignit de vouloir rentrer dans le Languedoc. Changeant aussitôt de direction et dérobant sa marche aux Français, il pénétra dans l'Auvergne. Le comte d'Armagnac et le connétable convoquèrent à la hâte les milices de la province; mais leur résolution fut trop tardive. Quand ils parurent en armes, l'ennemi était déjà éloigné. Ils furent d'ailleurs lâchement abandonnés dans la route par les Génois et les Lombards qui se débandèrent, en sorte que le comte d'Armagnac fut obligé de les faire arrêter et ramener de force dans son camp.

Cependant le prince de Galles, après avoir ravagé l'Auvergne, s'était jeté sur le Limousin et le Poitou, et ne trouvant nulle part aucune résistance sérieuse, il s'avançait vers la Touraine, lorsqu'il apprit que le roi de France marchait contre lui *à très-grand foison de gens d'armes*. Il se hâta de reprendre le chemin de Bordeaux ; mais il s'arrêta quelques jours au siège de Romorantin que défendaient Boucicault, Craon et l'hermite de Chaumon. Il donna ainsi le temps au roi de France de l'atteindre à Maupertuis près de Poitiers. Ce retard, qui devait le perdre, le couvrit à jamais de gloire. Craignant d'être enveloppé, il envoya à la découverte le captal de Buch à la tête de *deux cents armures de fer tous montés sur fleur de coursiers*. Le captal revint bientôt rapportant les dispositions de l'armée ennemie, et ajoutant que les Français *étaient moult grand nombre de gens*. Le prince se hâta de répondre ; *et adonc, Dieu y ait part. Or (maintenant) il nous faut savoir comment nous les combattrons à notre avantage*. En même temps il prit position sur un lieu élevé coupé de haies, de vignes et de buissons, et ordonna de faire une garde vigilante autour de ses lignes. Les Français en firent de même et la nuit vint couvrir les deux camps de ses voiles.

Le lendemain matin, dimanche 18 septembre, le roi fit célébrer une messe solennelle dans sa tente et y communia avec ses quatre fils qui avaient voulu l'accompagner dans cette expédition. Il assembla ensuite un conseil où il fut résolu qu'on marcherait à l'ennemi. Aussitôt les trompettes sonnèrent. A ce cri de guerre, tous coururent se revêtir de leurs armes. Les chevaliers s'élancèrent sur leurs coursiers et vinrent prendre place dans la campagne là où s'élevait dans les airs et flottait agitée par les vents l'oriflamme royale. Partout brillaient riches armures, nobles bannières et éclatants pennons. *Car là était*, dit Froissart auquel nous empruntons ces détails, *toute la fleur de la France*. Nul chevalier ni écuyer n'osait *demourer à l'hostel* (au manoir) *s'il ne voulait être deshonnoré*. A tous les âges nous retrouvons les Français insouciants du péril et écoutant peu la prudence dès que le nom de l'honneur, ce mot toujours magique, retentit à ses oreilles.

Le connétable et les deux maréchaux de Clermont et d'Andeneham partagèrent l'armée en trois corps composés de seize mille hommes chacun. Le premier était aux ordres du duc d'Orléans, le second reconnaissait les lois du Dauphin, qui conduisait les princes Louis et Jean ses deux frères. Le roi commandait lui-même le troisième corps et avait auprès de lui Philippe son quatrième fils, jeune enfant à peine âgé de 14 à 15 ans; et telle était l'imprévoyance de ces temps chevaleresques, que ces dispositions avaient été prises avant qu'on eût reconnu l'ordonnance des ennemis. Jean détacha Eustache de Ribaumont, Jean de Landas et Etienne de Beaujeu; et pendant qu'ils chevauchaient, il parcourut les lignes monté sur un cheval blanc. Il criait aux chevaliers : *quand vous étiez à Paris, à Chartres, à Rouen, à Orléans, vous menaciez les Anglais et désiriez avoir le bassinet en tête devant eux. Or y êtes-vous. Je vous les montre. Si leur veuillez remontrer leur mal talents et contrevenger les dommages qu'ils ont fait. Tous ceux qui l'entendirent répondirent : sire, Dieu y ait part! et tout ce nous verrons volontiers.*

Les trois chevaliers revinrent alors et rendirent

compte au roi de la disposition du camp ennemi. Il pouvait renfermer environ deux mille hommes d'armes, quatre mille archers et quatre cents brigands (*). Sur ces sept à huit mille guerriers, il n'y avait guère que trois mille Anglais. Presque tout le reste était Gascons. Leur ordonnance sage et habile compensait le nombre. On ne pouvait aller à eux que par un chemin bordé de haies. Derrière, le jeune Edouard avait posté un grand nombre d'archers, dont il fallait essuyer les décharges avant que d'arriver au gros de l'armée, et il ne pouvait entrer dans ce chemin que quatre cavaliers de front. A l'extrémité du défilé du côté du camp étaient placés sur une ligne des gens d'armes Anglais, la plupart à pied, ayant devant eux grand nombre d'archers. Le terrain, là fort inégal et embarrassé de vignes et de buissons, ne permettait pas de les y attaquer à cheval.

Le prince de Galles avait pris son poste dans le fond des vignes, au milieu de la ligne que formaient les gens d'armes. Il avait près de lui les plus vaillants guerriers de l'Angleterre et de la Guyenne. Parmi les premiers on comptait les comtes de Warvic, de Suffolck, de Salisbury, de Straffort, Jean Chandos l'émule de notre Duguesclin, Felleton et Richard de Pembrocq, célèbres dans les guerres de la Bretagne, et enfin Jaymes d'Andelée, l'auteur des dispositions adoptées par le prince. Au nombre des seconds, on remarquait le captal (1) de Buch un des capitaines les plus braves et les plus con-

(*) Piétons portant des brigandins, espèce de cuirasses selon les uns et d'armes selon les autres.

(1) Froissart, ch. 161. Nous lui avons emprunté tous les détails de ce combat; c'est sans contredit le plus beau récit de guerre du chroniqueur et peut-être de tout le moyen âge.

sommés qu'aient eu jamais à leur tête les armées anglaises, les sires de Lesparre, de Rosan, de Bourg de Pommiers, de Cosans de Monferrand, de Landiran, Jean de Chaumon, Le Sourdic de Lestrade et une foule d'autres seigneurs qu'on ne saurait nommer. Le Hainaud avait fourni quelques chevaliers dont deux seuls sont connus, Eustache d'Aurbetricourt et Jean de Gistelle.

Le roi demanda avis au seigneur de Ribaumont sur la manière dont on ferait l'attaque. Ribaumont répondit qu'il ne voyait qu'un moyen de réussir vu la qualité du poste que les ennemis occupaient. Il fallait que la cavalerie mit pied à terre et qu'on choisit seulement trois cents gens d'armes des plus braves, des plus vigoureux et des mieux armés de toute la troupe. Ceux-ci entreraient à cheval dans le défilé pour essuyer la première décharge des archers ; et après qu'ils leur auraient passé sur le ventre, les gens d'armes à pied dont ils seraient suivis, pénétrant par la brèche, donneraient l'épée à la main sur le gros de l'armée anglaise.

Ce projet ayant été adopté, le combat allait s'engager quand on vit accourir à toute bride un cavalier qui demanda à parler au roi. C'était le cardinal de Taleyrand. Le pape l'avait envoyé depuis peu avec le cardinal d'Urgel pour tâcher de renouer les négociations; quoiqu'il n'eût d'abord pu rien obtenir, il ne se rebuta pas, et s'attachant aux traces des deux armées, il arrivait au moment où la querelle allait se vider. Il s'inclina profondément devant le roi, et joignant ses mains il lui dit : très-cher sire, vous avez ici toute la fleur de chevalerie de votre royaume contre une poignée d'Anglais ; s'ils se rendent à vous sans combat, il vous sera plus utile et plus honorable de les avoir ainsi, que d'aventurer tant de nobles chevaliers qui se pressent autour de vos bannières. Ainsi, je vous prie au nom de Dieu, de me permettre de chevaucher vers le prince de Galles et de lui représenter dans quel danger vous le tenez renfermé. Le roi lui répondit : *il nous plaît bien, mais retournez tantost* (promptement).

Le cardinal s'éloigna aussitôt et courut vers le prince qu'il trouva à pied dans une vigne au milieu de ses gens. Dès qu'il l'eut aperçu, il mit pied à terre et s'avança vers le jeune héros qui le reçut avec bonté. Certes, beau fils, lui dit le cardinal dès qu'il l'eut salué, si vous aviez examiné les forces du roi de France, vous me laisseriez essayer de vous *accorder* avec lui, si je le pouvais. Sire, répondit le prince, pourvu que mon honneur et celui de mes gens soit sauvé, je condescendrai volontiers à toutes les voies de raison. Beau fils, répliqua le cardinal, vous dites bien, et il retourna en toute hâte vers le camp français. Sire, dit-il, en se représentant devant le roi, vous n'avez que faire de vous tant hâter de les combattre, ils ne sauraient vous échapper: je vous en conjure, daignez leur donner le reste du jour et la nuit suivante pour réfléchir sur leur position.

Le roi s'y refusa d'abord sur l'avis de la plus grande partie de son conseil, mais il céda enfin aux paroles pressantes du cardinal. Il fit dresser au lieu même où il était un pavillon vermeil, *moult joli et riche*, et ordonna à toutes les troupes de rentrer sous leurs tentes. Il demanda d'abord que le prince se rendît sans condition avec toute son armée et qu'on lui livrât en outre quatre des principaux seigneurs d'Angleterre. Le prince offrait de son côté de restituer toutes les villes et les châteaux qu'il avait conquis et tous les prisonniers qu'il avait faits depuis le commencement de son expédition. Il s'engageait en outre à ne point porter pendant sept ans les armes contre la France, et pour gage d'une entière pacification, il sollicitait la main d'une fille du roi, et pour dot le seul comté d'Angoulême. Jean et son conseil n'y voulurent point entendre, ils exigèrent pour dernière condition que le prince vînt se constituer prisonnier avec cent de ses chevaliers. Le jour s'écoula durant ces pourparlers. Les Anglais en profitèrent pour faire entrer dans leur camp quelques vivres et pour creuser de larges fossés devant le lieu qu'occupaient leurs archers et les border de fortes palissades.

Le lendemain, 19 septembre 1356, jour à jamais néfaste pour la monarchie française, dès que le soleil parut, le roi remit son armée en bataille dans le même ordre que le jour précédent. Les Anglais, au contraire, changèrent quelque chose à l'ordonnance de leurs troupes. Elles étaient à peine disposées que reparut le cardinal Taleyrand, ange de paix qui eut épargné à la France un de ses plus grands désastres. Mais il lui fut signifié dans le camp français qu'il eût à s'éloigner, *car il lui en pourrait bien mal prendre.* Sur ces dures paroles il prit congé du roi, et se dirigeant vers le prince de Galles, il lui dit : beau fils, faites ce que vous pourrez, il vous faut combattre. Le prince répondit : *c'est bien l'intention de nous et des notres. Dieu veuille aider au droit.*

Pendant que le cardinal retournait tristement à Poitiers, le jeune Edouard se tournant vers les siens leur cria : Or, beaux seigneurs, si nous ne sommes qu'en petit nombre contre les forces si supérieures de nos ennemis, ne nous laissons point abattre. La victoire ne s'arrête pas dans les rangs les plus nombreux, mais là où Dieu veut l'envoyer. Si nous triomphons nous serons les plus honorés du monde; si nous succombons, j'ai un père et de beaux frères, vous avez de bons amis, ils nous vengeront. Je vous en prie, ne songez qu'à bien combattre. Pour moi, s'il plaît à Dieu et à St-Georges, vous me verrez aujourd'hui bon chevalier.

Ces paroles relèvent les esprits et enflamment le courage. Ils attendent les Français qui, sous les ordres des deux maréchaux de France, se précipitent à travers le défilé; mais à peine sont-ils engagés entre les deux haies qui la bordent, que les archers Anglais font pleuvoir sur eux une grêle de flèches. Ces flèches, tirées à bout portant et tombant sur une masse compacte, renversent les cavaliers, blessent et culbutent les chevaux et portent la confusion dans le premier rang. Ceux qui suivent, en voulant passer sur les corps abattus de leurs frères, tombent à leur tour et augmentent le désordre. Des deux maréchaux, l'un périt, et l'autre, couvert de sang, est fait prisonnier.

A la vue de cet échec, le Dauphin et ses deux frères prirent la fuite et entraînèrent le duc d'Orléans. Le corps commandé par le roi resta bientôt seul. A peine si quelques cavaliers des deux autres, ne pouvant se résoudre à fuir devant l'ennemi, vinrent se serrer autour de leur monarque. Le prince de Galles, apprenant que le frère et les trois fils du roi avaient abandonné le champ de bataille avec les troupes placées sous leurs ordres, ordonna à ses chevaliers de remonter à cheval. Jean Chandos, qui combattait à ses côtés, lui dit : « sire, chevauchez en avant. La journée est à vous, Dieu sera aujourd'hui dans vos mains. Marchons au roi de France, *là est le fort de la besogne, bien sai que par vaillance il ne fuira point*, ainsi il nous demeurera *s'il plaît à Dieu et à St-Georges; mais qu'il soit bien combattu.* Le prince répondit : Jean, allons, vous ne me verrez d'aujourd'hui retourner en arrière. Il crie aussitôt à sa bannière : chevauchez en avant, bannières, au nom de Dieu et de St-Georges; et il descend de la colline avec toute son armée.

« Le roi, ici nous laisserons parler M. de Châteaubriant qui a embelli de ses inimitables couleurs ou plutôt marqué du sceau de son immortel génie le brillant récit du plus brillant de nos annalistes, le roi, faisant serrer les rangs, marche aux Anglais qui sortaient du défilé pour l'attaquer. Il se faisait remarquer au milieu des siens par sa haute taille, son air martial et par les fleurs de lys d'or semées sur sa côte d'armes. Il était à pied comme le reste de ses chevaliers, et tenait à la main une hâche à deux tranchants, arme des vieux Franks. A ses côtés était son fils, le jeune Philippe, comme le lionceau auprès du lion. Son corps se subdivisait en deux troupes : il en conduisait l'une, l'autre était aux ordres du connétable. Le prince de Galles avec Chandos attaqua la division du connétable : et le captal de Buch avec les maréchaux d'Angleterre et les sires de Pommiers, de Charie ou Caritte, de Landiran et de Lestrade se trouva en face du roi.

« Jean le vit approcher avec une joie intrépide. Abandonné des deux tiers de ses soldats, il ne lui vint pas même un moment la pensée de reculer, résolu qu'il était de sauver l'honneur français, s'il ne pouvait sauver la France. Nos hommes d'armes ayant raccourci leurs piques, le roi ne put les faire remonter à cheval comme le prince de Galles avait fait remonter les siens. Les Anglais étaient en outre accompagnés d'archers qui décidèrent de la victoire en perçant de loin des fantassins pesants qui ne pouvaient joindre leurs légers ennemis. L'armée anglaise, toute à cheval, se ruait avec de grands cris sur l'armée française toute à pied. Les flots des combattants étaient poussés vers Poitiers, et ce fut près de cette ville que se fit le plus grand carnage. Les habitants, craignant que les vainqueurs n'entrassent pêlemêle avec les vaincus, refusèrent d'ouvrir leurs portes. Déjà les plus braves étaient tués; le bruit diminuait sur le champ de bataille; les rangs s'éclaircissaient à vue d'œil; les chevaliers tombaient les uns après les autres, comme une forêt dont on coupe les grands arbres. Charny, haussant l'oriflamme, luttait encore contre une foule d'ennemis qui la lui voulaient arracher. Jean, la tête nue (son casque était tombé dans le mouvement du combat), blessé deux fois au visage, présentait son front sanglant à l'ennemi. Incapable de crainte pour lui-même, il s'attendrit sur son jeune fils déjà blessé en parant les coups qu'on portait à son père; il voulut éloigner l'enfant royal et le confia à quelques seigneurs; mais Philippe échappa aux mains de ses gardes et revint auprès de Jean, malgré ses ordres. N'ayant pas assez de force pour frapper, il veillait aux jours du monarque en lui criant : « Mon père, prenez garde : à droite, à gauche, derrière vous! » à mesure qu'il voyait approcher un ennemi.

« Les cris avaient cessé. Charny, étendu auprès du roi, serrait dans ses bras, raidis par la mort, l'oriflamme qu'il n'avait pas abandonnée; il n'y avait plus que les fleurs de lys debout sur le champ de bataille : la France tout entière n'était plus que dans son roi. Jean, tenant sa hache des deux mains, défendant sa patrie, son fils, sa couronne et l'oriflamme, immolait quiconque l'osait approcher. Il n'avait autour de lui que quelques chevaliers abattus et percés de coups, qui se ranimaient dans la poussière à la voix de leur souverain, faisaient un dernier effort et retombaient pour ne plus se relever. Mille ennemis essayaient de saisir le roi vivant et lui disaient : « sire, rendez-vous. » Jean, épuisé de fatigue et perdant son sang, n'écoutait rien et voulait mourir.

« Un chevalier fend la foule, écarte les soldats, s'approche respectueusement du roi, et lui parlant en français : « Sire, au nom de Dieu, rendez-vous! » Le roi, frappé du son de cette voix, baisse sa hache et dit : « à qui « me rendrai-je ? à qui ? où est mon cousin le prince de « Galles ? si je le voyais, je parlerais. — Il n'est pas ici, « répondit le chevalier, mais rendez-vous à moi et je « vous menerai vers lui. — Qui êtes-vous ? repart le « roi. — Sire, je suis Denis de Morbec, chevalier d'Ar- « tois. Je sers le roi d'Angleterre parce que j'ai été obligé « de quitter mon pays pour avoir tué un homme. »

« Jean ôta son gant de la main droite et le jeta au chevalier, en lui disant : « Je me rends à vous. » Du moins le roi de France ne remit son épée qu'à un Français.

« On ne voyait plus ni bannières, ni pennons de notre armée dans les champs de Poitiers. Le prince de Galles ignorait encore toute sa gloire. Chandos lui conseilla de planter sa bannière sur un buisson pour rallier ses troupes et se reposer. On dressa une petite tente rouge: le prince y entra. Les officiers de la chambre lui détachèrent son casque et lui présentèrent à boire; les trompettes sonnèrent le rappel. Les chevaliers Anglais et Gascons accourent, amenant avec eux un nombre prodigieux de prisonniers. Il y avait tel soldat qui, à lui seul, en avait jusqu'à dix. On les traita avec une générosité extraordinaire. La plupart furent renvoyés sur parole et sur la simple promesse d'une rançon qu'on eut soin de ne pas rendre assez forte pour les ruiner.

« Les deux maréchaux d'Angleterre arrivèrent auprès du fils d'Édouard, qui leur demanda des nouvelles du roi de France. « Sire, répondirent-ils, nous ne « savons ce qu'il est devenu, mais il faut qu'il soit mort « ou pris, car il n'a pas quitté l'ost. » Chandos avait déjà jugé que Jean, par vaillance, ne fuirait point; Warvick déclare qu'il est mort ou pris, car il n'a pas cessé de combattre; nous allons voir le prince de Galles proclamer Jean le plus brave gentilhomme de son armée. Un monarque français, dont la valeur est si hautement reconnue, même de ses ennemis, peut être vaincu sans cesser de régner : les rois chevelus ne perdirent que sur la pourpre la couronne qu'ils avaient reçue sur un bouclier.

« Le Prince Noir dit à Warvick et à Cobham: « allez, « je vous prie, et chevauchez si loin que vous me puis- « siez apprendre nouvelle du roi de France. » Warvick et Cobham partirent, et tout en chevauchant montèrent sur un tertre, afin de regarder autour d'eux. Ils découvrirent une troupe d'hommes qui marchaient lentement et s'arrêtaient à chaque pas. Les deux barons descendirent aussitôt de la colline et piquèrent de ce côté. Ils s'écrièrent en approchant de la troupe : « Qu'est « ceci? » on leur répondit : « c'est le roi de France qui « est pris ; il y a plus de dix chevaliers et écuyers qui « se le disputent. »

« Jean, au milieu de ces soldats, menant son fils par la main, était exposé au plus grand péril. Les Anglais et les Gascons s'arrachaient tour à tour la proie; ils l'avaient enlevée à Denis de Morbec. Chacun criait en parlant du roi : « je l'ai pris, je l'ai pris ! » Jean disait : « menez-moi courtoisement et mon fils aussi devant le prince de Galles, mon cousin. Ne vous querellez point pour ma prise, car je suis assez grand seigneur pour vous faire tous riches. » Ces paroles apaisaient un moment les hommes d'armes ; mais ils n'avaient pas fait un pas qu'ils recommençaient leur contention; Warvick et Cobham se jettent dans la foule, écartent les soldats, leur défendent sous peine de vie d'approcher du roi, descendent de cheval, saluent le monarque et son fils, et le mènent à la tente du prince de Galles.

« Déjà averti de l'approche du roi, le fils d'Edouard sortit pour recevoir le grand prisonnier, s'inclina devant lui jusqu'à terre, l'accueillit de paroles courtoises, le pria d'entrer dans sa tente, commanda d'apporter le vin et les épices, « et les présenta lui-même à Jean et à son fils, disent les chroniques, en signe de fort grand amour. » Ainsi sont écrites au ciel les défaites et les victoires ; ainsi s'élèvent et tombent les empires ! Huit siècles auparavant, le premier roi Frank triompha des Wisigoths presqu'au même lieu où Jean devint prisonnier des Anglais, et Charny succomba en défendant l'oriflamme dans les champs où, quatre cents ans après lui, Larochejacquelein devait mourir pour le drapeau blanc.

« La nuit venue, le Prince Noir fit dresser dans sa tente une table abondamment servie, où s'assirent, avec le roi et son fils, les plus illustres prisonniers : Jacques de Bourbon, Jean d'Artois, les comtes de Tancarville, d'Étampes, de Damp-Marie, de Graville, et le seigneur de Parthenay. Les autres barons et chevaliers français, compagnons des périls et des malheurs de leur maître, étaient placés à d'autres tables. Le prince de Galles servait lui-même ses hôtes. Il refusa constamment de partager le repas du roi, disant qu'il n'était pas assez présomptueux pour s'asseoir à la table d'un si grand prince et d'un si vaillant homme. « Cher sire, disait-il
« à Jean, ne vous laissez abattre, si Dieu n'a pas voulu
« faire aujourd'hui ce que vous désiriez, mon seigneur
« mon père vous traitera avec tous les honneurs que
« vous méritez, et traitera avec vous à des conditions
« si raisonnables, que vous demeurerez pour toujours
« amis. Vous devez certainement vous réjouir, quoique
« la journée n'ait pas été vôtre, car vous avez acquis le
« haut renom de prouesse, vous avez surpassé tous ceux
« de votre côté. Je ne dis mie cela, cher sire, pour vous
« consoler, car tous mes chevaliers qui ont vu le com-
« bat s'accordent à vous en donner le prix et la cou-
« ronne. »

« Jusque là, Jean avait supporté son malheur avec magnanimité ; aucune plainte n'était sortie de sa bouche, aucune marque de faiblesse n'avait trahi l'homme ; mais quand il se vit traiter avec cette générosité, quand il vit ces mêmes ennemis, qui lui refusaient sur le trône le titre de roi de France, le reconnaître pour roi dans les fers, alors il se sentit réellement vaincu. Des larmes s'échappèrent de ses yeux et lavèrent les traces de sang qui restaient sur son visage. Au banquet de la captivité, le roi très-chrétien put dire comme le saint roi : mes pleurs se sont mêlés au vin de ma coupe.

« Le reste des prisonniers se prit à pleurer en voyant pleurer le roi. Le festin fut un moment suspendu. Les guerriers français, si bons juges en nobles actions, regardaient avec un murmure d'admiration leur vainqueur à peine âgé de vingt-six ans. « Quel monarque « il promet à sa patrie, disaient-ils, s'il peut vivre et « persévérer dans sa fortune ! »

Telle fut cette célèbre bataille de Maupertuis plus souvent appelée bataille de Poitiers. Elle couvrit d'une gloire immortelle le prince de Galles ; mais une partie de cette gloire doit rejaillir sur les Gascons. Outre qu'ils formaient à peu près les trois quarts de l'armée anglaise, ils composaient presque exclusivement le corps qui battit et mit en fuite la division du roi Jean, la seule qui disputa la victoire, et ils avaient à leur tête un chef Gascon, le captal de Buch. Enfin, si le monarque français jeta son gant à un chevalier Artaisien, un chevalier Gascon eut la gloire de mettre le premier sa main sur la personne royale. La noblesse française au contraire sembla oublier son antique valeur. Jamais on ne l'avait vue plier devant un ennemi aussi faible et montrer tant de pusillanimité après avoir fait preuve de tant de jactance. Du moins à Crécy elle était morte payant courageusement ses fautes de son sang ; mais à Poitiers elle ne sut que fuir ou se rendre (1).

Le lendemain après une messe d'actions de grâces (2),

---

(1) Tant chevaliers comme esculers s'enfuirent vilainement et honteusement. Grandes chroniques citées par M. Laurentie, tome 3, page 463. — (2) Froissart, tom. 1, ch. 169.

les Anglais abandonnèrent le champ de bataille où la victoire avait semblé se jouer des appréhensions et des espérances, et continuèrent leur retraite vers Bordeaux. Ils marchaient à petites journées, ne faisant que quatre ou cinq lieues, *tant ils étaient chargés d'or, d'argent, de joyaux et de bons prisonniers.* Ils n'attaquèrent aucune place, *mais leur semblait un grand exploit s'ils pouvaient mener à sauveté le roi et leurs conquestes en la cité de Bordeaux.* Personne n'osa leur barrer le passage et moins encore essayer de leur ravir leur proie. Tous les gens d'armes se tenaient renfermés dans les forteresses. L'effroi planait sur tout le pays. Le prince de Galles parvint ainsi à Blaye où il passa la journée et entra enfin à Bordeaux qui lui avait préparé une brillante réception. Il conduisit son royal prisonnier à l'abbaye de St-André, le plus bel édifice de la cité; et lui abandonnant la première partie, il se logea dans la seconde. Il s'empressa d'*achester, des barons, des chevaliers et des écuyers de Gascogne la plupart des comtes du royaume de France qui avaient été pris et les paya à beaux deniers.* Il dut assembler plusieurs fois les barons au sujet de la prise du roi. Un écuyer Gascon (1) nommé Bernard de Toutes, de Troutes ou de Trustes en disputait l'honneur à Denis de Morbecque *et disait y avoir grand droit.* L'affaire fut longuement débattue. Les deux rivaux, impatients de la décision, allaient la vider les armes à la main; mais le prince y mit obstacle et renvoya le jugement des débats à son père. Cependant, comme le roi de France se prononçait en faveur de Morbecque, le prince fit

(1) Froissart, ch. 169, déjà cité.

compter à celui-ci deux mille nobles pour l'aider à soutenir son état.

La nouvelle de la bataille de Poitiers porta la consternation dans les provinces : tout semblait perdu pour la France. Son roi était captif, ses armées détruites, ses finances épuisées ; mais Dieu lui gardait le Dauphin pour présider à ses conseils et Duguesclin, un héros à la façon des anciens Romains, pour refaire et conduire ses armées. Une providence paternelle a toujours veillé sur notre patrie. Jamais nos lys n'ont reverdi plus brillants et plus beaux que lorsqu'ils paraissaient abattus.

Dès que la première stupeur fut passée, le comte d'Armagnac s'empressa de faire parvenir à Bordeaux (1) des meubles et toutes sortes de provisions de bouche avec deux cent soixante-seize marcs de vaisselle d'argent pour la table du roi. Quand le printemps fut venu, il convoqua à Toulouse, pour le 13 octobre, les états du Languedoc, tandis que le Dauphin convoquait à Paris les états de la Langue-d'Oïl. L'Agenais et le Périgord n'y furent pas représentés parce que les Anglais, maîtres de ce pays, ne laissaient pas les chemins libres. La jalousie ne permettait pas au comte de Foix de prendre part à une assemblée formée sous les auspices de son rival.

Le comte d'Armagnac, qui présida au nom de son maître, peignit avec chaleur les malheurs de la patrie et réclama aide et conseil dans les conjonctures où l'on se trouvait. L'amour de la royauté était profondément gravé dans tous les cœurs. Sa voix fut entendue. Les députés le conjurent de travailler sans relâche à la

---

(1) Dom Vaissette, tom. 4, page 288.

délivrance de l'infortuné monarque qui n'avait point encore quitté *leur Languedoc* (*), et de prendre en main la défense du pays contre les ennemis. Ils lui promirent pour ce double but et leurs corps (1) et leurs biens. Les trois Ordres se réunirent séparément et transmirent en commun leurs résolutions. Ils offraient d'entretenir à leurs frais trois mille cavaliers et deux mille fantassins. Pour fournir à leur entretien, chaque chef de famille devait payer trois petits deniers tournois par semaine, et les nobles, exempts de subsides durant la guerre, en payaient cette fois le double. Cette imposition s'appela d'abord capage et plus tard capitation. Telle est l'origine de la capitation qui se paie encore. Les états offrirent aussi une autre taxe hebdomadaire proportionnée aux biens meubles et immeubles, mais qui n'atteindrait pas les nobles. Ils se réservaient cependant le pouvoir d'assembler les états toutes les fois qu'ils le jugeraient à propos pour la levée de ces subsides. Ils voulurent nommer quatre trésoriers chargés seuls de payer les troupes, et ils firent surveiller leur gestion par douze commissaires pris dans leur sein et élus par eux.

Tels sont les principaux articles de cette célèbre assemblée que le comte d'Armagnac approuva le jour même et que le Dauphin ratifia au mois de février suivant. Vivant sous un gouvernement représentatif, nos lecteurs ont sans doute remarqué avec plaisir, dans des temps si reculés, les premiers pas d'une assemblée délibérante; et ce n'est pas sans étonnement qu'ils l'ont vue déployer tant de générosité dans les sacrifices et tant

(*) On ne s'accorde pas sur l'étendue du Languedoc. A cette époque, on voit qu'on y comprenait quelquefois Bordeaux.

(1) Dom Vaissette, tom. 4, page 200.

de prudence pour rendre ces sacrifices fructueux. Les malheurs forment vite les peuples plus encore que les individus, ou plutôt l'instinct du bien est inné dans notre patrie. La petite chronique de France ou de St-Denis écrite par un auteur contemporain ajoute que les trois états arrêtèrent encore (1) « que hommes, ne « femmes du dit pays du Languedoc ne porteraient « par le dit an si le roi n'estoit avant délivré, or ne ar- « gent, ne perle, ne vair, ne gris, robes, ne chapperons « décopés, ne autres cointises quelconques et que aul- « cuns menestrels, ou jugleurs, ne joueraient de leur « métier. » Le père de la patrie était dans les fers. Le Midi, aux sensations plus vives, au cœur plus expansif que le Nord, devait surtout prendre le deuil. S'il fallait même en croire un auteur plus récent, mais aussi plus suspect, quoique sa version ait été adoptée par plusieurs écrivains, les états auraient, sans en être priés, offert pour la rançon du roi les bijoux et les autres ornements de leurs femmes. Les vertus de l'antique Rome pouvaient facilement se retrouver dans un pays qui avait gardé en grande partie la législation romaine.

Pendant que le Dauphin était forcé de dissoudre les états de Langue-d'Oïl qu'il avait tenté de réunir de nouveau au mois de février 1357, le comte d'Armagnac, plus heureux, rassembla encore les états de Languedoc à Béziers le 1er mars, et en obtint les sacrifices que commandaient les malheurs du temps. Il fit ensuite un voyage à Agde, d'où il revint à Toulouse au commencement de mai pour y tenir une nouvelle assemblée dans la salle royale du château Narbonnais. On y or-

(1) Voir dom Vaissette, tom. 4, pages 290 et 291, et note XXIV, page 573.

donna la continuation de la levée du capage qui devait expirer alors, d'après une des clauses de son institution. A cette nouvelle, le peuple de Toulouse, qui souffrait impatiemment cette levée, s'attroupa. L'exaspération croissant avec le nombre, on s'arma et on courut en fureur au château Narbonnais dans le dessein de massacrer le comte d'Armagnac et les autres officiers du roi. Les factieux les assiégèrent pendant un jour entier et firent pleuvoir sur le château une grêle de pierres et de flèches embrasées; mais ils ne purent le forcer; le comte s'évada heureusement (1) pendant la nuit. Cette fuite n'apaisa pas la multitude; elle s'obstina durant plusieurs jours au pied du château, et quand elle vit tous ses efforts inutiles, elle le livra aux flammes. Après cet exploit, elle alla piller et brûler les maisons des officiers du roi, entr'autres celle du juge-mage Pierre de Montrevel, égorgea ensuite plusieurs personnes et commit une multitude de désordres; mais enfin le tumulte s'apaisa de lui-même. Le comte d'Armagnac profita de ce calme pour faire saisir une partie des principaux coupables et en faire une justice exemplaire. Les autres prirent la fuite.

Le comte chargea le sénéchal de Beaucaire de les arrêter. Lui-même se rendit à Avignon et alla demander au pape qu'il permît au clergé du Midi de s'imposer, mais il revint promptement, et le 12 juillet il tint à Albi une nouvelle assemblée dans laquelle on prit des mesures pour s'opposer aux entreprises des Anglais. Contents de leur triomphe, ils avaient pris leurs quartiers d'hiver en arrivant à Bordeaux; ils ne s'occupèrent

(1) Dom Vaissette, pages 291 et 292.

durant toute la mauvaise saison qu'à garder leurs prisonniers. Le prince de Galles voulait transporter le roi en Angleterre, mais les seigneurs Gascons s'y opposèrent (1). Ils exigeaient qu'il fût détenu dans un château de la Guyenne. Le prince n'osant pas les mécontenter ouvertement, sema l'or parmi eux et leur fit entendre que la paix, qui devait seule amener le paiement de toutes les rançons, ne pouvait être conclue qu'après l'arrivée du roi Jean auprès du vieil Edouard d'Angleterre. Il obtint ainsi leur désistement. Cet obstacle levé, il craignit que les Français ne fissent quelque tentative sur mer pour délivrer leur roi ; le bruit s'était répandu en effet que le Dauphin préparait secrètement un armement considérable. Cette crainte lui fit prêter l'oreille à des propositions de trêve qui toutefois ne furent pas réalisées alors.

Un peu plus tranquille, il manda les sires d'Albret, de Mucidan, de Lesparre, de Pommiers et de Rosan, et les chargea de veiller sur le pays jusqu'à son retour. Il s'embarqua ensuite au commencement d'avril avec son royal prisonnier et plusieurs seigneurs Gascons, et après onze jours de traversée, il aborda sur les côtes d'Angleterre qui firent au monarque vaincu une réception dont l'éclat eût insulté à la défaite, si elle n'eût pas été destinée à rehausser la victoire. Le cardinal de Périgord suivit les deux princes à Londres par ordre du souverain-pontife, et plus heureux cette fois, il fit sans peine goûter sa médiation. Les Français, divisés au dedans, s'estimaient heureux de n'avoir pas à combattre au dehors. Les Anglais, comptant que leur proie ne

(1) Voir, pour tous ces détails, le ch. 173 de Froissart.

pouvait leur échapper, n'étaient pas fâchés de la laisser s'affaiblir dans des dissensions intestines. Ainsi fut conclue une trêve de deux ans; mais cette trêve n'empêcha pas les Anglais de commettre diverses hostilités surtout dans la Guyenne et les provinces voisines.

Le comte d'Armagnac y portait seul le poids de l'administration. L'archevêque d'Auch, Guillaume de Flavacourt (1), qui l'avait longtemps partagé, avait quitté la Gascogne au plus tard à la fin de 1356, et était allé prendre possession du siége de Rouen où le pape l'avait transféré, et où il devait s'asseoir à peine. Innocent VI lui donna pour successeur Arnaud d'Aubert son neveu (2). Arnaud était né à Mons, près de Pompadour, dans le Limousin. Les dignités ecclésiastiques lui avaient été prodiguées de bonne heure. Sous Clément VI on le vit à la fois abbé de St-Martial de Limoges et de Montmajour et patriarche titulaire de Jérusalem. Innocent y ajouta l'évêché d'Agde, d'où il le fit passer à Carcassonne et enfin à Auch. A peine installé, Arnaud d'Aubert institua dix chapellenies en l'honneur de St-Martial (*). Il les établit dans la chapelle de St-Nicolas, une

(1) *Gallia Christiana*, tom. 1. Dom Brugelles. M. d'Aignan. —
(2) Les mêmes.

(*) Arnaud réserva pour ses successeurs la nomination aux chapellenies. Il voulut qu'on y appelât des prêtres de bonne vie, mais qu'on les choisît dans le Limousin de préférence aux autres pays. Il les soumit à un prieur claustral, leur défendit de posséder aucun autre bénéfice ni d'accepter aucune autre fonction ecclésiastique, et leur assigna trois pains, un quart et demi de vin et deux deniers Morlas par jour. Enfin il les astreignit à célébrer tous les jours deux messes, l'une basse, l'autre haute. Durant les messes, deux cierges d'un demi-quart devaient brûler sur l'autel, outre deux lampes qui ne s'éteignaient jamais. Enfin, à l'élévation, on allumait durant la semaine une torche de quatre livres et le dimanche une de huit. Le Prélat

des chapelles du palais archiépiscopal ; mais quand la métropole fut rebâtie, on y érigea une chapelle de St-Martial et on y transféra les dix chapellenies. Arnaud, peu après, obtint de son oncle un bref qui autorisait les simples prêtres à réconcilier les églises profanées. Les guerres et les désordres de tout genre, qui pesaient sur la France, rendaient les profanations des lieux sacrés si fréquentes que les évêques ne pouvaient plus suffire à leur donner une nouvelle bénédiction. La religion, qui ne pouvait protéger les sanctuaires, défendait encore moins ses ministres et leurs biens. Géraud de Pouy (1), évêque de Bazas, successeur de Raymond Bernard de Lamothe, fut obligé de frapper d'excommunication ceux qui maltraitaient, rançonnaient et pillaient les clercs ; mais que pouvaient ses foudres sur des hommes sans frein ? Géraud de Pouy survécut peu à cet acte de rigueur vraisemblablement assez inutile. On croit qu'il mourut la même année (1359), qu'il fut enterré dans la cathédrale de Bordeaux et eut pour successeur Pierre Iᵉʳ, qui passa plus rapidement encore que son prédécesseur. Dès 1361, le siège était occupé par Guillaume VI.

Raymond de Monbrun, évêque de Tarbes, mourut avant la translation de Guillaume de Flavacourt. Oihénard et les MM. de Ste-Marthe lui donnent pour successeur un Guillaume III, qui aurait été archevêque

---

acheta en 1370, de Géraud de Lasserre, pour le prix de cent florins d'or, des terres situées dans Cezan, Lavardens, le St-Puy, Lassauvetat et Réjaumont, et en dota les nouvelles prébendes. L'acte eut pour témoins Vital Dubor, recteur de Réjaumont et Pierre de Gousigue, curé de St-Jean-Poutge. M. d'Aignan, Pièces justificatives.

(1) *Gallia Christiana.*

de Brindes, nonce apostolique en Sicile et gouverneur de Bénévent. Suivant eux, Innocent le nomma le 18 mai 1353 à l'évêché de Tarbes où il mourut vraisemblablement en 1361.

Les évêques se succédèrent rapidement sur le siége d'Aire (1). Arnaud de Caupenne fut remplacé vers 1351 par Bermon parent du cardinal de Canillac à qui il dut son élévation. Il n'occupa le siège que deux ans et eut pour successeur Innocent de Rosmadec, qui l'occupa moins de temps encore. Il appartenait à l'illustre famille de Rosmadec en Bretagne, et portait pour armes pallé d'argent et d'azur de six pièces. Le cartulaire de l'abbaye de Trouchel, diocèse de Dol, loue grandement sa piété, sa science et sa douceur. Martin de Marquefave issu d'une maison qui tint un rang distingué dans la Gascogne, vint après et disparut plus vite. Le chapitre d'Aire était composé de chanoines réguliers. Martin voulut les pensionner et s'approprier leur mense. Les chanoines réclamèrent et portèrent l'affaire devant le pape Innocent VI qui condamna le prélat. Celui-ci ne voulut plus siéger au milieu d'un Chapitre qui eût triomphé de sa défaite et se démit cette même année en faveur de Delphin de Marquefave vraisemblablement son parent. Les prêtres ne pouvaient pas encore tester dans ce diocèse. Delphin leur octroya cette faveur moyennant quelques redevances. Après cet acte il disparaît aussi promptement que ses prédécesseurs, et dès 1354 il était remplacé par Bernard abbé de Fonfroide, qui prolongea son épiscopat jusqu'en 1363. Ainsi, dans cinq

---

(1) Manuscrit d'Aire et *Gallia Christiana*.

ans, Aire avait compté cinq prélats différents, presque tous omis du reste par la plupart des auteurs et même par Oihénard. Nous ignorons la cause de cette succession si rapide. Nous pensons que quelques-uns furent transférés ailleurs. Rien de plus fréquent à cette époque que les translations ; les désordres étaient grands alors dans l'église presqu'autant que dans l'état. La multiplicité des bénéfices et le séjour des papes à Avignon était une source fréquente d'abus. Delphin de Marquefave avait légué à Bernard quelques démêlés avec le couvent de Ste-Claire de Mont-de-Marsan ; la sagesse du prélat les éteignit sans peine, mais elle ne put triompher des persécutions de Jean de Claveston, sénéchal de Gascogne. Bernard aima mieux céder à l'orage et renonça à son siége en 1363.

LIVRE XII.

CHAPITRE I*er*.

Mort du comte de l'Isle-Jourdain, — du sire d'Albret. — La maison de Grailly. — Les compagnies. — La Jacquerie. — La querelle entre Gaston de Foix et Jean d'Armagnac se réveille. — Jean, fils du roi de France, épouse la fille du comte d'Armagnac. — Traité de Brétigny. — Retour du roi Jean en France. — Combat de Launac. — Le comte d'Armagnac fait prisonnier avec tous les siens. — Nouvelle réconciliation solennelle entre les deux maisons rivales. — Mort de Béatrix, comtesse d'Armagnac, — du roi Jean. — Le prince de Galles à Tarbes.

Jean, comte de l'Isle-Jourdain, qui avait servi avec distinction dans les campagnes précédentes, ne parut point dans la dernière. Ses infirmités l'avaient forcé à renoncer aux combats, elles le rendirent même bientôt incapable de gouverner ses domaines. On lui donna, en 1362, deux curateurs (1), Jean Jourdain seigneur de Clermont son oncle, et Arnaud vicomte de Carmain son cousin. Depuis ce jour, il ne fit que traîner péniblement les restes d'une vie trop courte, mais du moins honorablement épuisée. Il mourut vers la fin de 1364. Il ne laissait qu'un fils nommé Bertrand comme son grand père; car Bernard Esi, le second, était mort au berceau. Il avait épousé en 1350 Jeanne d'Albret (*)

---

(1) Grands Officiers, tom. 2, page 709.
(*) Les pactes du mariage eurent lieu dans la maison des Hospitaliers d'Argentin et eurent pour témoins Bertrand de Montferrand, Falquet de Preissac, Pierre d'Ormelas, chevaliers, Bertrand de Terride et Jean de Barthès, damoiseaux.

fille de Bernard Esi et de Mathe d'Armagnac qui lui apporta en dot, d'abord trente mille deniers d'or et quatre mille écus d'or plus tard. Jeanne vécut encore moins que son mari. Elle était déjà descendue dans la tombe en 1359.

Bernard Esi, sire d'Albret, père de Jeanne, mourut cette même année, quoique tous les auteurs fixent sa mort à l'année précédente. Il laissait de Mathe d'Armagnac, outre Jeanne, douze enfants (1) dont plusieurs héritèrent de la valeur de leur père. Bernard Esi avait légué en 1340 la plus grande partie de ses biens à son fils aîné : il y ajouta quelques terres dans un codicile en langue gasconne qu'on gardait au château de Pau. Longtemps avant sa dernière maladie, il avait fait une fondation pieuse en souvenir d'une de ses sœurs dont il avait hérité. Se sentant près de sa fin, il songea à en faire une seconde pour lui-même, de concert avec Mathe d'Armagnac sa femme, et bâtit (2) à Nérac le couvent de Claristes qu'il fit élever hors des murs sur la place du Marcadieu. L'Évêque de Condom ratifia la fondation le 26 décembre 1358. Nous ignorons combien de temps Bernard Esi survécut à cet acte suprême. Rose, une autre de ses filles, avait épousé en 1350 Jean de Grailly, troisième du nom, captal de Buch, un des héros de la journée de Poitiers. Les ancêtres de Jean étaient originaires du pays de Gex sur les bords du lac de Genève. Jean Ier de Grailly (3) son bisaïeul, s'était attaché à Edouard Ier et l'avait suivi en Gascogne. Il y reçut d'abord quelques terres et puis le comté de Benauges. Les biens de Gaillard de Lamothe seigneur de Landiran,

(1) Grands Officiers, tom. 2. L'Art de vérifier les dates. — (2) Chartier du Séminaire. — (3) Grands Officiers, p. 367 et suiv.

dont il épousa l'héritière, augmentèrent ses domaines. Des alliances heureuses, les bienfaits de la cour d'Angleterre et une bravoure qui ne se démentit point durant plusieurs générations placèrent les Grailly à la tête des familles gasconnes. Ils portaient pour armes *d'argent à la croix de sable, chargée de cinq coquilles d'argent.* Le captal ne voulut pas prendre part aux dévastations qui suivirent la captivité du roi Jean. Il aima mieux quitter sa patrie et alla cueillir sous un ciel éloigné des lauriers plus nobles et moins chargés de malédictions. Il entraîna avec lui le comte de Foix son cousin. Les deux preux s'acheminèrent bientôt vers la Prusse (1) suivis de nombreux chevaliers. Gaston surtout amenait sous sa bannière une foule de vassaux que la crainte de leur maître avait empêchés de se mêler à la lutte entre la France et l'Angleterre, et qui allaient chercher au loin des combats et des périls qui leur étaient interdits dans leur patrie.

Ce départ, en délivrant le comte d'Armagnac d'un rival toujours prêt à s'armer, lui permit de se livrer tout entier aux soins que réclamait la province. Les maux s'aggravaient de ce qui eût dû les soulager. La cessation des hostilités avait fait renvoyer les gens d'armes. Ceux-ci, au lieu de rentrer dans leurs foyers, s'attroupèrent sans distinction de parti, se donnèrent des chefs, et sous les noms de compagnies ils parcoururent les provinces qu'ils désolèrent. L'un de leurs principaux capitaines fut Seguin de Badifol qu'on appelait le roi des compagnies. Un autre capitaine de ces brigands, nommé Arnaud de Cervolle et dit *l'archiprêtre de Vesins*, parce que, quoique laïque, il possédait à ce

---

(1) L'Art de vérifier les dates, tom. 2. Froissart, tom. 1, ch. 183.

qu'on prétend un archiprêtré, passa en Provence, s'associa aux seigneurs de Beaux qui faisaient la guerre dans le pays et s'empara de plusieurs châteaux. Poussant ensuite ses courses jusqu'aux portes d'Avignon, il fit trembler la cour romaine (1). Il menaçait même d'assiéger cette ville et de la livrer aux flammes. Le pape, alarmé de ses menaces, leva des troupes, organisa une défense et appela à son secours le comte d'Armagnac. Le comte s'étant d'abord rendu à Montpellier, y assembla un corps de mille lances, passa le Rhône et reprit divers châteaux dont l'archiprêtre et les seigneurs de Beaux s'étaient emparés. Froissart nous apprend toutefois qu'il fallut que le souverain-pontife subît une composition. Cervolle entra à Avignon accompagné de la plupart de ses gens et fut aussi *reverencieusement reçu comme s'il eût été fils au roi de France* (2). Il dîna plusieurs fois avec le pape et les cardinaux *et lui furent pardonnés tous ses péchés*, et au moment de partir on lui livra quarante mille écus pour partager à ses compagnies. Cette bande se dispersa en suivant les traces de l'archiprêtre qui se jeta alors dans la Bourgogne. Il y commit les mêmes brigandages.

La France n'était pas au terme de ses épreuves. Ces dévastations et le retour des prisonniers, qui venaient arracher à des populations malheureuses les grosses rançons qu'attendait l'Angleterre, donnèrent naissance à la Jacquerie. Les peuples pillés, pressurés de toutes parts, s'en prirent aux nobles. Ils s'irritèrent contre une couardise qui les livrait sans défense aux invasions étrangères. Ils disaient « que tous les nobles de France,

---

(1) Froissart, tom. 1, ch. 177. — (2) Le même.

chevaliers ou écuyers honnissaient (1) le royaume, et que ce serait un grand bien de les touts détruire : et chacun répondait : c'est vrai. Honni soit celui par qui il adviendrait que tous les gentilhommes ne soient détruits. » Pleins de ces sentiments, ils s'attroupèrent dans le Beauvoisis au nombre de cent seulement, et sans autres armes que des bâtons ferrés et des couteaux, ils se portèrent vers le manoir d'un chevalier voisin, brisèrent les portes, tuèrent le chevalier, la dame et tous leurs enfants, et brûlèrent le manoir. Ils allèrent ensuite attaquer un château très-fortifié, prirent le maître, l'attachèrent à un poteau et violèrent sous ses yeux sa femme et sa fille qu'ils égorgèrent ensuite. Après ce long et douloureux martyre, ils massacrèrent le chevalier sur le corps sanglant de celles qu'il avait aimées ; et avant de s'éloigner, ils abattirent les murs qui avaient servi de théâtre à tant de férocité. Ils traitèrent ainsi un grand nombre de châteaux et de bonnes maisons. Leurs troupes grossissaient tous les jours. Tous les gens du peuple couraient à eux, tandis que les dames s'enfuyaient au loin emportant leurs enfants et abandonnant leurs maisons ouvertes avec tout ce qu'elles renfermaient. *Et ces méchantes gens assemblés sans capitaine et sans armures, robaient, ardaient et occisaient (pillaient, brûlaient, tuaient) tous gens et hommes qu'ils trouvaient, et qui plus fesait des maux et de vilains faits tels que créature ne devroit, ni n'oserait penser, celui-là était le plus prisé entre eux et le plus grand maître. Je n'oserais écrire,* dit Froissart (2), *dont toutefois la plume n'est pas tou-*

---

(1) Froissart, tom. 1, ch. 82. — (2) Même chapitre.

jours très-réservée, *je n'oserais écrire les horribles faits et inconcevables qu'ils fesaient aux dames. Entre les autres desordonnances, ils occirent un chevalier et le boutèrent à une haste* (une broche) *et le rôtirent au feu* en présence de la dame et des enfants, et quand ils eurent épuisé sur elle leur lubricité, ils la firent mourir de *malemort*. Les pages sanglantes de 1793 pâlissent à côté de ces horreurs. Le lion était démuselé pour la première fois : il s'ébattait dans toute sa sauvagerie native.

Le comte de Foix et le captal de Buch rentraient alors de la Prusse à la tête de soixante lances. Ils apprirent que *cette jacquerie* (*) tenait enfermées à Meaux les duchesses de Normandie et d'Orléans avec trois cents dames et demoiselles et le duc d'Orléans qui les protégeait. Le rassemblement se composait d'environ neuf mille paysans accourus des lieux voisins au bruit de cette riche proie. Déjà les habitants, d'intelligence avec eux, leur avaient ouvert les portes, et leurs flots denses et épais, encombrant les rues, atteignaient le marché, point fortifié qu'environne la Marne, et où s'étaient réfugiées les dames. Le comte et le captal introduits dans le marché en firent ouvrir les portes et déployèrent leurs bannières. A cette vue les Jacques effrayés s'arrêtèrent ; mais dès que les premiers rangs commencèrent à sentir la pointe des lances et le tranchant des épées, ils reculèrent de frayeur et tombèrent pêle-mêle. Les gens d'armes poussèrent à eux et les égorgèrent (1) comme on abat de faibles trou-

---

(*) Les paysans étaient alors connus dans les chants publics sous le nom de *Jacques*, *de Jacques bons hommes*.

(1) Froissart, ch. 183.

peaux ou les firent sauter *à monceaux* dans la rivière. Ils ne s'arrêtèrent que lorsque leur bras fut fatigué de carnage. Il n'en eut pas échappé un seul, si Gaston et le captal eussent voulu les poursuivre. Ils furent plus impitoyables à l'égard de la ville de Meaux, *ils l'ardèrent toute et tous les vilains du faubourg qu'ils en purent dedans enclore, parce qu'ils étaient de la partie des Jacquiers.*

Le comte d'Armagnac était occupé à préserver le Midi des excès des Jacques et des incursions des compagnies. Il eût obtenu ce double résultat s'il n'eût été appelé en Normandie par les ordres du Dauphin. Il laissa le gouvernement de la province à Thibaut de Barbazan (1) sénéchal de Carcassonne et à Pierre-Raymond de Rabastens sénéchal d'Agenais et de Gascogne. Son absence fut courte ; dans des circonstances aussi difficiles, l'autorité ne pouvait se déléguer à des inférieurs. Ce n'était pas même assez du zèle et de l'activité du comte d'Armagnac ; la captivité du roi avait achevé de briser les liens de la subordination toujours assez faible avec l'organisation sociale du moyen âge. Il fallait un gouverneur qui, par sa haute naissance, supériorité généralement acceptée alors, commandât le respect et triomphât des résistances. Le comte se démit de son emploi et obtint pour successeur le comte de Poitiers plus connu sous le nom de duc de Berri. Ce jeune prince n'avait alors que quinze ans. Le Dauphin le nomma le 14 décembre 1357, et le roi confirma ce choix dans sa prison le 8 janvier suivant. A son inexpérience on donna pour conseillers (2) l'évêque de Lectoure, Pierre d'Aurelsérii qui avait succédé en 1354

(1) Dom Vaissette, tom. 4, page 292. — (2) Le même, page 294.

à Arnaud-Guillaume de Labarthe et venait de négocier la trêve conclue sous les auspices du cardinal de Périgord. On lui adjoignit quelques seigneurs et en particulier les comtes de Pardiac et d'Armagnac.

Un des premiers soins du nouveau gouverneur fut d'ordonner que le comte d'Armagnac serait remis en possession du comté de Gaure dont le roi Jean l'avait gratifié en 1355, mais dont l'état ne s'était pas encore dessaisi (1). Cette tardive justice fut suivie d'un acte assez impolitique. Il ordonna à Pierre-Raymond de Rabastens de tenir sous sa main le comté de Bigorre et d'empêcher que personne ne s'en saisît sans que le comte d'Armagnac en fût averti. Le comte de Foix nouvellement revenu de sa lointaine expédition, avait du chef de Marguerite son aïeule des prétentions assez fondées sur ce pays. Il ne put pas le voir sans dépit passer sous les lois de son rival. Il fit attaquer l'Armagnac par ses vassaux. Innocent VI, à qui cette levée de boucliers fut connue, s'empressa d'écrire (2) au comte de Foix. Il le conjurait d'enjoindre à tous les siens de déposer les armes, et lui représentait que cette aggression ne pouvait qu'augmenter les troubles qui désolaient la France. Il le menaçait enfin de la colère divine et des foudres de l'église. Mais les représentations et les menaces furent également inutiles. Le comte de Foix s'obstina dans son entreprise, et peu content d'attaquer

---

(1) Jean prit possession du comté le 7 juin 1355. Il se présenta successivement au St-Puy, à Fleurance et dans les autres dépendances, et reçut en personne le serment de fidélité de toutes les communautés. Les consuls du St-Puy se nommaient Arnaud de Solon, Pierre d'Anglade et Géraud d'Auzère. *Col.* Doat, tom. 23. — (2) Même collection.

le comté d'Armagnac, il fit des incursions sur les domaines du roi (1) sous le spécieux prétexte que ceux qui y commandaient, prêtaient aide à son ennemi. Le duc de Berri avait intérêt de ménager un seigneur puissant qui pouvait se jeter facilement dans les bras des Anglais. Mais cette audace le força à se prononcer. Faible toutefois jusque dans sa rigueur, il n'alla pas demander raison au comte de son irruption sur les terres de la couronne; il se borna à saisir les biens de tous les sujets du roi qui servaient sous ses bannières, et encore en même temps comme pour tenir la balance égale, il défendit à la noblesse de s'armer en faveur de l'autre rival. Cette intervention fut plus efficace que la voix du souverain pontife; les hostilités s'arrêtèrent et le comte d'Armagnac put aller rejoindre le prince à Albi le 12 août 1358. Il assistait à ses conseils lorsque le duc, avec consentement du Dauphin son frère, accorda des lettres de rémission à l'évêque de Castres et à cinquante-six de ses ecclésiastiques qui s'étaient élevés contre les collecteurs des subsides, les avaient fort maltraités et avaient refusé de contribuer aux charges publiques. Malgré ce pardon, les coupables furent condamnés à six cents livres d'amende et perdirent quelques biens déjà saisis.

Bientôt après Gaston, toujours plus jaloux de voir que le comte de Poitiers ne se conduisait que par les avis de son rival et qu'il se plaisait à l'appeler son gouverneur, leva hautement le masque et se joignit aux Anglais, qui avaient recommencé leurs courses; mais avant de se mettre en campagne, il envoya demander

(1) Dom Vaissette, tom. 4, page 297.

au Dauphin (1) réparation des griefs qu'il avait contre le prince son frère et contre le comte d'Armagnac, protestant que s'il se déterminait à la guerre, ce n'était nullement par haine pour la France ou la personne royale, et offrant même de vivre en paix si on voulait retirer le gouvernement du Languedoc au comte de Poitiers pour l'en revêtir lui-même. Le Dauphin ne pouvait accueillir une pareille demande. Phœbus, qui ne s'y attendait pas sans doute, s'avança aussitôt en armes et obtint sans peine quelques succès.

Le comte de Poitiers assez occupé à repousser les Anglais était hors d'état de résister à un double ennemi. Néanmoins il fit d'abord saisir les biens de tous ceux qui avaient embrassé le parti de Gaston et déclara en même temps le comte rebelle et confisqua tous ses domaines. Après ce coup de vigueur, il s'avança vers Toulouse à la tête d'un corps de troupes ramassé à la hâte, et malgré l'inégalité du nombre, il alla fièrement présenter la bataille; mais il fut complètement défait. Maître de la campagne, le comte de Foix se répandit dans le pays, brûlant les châteaux, levant des contributions, semant partout le ravage et la désolation.

Cette guerre se traîna longtemps. Elle aida aux progrès des Anglais qui, rompant ouvertement la trêve, débordaient de toutes parts dans le vaste gouvernement confié au comte de Poitiers. Perducas d'Albret, un de leurs partisans, s'avança jusqu'à Clermont en Auvergne. Le vicomte de Narbonne s'élança à sa poursuite, soutenu du fils aîné du comte d'Armagnac, jeune seigneur qui portait alors le nom de comte de Charolais. Le fils du

---

(1) Dom Vaissette, pag. 301 et 302.

comte d'Armagnac avait fait ses premières armes l'année précédente, à la tête de trois cents hommes d'armes et de quatre cents sergents de pied; maintenant il commandait treize chevaliers bannerets, treize bacheliers et cent soixante-quinze écuyers. Déjà le vicomte avait atteint Perducas et l'avait enfermé dans une vigne entre deux fossés. C'en était fait des Anglais s'ils eussent été attaqués sur le champ; mais la nuit tombait, et le jeune comte de Charolais (1) aima mieux attendre le grand jour. Nourri dans les nobles préjugés de la chevalerie, son courage ne voulait pas d'une victoire protégée par les ténèbres. Cet avis prévalut; et quand le soleil se montra, les ennemis avaient disparu, profitant de l'obscurité pour se dérober secrètement à une défaite assurée.

Pendant que son fils poursuivait les ennemis de l'état dans le centre de la France, le comte d'Armagnac se tenait près du comte de Poitiers et l'aidait à mettre son gouvernement à l'abri des incursions. Il se transporta avec lui successivement à Carcassonne, à Rhodez, à Toulouse, à Béziers, à Gimont, à Buzet, à Grenade, à Castelsarrasin. Toutes ces courses avaient pour but de défendre les divers points de la province attaqués presqu'à la fois; mais elles n'empêchaient pas les Anglais de porter partout le ravage et de prendre plusieurs places.

L'hymen vint consoler le comte de Poitiers de ses revers. Il épousa, le 24 juin 1369, Jeanne (2), fille aînée du comte d'Armagnac et de Béatrix de Clermont. Jeanne lui apporta cent mille florins d'or. Les filles des rois n'étaient pas plus richement dotées. Les états du

(1) Dom Vaissette, page 302. — (2) Grands Officiers, tom. 2.

Rouergue donnèrent à leur seigneur six mille deux cent quatre-vingts florins. La ville de Rhodez en donna seule deux mille. Le Fezensac, l'Armagnac et la Lomagne fournirent le reste. (*).

Ce mariage projeté depuis longtemps acheva d'irriter le comte de Foix. Il en prit prétexte de continuer la guerre et leva de nouvelles troupes ; mais la papauté veillait pour les peuples. Jamais elle ne comprit mieux et ne remplit avec plus de constance, quoique, hélas ! jamais peut-être avec moins de succès, sa mission de concorde et de paix. Innocent s'empressa de députer au comte l'évêque de Châlons. Le Dauphin, considérant combien cette querelle particulière nuisait à l'état, unit ses efforts à ceux du souverain-pontife et envoya en Languedoc le maréchal de Boucicault. Le maréchal se joignit à l'évêque. Les deux ambassadeurs se rendirent à Pamiers où ils s'abouchèrent avec le comte. Après quelques jours de conférence, ils lui firent signer (1) un traité qui fut arrêté dans le cloître des Jacobins le 7 juillet 1360.

Le comte promettait de rendre au maréchal toutes les places dont il s'était emparé depuis le commencement de cette guerre, excepté celles qui appartenaient

---

(*) Les vassaux devaient à leur seigneur une redevance au mariage de son fils et de sa fille aînée et quand le fils était armé chevalier ou entrait pour la première fois en campagne. Ils lui en devaient assez souvent une aussi, quand le seigneur recevait une visite importante. Raymond, comte de Comminges, était allé visiter Bernard de Faudouas le 4 septembre 1356. Il y fut traité *comme il était coutume entre de telles gens, distingués et nobles, de bonnes mœurs et d'ancienne amitié et alliance*, et Bernard exigea en cette occasion les redevances de ses vassaux.

(1) Dom Vaissette, tom. 4, Preuves, page 288.

au comte d'Armagnac ou à ses alliés. Il s'engageait à renvoyer tous les soldats étrangers qu'il avait pris à son service et à pardonner au comte de Comminges et à ses parents, à Roger Bertrand de Mirepoix et au sire d'Aure qui s'étaient déclarés contre lui; mais il excepta le seigneur de Sauveterre qu'il accusait de s'être entièrement voué au comte d'Armagnac. Enfin, il s'obligeait à faire au comte de Poitiers les réparations que le Dauphin jugerait convenables. Le maréchal promettait de son côté de faire restituer à ceux qui avaient embrassé le parti du comte de Foix, les places, les châteaux et les biens dont ils avaient été dépouillés à cette occasion; d'obtenir non seulement du comte de Poitiers, mais encore du roi et du Dauphin, des lettres de rémission pour le comte et ses adhérents, enfin de faire juger dans un bref délai les prétentions que Gaston élevait sur le comté de Bigorre.

Deux jours après, le comte fit en présence des deux ambassadeurs, un autre traité (1) avec les députés des principales villes du Languedoc. La main étendue sur l'autel, il leur jura de faire sortir de la province toutes les troupes anglaises ou françaises qu'il avait attirées sous ses drapeaux. Il promit qu'elles respecteraient, en s'éloignant, les propriétés, et s'engageait même à satisfaire aux plaintes que leur présence pourrait faire naître depuis ce jour jusqu'à leur entière sortie. Les sires de Caumont et de Monferrant, Elie de Pommiers, Amanieu du Fossat, Pierre de Lamothe et quelques autres chevaliers partisans, comme eux, de l'Angleterre, et qui se trouvaient près du comte de Foix, se rendirent cau-

---

(1) Dom Vaissette, tom. 4, Preuves, page 260.

tion de son engagement. Les députés payèrent cette pacification de deux cent mille florins d'or, dont dix mille furent comptés sur le champ. Les autres cent quatre-vingt-dix mille devaient être livrées dans trois semaines, et en attendant les députés donnèrent en ôtage, Arnaud d'Espagne, Aymond de Rochefort, Denis de Pomarède, Arnaud Bernard de Bosc, Raymond d'Erminal, Guillaume de Goyrans, Raymond d'Aure, Bernard André de Villefranche, Arnaud de Gabarret et Germain de Mauriac.

Les ambassadeurs négocièrent ensuite la paix entre les comtes de Foix et d'Armagnac (1), et vinrent à bout de leurs desseins avec moins de peine qu'ils n'osaient d'abord l'espérer; mais, outre que cette paix ne dura pas plus que les précédentes, elle greva extrêmement les provinces; car le comte d'Armagnac exigea qu'on lui donnât une somme égale à celle qui avait été promise à Gaston, menaçant, en cas de refus, de livrer la contrée au pillage. Trop faibles pour se défendre, les états du Languedoc durent se soumettre. Le Dauphin ratifia la convention, et Jean, à peine sorti de sa prison, permit au comte d'Armagnac d'exiger ce qu'il avait arraché à la frayeur et à la faiblesse. Il se réserva seulement que le premier paiement serait employé à sa rançon.

Après un traité signé dans les fers, mais tellement honteux que la France l'avait repoussé avec indignation, le roi de France en avait obtenu du monarque Anglais un second qui fut conclu à Brétigny le 8 mai 1360. Le premier article portait (2) qu'Édouard aurait, outre ce qu'il possédait de son chef en Guienne et

---

(1) Dom Vaissette, tom. 4, page 306. — (2) Rymer, t. 3, page 202. Froissart, tom. 1, ch. 212.

en Gascogne, le Poitou, la Saintonge, le Périgord, le Limousin, l'Agenais, l'Angoumois, le Cahoursain, le Rouergue, le Bigorre et le pays de Gaure ; et s'il y a, était-il encore dit, aucuns seigneurs, comme les comtes de Foix, d'Armagnac, de l'Isle et de Périgord et le vicomte de Limoges ou autres qui tiennent aucunes terres dans les limites de ces lieux, ils feront hommage au roi d'Angleterre, et tous autres services et devoirs dûs à cause de leur terres en la manière qu'ils ont fait au temps passé. Après plusieurs autres clauses, le roi Jean s'obligeait à payer à son vainqueur trois millions d'écus d'or.

Le traité signé et juré, l'auguste prisonnier repassa la mer pour rentrer dans ses états. Froissart (1) qui nous a peint la défaite va nous raconter le retour de l'exil. Le roi d'Angleterre donna au roi de France un grand et magnifique souper dans le château de Calais. Ses enfants, le duc de Lancastre et les plus grands seigneurs et barons d'Angleterre y servirent tête nue. Après le souper ces deux nobles rois prirent congé l'un de l'autre *moult gracieusement et amiablement*, et le roi Jean rentra à son hôtel. Le lendemain 28 décembre, le roi de France partit de Calais avec tous les Français qui devaient le suivre; il marchait à pied pour venir en pèlerinage à Notre-Dame de Boulogne. Le prince de Galles et ses deux frères l'accompagnaient ; ils vinrent ensemble jusqu'à Boulogne où ils furent reçus *à grande joie* et où ils trouvèrent le duc de Normandie qui les attendait. Ils firent leurs offrandes *moult dévotement* à l'église, puis allèrent se reposer dans l'abbaye qui

(1) Tom. 1, ch. 213.

avait été disposée pour recevoir le roi et les enfants d'Angleterre. Les princes anglais y passèrent ce jour, mais, à l'entrée de la nuit, ils retournèrent auprès du roi leur père.

Le traité de Brétigny aliénait l'hommage des seigneurs Aquitains en faveur de la couronne d'Angleterre. Plusieurs d'entr'eux se refusèrent d'abord à ce changement. Ils s'émerveillaient fort de la manière dont le roi de France les abandonnait, et *disaient aucuns* (1) *qu'il ne lui appartenait point et que par droit il ne le pouvait faire. Car ils étaient en la Gascogne trop anciennement chartés et privilégiés du grand Charlemagne, qui fut roi de France : qu'il ne pouvait mettre le ressort en autre cour qu'en la sienne; et, pour ce, ne voulurent ces seigneurs d'abord légèrement obéir à lui; mais le roi de France* qui voulait *accomplir autant qu'il était en lui ce qu'il avait juré et scellé* envoya messire Jacques de Bourbon, son cher cousin. Celui-ci apaisa la plus grande partie des seigneurs *et devinrent hommes du roi d'Angleterre ceux qui le devaient devenir, comme le comte d'Armagnac, le sire d'Albret, et moult d'autres qui à la prière du roi de France et de messire Jacques de Bourbon obéirent, mais ce fut bien malgré eux.* Le comte d'Armagnac perdait par ce traité le comté de Gaure. Le roi Jean, en le retirant de ses mains, lui promit cent mille écus, qui toutefois ne purent lui être comptés que plusieurs années plus tard.

La paix, objet des vœux publics et que rendait si nécessaire l'épuisement de la France, ne devait guère

(1) Tom. 1, ch. 214.

profiter à la Gascogne. Les comtes de Foix et d'Armagnac semblaient l'attendre pour recommencer les hostilités (1). Après quelques jours de combat, des amis communs amenèrent une trêve jusqu'à la fin de 1360. Le terme expiré, les hostilités recommencèrent. Urbain VIII venait de s'asseoir sur la chaire de St-Pierre à la place d'Innocent, mort le 12 septembre 1362. Un de ses premiers soins fut d'envoyer vers les deux combattants l'évêque de Cambrai avec la qualité de nonce apostolique. Cette tentative ne paraît pas avoir eu de résultat. Sans se décourager, le pape commit alors l'archevêque de Toulouse avec les mêmes qualités. Plus heureux que son prédécesseur, celui-ci, aidé du roi de Navarre Charles-le-Mauvais, beau-frère de Gaston, parvint enfin à faire jurer une nouvelle trêve sur le corps même du Sauveur dans l'église des Cordeliers de Morlas (21 mars 1362).

Cette trêve, qui devait se prolonger jusqu'au mois de juin 1363, dura à peine quelques mois. Entraîné par sa mauvaise destinée, le comte d'Armagnac la rompit le premier et envoya défier son rival qui releva avec joie le gage de bataille. Ils avaient l'un et l'autre hâte de se mesurer. Ils se rencontrèrent à Launac (2), sur la rive gauche de la Garonne, le lundi 5 décembre 1362. Le comte de Foix était suivi du comte de l'Isle, qui gagnait ses éperons, du comte d'Astarac, des vicomtes de Castelbon, de Cardonne, de Couserans, du seigneur de Paillès et d'une grande partie de la noblesse de Foix et du Béarn. Le comte de Comminges, plusieurs

(1) Dom Vaissette, page 330. — (2) Manuscrit de M. d'Aignan. Chroniques inédites sur le pays de Foix à la bibliothèque royale de Paris.

membres de la famille d'Albret, le vicomte de Fezensaguet, Jean de Labarthe et une foule d'autres soutenaient le comte d'Armagnac. Le nombre était pour lui; aussi son rival se retrancha-t-il sur une éminence, résolu à garder la défensive. Mais ce qui avait perdu les rois Philippe et Jean à Crécy et à Poitiers, devait perdre le comte d'Armagnac. Les enseignements de l'expérience ne profitaient nullement aux bouillants chevaliers du moyen âge. Impatient de tout délai et comptant pour rien les avantages du lieu, Jean fit sonner la charge. L'action fut vive et sanglante, mais enfin la victoire se décida pour le comte de Foix, et elle fut complète. Neuf cents gentilshommes restèrent entre ses mains.

Forcé de fuir et serré de trop près, le comte d'Armagnac se cacha dans une forêt voisine du champ de bataille, mais il fut découvert par un soldat Allemand qui servait sous les drapeaux de son ennemi. Ce soldat le ramena au comte de Foix en chantant les bouts rimés suivants, où l'on reconnaît la muse d'un soldat se servant d'un idiôme étranger.

Lou renard estant au boscadjé
Lous layros que panoüan
Aro sio à mon damnadjé
Ce tou t'en fuyos plus avant.

Le renard étant au bocage
Par les larrons tout est pillé,
Maintenant je veux être damné
Si tu t'en fuis davantage.

Les prisonniers donnèrent leur foi à Gaston qui les fit conduire au château de Foix. Peu de jours après, le 16 décembre, il les rassembla tous dans la cour du château et leur déclara qu'il voulait bien par grâce ne pas torturer leur corps par la prison, mais les traiter favorablement comme nobles et gentilshommes. Il assigna ensuite pour prison, pendant un mois, aux uns la ville de Mazères, et aux autres la ville de Pamiers, et leur permit de se promener dans les lieux voisins, sans cependant découcher. Les prisonniers s'engagèrent à leur tour à tenir arrêt dans les villes qui leur étaient assignées sous la caution des comtes d'Armagnac et de Comminges, et sous peine de payer des sommes considérables. Les principaux seigneurs qui firent cette promesse furent Bernard d'Albret, seigneur de St-Bazeille, Géraud son frère, Berald d'Albret, seigneur de Gironde, leur cousin, Jean d'Armagnac, vicomte de Fezensaguet, Jean de Labarthe, seigneur de la vallée d'Aure, le seigneur de Pardaillan, Arsieu de Montesquiou, Garsie de Castet, Pierre de Montaut, Perducas d'Albret, cet ancien partisan des Anglais et le baron de Laleougue.

Le comte de Foix prorogea ensuite ce délai jusqu'au quatrième jour après Pâques, et le 24 janvier les comtes d'Armagnac et de Comminges cautionnèrent de nouveau pour tous les prisonniers, et pour Menaud de Barbazan, Jean de Lantar, les deux Fauga, Fortisson, Xaintrailles, Bazillac, Castelbajac, Fimarcon, le soudic de Latrau, le sénéchal d'Armagnac, Castelnau, Hillères, Montclar et Feriol *le rusé galant*, dont les noms ne se trouvaient point dans les transactions précédentes. Le comte de Pardiac était aussi tombé au pouvoir du vainqueur ainsi que le seigneur de Tarride; mais ils trompèrent la vigilance de leurs gardes avant d'avoir donné leur foi, ou quelques raisons avaient déjà porté Gaston à briser leurs fers. On traita enfin de la rançon générale ; et s'il fallait en croire une ancienne chronique, elle valut au comte de Foix un million de livres (quinze millions d'aujourd'hui). C'était le tiers de l'argent promis au roi d'Angleterre pour la rançon du roi Jean et les siens. Nous savons du moins (1) que le vicomte de Couserans se rendit garant auprès du comte de Foix, son allié, pour la somme de treize mille trois cent trente-trois florins d'or pour la rançon du vicomte de Fezensaguet; que la rançon du seigneur de Gironde s'éleva à deux mille florins d'or et enfin que le comte de Foix donna à Orthez, le 29 janvier 1364, quittance de trente-trois mille trois cent trente-trois livres, premier paiement de Beraud d'Albret et de ses frères. Nous ignorons la part à laquelle fut condamné le comte d'Armagnac. Il avait su gagner le cœur de ses vassaux. Aussitôt qu'ils apprirent sa captivité, ils lui mandèrent qu'ils étaient prêts à tous les sacrifices pour obtenir sa délivrance. Clergé, nobles, communes, tous rivalisèrent de zèle. Néanmoins, lorsque leur maître sortit de prison il était encore redevable à son vainqueur de deux cent cinquante mille livres.

L'occasion parut belle au pape et au roi de France. Ils députèrent (2), le premier, Raymond de Ste-Gemme son protonotaire, et le second Hamond de Lafaye juge-mage de Toulouse, et, sous leurs auspices, il fut conclu un nouveau traité qui renouvelait les accords précédents. Les deux comtes s'engageaient à le faire jurer à tous leurs vassaux, qui promettraient encore de refuser à leur maître obéissance et secours s'ils savaient qu'il avait rallumé la guerre; enfin Jean s'engageait à

---

(1) **Dom Vaissette**, page 321. — (2) Idem.

faire ratifier le traité par Jean son fils alors absent, et Gaston s'obligeait à obtenir une pareille ratification de son héritier encore enfant dès qu'il aurait atteint sa quatorzième année. Les clauses arrêtées, les deux comtes se transportèrent dans la cathédrale de Foix (1).

L'évêque d'Oleron célébra la messe pontificalement. Le saint sacrifice s'achevait; à ces mots : « seigneur, donnez-nous la paix, » qui terminent l'*Agnus Dei*, le célébrant se tourna vers les deux comtes agenouillés près de l'autel à côté du nonce du pape et de l'ambassadeur de France, et en présence d'une foule de prélats, de nobles et de barons et d'une multitude immense de peuple, il lut en langue romane ou vulgaire l'accord projeté. Prenant ensuite sur l'autel le corps sacré de Notre-Seigneur, il demanda aux deux rivaux prosternés à ses pieds, les genoux à terre et les mains élevées, s'ils voulaient de tout leur cœur une bonne et perpétuelle paix, et s'ils entendaient observer à jamais, de tout leur pouvoir, le présent traité de point en point et en prêter le serment en présence du Dieu qui lisait dans leur cœur et en connaissait les pensées. Les deux comtes répondirent d'une voix unanime que telle était leur volonté et qu'ils l'accompliraient fidèlement de tout leur pouvoir. Alors levant leurs mains et les étendant vers le Christ, ils jurèrent ainsi : « par le très-saint corps de N.-S. J.-C. notre créateur et notre sauveur, nous faisons une paix bonne, amicale, ferme, stable et perpétuelle, et qui par nous, nos successeurs, nos sujets, nos adhérents, durera à jamais sans être violée, et nous voulons d'hors et à toujours être bons et fidèles amis, et

---

(1) Le même, Preuves, 281.

pour une plus grande assurance, nous voulons, nous jurons et nous consentons que notre saint-père le pape et le bienheureux collége romain (les cardinaux) confirment ce traité, et nous supplions humblement les rois de France et d'Angleterre de le confirmer aussi. Nous jurons encore que, si quelqu'un des nôtres refuse de jurer la présente paix, nous l'y contraindrons de tout notre pouvoir. Et qu'ainsi nous soit en aide le corps saint du Christ que nous avons devant nos yeux! et en signe de paix et d'alliance et d'amour éternel, nous nous donnons un baiser mutuel. »

Ensuite les deux comtes firent jurer la paix en leur nom, les genoux à terre et les mains étendues sur le corps de Notre-Seigneur, par le vicomte de Carmain, Arnaud d'Espagne, Fortaner de Lescun et Guillaume Odon d'Andouins pour le comte de Foix, et par Guillaume Arnaud comte de Pardiac et Arsieu de Montesquiou pour le comte d'Armagnac. Cette scène se passa le 14 avril 1363 en présence des évêques de Pamiers, de Couserans, d'Aire, de Lescar, de Guillaume abbé du Mas-d'Azil, du comte de Comminges et d'Arnaud-Amanieu sire d'Albret. Deux jours après le même serment fut renouvelé, au nom du comte d'Armagnac, dans la même église et avec les mêmes cérémonies, par Jean d'Armagnac vicomte de Fezensaguet, et par Arnaud de Labarthe. Mais la religion avait beau s'interposer entre la haine de ces deux puissantes maisons et les malheurs de leurs vassaux, elle avait beau déployer ses plus redoutables mystères, elle pouvait assoupir mais non éteindre les feux de la vengeance. Nous les verrons se rallumer bientôt.

La perte d'une épouse chérie vint obscurcir sur le

comte d'Armagnac la joie de sa délivrance. Béatrix de Clermont n'avait pu, sans un profond saisissement, voir son mari à la merci d'un ennemi implacable. Sa santé déjà faible s'altéra davantage, et après avoir langui quelque temps elle mourut dans les premiers mois de l'année suivante (1364)(1) et fut ensevelie chez les Cordeliers de Rhodez où elle avait choisi sa sépulture et dont elle avait entouré le couvent de murailles, de fossés et de grosses tours.

Le roi Jean la suivit de près dans le tombeau. Le duc d'Anjou son second fils s'était échappé de l'Angleterre où il avait été envoyé en ôtage en vertu d'une des clauses du traité de Brétigny. Le roi de France crut son honneur engagé et résolut d'aller réparer en personne la rupture du ban. Ce motif est assez vraisemblable chez un prince à qui nous devons la maxime suivante digne de sa loyauté : « si la bonne foi était bannie du reste du monde, elle devrait se trouver dans la bouche des rois. » Quelques récits ont dit qu'il était entraîné au delà de la Manche par une pensée d'amour mystérieux et romanesque. Ce serait, ajoute un historien (2) que nous aimons à citer, un souvenir peu digne de couronner cette vie de roi, vie consacrée par la dignité du malheur à défaut de l'éclat de la gloire. Après un hiver passé dans les fêtes et les plaisirs, il tomba malade et mourut le 8 avril 1364. Edouard lui fit faire de somptueuses funérailles à St-Paul de Londres; on y brûla (3), selon des témoins oculaires, quatre mille torches de douze pieds de haut et quatre mille cierges de dix livres pesant. Il laissait le sceptre au

(1) Grands Officiers, tom. 3.—(2) M. Laurentie, Hist. de France, tom. 3, page 511. — (3) Seconde continuation de Nangis.

Dauphin qui régna sous le nom de Charles V et que la reconnaissance publique surnomma le Sage.

Peu après la paix de Brétigny, le roi d'Angleterre avait réuni en une seule principauté toutes ses possessions entre la Loire et les Pyrénées, et les avait données au vainqueur de Poitiers avec le titre de prince d'Aquitaine. Le jeune Edouard ne tarda pas à aller prendre possession de son nouvel apanage. Débarqué à La Rochelle avec Jeanne de Kent, son épouse, il reçut sur son passage les hommages des barons du Poitou et de la Saintonge, il vint ensuite à Bordeaux où il résida longtemps. Les comtes, les vicomtes, les barons, les chevaliers (1) accoururent à sa cour et se retirèrent enchantés de l'accueil qu'ils avaient reçu. Il habitait l'Aquitaine depuis un an, quand le comte d'Armagnac l'attira à Tarbes avec sa femme sous prétexte d'aller visiter un pays qu'il n'avait pas vu, mais dans la réalité, le comte espérait que Gaston à qui il devait encore les deux cent cinquante mille francs, sachant le prince et la princesse si près, viendrait leur faire sa cour et qu'il serait possible d'obtenir à cette occasion remise de la somme. Dans cette vue, il pressa (2) tellement Edouard et sa femme, qu'ils s'acheminèrent vers le Bigorre avec leur suite qui était nombreuse et brillante. Parvenu à Tarbes, ils y séjournèrent quelques jours. Tarbes était déjà une belle ville, assise au milieu d'une vaste plaine et entourée de beaux vignobles. On y comptait ville, cité et château *tous fermés de portes, de murs et de tours.* Gaston se trouvait alors à Pau où il bâtissait en dehors des murs *un moult bel chastel* baigné par le Gave. Dès

---

(1) Froissart, ch. 216. — (2) Le même, tom. 3, ch. 3.

qu'il eut appris l'arrivée du prince et de la princesse à Tarbes, il vint les voir accompagné de soixante chevaliers et de plus de six cents lances. Le prince et la princesse furent enchantés de sa courtoisie *et lui firent très bonne chère.* La princesse surtout le prisait et l'honorait grandement.

Le comte d'Armagnac et le sire d'Albret se trouvaient à leur cour. Le premier pria le jeune Edouard de vouloir s'employer auprès de Gaston pour que celui-ci lui remît les restes d'une rançon déjà chèrement payée. Le prince, qui n'était pas moins sage que vaillant, répondit après quelques instants de réflexion qu'il n'en ferait rien. « Et comment, comte d'Armagnac : vous fûtes pris en bataille rangée et les armes à la main? Le comte de Foix exposa contre vous sa vie et ses gens et si la fortune lui fut bonne tandis qu'elle vous était contraire, il ne doit pas *en pis valoir*. De même, monseigneur mon père ni moi ne lui saurions gré, s'il nous priait de remettre ce que nous tenons par la fortune que nous eûmes à Poitiers et dont nous remercions notre seigneur. » Le comte d'Armagnac resta tout ébahi en entendant ces paroles, car il avait été trompé dans son attente. Il ne se rebuta pas néanmoins et s'adressa à la princesse qui se chargea volontiers de cette mission, et, sans expliquer sa pensée, elle pria le comte de Foix de vouloir bien lui accorder un don. « Madame, dit celui-ci, je ne suis qu'un petit homme et un petit bachelier, je ne puis pas faire de grands dons, mais ce don, s'il ne vaut pas plus de soixante mille livres, je vous l'octroie. » La princesse tenait à ce qu'il lui fût accordé en d'autres termes; mais le comte qui était clairvoyant, et qui se doutait du piège qu'on lui tendait, s'en tenait à ses paroles et disait : pour un pauvre chevalier comme moi, qui bâtis villes et châteaux, le don que je fais doit suffire. La princesse ne pouvant en rien tirer davantage, lui dit ouvertement: « comte de Foix, je vous demande et prie que vous fassiez grâce au comte d'Armagnac. » « Madame, répondit le galant chevalier, je dois accueillir votre prière ; je vous ai déjà dit que si ce que vous demandiez n'excédait pas soixante mille livres, je vous l'accordais. Le comte me doit deux cent cinquante mille livres : à votre instance je fais grâce de soixante mille livres. Le moyen âge connaissait peu notre délicatesse, il admirait surtout la subtilité. Aussi Froissart fait-il honneur au comte d'Armagnac de cette démarche; nous eussions mieux aimé qu'il eût félicité ses vassaux. C'est sur les vassaux que retombait le poids des rançons de ces hauts et puissants seigneurs.

CHAPITRE II.

Les routiers. — Expédition d'Espagne. — Bataille de Navarret où les Gascons se signalent sous le prince de Galles. — Henri de Transtamare à Bagnères. — Le comte d'Armagnac, enfermé à Cazères, est forcé de sortir par un trou fait dans la muraille, et fait de nouveau prisonnier. — Soulèvement des seigneurs Gascons contre le prince de Galles. — Ils en appellent au roi de France. — Le sire d'Albret et le comte d'Armagnac traitent secrètement avec lui. — Lettre de Charles V au comte d'Armagnac. — Évêques de Tarbes, — de Bazas, — d'Oloron, de Dax, — de Lectoure, — de Couserans, — de Bayonne, — d'Aire, — de Lombez.

Cependant la France entière et plus particulièrement peut-être nos contrées étaient désolées par les routiers, vil ramas de soldats de toutes les nations, mais surtout de Gascons et d'Anglais, qui n'ayant pas d'autre bien que leur épée, demandaient au pillage ce que leur refusait la cessation des hostilités entre la France et l'Angleterre. Trie fut prise, pillée et brûlée quatre fois. Heureusement qu'une expédition, habilement provoquée par Charles V, les lança sur l'Espagne. Pierre-le-Cruel, le Néron de son siècle, souillait par ses excès le trône de Castille. Henri de Transtamare, frère naturel de Pierre, s'aida de ces routiers qu'on appelait aussi les grandes compagnies ou plutôt la grande compagnie pour la distinguer des autres rassemblements bien inférieurs en nombre. Le célèbre Duguesclin, que les chroniques nous peignent comme un chevalier laid, malfait, grossier, sachant à peine lire et écrire ou même signer son nom, mais que son courage et sa prudence ou plutôt sa supériorité dans l'art militaire placèrent bientôt à la tête de tous ses égaux, conduisait leurs bataillons.

Le comte de Foix, sollicité par Henri de Transtamare, se joignit à eux ; tandis que le sire d'Albret alla joindre Pierre-le-Cruel. Une foule de seigneurs Gascons les suivirent et se rangèrent ainsi sous des bannières opposées. La rivalité n'avait fait que changer de climat ; elle se poursuivait sous le ciel de l'Espagne aussi forte que sur les bords de la Garonne.

Le sire d'Albret, connaissant la valeur de Duguesclin et instruit par la journée de Launac, conseilla au monarque espagnol de décliner le combat et de s'attacher à tenter la fidélité si précaire des compagnies en semant parmi elles l'argent dont ses trésors regorgeaient. Cet expédient eût délivré l'Espagne de ses ennemis sans coup férir ; mais Pierre, aveuglé par son orgueil, aima mieux tenter le sort des armes qui lui fut contraire. Trahi par la fortune et abandonné des siens, il s'enfuit en Portugal d'où il passa dans l'Aquitaine pour implorer le secours du prince de Galles. Il se fit petit, humble devant le héros de Poitiers, et promit en présence d'une cour nombreuse et guerrière d'abondantes largesses à ses défenseurs. *A ces paroles entendaient les chevaliers moult volontiers, car Anglais et Gascons sont de leur nature volontiers convoiteux* (1).

On conseilla au jeune Édouard de réunir son conseil privé et d'y inviter tous les barons d'Aquitaine. Le prince suivit cet avis et convoqua une assemblée nombreuse à Bordeaux. Il y appela nommément (2) les comtes d'Armagnac et de Comminges, les vicomtes de Carmain et de Castillon, le captal de Buch, les sires d'Albret,

(1) Froissart, tom. 1, ch. 231. — (2) Même chapitre.

de Candale, de Lescun, de Rosan, de Lesparre, de Chaumont, de Mucident, de Courton et de Pincornet. On y accourut de la Saintonge, du Poitou, du Quercy, du Limousin, de la Gascogne, du Béarn et de toute l'Aquitaine. On promettait un riche prix à la valeur. Aucun seigneur n'eût voulu rester sourd à l'invitation. L'assemblée dura trois jours. Dom Pèdre y parut plusieurs fois et y exposa ses malheurs et l'usurpation d'un frère bâtard, et fit surtout connaître tout ce qu'il répandrait de récompenses sur l'armée qui le ramènerait au-delà des monts et le replacerait sur le trône de ses pères. Le prince de Galles appuya ses paroles. Néanmoins, avant de rien arrêter, on jugea prudent de consulter le vieux roi d'Angleterre. On lui députa Jean et Elie de Pommiers avec le sire de Wère et de Norwick. Les quatre députés retournèrent bientôt apportant la réponse du roi qui souscrivait à l'expédition. Le vieil Edouard ajoutait que les traités passés avec la Castille et l'Angleterre faisaient un devoir au prince de Galles de prendre en main la défense d'un monarque injustement dépouillé, et il finissait en ordonnant à ses *féaux* et en invitant ses amis à accompagner le prince et à le servir comme ils le serviraient lui-même, s'il prenait le commandement de l'armée.

A la lecture de cette lettre, tous les barons rassemblés à Bordeaux une seconde fois, s'écrièrent d'une voix unanime en s'adressant au jeune Edouard [1] : Sire, nous obéirons aux ordres du roi votre père, nous le devons; mais nous voulons savoir qui paiera nos gages, car on ne met pas en campagne tant de gens d'armes

---

[1] Chapitre 232.

pour aller guerroyer en pays étranger sans avoir reçu aucun paiement. Le prince regarda alors dom Pèdre et lui dit: Sire roi, vous entendez ce que disent nos gens, répondez; car c'est à vous qui devez les mener combattre. Le roi répondit au prince: mon cher cousin, tant que mon or, mon argent et mon trésor que j'ai apportés ici et qui sont toutefois plus faibles que ceux que j'ai laissés au delà des monts, pourront *s'étendre*, je veux les départir à vos gens. Monseigneur, répliqua le prince, vous dites bien; et du surplus j'en ferai ma dette envers eux. Je vous prêterai tout ce qu'il vous faudra jusqu'à ce que nous soyons en Castille. Par mon chef, répondit le roi, vous me ferez grande courtoisie. Dans cette assemblée, *aucuns sages* comme le comte d'Armagnac, le sire de Pommiers, messire Jean Chandos, le captal de Buch et plusieurs autres firent observer que le prince de Galles ne pouvait bonnement faire ce voyage sans l'agrément du roi de Navarre, dans les états duquel il fallait nécessairement passer. Ce consentement paraissait assez difficile à obtenir, parce que Charles-le-Mauvais s'était empressé de conclure un traité d'étroite alliance avec Henri de Transtamare, qui avait été proclamé roi sous le nom d'Henri[1], et auquel l'histoire a donné le surnom de Bâtard. On proposa plusieurs moyens pour vaincre cette difficulté, et, après de longs et nombreux débats, on arrêta qu'il y aurait une troisième réunion à Bayonne, et que cependant on députerait vers le roi de Navarre pour le prier d'y venir prendre part.

Le jour fixé, on vit à Bayonne (1) le roi de Castille,

---

[1] Même chapitre.

le prince de Galles, le comte d'Armagnac, le sire d'Albret et tous les barons de la Gascogne, du Poitou, du Quercy, du Rouergue, de la Saintonge et du Limousin. Le roi de Navarre s'y rendit en personne. Dom Pèdre et le prince de Galles le comblèrent de courtoisies, espérant en avoir meilleur marché. La réunion dura cinq jours. Le prince de Galles et son conseil eurent beaucoup de peine à faire entrer le roi de Navarre dans leurs intérêts; car il n'était *mie léger à entamer là où il voyait qu'on avait besoin de lui.* Toutefois le prince, par l'ascendant de son nom et le prestige que la gloire des journées de Crécy et de Poitiers avait répandu sur sa personne et qu'augmentait le titre d'héritier d'une des plus belles couronnes de l'univers, l'amena à jurer à dom Pèdre, paix, amour, alliance et confédération. Dom Pèdre rendit au Navarrais, Sauveterre et St.-Jean-Pied-de-Port avec le pays adjacent qu'il lui avait enlevés, et y ajouta vingt mille florins. A ce prix, le roi de Navarre s'engagea à laisser passer les troupes à travers ses états et à leur fournir, à deniers comptants, les vivres et les provisions dont ils auraient besoin. Les barons de Gascogne, voyant le traité conclu, demandèrent qu'on assurât leurs gages. Le prince, qui avait vivement à cœur l'expédition, s'obligea envers eux et dom Pèdre s'engagea à l'égard du prince.

Tout étant ainsi réglé, dom Pèdre resta à Bayonne pour être plus près du théâtre de la guerre, et le jeune Édouard retourna à Bordeaux d'où il manda secrètement aux chevaliers Anglais et Gascons qui servaient sous les ordres de Duguesclin, de venir le joindre. Quelques compagnies qui erraient en Espagne et comptaient parmi leurs chefs Perducas d'Albret et les bâtards de Lesparre, de Comminges et de Breteuil, voulurent aussi lui vendre leurs épées; mais le roi d'Aragon, allié d'Henri-le-Bâtard, leur ferma le passage. Elles durent forcer les défilés de la Catalogne. Descendues enfin des montagnes après de nombreux périls, elles trouvèrent les frontières du pays de Foix garnies de troupes prêtes à les repousser. Il fallut que Jean-Chandos s'engageât au nom du prince à réparer tous les dommages que feraient ces bandes justement suspectes.

Pendant que Chandos négociait avec le comte de Foix, le prince de Galles tenait sa cour à Angoulême où il était entouré d'une foule de seigneurs anglais et Gascons. Il s'entretenait avec eux de l'expédition qui occupait tous les esprits. S'adressant tout à coup au sire d'Albret (1), il lui dit: sire d'Albret, à quelle quantité de gens pourriez-vous me servir dans cette occasion? D'Albret répondit sur-le-champ: monseigneur, si je voulais prier tous mes amis et tous mes vassaux, j'aurais bien mille lances et toute ma terre gardée. Par mon chef, dit le prince, sire d'Albret, c'est belle chose; et regardant aussitôt Felleton et quelques chevaliers anglais, il leur dit en anglais: par ma foi, on doit bien aimer la terre où l'on a un tel baron, qui peut servir son seigneur à mille lances. S'adressant de nouveau au sire d'Albret: je les retiens tous. Que ce soit au nom de Dieu, monseigneur, répondit le sire d'Albret.

Cependant Chandos avait enrôlé les compagnies au service de l'Angleterre. Elles formaient un corps de dix à douze mille hommes. D'autres gens d'armes accoururent de divers pays. En même temps le roi d'Angle-

---

(1) Même chapitre.

terre faisait partir de son île Jean de Lancastre son second fils à la tête de quatre cents lances et quatre cents archers.

Ce secours et l'arrivée des compagnies que le prince dut amener tout entières avec lui pour soustraire l'Aquitaine à leurs dévastations, ne lui permirent pas d'accepter tous les hommes d'armes que lui avaient promis les seigneurs Gascons. Le sire d'Albret était alors dans ses terres occupé à achever ses préparatifs. Edouard lui manda qu'il ne prendrait de lui que deux cents lances. Quand le sire (1) vit les lettres que le prince lui envoyait, *il les ouvrit en pensant* et les lut par deux fois pour mieux les entendre. Bientôt son courroux s'alluma, et ne pouvant se posséder, il s'écriait : comment! monseigneur le prince *se truffe et se gabe*, (se joue de moi), quand il veut que je donne congé à huit cents lances, chevaliers, écuyers, qu'à son commandement j'ai tous retenus.

Dans son courroux, il demanda un clerc. Quand celui-ci fut venu, il lui dit : écrivez, et le clerc écrivit sous la dictée de son maître : cher sire, je suis grandement émerveillé des lettres que vous m'avez envoyées et ne sais mie bonnement et ne trouve en moi conseil comment je dois vous répondre, car votre résolution me tourne à grand préjudice et à grand blâme et à tous mes hommes aussi ; ils sont déjà tous appareillés à vous faire service. Ainsi il leur vient à grand merveille de ce qu'ils sont boutés derrière. Cher sire, daignez savoir que je ne saurais séparer les uns des autres. Je suis le pire et le moindre de tous, si quelques-uns y vont, tous y iront bien : ce sais-je bien.

(1) Chapitre 235.

Quand le prince de Galles eut ouï cette réponse, il la trouva bien présomptueuse, et secouant la tête, il dit en anglais : le sire d'Albret est un grand maître dans mon pays, puisqu'il veut briser l'ordonnance de mon conseil. Mais, par Dieu ! il n'en ira pas ainsi qu'il pense ; qu'il demeure, s'il veut : sans ses mille lances, ferons-nous le voyage s'il plaît à Dieu. Quelques chevaliers d'Angleterre qui étaient présents, prirent aussitôt la parole : monseigneur, vous connaissez petitement la pensée des Gascons et comment ils s'enorgueillissent et *nous aiment peu* (1), *et peu nous ont aimés du temps passé*. Ne vous souvient-il pas comment grandement ils se *boutaient* jadis contre vous en la cité de Bordeaux quand le roi Jean de France y fut amené. Ils disaient et maintenaient tout haut que par eux et par leurs entreprises vous aviez fait le voyage et pris le roi ; et bien fut apparent qu'ils voulurent passer outre, car vous fûtes en grands traités avec eux plus de quatre mois, sans qu'ils voulussent consentir que ledit roi allât en Angleterre. Il fallut avant tout les satisfaire pour les tenir en amour. Sur ces représentations le prince se contint, mais pour ce, n'en pensa-t-il moins.

Cette hardiesse pouvait coûter cher au sire d'Albret, car le prince était *grand et haut de courage et cruel en sa haine*. Il voulait, fusse à tort ou à droit, que tous les seigneurs auxquels il pouvait commander obéissent à sa voix ; mais le comte d'Armagnac, oncle du sire d'Albret, ayant appris cette dissension, accourut à Bordeaux et apaisa le courroux du prince. Toutefois le sire d'Albret ne fut inscrit qu'à deux cents lances,

(1) Chapitre 236.

ce dont ni lui ni ses gens ne se montrèrent guère satisfaits. *Nonques puis n'aimèrent le prince tant comme ils fesaient devant. Mais il leur convint porter et passer leur ennui au mieux qu'ils purent, car ils n'en eurent adonc autre chose.*

Tous les préparatifs étant terminés, le prince de Galles partit enfin de Bordeaux *en très grand arroy de gens d'armes*; mais la plus grande partie de l'armée l'avait précédé et était campée aux environs (1) de Dax (*). Le prince s'y arrêta pour attendre le duc de Lancastre son frère qu'il aimait tendrement et qui venait de débarquer sur les côtes de Gascogne. Peu après le duc on vit arriver le comte de Foix. Ce seigneur le plus courtois de son siècle *fit* (2) *grand'chère et grand reverance de bras et de semblant* au prince et à son frère, et se mit entièrement à leurs ordres. Edouard qui savait honorer tous seigneurs, chacun selon qu'il était, le combla d'honneurs, le remercia beaucoup de sa visite, et le chargea de veiller sur l'Aquitaine jusqu'à son retour. Gaston le lui accorda volontiers et après avoir pris congé des Anglais il retourna dans ses états. Edouard et son frère séjournèrent encore quelques jours à Dax pour rallier toutes les troupes éparses dans

(1) Chapitre 236.

(*) Les historiens trompés par le texte équivoque de Froissart qui porte Ast, nomment Auch. Mais parti le matin de Bordeaux le prince n'eut pu arriver le soir à Auch avec une partie de ses troupes. Le comte de Foix n'eût point choisi la ville principale de Fezensac pour y aller présenter ses hommages à Edouard; Auch n'était pas dans le voisinage des Pyrénées et des états du roi de Navarre. Tous ces traits conviennent à Dax. Enfin Dax appartenait à l'Angleterre, et Auch était sous la domination du comte d'Armagnac.

(2) Chapitre 236.

le pays. Ils craignaient d'ailleurs que malgré les traités conclus, Charles-le-Mauvais ne leur refusât le passage.

Pendant qu'on suspectait ainsi les sentiments toujours équivoques du roi de Navarre, on reçut un de ses messagers. C'était un chevalier nommé messire Martin de La Karre, brave et expert chevalier. Il venait excuser son maître qui, malgré ses tergiversations, dut s'avancer jusqu'à St-Jean-Pied-de-Port. Des négociations attirèrent ensuite Charles à Peyrehorade où il s'aboucha avec dom Pèdre et le prince de Galles. On confirma dans cette entrevue les conventions de Bayonne, et Charles assura le passage et les vivres. Plusieurs chevaliers de Bretagne, de Poitou et de Gascogne qui, ne croyant pas à la loyauté du roi de Navarre, avaient retardé leur départ, hâtèrent leurs pas et rejoignirent l'armée. Le sire d'Albret parut le dernier avec ses deux cents lances ; il se fit dans cette campagne le compagnon d'armes du captal de Buch. Bertrand Duguesclin, rentré en France pour faire des recrues en faveur d'Henri-le-Bâtard, voyant les Pyrénées ouvertes aux Anglais, se hâta de rassembler tout ce qu'il put de soldats, et, évitant les montagnes, il s'achemina vers la Castille en traversant l'Aragon.

Cependant le prince de Galles ayant repris sa marche était arrivé aux gorges des Pyrénées (février 1367). Les cols étaient étroits et difficiles, il fallut partager l'armée en trois corps et traverser les montagnes à trois jours différents. La première division placée sous les ordres du duc de Lancastre passa le lundi. Le prince de Galles conduisait lui-même la seconde. Il avait avec lui, outre les Anglais et dom Pèdre, le roi de Navarre accouru à sa rencontre pour l'accompagner à travers les Pyrénées, les sénéchaux d'Agenais et de Bigorre, le sire d'Angosse et une foule de chevaliers du Poitou. Il passa le mardi et eut ce jour *un moult pesant passage et dur, de vent, de froid et de neige;* mais le roi de Navarre l'amena souper à Pampelune avec dom Pèdre et leur fit oublier à une table somptueuse les neiges et les frimats. Le mercredi (1), passèrent Jaymes roi de Majorque, les comtes d'Armagnac, de Périgord, de Pardiac, de l'Isle et de Comminges, le sire d'Albret, le vicomte de Carmain, le captal de Buch, les sires de Clisson, de Chaumon, de Rosan, de Gironde, de Labarthe, de Lesparré, de Mucidan, de Pincornet, le Soudic de Lestrade, messires Robert Canolles, Perducas d'Albret, Petiton de Courton, les trois frères de Pommiers et Bertrand de Lassalle. Avec eux marchaient presque toute la noblesse de Gascogne et la plus grande partie des compagnies.

Toutes les troupes se reposèrent à Pampelune jusqu'au dimanche suivant. Les compagnies n'avaient pas oublié leur ancien métier, et quoiqu'elles trouvassent en abondance autour d'elles toutes sortes de vivres, elles ne pouvaient s'abstenir de piller et de dérober ce qui se trouvait sous leur main. Elles commirent ainsi de nombreux dégâts, non-seulement à Pampelune, mais encore sur toute leur route. Le roi de Navarre en fut très-irrité et se repentit plusieurs fois d'avoir fourni le passage. Chaque jour il recevait de nouvelles plaintes de ses sujets. *Ces plaintes, moult fortes, engraissaient et estraignaient son cœur*, mais il ne pouvait y apporter aucun remède.

(1) Chapitre 237.

Après quelques actions sans éclat, les deux armées ennemies se trouvèrent en présence dans les plaines de Navarret, non loin de Victoria. Elles étaient conduites par les deux plus grands capitaines de ce siècle; cette fois encore la valeur gasconne devait triompher. Le prince de Galles conserva les dispositions adoptées au passage des Pyrénées (*). Henri partagea aussi son armée en trois corps. Duguesclin commandait le premier et avait en tête le duc de Lancastre. Dom Tellès, frère du Bâtard, menait le second et était ainsi opposé au prince de Galles et à dom Pèdre. Henri s'était réservé le troisième; il se trouvait avoir en face le roi de Majorque, le comte d'Armagnac, le sire d'Albret, le captal de Buch et la plus grande partie des seigneurs Gascons.

Comme l'action allait s'engager, le prince de Galles, non moins pieux que brave, leva les yeux vers le ciel, et joignant ses mains (1) il s'écria : « Vrai Dieu, père de J.-C., qui m'avez fait et formé, consentez, par votre

(*) Les mémoires de Duguesclin donnent un autre ordre de bataille. D'après eux, l'avant-garde était placée sous le commandement du duc de Lancastre. Chandos conduisait l'arrière-garde, et le captal de Buch commandait le corps d'armée. Celui-ci avait avec lui, nous citons la collection Petitot, tom. 4, page 210, celui ci avait avec lui les seigneurs les plus aguerris, Aymerion, le sénéchal de Bordeaux, Garnier d'Aubecote et Othon son frère, le comte de Montlezun, le comte de l'Isle, le sire de Pont, le sire de Mucidan, Foucaut d'Arsiar et quatre mille hommes d'armes, qui lui furent tous d'un grand secours. Le prince de Galles essaya de l'encourager de son mieux à bien faire, lui disant qu'il se promettait tout de sa valeur et de son expérience. Le captal assura qu'il n'avait jamais eu plus de démangeaison de jouer des mains que dans cette journée. Le héros anglais voulut commander le corps de réserve. Il avait auprès de lui le comte d'Armagnac, le sire d'Albret, le comte de Pembrocke et beaucoup d'autres chevaliers de marque et de distinction qui faisaient tous fort bonne contenance.

(1) Chapitre 241.

bénigne grâce, que la journée d'aujourd'hui soit pour moi et pour mes gens. Vous savez que je n'ai pris les armes que pour soutenir la justice et rendre le trône à un roi traîtreusement dépouillé. » A ces mots, il s'avança vers dom Pèdre, et le prenant par la main il lui dit : « Aujourd'hui vous saurez si vous aurez jamais rien dans le royaume de Castille. » En même temps il cria : bannières, avancez au nom de Dieu et de St-Georges (*).

Le premier choc fut terrible. Dom Tellès put d'autant moins le soutenir que le captal de Buch, se détachant avec les siens du corps que commandait le comte d'Armagnac, prit sa division en flanc et en fit une horrible boucherie. Le jeune Castillan, voyant ses lignes rompues, n'essaya pas de défendre plus longtemps la victoire, et s'enfuit avec ce qui lui restait de cavaliers.

Le prince de Galles, ne trouvant plus d'ennemis devant lui, se contenta de former une légère réserve de quatre mille hommes qu'il plaça sous les ordres de Chandos, et du reste de sa division il fit deux parts. Il

---

(*) Entre les batailles, apporta messire Jehan Chandos sa bannière : laquelle encore n'avait nullement bouté hors de son estui. Si la présente au prince : auquel il dit ainsi. Monseigneur véez cy ma bannière. Je la vous baille par telle manière qu'il vous plaise la développer, et qu'aujourd'hui je la puisse lever, car, Dieu merci, j'ai bien de quoi en terre et héritage pour tenir estat ainsi comme appartient à ce. Ainsi print le prince et le roy dom Piètre (qui là estait) la bannière entre leurs mains. Si la développèrent et la lui rendirent par la hanse en disant ainsi. Messire Jehan, véez cy votre bannière. Dieu vous en laisse vostre preux faire. Lors se partit messire Jehan Chandos et rapporta entre ses gens sa bannière et dit ainsi. Seigneurs véez cy ma bannière et la vostre. Si la gardez ainsi qu'il appartient. Adonc la prindrent les compaignons et en furent tous réjouis et dirent que s'il plaisait à Dieu et à St-Georges, ils la garderoyent bien et s'en acquiteroyent en leur pouvoir.   (Froissart, même chap.)

tomba avec l'une sur le corps que commandait Duguesclin ; dom Pèdre mena l'autre contre Henri aux prises avec le roi de Majorque et le comte d'Armagnac. Le Bâtard, bien différent de son frère, se défendait avec courage. Il avait *d'excellents gens d'armes* d'Espagne, d'Aragon et de Portugal, qui remplirent leurs devoirs *moult vaillemment*. Ils furent rompus trois fois et trois fois le Bâtard les ramena au combat ; mais enfin une dernière décharge les dispersa et la déroute fut complète. Henri ne pouvait se résoudre à abandonner le champ de bataille ; il appelle à lui quelques escadrons plus fidèles ou plus courageux et court se joindre à la division de Duguesclin qui défendait encore le terrain quand tout avait fui. Il se jette aussitôt au milieu des rangs, abat, renverse, égorge tout ce que rencontre son épée. Il cherchait la mort ; mais Bertrand (1) le force à se réserver pour des jours meilleurs.

Resté presque seul avec le Basque de Vilaines et le maréchal d'Andreneham, le héros breton combattait toujours. Il s'était adossé (2) à un mur, et de sa hache d'armes il repoussait les traits qui pleuvaient sur lui. Le prince de Galles sut qu'il était ainsi debout résistant à l'armée entière. Il alla à lui. « Bertrand tantôt le cogneust et envers lui s'inclina à un genoil et dit : à vous, monseigneur le prince de Galles me rends et non à aultre, car de Piètre ne seroy point prisonnier aincois, mourroye en moi déffendant. » Le prince reçut son épée débonnairement et la bailla au captal de Buch. Les plus vaillants de ses frères d'armes le suivirent dans sa captivité. Pierre demandait qu'on les mît tous

(1) Mémoires de Duguesclin, ch. 23. — (2) Grandes chroniques citées par M. Laurentie, tom. 4, page 21.

en ses mains. Le prince de Galles les refusa : il savait qu'il en ferait autant de victimes de sa cruauté.

« Sire Bertrand, dit le captal de Buch, en recevant Duguesclin prisonnier, or le temps est changé; vous me prîtes devant Cocherel et je vous tiens maintenant. Vous ne m'avez pas pris, répondit sire Bertrand (1), ne conquis à l'épée, ainsi comme je fis vous; pourquoi j'ai un point plus avant. Là dessus les deux chevaliers s'embrassèrent et vinrent se reposer sous la même tente.

Cette victoire mit le sceau à la gloire du prince de Galles et le plaça à la tête des plus grands généraux de son siècle. Ce n'était point comme à Crécy ou à Poitiers une bataille courte et rapide, due en grande partie à l'heureux choix du poste, un avantage remporté sur des princes bouillants et téméraires. Le théâtre du combat avait été accepté des deux partis, et le succès longtemps disputé. Enfin, si le Bâtard ne l'emportait pas en bravoure personnelle sur Philippe-de-Valois et sur le roi Jean, ses troupes du moins étaient commandées par Duguesclin. Tout pouvait donc enfler le cœur du prince anglais. Dom Pèdre courut à lui et voulut se jeter à ses pieds pour le remercier ; mais Edouard s'empressa de le saisir par la main et l'empêcha ainsi de s'agenouiller. Du moins, cher et beau cousin, lui dit le monarque espagnol, je vous dois bien des actions de grâces et des louanges pour cette journée. Vous vous trompez, lui répondit le modeste vainqueur (2), rendez-en grâces à Dieu *et toutes louanges*, car la victoire vient toute de lui et non de moi.

---

(1) M. Laurentie, page 21, et Mémoires de Duguesclin, ch. 23. —
(2) Froissart, chap. 242.

Mais après avoir payé au jeune Edouard un juste tribut d'éloges, qu'il nous soit permis de le remarquer : à Navarret encore ce prince ne triompha qu'avec l'épée des Gascons. Ils formaient ici comme à Poitiers les deux tiers de son armée. Parmi les mieux combattants de cette journée à jamais mémorable dans les fastes de l'Angleterre, de l'Espagne et de la France, Froissart signale le captal de Buch, le comte d'Armagnac, le sire d'Albret, les trois frères Pommiers, les comtes de Périgord, de Comminges, de Pardiac et de l'Isle, les vicomtes de Carmain, les sires de Rozan, de Gironde, le Soudic de Lestrade, Perducas d'Albret, Aymeric de Lateste et Garsis du Chatel. Nous les avons presque tous déjà nommés; mais les oreilles françaises ne se lassent jamais d'entendre redire des noms consacrés par la gloire.

La reconnaissance s'usa vite dans le cœur de Pierre-le-Cruel. Il ménagea peu ses libérateurs et tint encore moins les promesses qu'il avait scellées de son serment. Le prince de Galles, après avoir attendu quelques mois une partie des sommes qu'il avait cautionnées, repassa enfin les monts chargé de lauriers, mais épuisé d'argent. Sa présence commençait à devenir nécessaire dans l'Aquitaine. Henri-le-Bâtard s'était réfugié auprès du roi d'Aragon qu'il quitta bientôt pour passer à la cour de Foix. Gaston, quoique partisan de l'Angleterre, compatit à ses infortunes et le traita avec honneur. On a cru toutefois qu'il se repentit plus tard de ne l'avoir pas fait arrêter. Henri du moins ne se fia pas trop à ses démonstrations. Il s'éloigna plus promptement encore qu'il ne s'était éloigné de l'Aragon, et entra enfin dans le Languedoc dont le duc d'Anjou, l'ennemi implacable du nom anglais, était gouverneur.

Secrètement protégé par ce duc, Henri s'établit au château de Roquemaure, attira sous ses bannières des chevaliers bretons et français, et fit des courses sur les possessions du prince de Galles. La princesse s'en plaignit au roi Charles V qui feignit d'ordonner à Henri de cesser ses courses. Pour paraître obéir à ses ordres, le Bâtard abandonna Roquemaure et se rapprocha des Pyrénées. Il prit en passant Miélan (*) et Tournay qu'il se contenta de rançonner et alla s'emparer de Bagnères-de-Bigorre. Sa troupe s'était accrue dans sa marche. De Bagnères il insulta quelque temps toute la plaine jusqu'aux portes de Tarbes. Une nouvelle défense de Charles V et plus encore le retour du jeune Edouard le forcèrent à licencier ses troupes et à se retirer à Toulouse, d'où il ne tarda pas à reprendre le chemin de l'Espagne.

Le comte d'Armagnac, rentré dans ses foyers avec le prince de Galles, ne goûta pas longtemps le repos que semblait demander cette longue et rude campagne. A cet homme toujours armé, il fallait toujours des combats, et quand les ennemis de la patrie lui refusaient la guerre, il la trouvait chez ses voisins ; mais autant son étoile brillait contre les premiers, autant elle pâlissait devant les seconds. Ici elle s'éclipsa totalement, du moins s'il faut en croire un récit fait à Froissart et que celui-ci nous a transmis. Jean ne pardonnait point au comte de Foix la victoire qu'il avait remportée sur lui à Launac et surtout la manière dont il en avait abusé pour lui arracher une rançon presque royale. Sachant son ennemi occupé à élever le château de Pau, il crut pouvoir se permettre un rapide coup de main (1) sur la

(*) Voir note 12 à la fin du vol. — (1) Froissart, tom. 3, ch. 5.

ville de Cazères dans le pays de Foix. Il espérait se rédimer par un riche butin de tout ce que lui avait coûté sa captivité. Le comte de Comminges et le sire d'Albret, ses fidèles alliés, approuvèrent ce projet. Le dernier lui offrit même l'appui de son épée, que Jean accepta avec empressement. Ils chevauchèrent ensemble à la tête de deux cents lances, surprirent la ville et s'en emparèrent par escalade. La nouvelle en parvint bientôt au comte de Foix qui prépara aussitôt une vengeance plus cruelle peut-être que s'il eût employé les tortures. Il appela deux de ses frères naturels, Arnaud Guillaume et Pierre de Béarn, et leur dit : partez en toute hâte pour Cazères. Je vais vous donner des soldats, et dans trois jours je serai moi-même auprès de vous. Quand vous serez arrivés sous les remparts de la ville, prenez bien garde que personne ne s'en échappe ; mais faites apporter par les gens du pays de nombreux madriers, plantez-les contre les portes et assurez-les par de grosses barres, car je veux que tous ceux qui y sont renfermés sortent par une autre voie que par les portes. Les deux bâtards exécutèrent ponctuellement ses ordres. Jean et les siens s'en mirent peu en peine. Ils ne se doutaient pas qu'on leur fermait toutes les issues.

Le troisième jour, le comte de Foix parut accompagné de cinq cents lances. Il fit construire de nouvelles barrières autour de la ville et fit retrancher son camp pour qu'on ne pût l'attaquer de nuit. Il tint ainsi ses ennemis bloqués sans les assaillir, et laissa au temps le soin d'amener la famine. Jean avait du vin en quantité, mais les autres vivres manquèrent bientôt. Il ne pouvait songer à fuir par la rivière, car elle était trop profonde. Il résista quelques jours, mais enfin il pensa lui-même que mieux valait se rendre prisonnier que mourir honteusement de faim. Le comte de Foix consentit à une capitulation; mais il y mit pour condition absolue que ni Jean ni aucun des siens ne sortiraient par aucune porte de la ville: qu'on ferait un trou au mur et qu'ils descendraient par là un à un et sans armes. Il fallut accepter la loi quoique dure.

Phœbus fit percer le mur; encore observa-t-il que l'ouverture ne fût pas trop grande. Les malheureux Armagnacs sortaient tristement un à un. Le comte de Foix était au pied du mur, couvert de ses armes et entouré de ses soldats en ordre de bataille. A mesure qu'ils sortaient, ils étaient saisis et amenés devant le comte. Celui-ci, après s'en être assuré, les sépara et les envoya dans plusieurs châteaux. Il garda le comte d'Armagnac, Bernard d'Albret, messires Arnaud de Barbazan, Raymond de Benac, Benoît de Corneillan et environ vingt des plus notables, et les mena avec lui à Orthez, d'où il ne les laissa échapper qu'après en avoir tiré plus de deux cent mille francs.

Cet échec ne guérit pas le comte d'Armagnac. Sa rançon payée, il recommença ses courses, et les lieux voisins de Cazères furent encore le triste théâtre d'une lutte de jour en jour plus désastreuse. Enfant de la Gascogne, dans l'ardeur et l'enthousiasme de notre tendresse filiale, nous pouvons bien quelquefois nous surprendre à regretter qu'elle ait disparu, notre belle Novempopulanie, pour aller se perdre dans le vaste empire français; mais l'impassible histoire est là, qui nous apprend vite à bénir la providence d'avoir, en reculant nos frontières, reculé nos rivalités et élargi nos sympathies et notre amour. Ecoutons encore Froissart : « Entre ces villes (1), dit au chroniqueur le chevalier qui avait raconté la défaite de Cazères, et qui alors lui montrait Montrejeau et Monclar, entre ces villes, messire Jean, j'ai vu ici de belles scarmouches et de dures rencontres entre les gens de Foix et d'Armagnac. Il n'y avait ni ville ni château qui ne fût pourvu de gens d'armes, et là ils couraient et chassaient les uns sur les autres ; vous voyez les ruines qu'ils ont laissées. Les Armagnacs élevèrent à l'encontre de ces deux châteaux une bastide ; ils y placèrent des gens d'armes, et de là ils se répandaient en deçà de la rivière sur les terres de Foix, mais ils payèrent de leur vie leur brigandage. Le comte de Foix y envoya une nuit son frère Pierre de Béarn, à la tête de deux cents lances. Pierre amenait encore avec lui quatre cents vilains ; il mit le feu à la bastide et la brûla avec tous ceux qu'elle renfermait sans vouloir en prendre aucun à merci, et depuis, nul n'osa relever les murs. »

Nous emprunterons à Froissart un autre récit qui nous révèle tout ce qu'il y avait de malheurs pour les peuples dans ces guerres seigneuriales. Nous avertirons toutefois nos lecteurs qu'ils doivent se tenir en garde contre le narrateur messire Espaing du Lyon, chevalier du comte de Foix, et contre Froissart lui-même qui, dans sa chronique, se rappelle trop l'accueil qu'il avait reçu à la cour de Gaston.

Le comte d'Armagnac et le sire d'Albret, son compagnon inséparable, vinrent à la tête de cinq cents hommes insulter les environs de Pamiers (2). C'était dans les premiers jours du mois d'août. La moisson, plus re-

(1) Froissart, même chapitre. — (2) Idem.

tardée aux pieds des Pyrénées que dans le reste de la Gascogne, s'achevait, et les raisins mûrissaient encore. Les deux seigneurs attaquèrent d'abord Saverdun à une petite lieue de Pamiers et l'emportèrent d'assaut. Après ce facile exploit, ils mandèrent aux habitants de Pamiers que, s'ils ne rachetaient leurs blés et leurs vins, ils livreraient le pays aux flammes et au pillage. Les habitants craignirent ces menaces; car leur maître, habitant alors le Béarn, était très-éloigné. Après une courte délibération, ils consentirent à payer cent mille livres; mais ils demandèrent quinze jours pour recueillir cette somme, et le délai leur fut accordé.

Le comte de Foix, ayant été instruit de l'irruption faite sur ses domaines et de la convention qui l'avait arrêtée, vola à Pamiers avec le peu de gens d'armes qu'il avait avec lui; le reste le suivit de près, et bientôt il se trouva à la tête de plus de douze cents lances. Jean et son allié n'attendirent pas son approche. Ils s'empressèrent de gagner le Comminges sans s'amuser à réclamer l'argent qui leur avait été promis. Mais dans ce siècle, les vassaux ne trouvaient guère leurs seigneurs moins rapaces que les ennemis. Phœbus prétendit avoir gagné les cent mille livres en venant tenir la journée et en chassant le comte d'Armagnac et le sire d'Albret. Il fallut les lui compter. Gaston en paya les gens d'armes et ne quitta Pamiers que lorsque *ses bonnes gens* eurent recueilli leur vendange et mis leurs biens en sûreté.

Quoiqu'il en soit de l'exactitude de tous ces récits, il est certain que la lutte profita peu au comte d'Armagnac; il fut plus heureux du côté de la France. Le roi Charles V lui donna, le 6 mars 1360, la châtellenie de St-Jeugon avec cinq mille livres de rente sur le trésor et une pareille somme en biens fonds. Il y ajouta, quelque temps après, dix mille livres de pension pour la garde de ses domaines; enfin il lui assura trois cent mille livres en échange du comté de Gaure dont le prince de Galles avait été mis en possession. Par toutes ces gratifications, le monarque français avait sans doute voulu récompenser le comte de ses anciens services; mais il avait encore plus cherché à le détacher de l'Angleterre. Le mécontentement croissait : la rupture devenait de plus en plus inévitable. Nos Gascons gais et vifs ne s'étaient jamais bien accommodés des mœurs lentes et graves des Anglais. A cette antipathie se joignit bientôt la douleur de voir toutes les sénéchaussées et les capitaineries importantes données aux hommes d'outre-mer. Enfin, un mal secret, qui rongeait lentement la constitution naturellement robuste du prince anglais ayant aigri son caractère, on ne vit dans ce changement que l'orgueil de la domination ou l'enivrement de la victoire. Avec de pareils sentiments, le joug étranger devint pesant. Un nouveau péage qu'Edouard voulait établir acheva de le rendre intolérable.

La brillante cour, qui se pressait autour de lui, et les sommes que lui avaient coûtées son expédition d'Espagne, avaient épuisé son épargne. On lui conseilla d'imposer sur toute l'Aquitaine un franc par feu, d'autres disent dix sols; mais tous portent le subside à un million deux cent mille livres. Il le proposa dans une grande assemblée composée des hauts barons et des députés des bonnes villes de la province (1). Les barons

(1) Froissart, ch. 244.

et les députés des Marches de la Gascogne y acquiescèrent après quelques difficultés, mais les seigneurs voisins des Pyrénées se montrèrent peu disposés à l'accepter. N'osant pas néanmoins le rejeter ouvertement, ils demandèrent d'en conférer avec les prélats et les barons de leur ressort. Le prince ne put vaincre leur résistance et fut forcé de les laisser partir, non sans leur avoir donné un second rendez-vous. A la tête des mécontents étaient les comtes d'Armagnac, de Fezensaguet et de Comminges, le sire d'Albret et le seigneur de Labarthe.

En s'éloignant, tous ces seigneurs se promirent de ne plus reparaître dans la Haute-Aquitaine que pour y combattre le prince. Ils s'empressèrent de réunir les états de leurs comtés, leur firent partager leur mécontentement, et après en avoir obtenu une protestation formelle contre la tentative qui se préparait, ils en appelèrent au roi de France et se transportèrent à Paris pour lui demander justice. Charles sentait qu'accueillir leur demande, c'était vouloir la guerre. Aussi, avec cette prudence qui le caractérisait, il se contenta d'abord de leur donner quelques paroles pleines de courtoisie, mais évasives. En même temps il prétextait quelques scrupules sur les droits que lui laissait le traité de Brétigni, et assemblait fréquemment son conseil qui, moins scrupuleux ou moins timide, admit la plainte d'une voix unanime.

D'autre part les Gascons disaient sans cesse au roi : cher sire, nous tenons avoir ressort dans votre cour. Nous vous supplions comme le plus droiturier du monde de nous faire droit et loi contre les extorsions que le prince de Galles et ses gens veulent nous imposer ; si vous vous y refusez, *nous nous pourchasserons ailleurs* et nous transporterons notre hommage à un seigneur assez puissant pour nous faire rendre justice, et vous perdrez votre seigneurie; ils ajoutaient quelquefois: *qu'il n'était mie, en l'ordonnance et puissance du roi de France, ni onques ne le fut, qu'il les ait pus acquitter du ressort sans le consentement des prélats, des barons, des cités et des bonnes villes de Gascogne: qu'ils ne l'avaient jamais souffert ni ne le souffriraient* (1).

Le roi de France, qui les eût vus avec un grand regret s'adresser ailleurs, car il y eût eu blâme et préjudice pour lui et pour sa couronne, leur répondit avec bienveillance que ce ne serait jamais par faute de loi ni de conseil de sa part qu'ils se *trairaient* en autre cour que la sienne; mais que dans une affaire aussi délicate, il fallait réfléchir mûrement. Il les traîna (2) ainsi dix mois, les retenant à Paris, payant leurs dépenses et les comblant de bienfaits. Il leur demandait souvent si, dans le cas où la paix serait rompue, ils le soutiendraient contre l'Angleterre; *et les seigneurs répondirent constamment que de la guerre il ne devait s'inquiéter; car ils étaient assez forts pour combattre le prince et toutes ses forces.*

Charles s'attachait surtout à gagner le comte d'Armagnac et le sire d'Albret, les plus puissants de ces seigneurs, soit par eux-mêmes, soit par leurs alliances. Le premier était, par Béatrix de Bourbon sa femme, le grand oncle de la reine Jeanne. Charles ménagea au second la main de Marguerite, (3) sœur de Jeanne et fille, comme elle, de Pierre duc de Bourbon. Ce mariage, qui plaçait si haut le sire d'Albret, fut célébré le 4 mai

(1) Froissart, tom. 1, ch. 146. — (2) Le même. — (3) Grands Officiers, tom. 6. L'Art de vérifier les dates, tom. 2.

1368. Le prince de Galles en fut vivement piqué; mais la politique le força à comprimer son courroux. Amanieu ne tarda pas à le braver entièrement (1er juin). Il se fit publiquement l'homme lige du roi de France (1) et s'engagea à le servir contre tous. Charles paya cet hommage d'une somme de dix mille livres et d'une pension de quatre mille. Il s'engagea en outre à lui payer une rente de mille livres sterling que lui faisait l'Angleterre.

Peu de jours après (30 juin), il signa avec les deux parents un traité secret dont aucun historien que nous sachions n'a parlé, quoiqu'on le trouve tout entier dans les manuscrits (2) de la bibliothèque royale de Paris. Voici les clauses principales. 1° Le roi reçoit leur appel. 2° Il ne les renverra point sans leur consentement sous la juridiction du prince de Galles, lors même que le prince menacerait de déclarer ou même déclarerait la guerre à la France pour la punir d'avoir reçu cet appel. 3° Il confirmera les coutumes et franchises des lieux qu'il conquerra en Guyenne. 4° Il ne lèvera de dix ans aucun fouage extraordinaire sur leurs domaines sans leur consentement. Le comte d'Armagnac et le sire d'Albret s'obligeaient de leur côté, 1° à ne jamais rentrer sous le vasselage de l'Angleterre sans le consentement du roi; 2° à soutenir la France si la guerre s'élevait à leur sujet; 3° à ne conclure aucun traité sans l'autorisation du roi, et enfin s'il n'y avait point guerre en Guyenne, à servir dans les sénéchaussées de Toulouse et de Beaucaire.

Charles, pour donner aux deux seigneurs un gage de sa sincérité, fit en leur présence jurer ses frères et ses

---

(1) *Col. Doat*, tom. 32. — (2) Idem.

ministres qu'ils ne lui conseilleraient jamais d'enfreindre aucune clause de ce traité. Le lendemain il gratifia le comte d'Armagnac plus largement encore qu'il n'avait gratifié Amanieu, et lui donna (1) les comtés de Bigorre et de Gaure, les villes de Montréal, Mézin, Francescas, Astafort, Lavardac, Fougueroles, Cauderon, Cordes, Castets, Mas-d'Agenais, Lias, Montagnac, Monguilhem, la moitié de la vicomté de Juillac, les hommages de Cazaubon, de Poudenas, de Fourcès et de Villeneuve avec les appellations et le ressort de la ville et cité de Lectoure. Tous ces actes durent demeurer cachés. Vers la fin du mois, le comte ayant écrit au roi, celui-ci lui répondit la lettre suivante (2), aussi mystérieuse que la négociation.

Très cher et féal cousin,

Nous avons reçue vos lettres et vu ce que vous nous avez escrit. Si sachiez qu'au partir de ces lettres nous estions Dieu mercy en bon estat du corps et à l'aide de Dieu pensons estre brievement en meilleur et plus affermi de notre santé; et que nous vous savons très grand gré de la bonne amour et affection que vous avez à nous et nos besognes de par delà et vous prions bien à certes que vous continués et qu'en nos dites besognes vous faites toujours le mieux que vous pourrez ; car nous en avons en vous spécial fiance et avons aussi bonne affection à vous et à votre fait, et, de toutes vos nouvelles nous escrivés souvent et, quand est des lettres que vous nous avez envoyé, sachiez bien que nous en avons bien considéré le contenu en icelles et pour cer-

(1) *Col. Doat*, tom. 33. — (2) Idem, tom. 32.

taine cause nous ne vous en pouvons faire à présent plaine response, mais nous vous la ferons bientôt par certain message. (Chanaille en Gâtinois, le 21 juillet 1368).

Pendant que Charles V, s'entourant des mystères d'une politique que le succès devait couronner, amusait les Gascons et tenait en échec la colère ou le ressentiment du prince de Galles, Urbain VI, pontife pieux et zélé, essaya de porter remède aux maux qui désolaient l'église de France. Il ordonna la célébration des Conciles provinciaux que la guerre et le peu de sécurité des routes avaient forcé d'interrompre. L'archevêque de Narbonne invita les métropolitains d'Auch et de Toulouse à se joindre à lui, et à leurs voix les prélats des trois provinces se réunirent à Lavaur (1) le 27 mai, veille de la Pentecôte. On y décréta cent trente-trois Canons. Plusieurs attestent les plaies profondes faites à la discipline.

Le Concile se termina le 6 juin. On y vit avec quelques évêques des deux autres provinces, Bertrand de Comminges, Bernard de Tarbes, Guillaume de Bazas, Pierre d'Oleron et Odon de Lescar. L'archevêque d'Auch, retenu à Avignon où Urbain VI son oncle l'avait établi son vicaire, s'y fit représenter par Philippe, abbé de Sorèze qui siégea à côté des deux métropolitains. Les évêques de Dax, de Lectoure, de Couserans, de Bayonne et d'Aire se contentèrent aussi d'y envoyer leurs députés. Bertrand de Comminges avait succédé à Hugues de Châtillon à la fin de 1352. Il appartenait à la noble et ancienne famille de Cosnac dans le Limousin. Gré-

(1) *Collectio Conciliorum*, tom. 11, *pars secunda*.

goire XI le revêtit de la pourpre en 1372, mais il jouit peu de cette dignité, car il mourut à Avignon en 1374. Il fut enterré chez les Dominicains.

Bernard siégeait à Tarbes (1) depuis six ans. Il avait remplacé Raymond II mort peu après son sacre. Bernard, quoique sujet du prince de Galles, aimait la France et ne craignit pas de se déclarer pour elle. Nous verrons bientôt combien son concours aida à soumettre le Bigorre. Pierre d'Oleron, différent de tous ces prélats qui passèrent rapidement, occupait son siége depuis 1347. Il mourut l'année suivante et ne fut remplacé qu'en 1371. Guillaume de Bazas survécut encore moins au Concile. Raymond, qui vint ensuite, était déjà remplacé en 1369 par Géraud ou Guillaume de Monlaur. Odon de Lescar venait d'être sacré. Il était encore assez jeune, du moins il prolongea sa carrière au delà de ce siècle.

L'évêque de Dax était Jean II ou Jean III. Le premier était né à Evreux. Charles-le-Mauvais, dont il avait la confiance, le chargea de plusieurs négociations et le transféra à Huesca en Espagne. Il fut remplacé à Dax par Jean Guitard qui eut de grandes contestations avec le Chapitre de la cathédrale. L'évêque de Lectoure nous est presqu'inconnu. Nous savons seulement qu'il se nommait Pierre, qu'il avait succédé à son prédécesseur en 1364 et qu'il fut remplacé en 1365 par Hugues II, et en 1370, par Bernard III prélats aussi inconnus que lui. L'évêque de Bayonne, Guillaume Vital de St-Jean, mourut l'année suivante. On lui donne quelquefois pour successeur Milon de Dormans qui s'assit sur le siége de Bayeux. La similitude des noms a

(1) Voir pour tous ces prélats la *Gallia Christiana*, tom 1.

fait naître cette erreur. Jean avait succédé à Bernard sur le siége d'Aire et calmé les prétentions de l'Angleterre. Son épiscopat plus paisible que celui de ses deux prédécesseurs, se poursuivit bien longtemps.

Enfin l'évêque de Couserans qui se fit représenter à Lavaur se nommait Pons de Villemur; il avait gouverné l'abbaye de Lézat pendant quarante-cinq ans, lorsqu'il fut appelé au siége de Couserans (10 décembre 1362). L'âge n'avait nullement affaibli son zèle. On le vit s'employer activement à rétablir la discipline contre les adoucissements que la corruption des mœurs, la faiblesse et la courte vie de ses prédécesseurs avaient introduits dans tous les rangs du clergé. Ces réformes créèrent des résistances; on en appela au saint-Siège qui soutint le pieux évêque et sanctionna ses décrets. Une maladie grave, dont il était atteint, l'empêcha d'assister au Concile. Croyant toucher au terme de ses jours, il se fit construire à Lézat une tombe qu'on admirait dans cette abbaye avant 1789. Cette tombe n'attendit pas longtemps la dépouille qui lui était promise; mais on ignore la date précise de sa mort. Quelques prélats s'étaient succédés sur le siége de Couserans depuis Duran; celui-ci avait été remplacé par Cognard, chanoine de Lombez. On le blâma de s'être trop prêté aux exigences de son Chapitre, et d'en avoir trop facilement dispensé les membres de la résidence assidue. Il mourut le 1er décembre 1658 et fut enterré dans la cathédrale de Lombez où s'était passée presque toute sa vie, et qui avait conservé toutes ses affections. Après Cognard vinrent Jean de Larochechouard qu'Innocent VI transféra en 1360 à St-Pons de Thomières, et Béranger qui mourut le 17 décembre 1362.

Pons eut pour successeur Amélius de Lautrec, de l'ancienne famille de ce nom dans l'Albigeois. Amélius avait été élevé à Toulouse avec deux de ses frères par les soins de Ratier de Lautrec, son oncle, d'abord abbé de Moissac où il compta sous lui jusqu'à cent vingt religieux, et transféré depuis à St-Victor de Marseille. Il embrassa dans sa jeunesse la vie canoniale, professa avec éclat le droit canon et devint chancelier de l'université de Toulouse (*). Il dressa en cette qualité des statuts à peu près semblables à ceux de l'université de Paris. Ses talents et ses vertus l'appelèrent sur le siége de Couserans. Il en prit possession dans le mois de janvier 1371, passa dix ans après sur la chaire épiscopale de Comminges et parvint enfin au cardinalat; on fixe sa mort au 5 juillet 1390.

Parmi les suffragants de Toulouse qui parurent à Lavaur, nous trouvons Guillaume de Lombez. Plusieurs prélats s'étaient assis sur ce siége depuis sa création (1). Arnaud-Roger de Comminges, le premier de tous, avait été transféré à Clermont à la fin de 1328 et avait été remplacé par Jacques Colonne fils d'Etienne Colonne, né durant l'exil prononcé contre sa famille par Boniface VIII. Jacques s'était de bonne heure consolé au sein des lettres, des rigueurs de la fortune. Il parcourut l'Italie et la France, et visita leurs universités. Pendant que l'empereur Louis de Bavière, maître

---

(*) L'université de Toulouse comptait alors neuf professeurs de théologie tous réguliers, dont quatre Franciscains, un Carme, trois Jacobins et un Augustin. Il y avait en outre trois docteurs ès-lois dont l'un était recteur, un maître et professeur ès-droits et deux professeurs de grammaire.

(1) *Gallia Christiana*, première édition, en 4 vol. tom 2, p. 677.

de Rome, y déchaînait sa rage contre Jean XXII, Jacques (1), assez jeune encore, s'introduisit secrètement dans la ville, rassembla le peuple dans l'église de St-Marcel et il lui lut la sentence d'excommunication que le pontife avait portée contre son ennemi et que personne n'avait encore osé promulguer. Il proclama ensuite que Louis était déchu de l'empire, et les sénateurs de Rome, ainsi que tous ses autres adhérens, de vrais hérétiques. Il ajouta enfin qu'il était prêt à soutenir ses paroles de son épée. En même temps il afficha la bulle d'excommunication à la porte de l'église, et s'élançant à cheval, il courut, suivi seulement de quatre des siens, se renfermer dans le château de Préneste qui appartenait à son père, échappant par la célérité de sa fuite aux soldats que l'empereur avait envoyés pour se saisir de sa personne.

Cet acte de hardiesse lui valut l'évêché de Lombez dont ses vertus d'ailleurs le rendaient digne. Le pape lui accorda volontiers une dispense d'âge. Le nouveau pontife se hâta (2) de se dérober aux charmes de l'Italie pour aller prendre possession de son siége. Pétrarque qui l'accompagna et à qui il donna un canonicat dans sa cathédrale, loue sa douceur, son humilité et la gravité de ses mœurs. Forcé bientôt de retourner à Rome, il refusa le patriarchat d'Aquilée et revint à Lombez après une absence de sept ans. Sa vie fut plus exemplaire que jamais, mais elle devait se terminer bientôt. Un an ne s'était pas écoulé et son âge à peine mûr lui promettait encore un long avenir, lorsque Dieu l'arrachant aux tempêtes de ce monde, l'appela au repos

---

(1) *Sponde. Annales* crit. ad. 1328. — (2) Lettres de Pétrarque, tom. 4, lettre 6.

éternel (1338). Le clergé de Lombez élut pour lui succéder Antoine, abbé de Fonfroide, mort en 1348. Le pape donna alors l'évêché à Bertrand son trésorier, qui ne tint le siége que quatre ans et fut remplacé en 1353 par Roger II, en 1360 par Guillaume I*er*, et en 1363 par Jean I*er*, trois prélats dont on ne connaît que les noms. Guillaume II qui succéda à ce dernier est plus connu; il appartenait à la famille de Durfort; il prolongea sa carrière jusqu'en 1375 et fut enterré le 14 avril dans sa cathédrale où sa tombe se voit encore à l'entrée de la chapelle de St-Jean (1).

(1) *Gallia Christiana.*

CHAPITRE III.

Charles V fait citer le prince de Galles. — Il enrôle à son service la plupart des seigneurs Gascons. — Vicomtes de Vezensaguet. — Plusieurs villes passent à la France. — Ravages du Prince Noir. — Comtes de l'Isle-Jourdain. — Campagne du duc d'Anjou et du connétable Duguesclin. — Le comte d'Armagnac. — Arnaud d'Aubert bâtit la tour de Bassoues. — Le comte de Foix. — Mort de Jean Ier comte d'Armagnac. — Jean II lui succède. — Le duc d'Anjou attaque le château de Mauvezin dans le Bigorre.

Les seigneurs Gascons trompés par les longues tergiversations du roi, le pressaient tous les jours plus vivement de se décider. Ses propres conseillers joignirent publiquement leurs voix à ces instances réitérées. Charles eut l'air de se laisser vaincre par tant de sollicitations et prit enfin la résolution d'ajourner le prince de Galles à comparaître en personne à la chambre des pairs. Il chargea (1) de cette mission Bernard Pelot, juge criminel à Toulouse, clerc habile et bien *enlangagé*. On lui adjoignit un chevalier de la Bausse nommé Caponal. Arrivés dans la cité de Bordeaux, les deux envoyés se retirèrent d'abord dans une hôtellerie, car la journée baissait. Ils y attendirent jusqu'au lendemain. Ils vinrent alors à l'abbaye de St.-André où logeait le prince. Les écuyers, qui remplissaient les avenues de l'abbaye de St-André, les accueillirent *moult doucement* par respect pour le roi de France dont ils se réclamaient. Le prince de Galles, informé aussitôt de leur venue, s'empressa de les admettre en sa présence.

(1) Froissart, chap. 247.

Dès que les messagers parurent devant lui, ils s'inclinèrent profondément et le saluèrent en grande révérence *ainsi combien lui appartenait et bien ils le savaient faire*. Puis ils lui baillèrent leurs lettres de créance. Le prince les prit et les lut mot à mot. Il leur dit ensuite : soyez les très-bien venus et racontez-nous tout ce que vous avez à nous dire. Très-cher sire, dit Pelot, voici des lettres qui nous furent données à Paris par notre sire le roi de France et que nous promîmes, sur notre foi, de publier en votre présence, car elles vous regardent. Le prince changea aussitôt de couleur, non moins étonné de ce que ce pouvait être que les barons et les chevaliers qui l'entouraient. Néanmoins, il se réprima aussitôt et s'écria : dites, bonnes nouvelles nous entendrons volontiers. Pelot prit aussitôt la lettre et la lut tout entière ; elle était ainsi conçue(1).

« Charles, par la grâce de Dieu, roi de France, à notre neveu le prince de Galles et d'Aquitaine, salut. Plusieurs prélats, barons, chevaliers, communautés, colléges et universités du pays de Gascogne, ainsi que plusieurs autres du pays et du duché d'Aquitaine s'étant retirés devers nous en notre cour pour avoir droit de certains griefs et injures que vous, par faible conseil et simples informations, avez proposé de leur faire, ce dont nous sommes étonnés, donc pour obvier à ces choses, nous nous sommes associé et nous nous associons à eux ; et par notre majesté royale et seigneurie, nous vous commandons que vous veniez en notre cité de Paris en propre personne et vous présentiez devant nous en notre chambre des pairs pour ouïr droit sur les dites complaintes et à ce n'ayez point de faute, et que ce soit le plus hâtivement que vous

(1) Froissart, chap. 247.

pourrez. En témoignage de laquelle chose nous avons à ces présentes mis notre scel. Donné à Paris, le 25e jour de janvier 1369. »

Le prince de Galles, plus étonné que jamais à la lecture de cette lettre, secoua la tête et jeta un long regard sur les messagers. Puis, après quelques moments de réflexion, il répondit : nous irons volontiers à Paris puisque nous y sommes mandé par le roi de France ; mais ce cera le casque à la tête et suivi de soixante mille hommes. A ces mots, les deux Français tombèrent à ses genoux et s'écrièrent : cher sire, grâce, au nom de Dieu ! ne prenez pas cet appel en trop grand courroux. Nous sommes des messagers envoyés par notre sire le roi de France, à qui nous devons toute obéissance comme les vôtres vous doivent faire. Nous avons rempli une mission obligée ; mais tout ce dont vous voudrez nous charger, nous le dirons à notre maître. Non, dit le prince, vous vous trompez, ce n'est pas à vous que je sais mauvais gré, mais à ceux qui vous envoient ; et votre roi n'est pas bien conseillé de se joindre à nos sujets et de se faire juge de ce dont il ne lui appartient pas de connaître. Or lui sera montré que, lorsqu'il mit en possession de toute l'Aquitaine monseigneur mon père ou ses délégués, il en abandonna tous les ressorts ; et tous ceux qui ont formé leur appel, ne peuvent s'adresser qu'à la cour d'Angleterre. Avant qu'il en soit autrement, il en coûtera cent mille vies. A ces mots, le prince les quitta et entra dans un appartement voisin. Quelques chevaliers Anglais arrivèrent aussitôt, et dirent aux Français : seigneurs, partez et retournez à votre hôtel. Vous avez rempli votre mission, vous n'emporterez point d'autre réponse que celle que vous avez déjà eue.

Le chevalier et le clerc rentrèrent à leur hôtel où ils dînèrent, et aussitôt après dîner, *ils troussèrent bagages* et s'éloignèrent de Bordeaux ; mais ils furent arrêtés (1) en chemin et confinés dans une étroite prison à Agen, sous prétexte qu'ils étaient moins les messagers du roi de France que les envoyés des seigneurs Gascons, traités de rebelles à la cour d'Aquitaine.

Cette violation du droit des gens irrita le roi Charles et plus encore les Gascons. La guerre fut aussitôt ouvertement déclarée. En la commençant, le monarque français ordonna à ses sénéchaux de Languedoc de protéger et de mettre sous la sauve-garde royale (2) les personnes et les biens du comte d'Armagnac, du vicomte de Fezensaguet, du sire d'Albret, de Jean de Labarthe, seigneur d'Aure, d'Othon de Lomagne, seigneur de Fimarcon, de leurs adhérents et de tous les appelants de Guienne. Outre cette sauve-garde donnée au comte d'Armagnac, le roi le choisit pour un de ses commissaires dans le Languedoc, et le duc d'Anjou, qui commandait dans cette province, le retint au service de la France avec quatre cents hommes d'armes (*). Ce duc enrôla encore Roger de Comminges avec cinquante-huit hommes de sa suite ; Arnaud Guilhem, comte de Pardiac, avec soixante hommes d'armes ; le comte de l'Isle-Jourdain avec quinze cents chevaliers et quatre-vingt quinze écuyers de sa compagnie.

(1) Froissart, chap. 248. — (2) Dom Vaissette, tom. 4, pag. 337.

(*) Parmi les seigneurs qui servirent dans cette guerre sous le comte d'Armagnac, nous trouvons les noms suivants : Crastes, Ligardes, Pardaillan, l'Escout, Aumensan, Verduzan, Ferrabouc, Séailles, Rambos, d'Antras, Sansac, Mansencomme, Biran, Miran, Magnaut, Pessan, Bezolles, Lavardac, Podenas, d'Arribère, Bascous, Guilhem-de-St-Martin, Hugues de Roques, Bernard vicomte de Rivière, Genses de Montesquiou, Odon et Galin de Montaut, Arnaud de Laffitte.

Le comte de Pardiac n'avait pas attendu ce moment pour s'attacher à la France. Deux ans auparavant, 22 juillet 1367 (1), méprisant les avances et bravant les menaces du jeune Edouard qui, par le Bigorre, touchait à ses possessions, il avait renouvelé l'acte de vasselage fait par son grand-père à Philippe-le-Bel en 1275, avait soumis de nouveau son comté à Charles V et s'était fait son homme lige. Quelques jours plus tard, le duc d'Anjou arrha Bertrand de Terride, un des capitaines des terribles compagnies, avec cinq cent-cinq hommes d'armes qu'il pourrait prendre dans le corps qu'il commandait; il l'établit aussi capitaine-général du comté de Gaure (2) et lui en commit la garde. Enfin il retint le vicomte de Fezensaguet avec deux cents hommes d'armes et aux gages de trois cents francs d'or par mois pour lui, et de quinze francs par mois pour chaque homme d'armes, et lui assigna sur-le-champ deux mille sept cents francs d'or sur les sénéchaussées de Beaucaire et de Nîmes, quoiqu'il n'eût pas encore fait la montre de ses troupes, ce qui eut lieu quatre jours après. On y vit avec le vicomte, un autre chevalier banneret et cent quatre-vingt-six écuyers, parmi lesquels on comptait deux de ses bâtards. Le duc d'Anjou lui donna, le 12 du mois suivant, quatre-vingts livres d'or destinées à acheter des armes dont une partie devait être distribuée aux soldats de sa compagnie, et dont l'autre devait être laissée dans divers châteaux et servir à leur défense. Par d'autres ordonnances du même prince, nous apprenons que ce seigneur servit sous ses ordres durant toute l'année, à la tête de trois cents hommes d'armes.

(1) Chartier du Séminaire. — (2) Voir, pour tous ces détails, dom Vaissette, pag. 339 et suiv.

La maison de Fezensaguet s'était entièrement laissé éclipser par celle d'Armagnac son aînée. Le vicomte, que nous trouvons ici et que nous avons déjà entrevu deux ou trois fois, était Jean Ier, fils de Géraud (1). Celui-ci avait gouverné le Fezensaguet pendant plus de vingt ans, et de cette longue administration, à part les faits si rares que nous avons recueillis, nous ne connaissons qu'un procès qui amena une sentence assez singulière pour que nous croyons devoir la mentionner (2). Un habitant de Cologne ayant été tué (1326) sur les terres du vicomte, les consuls, de leur autorité, le firent enlever de force et ensevelir dans le cimetière de leur ville. C'était une violation d'un territoire indépendant. Trente ans auparavant, le vicomte fut allé demander réparation les armes à la main. Mais depuis Philippe-le-Bel, les violences ne profitaient guère que lorsqu'on était assez puissant pour se faire craindre ou pardonner de la couronne. Géraud fut réduit à en appeler au sénéchal de Toulouse. Le sénéchal condamna les consuls et ordonna que le cadavre serait exhumé et rapporté à la place d'où il avait été arraché; mais comme la putréfaction ne permettait pas ce déplacement, il décida qu'au lieu du cadavre on prendrait sur la tombe un mannequin de paille, et que le mannequin serait reconduit par les consuls et les habitants.

Géraud fit son testament le 13 avril 1339. Il survécut à cet acte suprême, car le 3 juillet suivant, il transigea à Milhau, dans le Rouergue, au sujet des droits seigneuriaux avec Philippe-de-Valois et les chevaliers de St-Jean de Jérusalem. Il dut mourir vers la

---

(1) L'Art de vérifier les dates, tom. 2. Grands Officiers, tom. 2. — (2) Coll. Doat. Inventaire du trésor de Lectoure.

fin de 1342 et fut enterré dans l'église de l'hôpital de Mauvezin où il avait élu sa sépulture. Il laissait de Jeanne de Comminges (1), fille de Pierre Raymond II comte de Comminges, Mathe mariée à Centule, comte d'Astarac, et Jean qui lui succéda, et qui à cause de sa jeunesse fut placé sous la tutelle du comte d'Armagnac. Les idées d'ordre et de gestion régulière commençaient à s'établir. Le comte d'Armagnac fit faire un inventaire des biens de son pupille. L'acte en fut dressé (2) à Auch, le 10 décembre, en présence de Guillaume de Labarthe et de Raymond de Monteils. Le jeune vicomte ne se maria que onze ans après ; il épousa Marguerite d'Euse, fille d'Arnaud, vicomte de Carmain et de Marguerite de l'Isle-Jourdain. Il servit sous le duc de Berri ; et quand la guerre éclata entre Gaston de Foix et Jean d'Armagnac, il prit parti pour son cousin, joignit ses armes aux siennes et fut battu à la journée de Launac. Resté prisonnier, il fut condamné à payer pour sa rançon treize cent trente florins d'or pour lesquels il donna en ôtage son fils aîné. Devenu libre, il s'arma de nouveau pour la France, et prit sa cause si vivement à cœur qu'il n'épargna pas même pour elle ses propres vassaux. Les officiers de la sénéchaussée de Carcassonne voulant soustraire le pays à la rapacité des grandes compagnies, ordonnèrent aux habitants des châteaux d'Alleyrac et de Preissas, qui appartenaient au vicomte, de se fortifier et de détruire leurs faubourgs ; mais cet ordre ne fut pas exécuté. Le vicomte, outré de cette négligence, n'écouta que sa colère (3) et mit lui-même le feu aux deux

(1) L'Art de vérifier les dates, tom. 2. Grands Officiers, tom. 2. — (2) Coll. Doat, tom. 22. — (3) Dom Vaissette. L'Art de vérifier les dates, tom. 2.

châteaux qui furent entièrement consumés. Le roi lui en accorda des lettres de rémission au mois de septembre suivant.

Le duc d'Anjou, en attendant le moment d'entrer en campagne, s'adressa par lui-même ou par ses émissaires à plusieurs seigneurs et à un grand nombre de communautés de la Gascogne, et les exhorta à se soustraire au joug de l'Angleterre. Ses exhortations furent écoutées. Plusieurs villes rentrèrent d'elles-mêmes sous les lois de la France : d'autres n'attendirent qu'une occasion pour se déclarer. Vic-Fezensac, Astafort, Fleurance et Lassauvetat (1) chassèrent elles-mêmes les garnisons anglaises. S'il faut en croire Scipion Dupleix (*), Condom leur avait donné l'exemple. Les citoyens s'armèrent sous prétexte de donner plus d'éclat à leur fête patronale, et se portant rapidement vers les portes de la ville et vers le château, ils en délogèrent les Anglais, qui

(1) Dom Vaissette, tom. 4, pag. 340.

(*) Il ne nous a pas été possible de vérifier l'exactitude de ce fait. Ni Rymer, ni les rôles Gascons, ni dom Vaissette, ni la collection Doat n'en disent rien. Le volume de la collection Brequigny relatif à cette époque avait été prêté et il ne rentra pas à la bibliothèque royale durant notre séjour à Paris. Du reste, M. de Lascabanes, un des conservateurs de la bibliothèque, prépare un ouvrage sur le traité de Brequigny et tout ce qui s'y rattache. D'après quelques renseignements et quelques inductions, nous croirions le récit de Dupleix inexact ou peut-être même erroné, surtout pour la date. L'accusation qu'il porte contre Mézin ne nous paraît avoir d'autre fondement qu'une de ces étroites rivalités de clocher si fréquentes dans la Gascogne. Loin que Mézin fût anglaise, comme le dit Dupleix, nous croyons qu'elle était passée à la France avant Condom. La montre en armes le jour de St-Pierre s'explique assez par la piété du moyen âge qui déployait toutes ses pompes pour fêter le patron, ou, si on veut la rattacher à la délivrance de la ville, elle aura été renvoyée à ce jour comme à la fête la plus voisine ou la plus particulière à la Communauté. Nous avons exposé nos doutes : que d'autres jugent, et affirment.

furent obligés de se réfugier à Mézin où leur domination était aimée et où ils furent reçus. Condom célébra depuis cette victoire par une fête publique que notre époque, amie des vieux souvenirs, vient de ressusciter après une longue dessuétude. Pierre de Galard, qui occupait alors le siége de Condom, survécut peu à cette délivrance. Il mourut le 24 octobre 1370 et fut enterré dans sa cathédrale, à la gauche du maître-autel. Le pape lui donna de sa pleine autorité Bernard d'Allemand pour successeur, et sacra à Rome de sa propre main le nouveau prélat.

Jean d'Aux (1) attaché à l'Angleterre et chargé de défendre une partie du Condomois, craignit que Larroumieu et le pays environnant ne suivissent le torrent. Il assembla les diverses Communautés confiées à ses soins, et par ses discours et plus encore par sa vigilance, il les maintint sous la dépendance du prince de Galles. Le comte d'Armagnac, chargé des pouvoirs de la France, et l'archevêque de Toulouse qui lui avait été associé, accoururent dans les villes qui avaient fait leur soumission, et après avoir reçu leur serment de fidélité, ils récompensèrent leur patriotisme par l'octroi de nombreux priviléges que le duc d'Anjou s'empressa de confirmer.

Les courses commencèrent enfin dès les premiers jours de l'année 1369. Le prince de Galles, pour résister à des ennemis qui se déclaraient de toutes parts, avait divisé ses forces en trois corps (2). L'un, sous les ordres de Chandos, défendait Montauban et ses environs. Le second, commandé par Hue de Caurellée, s'était porté contre l'Armagnac et le pays d'Albret. Le troisième, plus considérable que les autres, obéissait au

---

(1) Inventaire du château de Pau. — (2) Froissart, chap. 250.

comte de Cambridge et combattait dans le Périgord. La fortune se montra d'abord favorable aux seigneurs Gascons qui remportèrent quelques avantages sur les Anglais surtout dans le Rouergue. Mais la guerre, et surtout la guerre de partisans, la seule à peu près que connût le moyen âge, a ses chances et ses revers. Chandos s'était renfermé à Montauban : le captal de Buch, le Soudic de Lestrade, les deux frères Pommiers commandaient sous lui quelques corps détachés. Ils avaient de fréquentes rencontres avec les gens du comte d'Armagnac et des autres partisans de la France. *Si gagnaient une fois les uns (1) et puis les autres; ainsi que telles aventures viennent en fait d'armes.* Hue de Caurellée fut plus heureux que Chandos. Sa division était composée de routiers que conduisaient des noms connus : Robert Briquet, Gaillard de Lamothe, Nodon de Bragerac, les bâtards de Camus et de Lesparre. Elle signala sa présence par les atrocités qui marquaient partout les pas des compagnies. Froissart nous dit dans son langage énergique, que Hue et les siens faisaient grande guerre (2), et que bientôt ils eurent *ars* (brûlé) et détruit la terre du comte d'Armagnac et du sire d'Albret.

Le duc d'Anjou ne prit aucune part directe à ces diverses actions. Les ordres formels du roi son frère lui interdisaient absolument de paraître parmi les combattants. Il employa ce repos forcé à continuer ses négociations souvent plus fructueuses que les combats. Pour s'attacher toujours davantage la maison d'Armagnac, il conclut un traité spécial avec Jean et son fils, et dont Charles V ratifia successivement les clauses le

---

(1) Froissart, chap. 250. — (2) Idem, chap. 253.

24 et le 25 mai. Dans ces actes qui nous ont été conservés (1), Charles déclare que, depuis l'appel interjeté par les seigneurs Gascons, le monarque anglais et le prince de Galles avaient chevauché en armes sur les terres de France et sur les domaines du comte, *robant et pillant le pays, rançonnant, mettant sièges et tuant gens* : que pour ces motifs il enjoint au comte et à son fils de faire la guerre au prince de Galles et leur promet de les secourir et de les protéger dans le cas où ils seraient attaqués de nouveau par les Anglais. Enfin il s'engage à ne pas traiter sans eux avec Edouard et de ne pas conclure de paix sans qu'ils y soient compris.

Pendant que le roi confirmait ainsi les assurances données au comte d'Armagnac, le duc d'Anjou (mai 1369) admettait Bertrand (2) comte de l'Isle-Jourdain au nombre des capitaines généraux destinés à commander dans cette guerre; et Charles, pour récompenser ses services et surtout ceux de son père et de son aïeul, lui restitua les terres de Pibrac, de Lévignac et de St-Etienne que Tiburge de l'Isle comtesse d'Astarac avait jadis substituées à Bertrand Ier et qui étaient passées à la couronne. Bertrand II venait d'épouser Eléonore fille de Pierre-Raymond comte de Comminges; mais à peine eut-il paru sur le théâtre de la guerre où il déployait le courage de son aïeul, qu'il fut enlevé par une maladie rapide. A ses derniers moments (juin 1369) il fit un testament par lequel il instituait (3) pour héritier l'enfant posthume qui naîtrait de sa femme, s'il en survenait, et à son défaut, Jean Jourdain son grand oncle

---

(1) Dom Vaissette, page 341. — (2) Idem, page 340. — (3) Idem et Grands Officiers, tom. 2, page 709.

et son tuteur. Eléonore n'était point enceinte. Jourdain se mit en possession du comté et des autres biens de son neveu, mais il trouva de vives et longues oppositions. Plusieurs concurrents se présentèrent pour réclamer à divers titres une portion de l'héritage. On n'en appelait plus aux armes. Les légistes avaient succédé aux chevaliers, et ce changement n'avait pas peu contribué à affermir la prééminence de la couronne et à abattre la puissance seigneuriale ou du moins à consacrer le vasselage plus nominal que réel des grandes maisons, qui se partageaient la Gascogne. Durant le procès, deux conseillers furent nommés pour informer sur les lieux et faire des enquêtes. Jourdain, s'accommodant peu de leurs manières, les fit arrêter et jeter en prison; mais se ravisant bientôt et craignant les suites de son emportement, il s'adressa au roi qui lui pardonna, pour ne pas punir un seigneur qui s'était levé des premiers contre le fouage imposé par le prince de Galles et en appeler à la cour de France. La justice reprit son cours; mais ses lenteurs et les soucis qu'elle lui avaient causés dégoûtèrent tellement Jourdain, qu'il céda son comté au vicomte de Turenne. Néanmoins pour des motifs que nous ignorons et qui tenaient sans doute à des substitutions, la cession n'eut point lieu, et Jean Jourdain fut condamné à lutter quelques années contre ses compétiteurs.

Le duc d'Anjou continuait à distribuer des troupes dans divers endroits. Il plaça James Isalguier chevalier bachelier à Gimont (1) avec quatre-vingt-dix-huit écuyers de sa suite; mais l'élan était donné. La soumission volontaire des places se multipliait. Milhau,

(1) Dom Vaissette page 341.

capitale du Rouergue, ouvrit ses portes aux Français dans le mois de mars 1370. Sauveterre imita cet exemple à la persuasion du comte d'Armagnac qui dut sans doute acheter quelques bourgeois, car sous prétexte de le récompenser, le duc d'Anjou lui fit compter cinq cents francs d'or. Ce prince quitta le Languedoc peu après et alla à Paris se concerter avec le roi Charles V sur les plans d'une nouvelle campagne. Ils convinrent de mettre deux armées sur pied pour combattre en Guyenne. L'une devait agir sous ses ordres et attaquer les Anglais par l'Agenais et le Périgord; l'autre commandée par le duc de Berry devait s'avancer à travers l'Auvergne, le Limouzin et le Quercy. Les deux frères devaient ensuite se réunir sous les murs d'Angoulême, résidence ordinaire du prince de Galles.

Le duc d'Anjou rentra le 11 juillet à Toulouse où il avait donné rendez-vous à toute la noblesse du pays (*). Il y attendit quelques jours Duguesclin, que Charles V rappelait d'Espagne pour lui confier l'épée de connétable. A peine délivré des fers où le prince de Galles l'avait longtemps retenu, et qu'il n'avait brisés que lorsque le sire d'Albret eut déclaré hardiment qu'on attribuait cette longue captivité à la crainte que lui inspirait le héros breton, Bertrand était allé rejoindre au delà des monts Henri de Transtamare et replacer sur sa tête la couronne de Castille. Ce triomphe avait mis le sceau à sa renommée. Partout, sur son passage, on s'empressait autour de lui. Le comte de Foix dont il traversait les états, s'avança à sa rencontre à la tête de

---

(*) Bernard et Bertrand de Mauléon, écuyers bannerets suivis de trente-huit autres écuyers firent leur montre à Montrejeau, pays de Rivière, le 7 août. Dom Vaissette, page 341.

ses principaux barons et le combla d'honneurs. Il se plaignait toutefois à lui d'Olivier Duguesclin, frère puîné de Bertrand, qui s'était attaché au comte d'Armagnac, et faisait des courses sur les domaines de Gaston. Bertrand n'eut pas de peine à justifier son frère; il fit plus: ayant été accepté pour médiateur, il amena sans peine un rapprochement entre les deux maisons. Le duc d'Anjou l'accueillit avec le plus vif empressement et lui remit le commandement de l'armée. On y comptait les comtes d'Armagnac, de Périgord, de Comminges, de l'Isle, de Pardiac, le sire d'Albret, les vicomtes de Carmain, de Bruniquel, de Narbonne et de Labarthe. La force de cette armée et surtout l'habileté et le courage de son général hautement reconnus la rendaient formidable. Tout le pays trembla à son approche; nulle ville, nul château n'osa tenter une sérieuse résistance. Moissac, que Duguesclin alla attaquer la première, s'empressa de se rendre.

Le prince, pour reconnaître cet empressement et provoquer de nouvelles soumissions, confirma les priviléges de la ville et en jura l'observation. Il la fit jurer après lui (1) par les comtes d'Armagnac, de Pardiac et de l'Isle-Jourdain, et par quelques autres seigneurs de sa suite. Les habitants du Bigorre n'attendirent pas qu'il s'avançât vers eux. Au moment où l'orage se formait, le vieil Édouard avait donné ce comté au captal de Buch, (2) soit qu'il voulût récompenser ses services, soit qu'il crût ne pouvoir pas garder un pays placé à l'extrémité des possessions anglaises. Les états du Bigorre avaient subi tour-à-tour le joug de la

---

(1) Dom Vaissette, page 345. Froissart, chap. 282. — (2) Rymer, tom. 3, *pars secunda*, page 159.

France et de l'Angleterre, mais ils se crurent humiliés en passant sous les lois de la maison de Grailly, et ne voulurent point reconnaître le captal pour leur maître. Tarbes, secrètement gagnée par son évêque, ouvrit ses portes aux barons d'Antin et de Barbazan, et se déclara pour la France. La plupart des autres villes suivirent cet exemple. Il ne resta guère aux Anglais que quelques châteaux fortifiés. Le duc d'Anjou était encore à Moissac lorsqu'on lui apporta les clefs de Tarbes et la soumission des citoyens. Il traita la ville comme il avait traité Moissac et confirma ses priviléges. Il paya peu de jours après la rançon de Pierre Raymond de Rabastens, sénéchal de Toulouse, que les Anglais avaient fait prisonnier avec Jean Jourdain II, fils du comte de l'Isle.

De Moissac, l'armée marcha sur Agen (1) qui n'essaya pas de se défendre. Duguesclin se dirigea alors vers Tonneins en côtoyant la Garonne, s'empara en passant du Port Ste-Marie, et fut reçu à Tonneins. Il parut enfin devant Aiguillon. Ils étaient alors bien loin ces jours où une poignée d'Anglais arrêtèrent plus de huit mois au pied de ses remparts l'héritier de la couronne de France et l'armée innombrable qu'il traînait à sa suite. Les rôles avaient changé. La frayeur avait passé chez les ennemis. Ni la force de la garnison, ni la solidité de ses remparts, ni l'avantage admirable de son assiette, rien ne put rassurer le gouverneur. Il se rendit après quelques jours de siège.

Pendant que le duc d'Anjou ou plutôt Duguesclin, marchant de conquête en conquête, arrivait ainsi aux portes de Bergerac, le duc de Berry, suivi de trois princes du sang, de Jean, fils du comte d'Armagnac et

---

(1) Froissart et dom Vaissette.

d'une foule de seigneurs (1), s'avançait en armes dans le Limousin et assiégeait la ville de Limoges dont il ne tarda pas à se rendre maître. Le duc d'Anjou fut moins heureux à Bergerac. Le duc de Lancastre faisait des levées considérables à Bordeaux. Le comte de Pimbrok venait de débarquer d'Angleterre avec un nombre considérable d'archers : enfin le prince de Galles rassemblait tous les hommes d'armes dévoués à sa cause dans la haute Aquitaine. Le comte d'Armagnac, le sire d'Albret et les autres seigneurs Gascons craignaient pour leurs domaines et voulurent aller les défendre en personne; ils ramenèrent avec eux tout ce qui suivait leurs bannières. Il fallut donc terminer la campagne, sans avoir emporté la place et quoique la saison fût encore peu avancée. Toutefois, dans cette courte expédition, les Français avaient pris environ quarante villes plus ou moins fortes et poussé des reconnaissances jusqu'aux faubourgs de Bordeaux, la capitale des possessions anglaises sur le continent.

Le duc de Berry était à la tête de forces supérieures; néanmoins il n'osa pas attendre le prince de Galles, tant l'auréole de gloire dont les journées de Poitiers et de Crécy avaient entouré son front, jetait encore d'éclat. A la nouvelle de son approche, il prit incontinent ses quartiers d'hiver, abandonnant sa nouvelle conquête à la vengeance d'un ennemi justement irrité. Cette vengeance fut terrible (2). On frémit au récit de toutes les horreurs qui accompagnèrent et qui suivirent la reprise de cette ville infortunée. Les revers et plus encore la maladie cruelle qui rongeait le prince Anglais et devait l'emporter dans la force de l'âge, avaient aigri ce

1. Froissart, chap. 283. — (2) Idem, chap. 89.

caractère si noble et si grand, ou plutôt n'accusons ici que les mœurs de l'époque. Ces héros de la féodalité, si beaux, si élevés sur notre scène et peut-être aussi dans notre imagination, connurent peu l'humanité, au moins pour le peuple. Phœbus et le captal traitèrent Meaux comme le jeune Edouard traita Limoges. Les chevaliers étaient magnanimes à l'égard des autres chevaliers. Ils s'épargnaient entr'eux, mais *le populaire* trouvait rarement grâce à leurs yeux et payait pour ses maîtres. Le sang du vilain n'était point apprécié.

Après cet exploit qui devait terminer sa carrière militaire et ternir sa gloire, le prince de Galles licencia ses troupes. Quelques coureurs sillonnèrent seuls la province. Le duc d'Anjou, pour mettre ses nouvelles conquêtes à l'abri de leurs attaques, nomma Pierre Raymond de Rabastens (1), sénéchal de Toulouse, gouverneur d'Agen, et confia la garde du Bigorre au comte de Comminges. Menaut de Barbazan fut établi maréchal du Languedoc et capitaine du Poitou, de la Saintonge et de l'Angoumois avec trois cents francs d'or par mois. Le comte d'Armagnac, toujours infatigable malgré son âge, prit l'offensive dans le Marsan, y enleva aux Anglais un château assez fort dont la défense lui fut laissée et reçut une gratification. A part cette conquête, l'année entière se passa en préparatifs. Les deux partis également épuisés d'hommes et d'argent, avaient besoin de retremper leurs forces.

Au moment où ils posaient les armes, l'église d'Auch perdit son premier pasteur (*). Témoin des ravages que la licence multipliait autour de lui, il voulut, avant sa

(1) Voir, pour tous ces détails, dom Vaissette, page 346.

(*) Arnaud d'Aubert portait : de gueules au lion d'or fascé et bandé d'azur au chef cousu de gueules chargé de trois coquilles d'argent.

mort mettre la ville de Bassoues à l'abri d'un coup de main. Il y bâtit (1) un château fortifié qu'il flanqua d'une tour octogone, la plus belle vraisemblablement qu'ait jamais possédée notre département. Le château après avoir subi à diverses époques plusieurs dégradations, a été vendu et partagé ; la tour seule s'élève encore dans toute sa majestueuse hauteur, et montre avec orgueil les gracieux créneaux dont elle est couronnée. Arnaud Aubert jeta aussi les fondements d'une nouvelle église de Ste-Marie. Ce travail naissait à peine, lorsque la mort le frappa, le 11 juin 1371, à Bolbonne, village du diocèse d'Avignon. Son corps fut inhumé dans la chartreuse de Villeneuve. Urbain VI le décora (*) de la pourpre en 1363. Néanmoins Arnaud, en recevant cette faveur, ne renonça point à son siége, comme le faisaient alors presque tous les cardinaux. Grégoire XI qui venait de succéder à Urbain VI, lui donna pour successeur son propre frère, Jean du Roger (2), né au château de Malemort, dans le Limousin. Jean était frère du comte de Beaufort et neveu de Clément VI. Oihénart veut que Grégoire XI l'ait aussi décoré de la pourpre, mais cette assertion est fausse. Du moins n'en est-il pas fait mention dans les fastes du Vatican. Du reste, il devait s'asseoir à peine sur le siége d'Auch, car en 1374 il fut transféré à Narbonne (**).

Les combats allaient renaître avec l'année 1372. Le duc d'Anjou, après avoir obtenu des états du Langue-

(1) Dom Brugelles, M. d'Aignan.

(*) Quelques écrivains croient qu'il ne fut jamais cardinal, et que la pourpre fut donnée à un de ses parents nommé Etienne.

(2) *Gallia Christiana* et les précédents.

(**) Jean Du Roger portait pour armes, d'argent à la bande d'azur accompagnée de six roses de gueules.

doc un nouveau subside, convoqua toute la noblesse pour le 8 février. Au moment où il allait ouvrir la campagne, il reçut un message du roi son frère. Le comte de Foix n'avait pris aucune part ostensible à la grande lutte qui armait toute la Gascogne, et quoique ses sympathies fussent toutes pour l'Angleterre, il sut néanmoins se ménager assez pour forcer les Français à respecter ses domaines. Il semblait attendre que la fortune eût prononcé pour se déclarer. Cette conduite, dictée par la prudence était sans aucun doute la plus habile; mais les seigneurs du moyen âge la connaissaient peu. D'ailleurs, quand au milieu des partis on a embrassé la neutralité, il faut être assez fort pour la faire respecter, et cette force leur manquait presque toujours. En s'isolant, ils se seraient attiré sur les bras les deux ennemis. Mais Phœbus, maître de vastes possessions, entouré d'une nombreuse chevalerie, illustré par plusieurs combats honorables, ne pouvait, dans l'épuisement où se trouvaient également la France et l'Angleterre, que faire désirer son alliance des deux côtés. Le duc d'Anjou parut la rechercher; il fit dans cette vue quelques concessions qui alarmèrent la susceptibilité du comte d'Armagnac. Celui-ci s'en plaignit à Charles V.

Le monarque français, écoutant à la fois la justice et la reconnaissance, obtint de son frère (1) qu'il s'engagerait par serment, 1° à favoriser le comte de tout son pouvoir; 2° à lui payer la pension de cinq mille francs d'or qui lui était allouée outre soixante mille francs d'or qui lui étaient encore dûs; 3° à mettre dans les comtés de Bigorre, de Gaure, et dans les villes de Condom, de Montréal, de Mézin, d'Agen, de Moissac, de Puymirol,

(1) Dom Vaissette, page 330, et Preuves 316.

de Lozerque, de Montech, de Villeneuve-d'Agen, *tels gens d'armes et capitaines comme le comte voudrait*, et à ne les changer qu'avec son consentement; 4° à ne pas se déclarer pour le comte de Foix contre le comte d'Armagnac, et à n'accorder au premier aucune faveur qui pût nuire au second. Enfin le duc d'Anjou devait s'engager à prendre parti contre le comte de Foix, si celui-ci ne voulait pas s'en rapporter à ce que le roi statuerait touchant la guerre qui s'était renouvelée entre les deux rivaux. Le roi fit expédier le 24 février des lettres qui contenaient toutes ces promesses. Quatre jours après, le comte d'Armagnac déclara que pour être mieux en état de servir le roi dans ses guerres, il s'en référait volontiers à ses décisions au sujet des hostilités que le comte de Foix avait exercées contre lui depuis le dernier traité. En même temps il fit hommage à Charles V de toutes les terres qu'il possédait dans le duché de Guyenne et lui céda tous les droits qu'il pouvait prétendre sur le Bigorre moyennant les quatre grandes châtellenies du Rouergue, savoir: St.-Geniez-de-Rive d'Ost, Larroque-Balzergues, Lagujolle et Cassaignes. Dès qu'il en fut maître, il les incorpora à son comté de Rodez dont elles n'ont jamais été démembrées depuis.

Gaston soupçonna la partialité du roi de France et récusa son jugement. Dès lors, la guerre se poursuivit avec une nouvelle fureur. Le duc d'Anjou, jaloux de ses promesses, s'engagea à soutenir le comte d'Armagnac par un traité dont ils convinrent à Narbonne le 8 avril de cette année. Nous ignorons les détails de cette guerre. Nous savons seulement que le 7 janvier précédent, le comte d'Armagnac avait renouvelé dans le château de Lavardens (1) son alliance offensive et défensive avec Arnaud Amanieu, sire d'Albret. Nous connaissons (2) aussi les principaux seigneurs qui marchèrent avec lui contre le comte de Foix (*) : ce furent Jean d'Armagnac son fils, le comte de Pardiac, Bernard d'Albret, Jean de Labarthe, seigneur d'Aure, Odon de Lomagne, seigneur de Fimarcon, ses neveux, Orlac de Caumont, Raymond d'Albret, Guillaume Arnaud, bâtard d'Armagnac, Arnaud Guillaume de Monlezun, Raimfroid et Amanieu de Montpezat, Menaud de Barbazan, Genses de Montesquiou, Vital Ducos, Arnaud du Brouil et une foule d'autres (**). Malgré l'ennemi qu'il avait sur les bras, le comte d'Armagnac alla joindre le duc d'Anjou qui assiégeait le château de Penne en Agenais. Jean son fils combattait dans le Rouergue. Il racheta de Perducas d'Albret et de Bernard de Lassalle, la ville de Figeac que ces deux chefs de compagnies avaient surprise, et obtint d'eux pour cent vingt mille francs, qu'ils feraient rentrer sous l'obéissance du roi de France toutes les places occupées par les Anglais entre la rivière du Lot et la Dordogne.

Du reste, cette fois encore, la guerre entre les maisons de Foix et d'Armagnac ne dura pas longtemps.

(1) Dom Vaissette, page 350. — (2) Notes du Séminaire tirées des registres de Montauban.

(*) Voir note 13 à la fin du volume.

(**) Dans un manuscrit copié sur les anciens registres de Montauban nous trouvons mentionnées comme ayant combattu pour le comte d'Armagnac les familles suivantes outre celles que nous avons désignées : Bernède, Gelas, Mercier, Torride, Landorre, Labarthe, Salis, Merens, Dessens, Leaumont, Bezolles, Galard, Orbessan, Augier, Montesquiou, Montaut, Marobat, Podenas, Caussade, Basordan, Faudouas, Montlezun, Jussan, De Lau, Castelnau d'Arbieu, Despiens, Montaut d'Arbieu, Seailles, Lalanne, d'Aumensan, Lagraulet, Pardiac, Faussat, Magnaut, Lafitte, Beaufort, Bascoles.

Grégoire XI, pieux et vénérable pontife, avait succédé (30 décembre 1370) à Urbain V. Un de ses premiers soins fut d'imiter ses prédécesseurs et de tenter (1) comme eux de mettre fin à une lutte qui affligeait l'église presque autant qu'elle désolait nos contrées. Dans cette vue, il députa vers les deux rivaux l'évêque d'Autun, Gaufrid, personnage doux et insinuant. L'habile négociateur sut gagner ces esprits intraitables et les amener à choisir pour arbitre de leurs mutuelles prétentions le père commun des fidèles. Le succès détermina le pape à envoyer sur les lieux un nouveau nonce. Jean, évêque de Sarlat, qu'il revêtit de ce titre, devait entendre les plaintes, prendre des informations et mettre ainsi l'auguste arbitre à portée de rendre un jugement équitable. En attendant ce jugement il devait solliciter une trêve qui fut accordée par les deux rivaux. Le compromis du comte de Foix est du 18 avril 1373. Celui du comte d'Armagnac, daté de Beaumont de Lomagne, ne fut signé que dix jours plus tard (28).

Jean (2) était sans doute alors atteint de la maladie qui le conduisit au tombeau, car il mourut dans cette ville le plus tard à la fin de juin. Il avait fait dès le 13 juin 1333 un premier testament qu'il renouvela en présence de Genses de Montesquiou et de Bertrand de Morlhon, le 25 décembre 1344, suivant les Grands Officiers de la couronne, ou plutôt le 18 février 1346 suivant l'Inventaire de Pau et la Collection Doat (3). Mais enfin, le 25 avril 1373, sentant approcher le terme de ses jours, il dicta encore ses dernières volontés. De ces testaments, deux se sont égarés depuis 1789.

(1) Dom Vaissette, page 352. — (2) Voir l'Art de vérifier les Dates, Grands Officiers, tom. 2, et M. d'Aignan. — (3) tom. 23.

Le premier seul nous a été conservé (*); nous le donnerons dans le 6ᵉ volume. Marié deux fois, il n'eut point d'enfants de Régine de Goth, nièce de Clément V, qu'il aima tendrement et dont il fut tendrement aimé. Béatrix de Clermont lui donna, outre Jean son successeur, Jeanne d'Armagnac, mariée au duc de Berry, frère de Charles V, et Mathe d'Armagnac. Celle-ci, née longtemps après son frère et sa sœur, fut accordée en 1372 à Jean de Gironne, fils aîné de Pierre le Cérémonieux. Ce jeune prince avait déjà été fiancé à une fille de Philippe-de-Valois, mais la mort frappa la princesse à Béziers et l'enleva au milieu des fêtes qui la conduisaient en Espagne. Jean rechercha alors et obtint la main de la fille du comte d'Armagnac à qui son père promit cent cinquante mille florins d'or pour dot. Le mariage ne fut terminé que l'année suivante. Il fut célébré (1) avec pompe dans le château de Lectoure le 16 mars 1373. Arnaud Guillaume comte de Pardiac, Jean de Labarthe seigneur d'Aure, Odon de Montaut, Genses de Montesquiou, Menaud de Barbazan, Arnaud de Lomagne seigneur de Gimat, Jean seigneur de Magnas, Ortheus ou Arstriac de Caumont seigneur de la chapelle St.-Georges, Odon de Montaut seigneur de Gramont, Viguier de Gallard seigneur de l'Isle-Bouzon,

(*) Jean avait fondé dans l'église de Lavardens une collégiale composée d'un doyen et de douze chanoines. Il lui assura deux cent quatre-vingt-dix florins de rente, un quintal et demi de cire et autant d'huile. L'acte en fut dressé au château de Lavardens le 20 décembre 1359, en présence de Menaut de Barbazan, de Bel de Podenas, de Géraud de Pouy et de Bertrand de Durfort (*Coll. Doat*, tom. 23).

Néanmoins, pour des raisons que nous ignorons, la collégiale ne fut jamais érigée.

(1) M. d'Aignan. Inventaire de Pau. Registres de Montauban dans les Notes du Séminaire.

se rendirent cautions pour la dot promise ; et en attendant l'entier paiement, le comte d'Armagnac abandonnait aux jeunes époux la vicomté d'Auvillars. Ce mariage ne fut pas heureux; Mathe mourut six ans après, sans laisser de postérité.

Outre ces trois enfants, le père Anselme (1) et après lui les savans auteurs de l'Art de vérifier les Dates (2), donnent encore au comte d'Armagnac pour fils, Bernard, sénéchal d'Agenais. Bernard fut retenu en cette qualité par le duc d'Anjou avec trois cents hommes d'armes pour la défense de ses terres et pour la garde de la ville de Montréal. Il prit part aux expéditions de 1369, 70 et 71. Enfin, en 1377, le prince l'amena avec lui en France et lui fit compter cent quatre-vingts francs d'or. Il y ajouta bientôt après cinquante autres francs d'or pour ses bons et agréables services dans les guerres de Gascogne. C'est tout ce que nous savons de ce seigneur qui portait au premier et au quatrième un lion, et au deuxième et troisième un autre animal qu'on ne peut reconnaître sur son sceau à demi rongé, peut-être un léopard, et alors il aurait eu les vraies armes d'Armagnac comme un membre légitime de cette maison. Néanmoins nous le croirions plutôt un de ces nombreux enfants naturels qui souillaient à cette époque presque toutes les familles seigneuriales, et qui n'attestent que trop l'extrême licence des grands au milieu de ces guerres continuelles. Peut-être est-ce à lui que se rattachent les d'Armagnacs Thermes qui commencent à paraître dans le XIVe siècle et dont nous n'avons pu trouver l'origine, quoique nous l'ayons demandée non seulement aux travaux si complets de l'abbé de Vergés sur

(1) Tom. 3. — (2) Tom. 2.

les maisons Gasconnes, mais encore à tous les documents connus dans notre département.

La naissance d'Arnaud-Guilhem (1) un autre fils de Jean Ier est plus connue. Il nâquit d'une femme étrangère, épousa dans sa jeunesse la querelle de son père avec l'archevêque d'Auch, et commit à cette occasion des excès qui lui attirèrent en 1327 et 1330 un procès criminel qu'il n'osa pas soutenir. Voué aux armes il se signala par son courage ou plutôt par sa témérité et son audace. Nos rois avaient trop besoin de bras pour y regarder de très-près avec leurs défenseurs. Philippe lui accorda en 1335 une rente viagère de six cents livres et l'abolition de tout le passé. Il jouissait d'une autre rente pareille en 1333 et 1361. Il vivait encore en 1368, car il comptait parmi les hommes d'armes que Jean d'Armagnac son père conduisit à Toulouse le 8 décembre de cette année.

De tous nos anciens seigneurs aucun ne gouverna notre pays aussi longtemps que Jean Ier, et pendant ses longues années nous le voyons presque toujours les armes à la main. Néanmoins ses vassaux lui donnèrent le surnom de Bon. Le zèle qu'ils déployèrent pour le rendre à la liberté après la malheureuse journée de Launac, prouve au moins qu'il posséda leur amour. Il se qualifiait toujours comte d'Armagnac par la grâce de Dieu, titre qui dans l'origine n'avait été qu'un acte de reconnaissance envers la bonté divine, et qui commençait alors à désigner une indépendance plus ou moins complète.

Jean II, dit le Gras (2), avait jusqu'à son avènement au comté d'Armagnac porté le nom de comte de Cha-

(1) Grands Officiers, tom. 3. — (2) Id. L'Art de vérifier les Dates, tom. 2.

rolais qu'il tenait du chef de sa mère. Il servit avec distinction sous son père et plus souvent sous son beau-frère le duc de Berry, et combattit quelquefois seul. Il prit ainsi sur les Anglais, en 1366, le château de Monnai et le garda dix-huit mois à ses dépens. Après ce terme il le remit au duc de Bourgogne qui le lui paya quatre mille francs d'or et le fit aussitôt abattre. Jean s'était marié en 1359 avec Jeanne de Périgord, et avait à cette occasion reçu en apanage la vicomté de Lomagne. Son administration y fut si douce et si paternelle, que les habitants de Lectoure voulant reconnaître ses soins et lui témoigner leur reconnaissance, lui firent don de la justice de leur ville. Cet acte précéda de peu de mois la mort de son père. Il s'institua alors, par la grâce de Dieu, comte d'Armagnac, de Fezensac, de Rhodez et de Charolais, et vicomte de Lomagne et d'Auvillars.

Un des premiers actes du nouveau comte fut de renouveler (1) le compromis passé par Jean Ier avec Gaston Phœbus et de se soumettre comme lui à l'arbitrage du pape auquel il associa le duc d'Anjou. Le comte de Foix y souscrivit de son côté à Orthez le 6 juillet. Avant que cette trêve fût expirée, Jean et le comte de Comminges, son fidèle allié, en conclurent avec Gaston une seconde qui devait durer jusqu'à la Toussaint et qui fut plus tard prorogée d'un an.

Le duc d'Anjou, dans les mains duquel Jean remettait ses intérêts, avait depuis longtemps appris à connaître son zèle, ses talents et sa valeur. Aussi, peu de jours après la mort de Jean Ier, ayant été obligé, par ordre du roi, de retourner en France, il nomma le nouveau comte d'Armagnac (2) capitaine-général de tout le Lan-

(1) Dom Vaissette, page 352. — (2) Idem.

guedoc. L'absence du prince fut courte, et à son retour il rassembla aux environs de Toulouse une armée forte de quinze mille hommes (*). Les comtes d'Armagnac, de Pardiac et de Comminges, le sire d'Albret, les vicomtes de Narbonne et de Carmain y commandaient sous le connétable. Le duc espérait entrer en campagne le lendemain de Pâques et donna rendez-vous au comte de Foix entre Moissac et Montauban (1), mais le départ fut retardé, et l'entrevue n'eut point lieu. Le duc changea d'avis, et au lieu d'attaquer les Anglais il préféra poursuivre les compagnies qui désolaient le Midi. Il licencia une partie de ses troupes et divisa le reste. La prudence ne permettait guère de tenir tant de forces rassemblées en présence de la peste et de la famine qui sévissaient sur la France entière ; mais de ces deux fléaux le premier disparut bientôt, et la récolte, qui fut très abondante cette année, dissipa le second.

Aussi, vers la fin de juin, le duc réunit une nouvelle armée et s'achemina vers le Bigorre pour y soumettre les places dont les Anglais étaient les maîtres. Le bruit de son approche causa quelque alarme à Gaston qui ne s'était point encore prononcé entre Charles et Edouard. Il craignit que le duc d'Anjou ne cachât quelque projet hostile et s'empressa de mettre son pays sur la défensive. Il envoya deux cents lances (2) à Morlas sous Arnaud-Guillaume de Béarn son frère naturel, deux cents à

(*) Le comte d'Armagnac y avait conduit cent onze hommes d'armes, le comte d'Astarac soixante-six, le comte de Pardiac quarante, le sire de Labarthe trente-sept, Arnaud d'Espagne soixante-cinq, Menaud de Barbazan soixante, Jourdain de l'Isle quatre-vingt-deux, et le bâtard de Comminges soixante.

(1) Dom Vaissette, page 355. — (2) Froissart.

Pau sous Pierre de Béarn, un autre de ses frères naturels; deux cents à Lestelle sous Pierre de Cabestan, deux cents à Mont-de-Marsan sous Espain de Lyon, cent à Hertilles sous Manaud de Navailles, cent à Montgiscard sous Gruel de Gerderest, et enfin cent à Sauveterre sous Foucault d'Orthe; *et n'y eût chastel en tout Béarn qui ne fût bien pourvu d'hommes d'armes. Lui cependant se tint à Orthez, en son chastel et delès ses florins* (près de son trésor).

Près d'entrer dans le Bigorre, le duc d'Anjou partagea son armée en deux corps, et tandis que le premier sous les ordres de Duguesclin se portait vers Lourdes, il alla lui-même à la tête du second attaquer le château de Mauvezin appartenant au vicomte de Castelbon, cousin germain de Phœbus. Ce château, dont les ruines pittoresques attirent encore les pas des voyageurs, s'élevait sur un rocher à pic au sommet du plateau de Lannemezan et dominait des plaines immenses, d'un côté jusqu'aux pieds des Pyrénées, et de l'autre jusqu'aux portes de Tarbes. La nature avait formé ce lieu pour être une des clefs du Bigorre. Philippe-le-Bel l'avait donné en 1340 ou 43 au père du vicomte en nantissement d'une rente de cinq cents livres, mais les Anglais s'en étaient emparés et y avaient mis garnison.

Raymond de Lespée, un brave et habile chevalier, en était gouverneur. Le duc d'Anjou ne pouvant espérer d'emporter le château de Mauvezin d'emblée (1), prit position sur les bords de l'Arros entre Tournay et le château, parmi les frais ombrages et les vertes prairies. A peine eut-il établi ses dispositions qu'il y eut *aux barrières du chastel escarmouches et faits d'armes,*

(1) Froissart, tom. 3, chap. 6.

appertises et beaux coups de lances, courses et envahies de compagnons qui se désiraient avancer. Mais voyant que le siège traînait en longueur, le duc détacha Garsis Duchatel et l'envoya attaquer le fort de Trigalet ou Gringalet (1), situé à l'est de Mauvezin et plus voisin des montagnes. Un chevalier gascon, Bastol de Mauléon, le gardait pour le seigneur de Labarthe. Garsis y donna cinq assauts successifs sans pouvoir s'en rendre maître; mais les attaques avaient épuisé les ressources de la place.

Garsis, qui s'en aperçut, envoya un sauf-conduit au commandant du château, et quand il le vit, il lui dit : « Bastol, je sais bien en quelles extrémités vous êtes, vous n'avez point d'artillerie ni choses dont vous puissiez vous défendre dans un assaut, hormis des lances; or, sachez que, si vous êtes pris de force, je ne pourrais sauver ni vous ni vos compagnons, et empêcher que vous ne soyez mis à mort par les communautés du pays, ce que je ne voudrais pas; car encore êtes-vous mon cousin. Je vous conseille de rendre le fort tandis que je vous en prie. Vous ne sauriez être blâmé de l'abandonner et d'aller chercher votre ennemi ailleurs; car vous l'avez tenu assez longtemps. » Monseigneur, répondit l'écuyer, je ferais volontiers ailleurs qu'ici ce que vous me conseillez, car vraiment suis-je votre cousin ; mais je ne puis pas rendre le fort tout seul ; car ceux, qui y sont dedans, y sont aussi maîtres que moi, quoiqu'ils me reconnaissent pour leur chef. Je vais rentrer et je leur rapporterai ce que vous me dites. S'ils sont d'accord de le rendre, je ne m'y opposerai pas ; mais s'ils veulent tenir encore, quel que soit le sort qui m'attende, je

(1) Froissart, tom 3, chap. 6.

tenterai l'aventure avec eux. C'est bien dit, répliqua messire Garsis; vous pouvez vous éloigner quand vous voudrez, puisque je connais vos intentions.

Bastol de Mauléon retourna aussitôt au château de Trigalet, assembla ses compagnons dans la cour, et après leur avoir exposé son entrevue avec Garsis, il leur demanda ce qu'il y avait à faire. Les avis furent partagés; mais après avoir tout mûrement pesé, ils s'accordèrent à rendre le fort pourvu qu'ils fussent conduits vie et bagues sauves jusqu'à Castelcuiller que leurs compagnons possédaient sur la frontière du Languedoc. La condition fut acceptée, et quand Garsis eut pris possession du fort, il le donna aux communes du pays, qui combattaient sous ses drapeaux, avec pouvoir d'en disposer à leur gré. Leur résolution fut bientôt prise; ils l'abattirent et le détruisirent de fond en comble, ensorte que personne depuis ne songea à le relever. Après cet exploit et la prise d'un château plus éloigné qui fut livré au sénéchal du Nébouzan, Garsis retourna à Mauvezin où le siège se poursuivait encore.

Six semaines s'étaient écoulées, et Raymond de Lespée et les siens eussent poussé plus loin leur défense, mais *la douce eau leur faillait* (manquait). Les Français s'étaient emparés d'un puits extérieur, qui abreuvait la place, et malgré le voisinage des montagnes, le ciel constamment sec et embrasé ne laissa tomber durant ce temps aucune goutte d'eau. Il fallut enfin songer à traiter avec le duc. Raymond demanda et obtint facilement un sauf-conduit pour venir le trouver dans son camp. « Quand il eut été admis en sa présence, il lui dit : monseigneur, si vous voulez accorder une bonne capitulation à nos compagnons et à moi, je vous rendrai le château de Mauvezin. Quelle capitulation, répondit le duc, voulez-vous que je vous accorde? Partez et allez droit chemin chacun dans son pays sans vous mettre dans un fort qui nous soit contraire; car si vous vous y enfermez et que je vous prenne, je vous livrerai à Josselin qui vous fera la barbe sans rasoir. Monseigneur, répliqua Raymond, nous ne saurions partir sans emporter ce qui est à nous, car nous l'avons gagné les armes à la main et en courant de grands dangers. »

« Le duc réfléchit un instant et puis il dit : je veux bien que vous emportiez ce que emporter pourrez devant vous en mules et en sommiers (*bêtes de somme*) et non autrement, et si vous tenez nuls prisonniers, ils nous seront rendus. J'accepte, dit Raymond. Les portes furent bientôt ouvertes et *s'en alla chacun en son lieu, ou autre part chercher leur aventure, mais Raymonet de l'Épée se tourna Français* (1) et s'attacha au duc d'Anjou qu'il servit longtemps. » Devenu maître du château de Mauvezin, le prince en confia d'abord la garde à un chevalier de Bigorre nommé Sicard de Lupérière, et au lieu de le rendre au vicomte de Castelbon dont il soupçonnait la fidélité, il l'abandonna bientôt après à Gaston Phœbus. Celui-ci en changea aussitôt le gouverneur, et substitua à Sicard un de ses propres parents nommé Raymond de Lanne. Ainsi le raconte Froissart; mais un acte déposé jadis dans les caisses du château de Foix (2), porte que le roi, pour punir la félonie du vicomte de Castelbon, qui faisait alors la guerre à la France, ayant confisqué la viguerie de Mauvezin, la

(1) Froissart, même chap. — (2) Caisse 20, n° 18. Chartier du Séminaire.

ville de Capbern et un village voisin, le duc d'Anjou les donna au comte d'Armagnac le 30 juin 1373. Un autre document ajoute que Capbern (1) et le village avaient été donnés au père du vicomte par Philippe-de-Valois, aïeul du duc d'Anjou. Ce prince gratifia encore le comte d'Armagnac de la viguerie de Godon située aussi dans le Bigorre. Mais ces dons ne devaient pas rester longtemps entre les mains des seigneurs français.

(1) Coll. Doat, tom. 33.

CHAPITRE IV.

Le duc d'Anjou à Bagnères, — il assiège le château de Lourdes, — il traite avec le comte de Foix. — Mort tragique de Pierre Arnaud de Béarn, — du comte de l'Isle-Jourdain. — Comtes de Pardiac. — Violences du dernier Arnaud Guilhem. — Mort du comte de Comminges. — Projet de réconciliation des maisons de Foix et d'Armagnac. — Elle s'effectue avec solemnité. — Jean, fils aîné du comte d'Armagnac, épouse l'héritière de Comminges.

Le duc d'Anjou, après avoir ainsi disposé de sa nouvelle conquête, vint se loger à Bagnères d'où il arriva le lendemain aux pieds des remparts de Lourdes. La bravoure et l'habileté du connétable n'avaient pu triompher du courage et de la résolution de Pierre Arnaud de Béarn (1), à qui le prince de Galles avait jadis donné le commandement de cette place. Avec Pierre Arnaud étaient venus se renfermer Jean son frère, Pierre d'Antin, Ernauton de Restin ou Rustan, Enauton de Ste-Colombe, Le Mengeant de Ste-Corneille, Ferrando de Mirande, Olivier Barbe, Le Bourg ou Bâtard de Corneillan, Le Bourg de Camus et une foule d'autres chefs des compagnies. Au bruit de l'approche des Français, le gouverneur avait augmenté les fortifications du château et l'avait abondamment pourvu de vivres.

(1) Froissart, tom. 3, chap. 6.

Après l'arrivée du duc on pressa le siège avec une nouvelle vigueur, et après quinze jours d'assauts successifs, on emporta la ville, mais les assiégés avaient eu soin de tout retirer dans le château. Le duc d'Anjou le battit pendant six semaines. Voyant que tous ses efforts étaient inutiles, il essaya de gagner le commandant et lui fit promettre de fortes sommes d'argent s'il voulait rendre la garnison. Le chevalier qui était plein d'honneur et de vaillance, s'excusa et dit : « que la garnison n'était pas sienne et qu'il ne pouvait vendre, donner ou aliéner l'héritage du roi d'Angleterre sans être traître, ce qu'il ne voulait pas être, mais loyal envers son seigneur naturel. Il ajouta que lorsqu'on lui confia le fort, on lui fit jurer solennellement, par sa foi en la main du prince de Galles, qu'il garderait et tiendrait le château de Lourdes jusqu'à la mort contre tout homme, s'il n'était envoyé par le roi d'Angleterre. » Ni dons, ni promesses ne purent lui arracher d'autre réponse. Quand le duc d'Anjou et son conseil virent qu'ils perdaient leurs peines, ils s'éloignèrent de Lourdes, et en s'éloignant ils livrèrent la ville aux flammes qui la consumèrent entièrement (1). Les Français se vengèrent du mauvais succès de cette entreprise sur les forts de Julian, de Navarret et d'Aux, qui incommodaient le pays et qui furent emportés. Les Bigourdains dévoués aux Anglais n'eurent plus d'autre asile que le château de Lourdes. Le connétable paraît avoir pris le château d'Aux ; du moins il attaqua en personne la ville de Marciac et s'en rendit facilement le maître.

Nous avons suivi le récit de Froissart; mais s'il fallait en croire les mémoires de Duguesclin, le siège eût eu

(1) Froissart, tom. 3, chap. 6.

un autre issue. Suivant ces mémoires, le connétable fit donner dès le point du jour un dernier assaut; les assiégeants se défendirent avec une opiniâtreté et une valeur dignes d'un meilleur sort : le combat dura presque jusqu'au soir; mais enfin Pierre Arnaud de Béarn ayant été tué, sa mort jeta le découragement parmi les siens. Ils fléchirent de tous côtés, et les Français ayant gagné les murailles et s'étant répandus dans la ville, firent un horrible massacre. La fureur du soldat n'épargna rien, et avant que les chefs eussent arrêté le carnage, tout fut passé au fil de l'épée. La nuit même n'interrompit pas ces scènes de désolation. A peine si quelques habitants purent, à la faveur des ténèbres, échapper à la mort. Le duc d'Anjou et le connétable, affligés de ce qui s'était passé sous leurs yeux, rappelèrent ces tristes victimes de l'ivresse de la victoire et les aidèrent eux-mêmes à réparer leurs maisons. Froissart ajoute que le duc d'Anjou, pour couvrir cet échec, se hâta de conclure avec Gaston de Foix le traité qu'il méditait depuis longtemps. Il lui députa à Orthez Pierre de Beuilh son chambellan; l'ambassadeur fut reçu avec magnificence, comblé de présents ainsi que toute sa suite, et renvoyé avec quatre coursiers *et deux alans d'Espagne destinés à son maître* (1).

On ignore du reste les conditions du traité; mais quand le duc fut rentré à Toulouse, le comte de Foix manda à Orthez Pierre Arnaud de Béarn. « En recevant les lettres du comte de Foix, le chevalier resta quelque temps en suspens, ne sachant s'il irait ou non; mais tout considéré, il répondit qu'il y viendrait, car il n'osait nullement irriter le comte de Foix. Près de partir, il

(1) Froissart, tom. 3, chap. 6.

vint à Jean de Béarn son frère et lui dit en présence de toute la garnison : mon seigneur le comte de Foix me mande, je ne sais pourquoi ; mais puisqu'il veut que j'aille lui parler, j'irai. Or me doute-je grandement que je ne sois requis de rendre la forteresse de Lourdes, car le duc d'Anjou cotoye le Béarn et n'y est point entré, et d'un autre côté le comte de Foix tient fortement à posséder le château de Mauvezin pour être maître des frontières du Comminges et du Bigorre. Je ne sais point s'ils ont traité ensemble, mais je vous dis que tant que je vivrai je ne rendrai le château de Lourdes, excepté à mon seigneur naturel le roi d'Angleterre. Ainsi je veux, Jean, mon beau frère, que vous me juriez sur votre foi et par votre titre de gentilhomme que vous tiendrez le château en la forme et manière que je le tiens, et que, ni pour vie, ni pour mort, jamais vous n'en sortirez. Jean de Béarn le jura ainsi, et Pierre Arnaud partit et vint à Orthez où il descendit à l'hôtel de la Lune. »

« Quand il sentit que l'heure était arrivée, il vint au château d'Orthez. Il se présenta devant le comte qui le reçut avec joie, le fit asseoir à sa table et lui montra *tous les beaux semblants d'amour* qu'il pût, et après dîner il dit à Pierre : j'ai à vous entretenir de plusieurs choses, ainsi je ne veux pas que vous partiez sans avoir pris congé de moi. Le chevalier répondit : mon seigneur, volontiers, je ne partirai point que vous ne l'ayez autrement ordonné. Trois jours après, le comte de Foix prit la parole et lui dit en présence du vicomte de Couserans, du seigneur d'Antin et de plusieurs chevaliers qui l'entendirent : je vous ai mandé me voir et vous êtes venu ; sachez que monseigneur d'Anjou me veut grand mal pour la garnison de Lourdes que vous tenez. Toute ma terre a failli être sillonnée par les courses de ses hommes d'armes. Elle l'eût été sans l'intervention de plusieurs amis que je compte dans son armée. Il l'a dit ouvertement, et c'est l'opinion de plusieurs de sa compagnie qui me haïssent et qui disent que je vous soutiens; parce que vous êtes de la maison de Béarn, et que je n'ai que faire de m'attirer la bienveillance d'un si haut prince que monseigneur le duc d'Anjou. Ainsi je vous commande, en tant que vous pouvez faire envers moi et pour la foi et hommage que vous me devez, de me rendre le château de Lourdes. »

« Quand le chevalier ouït cette parole, il fut tout ébahi. Il réfléchit un peu pour savoir ce qu'il répondrait; car il voyait bien que le comte de Foix ne souffrirait pas de réplique; mais, tout pensé et considéré, il dit: monseigneur, vraiment je vous dois foi et hommage, car je suis un pauvre chevalier de votre sang et de votre terre, mais jamais je ne vous rendrai le château de Lourdes. Je le tiens du roi d'Angleterre qui m'y a mis et établi, et à qui que ce soit je ne le rendrai, sinon à lui. Vous m'avez mandé, vous pouvez faire de moi ce que vous voudrez. Quand le comte de Foix entendit ces paroles, le sang lui monta au visage de félonie et de courroux, et s'écria en tirant une dague : oh! traître, tu as dit que non! Par cette tête! tu ne l'as pas dit en vain; et aussitôt il frappa le chevalier de sa dague de telle façon qu'il le blessa *moult* (1) *vilainement* en trois ou quatre endroits, sans qu'aucun baron ou chevalier osât parer les coups. Le chevalier disait bien : ah! ah! monseigneur, vous ne me faites pas gentillesse; vous

(1) Tout ce récit est emprunté à Froissart.

m'avez mandé et vous m'occisez ! Toutefois il n'en eut pas moins les cinq coups de dague. Le comte commanda aussitôt qu'on le mît dans la fosse. Il y fut mis et il y mourut, car il fut *pourement curé* (pauvrement soigné) de ses plaies. »

Gaston ne traita guère mieux (1) le vicomte de Castelbon, son cousin germain et son héritier présomptif. Irrité contre lui, il le confina dans la tour d'Orthez où il le tint huit mois prisonnier, et ne le rendit à la liberté qu'après lui avoir arraché une rançon de quarante mille francs. Tous ces traits si peu dignes d'un vrai et preux chevalier ne sont pas les seuls qui flétrissent la vie du comte de Foix. Le meurtre de l'infortuné gouverneur de Lourdes n'ébranla point son frère et n'eut d'autre résultat que d'amener une conférence où le duc d'Anjou et Gaston s'abouchèrent, et où fut admis le vicomte de Castelbon. Les deux cousins promirent de se soumettre incessamment au roi et de reconnaître son autorité. Le vicomte se rendit à Toulouse dans le mois de juillet et prêta foi et hommage à la couronne; il reçut du duc au nom du roi le château de Sauveterre (2) en dédommagement de celui de Mauvezin qui était retombé entre les mains des Anglais, et on lui promit le château et la baillie de Mauléon dès qu'on les aurait repris sur les ennemis de l'état.

Gaston tergiversa plus longtemps. En attendant, il négocia une trêve de quelques mois entre la France et l'Angleterre. Quand le duc d'Anjou, qui l'avait recherchée, la vit près d'expirer, il rassembla à Toulouse un corps de troupes, composé d'environ deux mille six cents

---

(1) Froissart, même chap. — (2) Chartier du Séminaire.

hommes d'armes. On remarquait (1) à leur tête les comtes d'Armagnac, d'Astarac, de Pardiac, de l'Isle-Jourdain, les sires de Labarthe, de Mirepoix et d'Antin, et le vicomte de Polignac. Le duc suivi du connétable, se porta avec cette petite armée vers Agen et fut bientôt joint par le duc de Bourbon qui commandait un autre corps d'expédition. Les deux princes parcoururent les bords de la Garonne, soumettant ou forçant toutes les places qui se trouvaient sur leur passage, et dont la plupart conquises par les Français dans la première campagne, étaient depuis retombées au pouvoir des Anglais. Condom et Fleurance ouvrirent leurs portes (2). La dernière se soumit volontairement et obtint quelques priviléges pour prix de sa bonne volonté. C'est tout ce que nous savons de cette campagne ou plutôt de cette course armée.

Jean, comte de l'Isle-Jourdain, qui y avait pris part, mourut (3) peu de mois après, ne laissant d'Indie de Durfort que Jean Jourdain II, le fils que nous avons vu tomber entre les mains des Anglais. L'avènement de celui-ci à l'administration du comté sembla réveiller les prétentions de la maison d'Albret. Elle renouvela avec plus d'ardeur que jamais le procès qu'elle avait intenté au père. Néanmoins, l'affaire traîna longtemps encore et ne se termina qu'en 1404. Jean Jourdain II chercha à se fortifier par des alliances. Il demanda et obtint la main de Cécile d'Astarac, veuve de Raymond Bernard seigneur de Durfort et sœur de Jean Ier, comte d'Astarac; et peu de jours après le mariage, il conclut une ligue offensive et défensive avec son nouveau beau-frère. Jean avait succédé (4) vers l'an 1369 à Centule IV

(1) Dom Vaissette, tom. 4, p. 355. — (2) Le même. — (3) Grands Officiers, tom. 2, et dom Vaissette. — (4) Idem. L'Art de vérifier les Dates. Dom Vaissette, page 357.

comte d'Astarac, et s'était attaché au comte de Foix qu'il suivit dans la plupart de ses expéditions. Cette intimité ne l'empêcha pas de se déclarer pour la France et de venir se ranger un des premiers sous les drapeaux du duc d'Anjou. Au milieu de ces combats, il épousa Catherine, fille aînée d'Amauri III, vicomte de Lautrec. Il n'en eut point d'enfants, mais Catherine mourut assez jeune en 1378, et à sa mort elle lui légua tous ses biens. Les héritiers naturels de la comtesse protestèrent contre cette disposition. Ils entamèrent un procès qui durait encore en 1395 et qui fut terminé par une transaction.

Arnaud Guilhem, comte de Pardiac, s'était montré encore plus dévoué à la France que les comtes d'Astarac et de l'Isle-Jourdain. Il avait partagé toutes les expéditions du duc d'Anjou, qui l'avait admis dans ses conseils et l'avait gratifié de plusieurs pensions. Cette bienveillance le rendit arrogant et emporté et causa ainsi sa perte. A peine rentré dans son château, il manda près de lui les consuls de Marciac et voulut en exiger un acte de vasselage. L'un d'eux, prenant la parole, repoussa ses prétentions avec fermeté. L'irascible Arnaud Guilhem crut voir une insulte dans ce langage et abattit (1) le consul à ses pieds. La ville s'émut à cette nouvelle et jura de venger cette mort dans le sang du comte. Tous les citoyens s'armèrent aussitôt et coururent assiéger le château de Monlezun; mais l'ennemi que cherchait leur fureur avait eu le temps de s'évader. Ils ne purent décharger leur rage que sur les murs et sur quelques soldats qui les gardaient. Trompés dans leur espoir, ils déférèrent l'attentat au parlement de

(1) L'Art de vérifier les Dates, tom. 2.

Paris toujours empressé à retenir de pareilles causes. Un procès s'instruisit. Ni les services passés du coupable, ni la protection du duc d'Anjou, ni les prières de sa nombreuse et brillante parenté ne purent le sauver. Il fut condamné à perdre son comté confisqué au profit de la couronne et à avoir la tête tranchée ; ce qui fut exécuté le 16 août 1380, s'il faut en croire un manuscrit que nous avons sous les yeux (1) ; mais il y a ici erreur, au moins sur la date ; car Arnaud Guilhem avait cessé de vivre dans les premiers jours de janvier précédent. Le père Anselme (2) se contente de le faire mourir le 16 août 1369 sans même mentionner la violence qui amena ou accéléra sa fin. Ici, l'erreur est encore plus forte ; nous avons plusieurs fois vu le comte de Pardiac les armes à la main après 1369. Aussi croyons-nous devoir nous ranger au sentiment des auteurs de l'Art de vérifier les Dates, qui prétendent (3) qu'Arnaud Guilhem ne vit pas la fin de ce triste procès, et qu'il mourut durant les débats. Ils s'appuient du nécrologe de La Case-Dieu où il fut enterré. Ce nécrologe fixe sa mort au 12 août 1377.

Arnaud Guilhem laissait deux enfants, Jean et Anne, et avant sa mort il avait fait son testament par lequel il léguait divers dons jusqu'à concurrence de quatre mille francs d'or qu'il assignait sur les villes de Marciac et de Beaumarchez. Son fils le suivit de près dans le tombeau. Anne resta seule héritière de toutes les prétentions de sa maison ; mais elle trouva un concurrent dans Bernard d'Armagnac, frère de Jean III, qui portait le nom de comte de Pardiac depuis qu'il avait

(1) Manuscrit de M. d'Aignan. — (2) Tom. 2, page 628. — (3) Tom. 2, page 287.

vendu le comté de Charolais. Nous avons vu que d'après une transaction passée entre Arnaud Guilhem et Géraud VI, les membres de la maison d'Armagnac pouvaient prétendre à ce titre. Bernard s'étaya de cette convention pour réclamer le comté, et prétendit que la confiscation ne devait pas profiter à la couronne, mais devait lui revenir. Le roi Charles en jugea autrement, et cédant à la voix de l'équité ou aux sentiments d'une généreuse commisération, il rendit le Pardiac à Anne, qui épousa (1) aussitôt Géraud, second fils de Jean, vicomte de Fezensaguet. Le père et le fils s'étaient distingués par leurs exploits contre les Anglais. Les preux de cette époque, contents de déployer une valeur féroce, n'épargnaient guère mieux ceux qu'ils étaient chargés de protéger, que les ennemis de l'état. Jean se permit contre les habitants de Pradères sur la Save tant de meurtres et de violences, que le sénéchal de Toulouse fut contraint de le citer à son tribunal; mais le vicomte sut se soustraire à ses poursuites en demandant au duc d'Anjou des lettres de grâce que celui-ci lui accorda.

Le mariage de son fils avec la riche héritière de Pardiac vint bientôt ajouter à sa joie. Pour faciliter cette union, Jean se chargea de payer au nom de son fils les quatre mille francs d'or légués par Arnaud Guilhem. Le contrat de mariage fut signé à St-Sauvy le 6 juin 1378. Anne et Géraud étaient parents : ils s'étaient pourvus auprès du pape, qui avait envoyé les dispenses le 10 mai précédent. Le mariage ne tarda pas à être célébré. Peu de mois après, 19 janvier 1379, Géraude de Montlezun, mariée au seigneur de Fimarcon, Ma-

---

(1) L'Art de vérifier les Dates, tom. 2. Grands Officiers, tom. 2.

ille d'Albret comtesse douairière de Pardiac et Bernard Othon de Montlezun réunis à Biran, abandonnèrent (1) aux deux jeunes époux Marciac et Beaumarchez dont ils avaient la garde comme exécuteurs testamentaires du dernier comte.

Pendant que toutes ces querelles s'éveillaient, la haine entre les maisons de Foix et d'Armagnac paraissait vouloir s'éteindre. La dernière trêve conclue allait expirer. Gaston et Jean la prorogèrent de nouveau jusqu'à Noël 1376. Gaston promit même d'y comprendre Pierre Raymond comte de Comminges, un des plus fidèles et des plus puissants alliés du comte d'Armagnac. Le comte de Comminges (2) mourut peu de mois après, instituant pour son héritière Marguerite, la seconde de ses trois filles ; mais si leur mère mettait au monde un enfant mâle, alors il confinait Marguerite dans un cloître et la condamnait à prendre le voile chez les sœurs Minorettes de Samatan, et léguait les châteaux de Lévignac, de St-André et de Marsolin avec Servière et Sauveterre à Jeanne sa veuve qu'il établissait tutrice de Marguerite. Enfin il choisissait sa sépulture chez les Cordeliers de Samatan, dont il avait agrandi la maison et où il avait placé douze religieux. Jeanne et Marguerite se hâtèrent de se placer sous la protection de la France. Malgré cette sauve-garde et l'article formel du dernier traité, Gaston ne put résister à l'occasion de s'agrandir et se disposa à l'attaquer. Le roi averti de ses préparatifs lui fit défendre de passer outre, et en cas de refus, il commanda qu'on l'ajournât au parlement. Le comte d'Armagnac prit aussitôt la défense

(1) Charte du Séminaire. — (2) Grands Officiers, tom. 2, p. 636.

des deux comtesses et essaya les voies de la douceur. Il proposa d'abord un compromis de concert avec Roger de Comminges seigneur de Montblanc et quelques autres chevaliers chargés comme lui des pouvoirs de Jeanne et de Marguerite. Le compromis ayant été rejeté, il offrit de soumettre les différends au jugement du duc d'Anjou, mais ses efforts furent inutiles, et il y eut quelques hostilités entre les deux anciens rivaux.

Les choses revinrent bientôt à la paix. Au mois d'avril, c'est-à-dire vers Pâques, quand la religion fait mieux entendre sa voix, les deux comtes convinrent (1) de prendre pour arbitres deux membres du Sacré-Collége, arrêtèrent que le mariage de Béatrix fille du comte d'Armagnac, avec Gaston fils du comte de Foix, serait le principal nœud de leur réconciliation, et stipulèrent que, si les deux cardinaux ne pouvaient convenir des articles, le pape prononcerait lui-même en dernier ressort. Mais le départ de la cour romaine pour l'Italie rendit cette convention inutile, et l'on se battit de nouveau.

La querelle s'était déplacée, et en se déplaçant elle menaçait de s'envenimer. Gaston continuait ses hostilités contre la comtesse de Comminges; Jean, de son côté, armait en sa faveur. Une rencontre eut lieu sur les terres de la comtesse; les troupes de Gaston furent totalement défaites (2). Vingt-sept chevaliers restèrent entre les mains de Guillaume Raymond de Durfort chef des Armagnacs, et durent payer une très-grosse rançon. De ces vingt-sept prisonniers nous ne connaissons que les seigneurs d'Andouins et de Miossens, et Amanieu de Viella.

(1) Dom Vaissette, page 387. — (2) Idem, page 360.

Cette lutte servait de prétexte à des courses qui quelquefois allaient atteindre des lieux amis. Comment réfréner toujours des gens armés à qui il fallait une proie, n'importe à qui elle appartînt. Nous voyons qu'à cette époque le Bâtard d'Armagnac, à la tête d'un corps de routiers, rançonnait les environs de Toulouse et y commettait tous les désordres qu'auraient pu commettre des ennemis. La duchesse d'Anjou fut obligée d'envoyer le viguier de Toulouse à Jean II pour se plaindre de son frère et le prier de le rappeler au devoir.

Le duc son mari s'intéressait toujours vivement à ramener la paix entre ces familles. Gaston et Jean convinrent le 15 décembre de le prendre pour arbitre. Ils n'en poursuivirent pas moins les hostilités, et le comte de Foix assiégea la ville de Cazères, ancien théâtre d'humiliation de Jean Ier, et que son fils plus heureux avait enlevée à Gaston. Il pressait vivement la place, et les assiégés manquant de vivres comme dans le premier siège étaient aux abois, lorsque (1) le duc d'Anjou députa aux deux concurrents son chambellan Jean du Breuils et deux autres seigneurs de sa suite.

Leur mission obtint un succès complet. Après quelques conférences ils conclurent (12 novembre), devant Cazères, une convention (2) dont les points principaux étaient, 1° que le comte d'Armagnac compterait à son rival cent mille livres, et qu'à ce prix la garnison de Cazères sortirait de la place avec armes et bagages; 2° que les ôtages donnés pour le payement de cette somme ne seraient point chargés de chaînes ou jetés en prison, mais conduits en lieu sûr et traités honorablement; 3° que les différends des trois maisons seraient soumis à

---

(1) Dom Vaissette, page 360. — (2) Idem, tom 4. Preuv., p. 335.

l'arbitrage du duc d'Anjou; qu'en attendant on remettrait entre ses mains les places que les contendants avaient prises les uns sur les autres; que tous leurs prisonniers seraient mis en liberté, que les parties se rendraient à Tarbes devant le duc d'Anjou, enfin qu'il y aurait entr'elles trêves sévèrement gardées de ce moment jusqu'à huit jours après l'entrevue de Tarbes. Pour donner plus de poids à la convention, les divers articles en furent jurés sur la croix et les saints évangiles, du côté du comte de Foix, par Gaston lui-même et par les comtes de l'Isle-Jourdain et d'Astarac, le vicomte de Castelbon, le sénéchal de Gascogne, le sénéchal des Landes, le sire de Mauléon, messire Pierroton d'Ornezan et messire Jean de Lantar; et au nom du comte d'Armagnac et de la comtesse de Comminges, par le comte de Pardiac, le sire d'Albret, les seigneurs de Lagoyran et de Fimarcon, Bertrand de Fossat et quelques autres.

Le duc d'Anjou ne tarda pas à se mettre en route pour Tarbes (1). Gaston et son fils s'y rendirent de leur côté avec une suite nombreuse. Le comte d'Armagnac retenu au château de Gages dans le Rouergue par une maladie, s'y fit représenter par le patriarche d'Alexandrie, son oncle, et par quelques-uns de ses parents. La comtesse de Comminges y députa aussi quelques seigneurs munis de pleins pouvoirs. Un trône fut dressé dans la partie supérieure du palais épiscopal appelé la Sède, le 27 janvier 1377. Le duc s'y assit et fit comparaître devant lui le comte de Foix et son fils, Arnaud Guilhem comte de Pardiac, Menaud de Castelper, Arnaud sei-

(1) Voir, pour tous ces détails, dom Vaissette, tom. 4. Preuves, pages 334 et suivantes.

gneur de Gimat, Bernard de Rivière sénéchal d'Armagnac, Géraud de Jaulin seigneur de Villeneuve, chevaliers, Maurin de Biran, damoiseau, seigneur de Puységur, et Pierre Bayle licencié en droit, chancelier de Jean II, représentant le comte d'Armagnac, et Gaillard de Benquet, Bertrand de Léglise, Guillaume de Manent, Géraud de Sariac et Bernard d'Orbessan, mandataires de la comtesse de Comminges. Il leur fit renouveler sur la croix et sur les saints évangiles le serment de se soumettre à la sentence qu'il prononcerait. Le 3 février suivant, le duc s'asseyant sur le même tribunal en présence de toutes les parties et de quelques prélats, d'une foule de barons qui remplissaient la salle et d'une multitude immense de peuple qui assiégeait les abords du palais, rendit enfin la sentence basée sur les conventions de Cazères. Il donna pour sanction à son jugement le mariage de Béatrix avec le jeune Gaston, et ordonna que l'observation de ce jugement fût jurée sur-le-champ, d'un côté par les deux Gastons, par les comtes d'Astarac et de l'Isle-Jourdain, par le vicomte de Couserans, et par les deux bâtards de Béarn, Arnaud Guilhem et Pierre, et de l'autre par le sire d'Albret, le comte de Pardiac, les sires de Labarthe et de Castelper et tous les commissaires; ce qui fut exécuté sur-le-champ. Il devait être renouvelé plus solennellement ailleurs.

Le duc, se levant aussitôt de son tribunal, s'achemina vers la cathédrale au milieu d'un concours immense. L'évêque de Lodève officia, et pendant le saint sacrifice, le prélat présenta le saint des saints à toutes les parties qui, les genoux à terre et les mains levées vers le Dieu vengeur de la foi mentie, s'engagèrent avec joie à maintenir l'arrêt. Le patriarche d'Alexandrie et les évêques de St-Brieux, de Lescar, de Tarbes, entouraient l'autel et ajoutaient par leur présence à la gravité de l'engagement.

Ces serments réitérés attestent qu'on craignait de ne jamais lier assez les deux familles rivales et leur arracher les armes des mains. En effet, malgré toutes ces précautions, la confirmation du traité se fit attendre. On éleva de part et d'autre des difficultés nouvelles: la conclusion se traîna ainsi deux ans entiers ; mais enfin Jean II donna procuration à Jean seigneur de Magnaut, à Sans de Sariac prieur de Madiran et à Maurin de Biran seigneur de Roquefort, et promit de faire ratifier ces pouvoirs par Jean son fils et Marguerite de Comminges sa belle-fille. Les trois procureurs se rendirent à Orthez et convinrent avec Gaston et son fils qu'ils jureraient ensemble les articles suivants : 1° que le mariage de Béatrix serait conclu et que sur les cinquante mille francs promis on en prendrait dix mille pour les ajustements ou joyaux ; 2° que les prisonniers seraient mis en liberté de part et d'autre; 3° que le comte de Foix se rendrait la veille des Rameaux dans la ville d'Aire, et le comte d'Armagnac dans la ville de Barcelonne, situées à quelques pas l'une de l'autre, et que là se feraient la ratification définitive de cette laborieuse convention et l'échange des prisonniers.

Les deux comtes et leurs enfants furent fidèles au rendez-vous. Le dimanche des Rameaux au milieu d'un concours plus grand encore que le premier, ils se réunirent dans une vaste place choisie à moitié distance des deux villes et sur laquelle s'élevait une maison de planches. Un autel y avait été dressé. L'évêque de Lectoure chanta la messe, et quand le saint-sacrifice toucha à sa fin, le célébrant éleva l'hostie et les deux comtes jurèrent, leurs mains droites sur le corps du Dieu trois fois saint, que désormais ils tiendraient, observeraient et accompliraient toutes et chacunes des clauses contenues dans la précédente convention, qu'ils ne feraient ni ne tenteraient de faire rien qui y fût contraire, et que dans le cas où ils y manqueraient ils voulaient avoir renié Dieu, se vouaient à la damnation de leurs corps et de leurs âmes, prenaient le diable pour seigneur et choisissaient leur sépulture dans l'enfer. A ces mots, ils partagèrent l'hostie consacrée qui avait reçu leur serment et que leur présenta l'évêque. Après les pères, les deux jeunes comtes leurs fils prétèrent un serment semblable et furent communiés avec la même hostie partagée en deux. Béguier de Gallard, tuteur de la jeune comtesse de Comminges, fiancée au fils du comte d'Armagnac, s'engagea sous la garantie des mêmes imprécations au nom de sa pupille. Philippe, patriarche de Jérusalem, administrateur perpétuel du siége d'Auch, assistait à cette cérémonie avec les nobles et puissants seigneurs Jean de Labarthe seigneur d'Aure, Ayssius de Montesquiou seigneur de Bazian (*), Odon de Montaut seigneur de Gramont, Manaud de Barbazan, Bernard de Rivière sénéchal d'Armagnac, Arnaud d'Arbieu (**) sénéchal de Lomagne, Guilhem de Cieutat, Arnaud Guilhem et Pierre de Béarn, Bernard de Villemur, Peyrotet d'Ornezan, Raymond de La-

(*) Le comte d'Armagnac venait de donner la seigneurie de Bazian à Ayssius de Montesquiou, en réservant l'hommage et le serment de fidélité. (Coll. Doat).

(**) La famille d'Arbieu a donné son nom au village de Castelnau près de Fleurance.

lanne, Arnaud Guilhem de Mauléon, Comtebon d'Antin, Espagnolet du Lyon, Raymond de Miramont, Pierre Dugros, Arnaud de Lavedan, Ménéduc de Pausadé, Aimerigot de Comminges, Bernard, bâtard de Comminges, Maupot du Lin et quelques autres seigneurs de Foix, de Béarn, d'Armagnac et de Comminges. Ainsi fut terminée cette querelle qui avait divisé les maisons de Foix et d'Armagnac pendant quatre-vingt-neuf ans et amené entr'elles des combats presque continuels.

Béatrix, le gage de cette paix, laissait déjà pressentir l'éclatante beauté qui devait la rendre célèbre, et elle rehaussait ses charmes par un caractère vif et enjoué. On ne l'appelait que la gaie Armagnagaise. Le contrat de mariage fut passé le lendemain (4 avril 1379). Le souverain-pontife s'était empressé d'envoyer les dispenses nécessaires. L'évêque de Lectoure célébra ce jour-là même les fiançailles dans le château de Manciet.

Le jeune Gaston, tenant d'une main l'évêque de Lectoure et de l'autre Béatrix, déclara la prendre pour épouse, et Béatrix déclara prendre Gaston pour époux. Ils confirmèrent aussitôt leur engagement par un baiser. L'évêque de Lescar et Sans du Céris prieur de Madiran, procureur du comte, requirent aussitôt un acte notarié de tout ce qui s'était passé. Cet acte fut dressé (1) en présence de Pierre de Navailles, Jean vicomte d'Orthe, Louis d'Engay et Arnaud de Busca désignés pour servir de témoins par Gaston Phœbus, et devant Jean d'Armagnac, frère de Béatrix, Bernard abbé de Simorre, Jean de Labarthe, Aymeric de Gallard, chevaliers, Arnaud d'Armau sénéchal de Lomagne, et Ber-

(1) Coll. Doat. tom. 36.

nard Duprat licencié en droit, nommés par le comte d'Armagnac. Béatrix apportait à la maison de Foix vingt mille livres de dot.

Les nôces eurent lieu quelques jours plus tard, mais le mariage ne fut jamais consommé, le plus âgé des deux époux n'ayant alors que onze ou douze ans. Le ciel ne bénit point leur union. On eût dit qu'ils avaient été marqués l'un et l'autre comme deux victimes destinées à expier le sang versé par les haines mutuelles de leurs aïeux. Gaston périra bientôt sous le stylet de son père au fond d'un cachot, et la gaie Armagnacaise plus malheureuse encore, ira promener ses infortunes au delà des Alpes et chercher une mort presqu'aussi tragique sous un ciel étranger. Ce mariage avait été précédé de celui de Jean frère de Béatrix, qui avait accompagné sa sœur à Barcelonne et à Manciet. Il s'unit à Marguerite de Comminges. Jeanne, mère et tutrice de Marguerite, avait d'abord promis (1) de donner sa fille à Bernard, second fils du comte d'Armagnac, et s'était engagée à faire ratifier cette promesse par douze barons ou gentilshommes et par douze consuls des villes principales de son comté. Elle voulait reconnaître ainsi non seulement les services qu'elle avait reçus de Jean d'Armagnac, mais encore les sommes qu'il avait dépensées pour la soutenir et qui s'élevaient à plus de six cent mille francs d'or. Mais bientôt oubliant ses promesses et son âge et foulant aux pieds les lois de la reconnaissance, elle projeta d'épouser elle-même Charles-le-Mauvais et de marier sa fille au prince de Navarre fils de Charles. Ce projet, ayant transpiré, souleva les

(1) Même coll. et même tom. Grands Officiers de la Couronne. L'Art de vérifier les Dates. Dom Vaissette.

seigneurs du pays. Ils s'assemblèrent sous la présidence d'Aymeric Roger et de Bernard de Comminges parents de la jeune pupille et craignant que leur maîtresse ne précipitât un dénoûment qu'ils redoutaient, ils établirent une garde sûre autour de la ville de Muret que Jeanne habitait avec sa fille. En même temps ils firent prévenir le comte d'Armagnac. Seulement à la place de Bernard, ils lui demandèrent Jean son fils aîné ; parce que le voyant plus âgé ils le jugèrent plus propre à gouverner le Comminges.

Le comte accourut en toute hâte, suivi de son fils, et escorté de forces imposantes sous prétexte que les courses de la garnison de Lourdes commandaient cette précaution. Il envoya sommer Jeanne de tenir sa promesse. Celle-ci, accusant sans doute le comte d'Armagnac d'avoir soulevé contr'elle les seigneurs du Comminges ou de les avoir encouragés, se refusa hautement à passer outre, et pour mieux braver le comte et lui témoigner toute la haine qu'elle lui avait vouée, elle protesta qu'elle livrerait plutôt à ses ennemis la moitié du comté ou même qu'elle aimerait mieux mourir avec ses deux filles. Le comte d'Armagnac s'étonna ou feignit de s'étonner d'une réponse aussi violente. Les seigneurs du Comminges s'en montrèrent souverainement irrités et conjurèrent le comte de terminer un mariage arrêté depuis longtemps. Jean répondit qu'il n'userait jamais de force ; mais que si l'on conduisait Marguerite à son fils, il consentirait au mariage qu'ils sollicitaient. En même temps il se retira dans le couvent des Cordeliers. Les seigneurs coururent aussitôt chercher Marguerite. Celle-ci, moins prévenue que sa mère contre la maison d'Armagnac, se prêta de bonne grâce à ce que désiraient ses vassaux et se rendit de son gré et sans aucune violence dans l'église du couvent où e mariage fut béni aux applaudissements des seigneurs et des députés des villes qui reconnurent le jeune comte pour leur maître.

Outrée de cette union qu'elle abhorrait, Jeanne se répandit en menaces. Le vieux comte, comprenant qu'il était de son intérêt de s'assurer de sa personne et poussé d'ailleurs par les seigneurs du Comminges qui craignaient que les violences de cette mère irritée n'amenassent la ruine de leur pays, lui fit proposer de suivre sa fille et son gendre sur les terres d'Armagnac, et sur un refus que tout faisait prévoir, il la fit enlever et la fit conduire au château d'Auvillars où il l'entoura d'une société de gens notables, mais dévoués aux intérêts de son fils. Il la transféra ensuite au château de Lectoure, pour la transporter, disait-il, dans un séjour plus agréable, mais dans la réalité pour pouvoir mieux surveiller ses intrigues.

Jadis, les comtes d'Armagnac, comme presque tous les seigneurs puissants, plaçaient leurs actes sous la sauve-garde de leur épée. Mais la royauté avait grandi en France, et toute violence avait besoin de son pardon. Le comte d'Armagnac, craignant d'être inquiété, résolut de prévenir ses ennemis. Il s'adressa au duc d'Anjou. Le duc ne pouvait blâmer un acte qui mettait de vastes domaines dans des mains dévouées à la France. Il octroya (1) au comte d'Armagnac des lettres de rémission pour l'enlèvement et pour le mariage, mais comme Marguerite était bien jeune encore, il lui donna

---

(1) Dom Vaissette, page 362.

pour tuteur, à la sollicitation de la noblesse et des communes du Comminges et sans doute aussi à l'inspiration du comte d'Armagnac et de son fils, Béguier de Gallard chevalier de la Lomagne. Le duc d'Anjou, après avoir approuvé le mariage du fils, voulut aider à payer la dot de la fille. Il ordonna en conséquence à son receveur général du Languedoc (4 mars 1377) de compter au comte d'Armagnac quarante-trois mille francs d'or.

Il n'était pas rare à cette époque de voir les membres d'une même famille suivre des drapeaux opposés. Pendant que Béguier de Gallard recevait la récompense de son dévouement à ses maîtres, Pierre de Gallard (1) son frère ou son cousin, conduisait des bandes anglaises et prenait des places sur les Français. La garnison de Lourdes surtout se rendait redoutable. Profitant d'un moment où le pays était dégarni de troupes, elle s'élança à travers le Bigorre, franchit l'Armagnac, et s'abattit sur la ville de Valence (2) qu'elle prit et pilla. Déjà les vainqueurs allaient la livrer aux flammes, lorsque les habitants se rachetèrent d'une destruction complète en s'engageant à leur livrer une forte rançon dont ils comptèrent la plus grande partie. Douze cent livres restaient encore dues. Pour garantie du paiement il fallut livrer Géraud de Verduzan et quelques autres seigneurs qui furent conduits à Lourdes et jetés dans la prison commune. Le comte d'Armagnac désirant hâter leur délivrance, engagea Amanieu d'Antras, Arnaud Guilhem de Monlezun, seigneur de Meilhan et Arnaud de Lasseran, seigneur de Mansencomme, à prêter la somme qui leur fut cautionnée par Jean Dupuy et Guillaume Dausos, syndics de la ville, assistés des consuls

---

(1) Dom Vaissette, page 362. — (2) Coll. Doat, tom. 36.

Pons d'Astarac, Jean de Labannon et Arnaud de Lagay (février 1378).

Mais tous les bruits des combats furent quelque temps étouffés par un événement bien autrement grave pour la chrétienté que ces courses armées, que des dissensions sans cesse renaissantes entre des seigneurs remuants ou même que la grande lutte entre la France et l'Angleterre.

NOTES.

NOTE Ire, page 40.

Le comté de Bigorre étant dans la main du roi, il voulut être informé de l'état du pays. A cet effet, il donna commission au sénéchal de Toulouse pour faire une enquête sur la valeur des fiefs et arrière-fiefs. Le sénéchal de Toulouse subdélégua Jean Fronton, procureur du roi en Agenois. Ce subdélégué appela le procureur du roi en la sénéchaussée de Toulouse et le procureur de l'église du Puy. Il prit aussi l'avis du sénéchal de Bigorre et de deux notables prud'hommes du pays, par leurs lumières et leurs instructions. Il vérifia les droits du comté sur les anciens rôles; et afin que cet examen s'en fît avec plus de netteté, cette enquête partagea la province en baillies, ou vigueries, savoir : celles de Tarbes, de Bagnères, de Mauvezin, Goudon, Lavedan, Barèges et Vic.

La viguerie de Tarbes comprenait les lieux d'Odos, Azereis, Juillan, Montgaillard, Adé et Orleix. Le revenu était de quatre cents livres morlanes.

Celle de Bagnères consistait dans les lieux de Pouzas, Baudéan, Ordizan, Ciutat, Pomaroux, Trebons, Labassère et Campan. Son revenu, outre la juridiction, était de soixante-quinze livres morlanes.

Mauvezin s'étendait sur le château et lieux de Capbern, (*de capite brevi*, de tête courte,) Bourg, Espieilh et Chelles, donnant de revenu avec la juridiction quatre-vingt-cinq livres morlanes.

Lavedan et ses vallées, trente-cinq livres morlanes.

Goudon rapportait dix-neuf livres dix sols morlans.

Vic avec sa juridiction donnait trois cents livres morlanes de rente, de sorte que le revenu total du comté allait à la somme de neuf cent quatorze livres dix sols morlans, c'est-à-dire trois fois autant en livres tournoises ; sur quoi on payait les châtelains. Pour celui de Mauvezin cent livres, pour celui de Campan, deux sols par jour. On payait sept sols huit deniers pour le château de Ste-Marie-de-Barèges, qui était obligé d'entretenir quatre soldats. On payait autant à celui de Bidalos. Nous avons déjà dit que le château de Lourdes appartenait au roi Philippe-le-Bel, comme dépendant du royaume de Navarre, avenu à la reine Jeanne son épouse, par la mort du roi Thibaut son oncle, à qui le comte de Leicester l'avait cédé. Ce château était gardé par une bonne garnison, dont les gages se payaient à la recette de Toulouse.

La même enquête dit que la haute justice appartenait au comte dans tous les lieux, même dans les terres des barons avec le droit d'armée, chevauchée et amendes, qui excèdent cinq sols morlas. Elle excepte pourtant le lieu de St-Sever de Rustan où l'abbé jouissait de la moitié des amendes, et le lieu de Caixon, où l'évêque avait la justice. Il y est fait mention de douze barons nommés dans l'ordre suivant sans qu'il soit observé, dit M. de Marca, qu'ils doivent tenir entr'eux ce rang ni aucun autre. Ce savant auteur remarque aussi que les maisons qui avaient dans ce temps la dignité de barounie sont réduites à huit, et que leurs puînés sont compris entre les barons comme les aînés. Ces douze barons sont : Arnaud de Lavedan, Arnaud-Guillaume de Barbazan, Boscus de Benac, Raymond-Aymeric de Bazillac, Thibaut des Anglès, Arnaud Raymond de Castelbajac, Pelegrin de Lavedan, Comtebon d'Antin, Pierre d'Esparros, Bernard d'Esparros, Pierre de Castelbajac, Bernard d'Asté. Le revenu de ces douze barons fut évalué à cent quatre-vingt-cinq livres morlanes, et celui de quatre-vingt-quinze gentilshommes à douze cent vingt-trois livres. Il paraît que dix huit gentilshommes relevaient des barons de Lavedan, d'Asté, de Benac, de Bazillac et d'autres. Le revenu de ces arrière-fiefs est estimé quatre-vingt-dix livres dix sols morlans.

On déclare que la cité de Tarbes, séparée du Bourg par muraille et fossé, appartient à l'évêque de Tarbes avec les châteaux de Caixon et de Marseillan. On fait mention des abbés de St-Sever de Rustan, de St-Savin et de la Réole. On y omet celui de St-Pé, peut-être parce que le roi en possédait le bourg, comme dépendant du château de Lourdes. Il y est fait mention du prieur de St-Lezé ou Lizier, et du commandeur de Bordères et d'Oreillan.

Quoique le pays de Rivière-Basse eût été démembré depuis longtemps, comme nous l'avons vu, le commissaire voulut en prendre connaissance. En effet, il était compris dans la même contestation que le reste du comté. On y évalua donc Castelnau, Maubourguet, Ladevèze, Sauveterre, Auriebat, Mazères, Villefranque, la moitié du bourg de Tasque, à trois cents livres morlanes. On y fait aussi mention de l'abbé de Tasque, du prieur de Madiran, du vicomte de Rivière, seigneur de Labatut et de dix-neuf gentilshommes, savoir: Troncens, Estirac, Sombrun et autres. (*Extrait de l'Histoire manuscrite du Bigorre*, par l'abbé Duco.)

NOTE 2ᵉ, page 46.

Gaston Phœbus, arrière-petit-fils de ce Gaston compléta la législation du Béarn. Nous la ferons connaître dans le volume suivant quand nous aurons raconté la mort de Gaston Phœbus. A sa place, nous donnerons ici les modifications que subit l'architecture dans les deux siècles que parcourt ce volume. Nous devons ce nouvel aperçu à la même plume qui a tracé le premier.

PRINCIPAUX CARACTÈRES ARCHITECTONIQUES
DES MONUMENTS RELIGIEUX
CONSTRUITS AU MOYEN-AGE.

XII° Siècle.

A propos des grandes arcades que supportent, dans les basiliques, les piliers de la maîtresse-nef, nous avons dit ailleurs (1) que « la courbe est quelquefois légèrement » brisée à la clef, même dans les édifices des dernières » années du xi° siècle, et que cette forme semble déjà » tendre à l'arc pointu », c'est-à-dire à l'ogive.

Ce dernier mot, qu'on écrivait d'abord augive [*augere*, augmenter, dans le sens de fortifier, soutenir (2)], désigne aujourd'hui toute arcade qui forme un angle curviligne composé de deux arcs de cercle à rayon égal.

A partir de 1095, l'ogive, dont la véritable origine est encore un problème (3), ne tarda pas à disputer au cintre roman ou romain, la place qu'il avait si longtemps exclusivement occupée dans les constructions civiles et religieuses. Et cette différence capitale établit un caractère essentiellement distinctif entre l'architecture nouvelle et celle qui l'avait précédée.

Quoiqu'il en soit de la véritable patrie et de l'époque précise où elle aurait commencé à se répandre dans les régions occidentales, il paraît incontestable que, dès la première moitié du xii° siècle, l'ogive était en usage dans le sud de la France, si ce n'est par système architectonique, du moins comme variété d'arcade. Mais il est tout aussi

---

(1) Tome II, page 474 DE L'HISTOIRE DE LA GASC.
(2) Rex regum mundi venerabilis ille Philippus,
Catholicæ fidei calidus defensor et œis.
          Nicolaüs de Braja, in Ludov. VIII. pag. 200.
(3) M. de Caumont, ARCHITEC RELIG chap. VIII. Et Batissier, HISTOIRE DE L'ART MONUM, pag. 497.

certain que l'architecture romane, ou de l'époque *latine*, en tant qu'elle serait caractérisée par le plein-cintre, y a régné concurremment avec le nouveau style.

C'est principalement à partir de la première Croisade que la lutte est manifeste. Il serait trop long d'en rechercher ici les causes dans l'influence des idées orientales. Nous nous contenterons de la signaler comme un fait : la plupart de nos édifices de quelque importance, construits de 1110 à 1200, présentent invariablement le mélange des deux formes, jusqu'à ce que le triomphe est définitivement assuré à l'ogive. Or, ce développement progressif, d'abord assez peu sensible, mais soutenu, caractérise, en réalité, l'architecture du xiie siècle, que, pour cette raison, on est convenu d'appeler architecture de *transition*.

Du reste ce n'était pas seulement l'art de bâtir qui se transformait alors sous l'inspiration des idées religieuses, non moins que par l'étude et l'application des sciences abstraites. Les écoles monastiques avaient déjà formé, en divers genres, des maîtres habiles (1) : une vigoureuse impulsion était donnée à tous les arts qui peuvent contribuer à l'ornement des temples ; les peintres, les mosaïstes, les orfèvres, les sculpteurs, etc., etc., exécutaient, de toutes parts, des travaux dont l'élégance, la délicatesse, la correction et la variété dans le dessin étaient, de jour en jour, plus admirables.

FORME GÉNÉRALE DES ÉGLISES. — Le xiie siècle n'opéra aucune modification importante dans la disposition générale des édifices religieux. Presque tous les nouveaux plans furent calqués sur ceux que la période romane, ou romano-byzantine avait adoptés dans le siècle qui précède. Toutefois la forme ronde des coupoles byzantines, que Charlemagne avait préférée pour le célèbre oratoire impérial qui changea le nom de l'antique *Aquisgranum* en celui d'Aix-la-Chapelle, trouva quelques imitateurs. Ils furent encore plus nombreux lorsque les pérégrinations orientales eurent

(1) L'ART ET LES MOINES, par M. le comte de Montalembert.

appris aux Occidentaux que le magnifique temple du Saint-Sépulcre de Jérusalem était également construit sur un plan circulaire.

Du reste, quoique la rotonde du Saint-Sépulcre ait environ 90 mètres de circonférence, elle n'est pourtant elle-même qu'une partie latérale de l'immense *Croix* que formait la grande église du Calvaire. Dans sa totalité, ce riche monument de la piété de Sainte-Hélène, dévasté une première fois par les Perses en 614, plus tard par les Turcs en 1009, et réédifié quelque temps après, comprenait (1) l'endroit où J.-C. fut crucifié, celui où la Croix fut dressée, le rocher fendu au moment de sa mort; le sépulcre enfin et le lieu où il apparut, après sa résurrection, à Sainte Magdeleine. Or, n'est-il pas facile de comprendre comment l'enthousiasme des Croisés pour les LIEUX SAINTS dut les porter à reproduire en Occident les dispositions générales de *Sainte-Croix* de Jérusalem? Et ne pourrait-on pas même expliquer, par là, la forme de croix plus ou moins orientale, adoptée dans quelques édifices du XIIe siècle, même dans notre Gascogne?—Généralement une coupole ouverte à l'intérieur de l'édifice, est arrondie sur pendentifs, ou à huit pans comme à Simorre, au-dessus du carré d'intersection que forment les deux axes; et l'édifice est sans collatéraux (2).

1. LE CHŒUR. — « Vers la fin du siècle précédent, et
» surtout dans le XIIe, on introduisit, ou du moins on pro-
» pagea une modification importante à l'ancienne dispo-
» sition intérieure des basiliques, par le prolongement des
» bas-côtés au delà du transsept. Le chœur s'étendit insen-
» siblement de l'est à l'ouest. Il finit même par se détacher
» entièrement du sanctuaire primitif ou de l'abside, de

(1) PÈLERINAGE A JÉRUSALEM, par J. M. de Géramb, Lettre XVIe.

(2) Les huit petites ouvertures qui éclairent la coupole octogone de Simorre (Gers) sont en forme de mitre, avec un très petit jour trilobé.

» manière à occuper environ le tiers de la longueur totale,
» et à former comme une espèce de petite église, dans une
» autre plus grande » (1). Ce prolongement semi-ellipti-
que des collatéraux fut appelé le *déambulatoire*. Presque
toujours il fut bordé de chapelles.

II. APPAREIL. — On employait ordinairement le même
appareil qu'au XIe siècle. Le *moyen* semble pourtant avoir
eu, en divers lieux, la préférence.

III. ORNEMENTS. — Les MOULURES *unies*, plus ou moins
saillantes sur le nu des murailles, sont, dans le XIIe siècle,
les mêmes qu'au XIe. Le tore continue d'être leur élément
presque invariable. Seulement l'exécution matérielle est
plus soignée, et le dessin mieux entendu. Les corniches, le
front des tailloirs, les bandeaux des arcades, sont aussi
plus surchargés de polygones en damier, de têtes de clous,
de pointes, de diamants, d'oves, de perles grandes et
petites, de besans, etc. etc. — Quant aux MOULURES *ornées*
de sculptures en creux ou en relief, elles se multiplient
avec une incroyable variété, même sur les supports et
autres parties de construction, qui, jusque là, restaient ordinairement lisses. Nous citerons les imbrications, les
galons perlés, les bandelettes rehaussées de trèfles, de
violettes, d'étoiles, de croisettes, de fleurons et de quatre-
feuilles; les dentelles et diverses ciselures imitant le tissu
des étoffes orientales; plusieurs autres dessins à découpures élégantes, difficiles à décrire, mais que l'observation
aide bien vite à reconnaître. Enfin les fleurs que les Croisés
avaient cueillies en Orient s'unissent aux produits du sol
natal, pour composer de gracieuses guirlandes, des rin-
ceaux et des enroulements à volutes végétales, le tout
plus habilement fouillé qu'aux époques antérieures.

Jusqu'au XIIe siècle les essais, encore assez rares, en
statues et bas-reliefs, avaient eu peu de correction, surtout
comparativement au fini de certaines moulures *ornées*.

(1) HISTOIRE ARCHÉOLOGIQUE de Sainte-Marie d'Auch.

Mais l'influence bysantine change l'aspect des monuments occidentaux, en réveillant le goût de la statuaire. Aux traditions de l'art antique, déjà bien modifiées au sein des catacombes (1), l'art religieux avait substitué les inspirations de la pensée chrétienne. Et les nouveaux sujets ayant reçu, dans l'Orient, une sorte de consécration, l'Occident les adopte, et reproduit presque partout les mêmes types, dans les scènes que l'histoire et la symbolique avaient livrées au choix de l'artiste, sous la direction des règles établies en 787, au second Concile de Nicée (2).

IV. CONTRE-FORTS. — Les contre-forts, à peu près les mêmes quant à la forme, prennent plus de saillie, à proportion que les voûtes, dont ils contrebalancent la poussée, deviennent plus importantes. Peut-être le système des arcades en *quart de cercle* jusque là réservées aux collatéraux, donne-t-il naissance aux *arcs-boutans*, vers la fin du XIIe siècle, par son application à l'extérieur de l'édifice. Quoiqu'il en soit, ces arcs rampants, d'abord fort lourds, prirent leur point d'appui sur le flanc des hauts-murs goutteraux, et au-dessus des contre-forts, tout autour de la maîtresse-voûte.

V. CORBEAUX. — Les corbeaux sont encore les mêmes. Mais de petites arcatures aveugles les séparent plus ordinairement des corniches qu'ils supportent; et celles-ci semblent prendre un peu plus de caractère antique.

VI. PILIERS. — Les piliers sont moins lourds et plus généralement cantonnés de colonnes. Celles-ci deviennent plus élégantes et plus sveltes. Elles ont parfois le fût annelé, rehaussé de sculptures disposées en spirale, en zig-zag, ou de tout autre façon. Leur base est à peu près attique; mais le tore inférieur tend à s'aplatir; et un appendice en forme de griffe, de feuille, de fruit, de globe, etc. etc., se rattache quelquefois aux angles du socle ou de la plinthe.

---

(1) ROMA SUBTERRANEA de Bosio et Aringhi, 2 vol. in fol.
(2) P. Labbe, Conc. tom. VII. — Actio VI. Nic. II.

VII. Chapiteaux. — Les chapiteaux sont à peu près les mêmes ; si ce n'est que dans leur feuillage en touffe et recourbé, il y a souvent une imitation plus satisfaisante de la corbeille corinthienne ; ou bien que dans leurs bas-reliefs on paraît donner généralement la préférence aux scènes des deux Testaments.

VIII. Arcades. — Les arcades présentent définitivement mélange d'ogive et de plein-cintre, dans le même édifice. Toutefois l'ogive a la préférence partout où les arcades doivent prendre un grand développement, comme aux voûtes, à l'inter-transsept et dans les communications entre les nefs ; tandis que le plein-cintre couronne les portes, les fenêtres et les modillons, etc., etc. L'application de ce principe est de la dernière rigueur dans la petite basilique construite par les Bernardins de Flaran (1), dans les premières années de la seconde moitié du xiie siècle. Elle est encore en assez bon état de conservation, ainsi que le cloître, grâce aux bons soins de M. Laurent.

IX. Portes. — Les portes nous offrent même disposition et même forme, sauf les cas où l'on préfère l'ogive. — Quant à l'ornementation, elle devient très-riche, surtout aux portes des façades principales. Les bas-reliefs, à scènes très-variées, tapissent les tympans. Les archivoltes et les voussures se couvrent de statuettes ; quelquefois on y trouve les signes du zodiaque et les sujets allégoriques correspondants aux quatre saisons. A l'entre-deux des colonnes, devenues plus nombreuses sur les parois latérales des portes, et jusqu'aux différents étages de la façade, les statues des rois, des reines, des prélats, des personnages historiques de l'Ancien et du Nouveau Testament, des patrons et des bienfaiteurs de l'église, étalent, dans leurs niches cintrées, de longues tuniques recouvertes d'une espèce de manteau, dont l'ouverture laisse voir de très-riches étoffes bordées de galons à l'orientale. Or, ces différentes figures, statues

---

(1) Monastère fondé en 1151, près de Valence, dép^t. du Gers.

ou bas-reliefs, à buste raide et allongé, dépourvu de mouvement, reproduisent toutes l'imitation d'un type à peu près uniforme, non seulement par le costume, mais encore dans la tournure, la physionomie et l'ensemble des traits du visage.

X. Fenêtres. — Les fenêtres conservent les mêmes caractères qu'au siècle précédent, à moins qu'elles n'empruntent les formes ogivales. Dans ce dernier cas, elles sont encore archivoltées de moulures romanes, comme les fenêtres à plein-cintre. Sur les façades il n'est pas rare de rencontrer des fenêtres géminées ; et au-dessus de l'extrados une *rose* s'arrondit, étalant ses gracieux compartiments, à forme encore un peu sévère, ou bien déjà rayonnante comme les pièces d'une roue.

XI. Voûtes. — Les voûtes sont comme au siècle précédent, sauf les cas assez nombreux où le cintre cède sa place à l'ogive, parce que les conditions de plus grande solidité qu'elle présente inspirent désormais plus de confiance aux architectes.

XII. Clochers. — Enfin les clochers sont, à peu de chose près, les mêmes qu'au xie siècle. Seulement la forme octogone est plus souvent adoptée pour les étages qui dominent la tour. Sous les clochetons des angles, « les pen- » dentifs résultant de ce passage du carré à l'octogone, » sont ordinairement voûtés en plein-cintre, et évidés » en forme de cul-de-four, à l'intérieur de la pyra- » mide » (1).

XIIIe Siècle.

Au xiiie siècle, le triomphe de l'ogive était définitif. Le plein-cintre devenait toujours plus rare, même dans les détails de l'édifice religieux ; et son rôle n'était plus que très-secondaire.

(1) M. de Caumont, Arch. Relig., chap. vii, pag. 179.

Toutefois, la nouvelle architecture emprunte, encore quelque temps, les souvenirs de l'ancien style. Elle n'acquiert guère avant l'année 1250, l'élégance, la légèreté et les heureuses proportions qui donnent au style ogival de cette période, tant de supériorité sur les deux autres, que nous verrons lui succéder dans le courant du xive et du xve siècles.

FORME DES ÉGLISES. — La basilique garde les dispositions dont nous avons déjà parlé. — Elle est aussi quelquefois à deux transsepts, en forme de croix de Lorraine. Le chœur s'allonge encore davantage. Le chevet est ordinairement à pans coupés. La chapelle terminale, presque toujours dédiée à la Vierge, prend plus d'extension que toutes les autres ; surtout dans les cas où l'édifice n'est point sous l'auguste patronage de Marie.

I. CRYPTES. — A partir du xiiie siècle, on ne construit plus de cryptes sous le rond-point ou sous le chœur des édifices religieux. Depuis que les autels se multipliaient dans les églises, il semble que ces chapelles souterraines n'étaient plus nécessaires, du moins à titre de dépôt des saintes-reliques. Aussi les exceptions furent-elles désormais fort rares. D'ailleurs « Dieu ne veut plus, dit le Titu-
» rel, poëme de cette glorieuse époque, Dieu ne veut plus
» que son cher peuple se rassemble d'une manière timide
» et honteuse, dans des trous et des cavernes. (1).

II. APPAREIL. — Le *petit* appareil est délaissé. Le *moyen* est peu en usage, et le *grand* n'est pas toujours bien régulier.

III. ORNEMENTS. — L'attention et les soins de détail ont, de préférence, pour objet les parties de l'édifice, où la pierre disparaît sous la prodigieuse variété de moulures et de sculptures de toute sorte, que le ciseau de l'artiste étale à sa surface. A la plupart des ornements déjà connus (2), mais traités dans le cours du xiiie siècle, avec

(1) Troisième chant.
(2) Les larges enroulements, les étoiles, les violettes, les perles, et plusieurs de ces ornements à facettes dont nous avons parlé ailleurs, sont abandonnés vers le milieu du xiiie siècle.

une finesse d'exécution toute particulière, viennent se joindre les feuilles entablées sur un ou sur deux rangs ; les pinacles à crosses végétales, les dais en couvre-chef, dont l'harmonieux ensemble réalise quelquefois tous les gracieux détails d'un monument complet reproduit en miniature. Ces dais sont les couronnements des innombrables niches que la statuaire peuple de saints et de personnages historiques. Ce ne sont plus, comme dans la première moitié du XIIe siècle, ces statues raides et immobiles, allongées en forme de gaîne, et à physionomie uniforme. La souplesse et le mouvement dans les poses, l'expression plus variée dans les figures dénotent le progrès de l'art. Mais ce qui frappe peut-être encore davantage, c'est l'incroyable profusion des bas-reliefs qui animent certaines parties de l'immense édifice, et spécialement les façades principales. « On ne peut penser sans étonnement au travail prodi-
» gieux auquel se sont livrés les sculpteurs de cette époque,
» lorsqu'ils ont entrepris de représenter de grands tableaux
» sur les portes des églises. On y voit quelquefois les
» quatre fins dernières de l'homme : la mort, le jugement
» dernier, le paradis, l'enfer, dans une suite d'actions
» diverses d'une étonnante complication. Suivant l'usage
» qui régnait alors, la plupart des autres tableaux en bas-
» relief offrent des scènes empruntées de l'Ancien et du
» Nouveau Testament. » (3).

IV. Contre-forts. — L'ogive, invariablement appliquée, dans le XIIIe siècle, à la construction des larges voûtes, favorisa leur élancement. Pour ménager à l'intérieur des formes encore plus sveltes et plus dégagées, les architectes rejetèrent entièrement les grandes masses de solidité en dehors de l'édifice : les contre-forts furent étagés par piles à ressaut ; et, toutefois, leurs fortes dimensions furent habilement dissimulées au moyen des arcs-boutans, superposés à double et triple rang, des clo-

(1) M. de Caumont, ibid. chap. IX, page 244.

chetons, des obélisques, des aiguilles, des statues, des habitacles à jour, etc., etc., de manière à former tout un nouveau système d'embellissement autour des églises ogivales. — A Simorre, les contre-forts qui buttent les six angles du chevet et des croisillons (ils se terminent carrément) sont de forme quadrilatère. Une pyramide romane de quatre ou cinq pans les couronne au-dessus des combles. De petites ouvertures cintrées éclairent ces espèces de guettes, que l'on dirait disposées pour un temps de guerre ; surtout à la vue des créneaux sans nombre qui donnent à tous les murs du dome et de la croix, sauf le pignon, une allure si menaçante.

V. Corbeaux. — Cette forme de consoles romanes avait disparu insensiblement vers la fin du xiiie siècle. Les petites arcatures qui étaient venues les embellir, pendant la période de transition, restaient seules au-dessous des corniches, lorsque les dents de scie ou les feuilles entablées ne venaient pas les y remplacer. Les balustrades à jour couronnent aussi à l'extérieur l'entablement des murailles, tant du petit que du grand comble, et forment des galeries autour de l'édifice.

VI. Piliers. — Les formes anguleuses des supports disparaissent généralement, ou parce que le pilier s'arrondit entre les colonnes engagées, ou parce que les arêtes sont à peine sensibles entre les faisceaux de colonnettes qui se groupent autour du massif. Le socle seul est carré ou polygone, s'il n'affecte pas la forme générale du pilier. La base des colonnes n'éprouve guère de changements, que dans le profil de ses moulures. Toutefois, vers la fin du xiiie siècle, elle est moins élevée, plus ramassée sur elle-même, vu que la scotie se convertit en gorge profonde, et que les tores s'applatissent. — Entièrement affranchi des règles classiques, le fût, encore annelé de distance en distance, s'allonge, et ne connaît souvent d'autres limites que la hauteur même de l'édifice.

VII. Chapiteaux. — Le tailloir des chapiteaux, dans la période qui nous occupe, est presque toujours à pans coupés, vigoureusement profilés de moulures très-saillantes. La corbeille, arrondie dans son pourtour, est très-évasée sur le haut, et décorée de feuilles à larges découpures, épanouies et recourbées au moins sous le tailloir, en forme de *crosses* ou de *crochets*. Sur le bas est un second ou troisième rang de feuilles découpées et isolées, mais sans crochet.

VIII. Arcades. — Toutes les arcades sont ogivales ; et leurs proportions sont parfois calculées, surtout aux fenêtres, de telle façon que le sommet et les impostes coïncident avec les angles d'un triangle équilatéral. C'est ce qu'on appelle plus spécialement l'ogive à *tiers-point*.

IX. Portes. — La baie a relativement plus de largeur aux portes principales. Si l'Église est peu ornée, les voussures sont garnies simplement de tores, sans sculptures, et les parois latérales de colonnes sans statues.

Mais il en est bien autrement des portes qui forment un des plus riches ornements des basiliques importantes. Avec les signes du zodiaque sculptés dans des compartiments carrés ou tréflés (1), les bas-reliefs à scènes historiques, et les statues de toute grandeur, les colonnes, les moulures ornées, etc., etc., abondent non seulement aux porches ou péristyles, et aux façades trinitaires de l'ouest, mais encore aux deux entrées du nord et du midi. Toujours l'ouverture principale est divisée en deux baies par un trumeau contre lequel est appliquée la statue de Marie portant Jésus dans ses bras ; ou celle du Christ avec le globe du monde et le livre des Évangiles ; ou bien encore celle du saint personnage auquel est dédié le monument. Si un galbe surmonte le portail, le sommet va se relier aux meneaux rayonnants

---

(1) Au portail central de la façade trinitaire qui décore l'ancienne cathédrale de Bazas (1233), les signes et les sujets correspondants sont nichés dans les voussures, entre console et dais. — Voir, pour ces détails ainsi que pour les scènes, sculptées au tympan, de la *résurrection générale*, du *pèsement des âmes*, et de la *sentence* du Souverain juge, une dissertation fort remarquable de M. Charles des Moulins, imprimée à Caen, chez A. Hardel, 1846.

d'une splendide rose ; tandis que les rampants décorés de crochets, vont se perdre un peu plus bas, dans la direction des moulures saillantes qui ceignent la façade.

X. Fenêtres. — Au xiiie siècle, les fenêtres sont généralement étroites et allongées, en forme de *lancettes*. On les trouve quelquefois archivoltées d'un simple cordon à dents de scie, ou d'un léger zig-zag. Plus souvent elles ont des voussures toriques à petites gorges, soutenues par de sveltes colonnettes, appliquées sur les parois, lorsque les tores ne descendent pas eux-mêmes, au-dessous des chapiteaux, jusqu'à la naissance de l'ouverture. Si le monument est assez considérable, l'arcade des fenêtres s'agrandit ; un œil de bœuf uni, ou bien un trèfle, ou encore une petite rose, à quatre ou six lobes arrondis, décorent le tympan ; et plus bas, deux lancettes géminées, ou bien quatre petites, encadrées dans deux plus grandes, se partagent l'ouverture.

XI. Roses. — Vers l'année 1200, la grande rose des façades, qui d'abord était simplement découpée de contrelobes, se développe insensiblement, au moyen de nombreuses colonnettes disposées comme les rayons autour du moyeu des roues. De petites arcades à cintre ou tréflées correspondent au sommet des colonnettes. En général, plus les divisions sont multipliées et plus les meneaux sont grêles, moins les roses sont anciennes.

XII. Voûtes. — L'art de construire les voûtes avait atteint ce degré de perfection où la solidité et la hardiesse unies à la grâce semblaient ne devoir plus rien laisser à désirer. Désormais plus de voûtes *en berceau*; moins encore *en quart de cercle*. — Les arcs doubleaux et les nervures diagonales étaient d'abord construits en pierre d'appareil, et saillantes, avec fleuron ou rosace de petite dimension à la clef. Quand ce premier travail était consolidé pour une même travée, on établissait les quatre panneaux des lunettes triangulaires. Tout le poids se trouvait ainsi reporté sur les piliers, au moyen des arêtiers et des formerets combinés avec les arcs doubleaux; et la pression était contrebalancée dans la direction des contre-forts et des arcs-rampants qui équilibrent à l'extérieur toute la masse.

Les voûtes du XIIIe siècle ont environ 0^m, 20^c d'épaisseur; les panneaux sont appareillés en petites pierres rectangulaires mêlées avec beaucoup de mortier. Les moulures qui décorent leurs arcades ne diffèrent point, quant à la forme, de celles qui composent les archivoltes des fenêtres, des portes, etc., etc. Deux tores séparés par un large filet et un petit cavet, se détachent de la plate-bande. Quelquefois le bandeau central est remplacé par le tore à coupe légèrement ogivale ou cordiforme, qui, plus tard, donnera naissance au tore à pointe mousse tranchée d'un petit filet.

Ce tore, dont la coupe perpendiculaire à l'axe, tient d'abord du plein-cintre, et ensuite des formes ogivales, se modifie en effet à proportion que l'ogive prédomine, pour se transformer, plus tard, en moulure complètement prismatique.

XIII. Clochers. — Le XIIIe siècle ne change rien à l'emplacement des clochers, ni à la forme générale des étages qui dominent la tour. Seulement le génie des architectes parvient à élever à une hauteur toujours plus considérable ces pyramides aériennes, qui donnent tant de charme et de mouvement aux édifices religieux de la période ogivale. Objet d'étonnement pour les siècles qui les ont vus naître, ces prodigieux monuments, dit encore ici M. de Caumont, feront l'admiration de tous ceux qui seront témoins de leur durée.

XIV. Tombeaux. — A toutes les époques, un petit nombre de tombeaux, décorés avec plus ou moins d'art, restèrent exposés aux regards comme un souvenir du néant des choses de la terre, ou comme une leçon continuelle de vertu pour les vivants. Ils renfermaient les dépouilles mortelles de certains personnages plus marquants, soit par le rang qu'ils occupèrent dans le monde, soit par leur éminente sainteté.

Généralement, on les avait d'abord déposés dans les cryptes. Mais à partir du xiiie siècle, les nouvelles églises ne purent recevoir ces sarcophages *apparents* que dans les cloîtres, dans les porches ou dans les chapelles. Et même on ne tarda point d'introduire, pour les sépultures plus communes, l'usage des pierres tombales, nivelées avec le sol dans les trois nefs de l'édifice.

Dès-lors, les anciens pavements changèrent partout de physionomie : les dessins funèbres et les inscriptions obituaires prirent la place si dignement occupée jusque là, par les mosaïques et par les dalles naturelles ou cuites, que les siècles précédents avaient peintes ou émaillées, pour relever l'éclat du Saint-Temple (1).

Quelques tombeaux plus remarquables furent isolés, dans presque toutes les églises, sous une arcade ménagée dans l'épaisseur des murs. Ces *monuments arqués*, à l'instar de ceux qu'on voit encore aux catacombes, *monumenta arcuata* (2), sont décorés de colonnettes, d'archivoltes, d'arcatures, d'ornements en contre-courbe, d'armoiries, de pinacles appliqués, etc., etc., et généralement des diverses moulures propres au style de l'époque à laquelle ils appartiennent.

Mais, de toutes les décorations, les mieux soignées étaient, sans contredit, les statues des grands personnages, évêques, seigneurs, comtes ou abbés, couchées en guise de couvercle. Les jambes du défunt y étaient invariablement croisées, quand il avait été à la Croisade (3). Là dormaient encore du sommeil des justes « l'époux à côté de l'épouse,

---

(1) L'ancien pavé de la cathédrale de Rheims, exécuté en 1090, représentait, dans plusieurs cartouches, les prophètes, les apôtres, les évangélistes, les quatre saisons, les sept arts libéraux et les douze mois de l'année. A Tournus c'étaient, entre autres choses, les douze signes du zodiaque.

(2) Voir les MM. S. D'Agincourt et R. Rochette, *passim*, sur les catacombes de Rome.

(3) Bloxam, MONUMENTAL. ARCHITECT. SCULPT. 141.

les mains quelquefois entrelacées dans la mort comme elles l'avaient été dans la vie ; ou bien la mère couchée au milieu de ses enfants. Et ces statues si graves, si pieuses, si touchantes, étaient empreintes de toute la placidité du trépas chrétien (1). » De petits anges soutenaient la tête, comme s'ils avaient recueilli le dernier soupir. Tandis que d'autres messagers célestes s'envolaient du sommet de l'arcade, emportant l'âme dans les cieux, sous la figure d'un tout petit enfant nu, terminé en forme de gaine. — Le vandalisme, à jamais déplorable de nos discordes civiles et religieuses, a profané, détruit ou du moins déplacé la plupart de ces monuments funéraires.

NOTE 3, page 82.

LISTE DES COUTUMES DONT NOUS AVONS TROUVÉ LA CONCESSION DANS LE DÉPARTEMENT DU GERS.

Coutumes de Riguepeu données le 11 mai 1279 par R. E. de Montesquiou et Bernard de Séran, co-seigneur de Riguepeu ; Genses de Montesquiou les confirma dans le mois d'avril 1307 ; — de Besoles données par Bernard et Assin de Besoles le 13 septembre 1317 ; — de Polastron données le 12 août 1276 par Raymond de l'Isle-Fesac de Polastron et Assin de Montpezat ; — de Mun données par Bertrand de Mun et Austor son fils le 12 mars 1292 ; — de Segouède, près Fontenilles, par Bernard de Fontenilles le 6 décembre 1283 ; — de Garus données en 1265 par Pilfort de Leaumont ; — de Montastruc par noble Bernadat de Monlezun, seigneur du lieu, 1287 ; — de Beccave données par Arnaud-Bernard de Beccave en 1277 ; — de la ville de Biron données par Gaston de Gontaut,

(1) HISTOIRE DE STE. ELISABETH, par M. le comte de Montalembert. — *Introduction.*

baron de Biron, partant pour la Terre-Sainte, 12 août 1248; — de Terraube données en 1284 par Géraud, Guestien et Beraud de Gallard, auxquels le roi de France, par des lettres patentes datées de 1251, avait accordé la haute et basse justice de Terraube en récompense des services que les trois frères et leurs ancêtres avaient rendus à la couronne de France; — du Bouzet et St-Jean du Pin données par Gauttier et Barrau du Bouzet vers 1300; — de Marambat données par Arnaud de Podenas, seigneur du lieu, 18 février 1310; — de Podenas données par Bertrand et Arnaud de Podenas en 58 articles, 31 août 1367; — de St-Jean-Poutge données par Fortaner de Lupé le 3 février 1305; — de Clermont-Soubiran données en 1262 par Arnaud de Durfort et Raymond Arnaud de Durfort; — de Bonas données par Raymond Bernard de Gelas le 29 décembre 1392; — de Seran données par Arnaud de Persin et Bernard de Francs le 28 février 1278; — de Miran données par Géraud et Amanieu de Verduzan 1282; — de Maubourguet données par Bernard VI, comte d'Armagnac, le 20 novembre 1309; — de Moncorneil, en Astarac, données par Garsic-Arnaud et Guillaume d'Aguin, co-seigneur du lieu, 3 novembre 1302; — de Lacastagnère données par Gaspard de l'Isle-d'Arbechan, 16 mars 1436, — de Goudrin données par Odet de Pardailhan 1316; — de Mauvezin données par Géraud, comte d'Armagnac et vicomte de Fezensaguet, 10 novembre 1275; — de Montfort données par Gaston second fils de Géraud le 1er mai 1308; — de Lupiac en 1160; — de Sérignac en 1253; — d'Aubiet données en 1286 par Bernard, comte d'Astarac; — d'Aignan données ou plutôt renouvelées par Jean IV, comte d'Armagnac : l'original du premier périt dans l'incendie de la maison de ville où il était gardé; — de Barran données, comme nous l'avons vu, en 1279 et renouvelées en 1332 par le comte Jean 1er et par l'archevêque Guillaume de Flavacourt, de nouveau en 1462 par le comte Jean IV, et ensuite par les archevêques François de Savoie, Jean de la Trémouille, Philippe de Lévis, — de Beaumarchez données en 1301 par Philippe-le-Bel; — de Castelnau-Barbarens données au commencement du xiiie siècle par Bernard Ier, comte d'Astarac, et par Guillaume-Arnaud d'Esbarats ou de Bats (*de Vallatis*) et renouvelées en 1248 par le comte Centule et Seguine sa mère; — de Fleurance données par Philippe-le-Bel et renouvelées et étendues en 1314 par Charles-le-Bel; — de Lavardens données en 1300 par Jean Ier, comte d'Armagnac; — de Masseube, de Pavie et de Mirande, 1292; — de Réjaumont données lors de sa fondation et renouvelées par Charles frère de Louis XI; — de Saramon données le 7 juin 1308; — de St-Sauvy données en 1274 par Martine, abbesse de Goujon, et Géraud V, comte d'Armagnac; — de Seissan, l'an 1288; — de Simorre données le 5 mai 1268 par Bernard, abbé de Simorre; — de Trie égarées dans l'incendie de la ville et renouvelées en 1465; — de Vic, égarées, mais étendues en 1379, 1384, 1450, 1457 et 1462 par les divers comtes d'Armagnac; — de Rouillac données en 1264 par Odon, vicomte de Lomagne; — de Saramon, de Tirent, de Mongausi et d'Aurimont données en 1344 par Mansip de Molan, abbé de Saramon, renouvelées et étendues par Pierre de Mendousse et Guillaume de Collongues deux de ses successeurs. Raymond de Lisle, prédécesseur de Mansip, avait appelé le roi Philippe-le-Bel en paréage de la justice de Labastide-Savez en 1273 et en 1287 de la justice d'Aurimont; — de Ste-Dode données par Rodolphe de Labrande, prieur de Ste-Dode; — d'Avensac données vers 1320 par Bertrand de Faudouas, fondateur de ce village, et renouvelées en 1405 par un autre Bertrand petit-fils du premier.

Coutumes de l'Isle-Jourdain tenues et accordées par Bernard Jourdain et Jourdain son fils. Huit écuyers et huit bourgeois les vérifièrent l'an 1288 sous le petit-fils de Bertrand. On les appelle *poustetos*, — de Monbrun en 1264; — de Cologne accordées en 1286 par Philippe-le-

Bel et Odon de Terride. La ville fut bâtie à cette époque; — de Troncens en 1318; — de Lasserrade données en 1319 par le comte d'Armagnac; — de Barcelonne données à sa fondation; — de Montesquiou dans les premières années du xive siècle; — de Lectoure, octroyées en 1294 par Elie de Taleyran et confirmées et 1333 par Philippe-le-Bel; — de Mirande, octroyées en 1288 par P. de Lamaguère, abbé de Berdoues, et par B. comte d'Astarac et Centule son fils; — d'Eauze données en 1352; — de Castelnau d'Arbieu et de Homps dont la date nous a échappé.

NOTE 4, page 142.

TESTAMENT DU CARDINAL TESTE.

Guillaume Teste laissa tous ses biens immeubles à Paul son neveu, qu'il établit patron de l'hôpital de St-Jacques, et après la mort de Paul, il voulut que le patronage fût exercé par ses descendants mâles, et à défaut de descendants mâles, par les consuls de Condom. Il légua tous ses biens meubles à l'hôpital de Condom, dans lequel il élisait sa sépulture et auquel il léguait en particulier ses habits sacerdotaux, ses livres d'église, ses croix et sa chapelle. Il légua vingt florins au clergé de l'église de Ste-Marie d'Avignon pour des messes, autant aux cordeliers, autant aux jacobins, autant aux augustins et autant aux carmes de la même ville; dix florins au curé de l'église de St-Pierre d'Avignon, quarante florins à partager entre les hôpitaux et les léproseries de la même ville, vingt florins à l'œuvre de l'église des cordeliers de la dite ville, dix à l'œuvre de l'église des jacobins de Carpentras, vingt florins aux moines de Condom, autant aux cordeliers, autant aux jacobins, autant aux carmes de Condom; dix florins aux religieuses de Prouilhan, autant aux sœurs minorettes de Condom, autant à l'hôpital et à la léproserie du Pradau, autant à l'hôpital de la Bouquerie, autant à la léproserie de

Ste-Eulalie devenue aujourd'hui le couvent des religieuses ursulines; vingt florins à la léproserie de Labouquerie dans la paroisse de Gallard, deux florins à chacun des deux reclus de Condom, vingt florins au couvent des frères clercs de Condom, dix florins à la confrérie de St-Jacques de la Bouquerie, autant à la confrérie des clercs de St-Bertrand de Comminges, quarante florins pour son anniversaire qu'il voulait qu'on fît tous les ans dans l'église de St-Pierre de Condom, dix florins au chapitre de cette église, vingt florins à distribuer en aumônes dans l'hôpital St-Jacques le jour de son enterrement et durant la neuvaine; quarante florins pour un anniversaire perpétuel à faire dans l'église de St-Bertrand de Comminges; vingt florins à l'église de Beaumont et de Montréal, vingt florins pour les pauvres de Beaumont, dix florins à l'œuvre de l'église de Beraut, trois cent cinquante florins à quatre de ses parents, cent florins à Guillaume son camérier, autant à du Gouth son auditeur, autant à Bertrand de Vivent, et à Faccius de Carensan ses conclavistes, autant à Vital d'Argentan, à Paul de Teste de Bordeaux, à Pierre de Moisset ses damoiseaux; quatre-vingts florins à deux cordeliers, trente florins à Thomas d'Estang, à Sanche son boutellier et quatre ou cinq autres personnes; cinquante florins à Richard son cuisinier, soixante à Jean et à Bernot ses coureurs, et trente à Bertrand son maréchal, autant à Jeannot son marmiton, autant à Jeannot son cocher, *carretario*, autant à Colin son boulanger, autant à Bernard son portier; quatre-vingt-dix florins à trois palefreniers, trente florins à quatre ou cinq autres domestiques, cent florins à ses deux médecins, quarante florins à ses deux pharmaciens, dix florins à sa blanchisseuse, autant à son jardinier; divers autres legs à plusieurs particuliers et à quelques églises. Il voulut qu'on donnât au Pape et aux membres du Sacré-Collége des bagues d'un prix convenable, comme on avait alors coutume de le faire à la mort des cardinaux. Il légua au Pape une coupe d'or pur du poids de six marcs et deux onces, et lui recommanda sa famille. Il légua cinquante florins à partager entre tous ceux de ses domestiques qui n'étaient point désignés, et après avoir fait quelques autres legs, il choisit pour ses exécuteurs testamentaires quatre cardinaux et deux archidiacres, et leur adjoignit Guillaume du Bon et Bernard de Vivent ses conclavistes. (*Extrait de l'Histoire des Cardinaux français*, par Duchesne, t. **2**, page **281** et suiv.)

NOTE 5, page 172.

HOMMAGES RENDUS AU COMTE D'ARMAGNAC.

1311. Par Thibaud de Peyrusse pour le château de Peyrusse qu'il tenait par indivis avec Arnaud de Podenas. Témoins Bertrand de Fumel, Bernard de Lartigue, Roger de Montfaucon.

1316. Par Guy de Montuejouls le **29** novembre ; par Bernard de Malian **27** novembre.

1318. Par Bernard de Luppé pour Ste-Christie.

1319. Par Odart de Mont pour Lartigue et Gellenave ; par N. de Castillon pour la terre de Castillon dans l'Eusan ; par Fortaner de Caupenne pour la terre de Caupenne, à Nogaro, novembre ; par Bezian de Jaulin, juge ordinaire d'Armagnac, pour la moitié d'Ascous et de Noulens ; par Leberon du Lau, au Longua, août ; par Géraud de Verduzan pour la terre de Miran, août ; par Carbonel de Luppé seigneur de Luppé, août ; par Pierre de Roquelaure pour Roquelaure et le Longard, juillet. Le Longard avait été donné par le comte d'Armagnac à Bertrand de Roquelaure père de Pierre ; par Arnaud de Podenas pour Marambat, mars ; par Bellus de Podenas pour Bazian ; par Navarre de Corneillan pour le château de Corneillan, mars, dans le château de Riscle ; par Guillaume de Merens pour la co-seigneurie de Castillon, pour Roquebrune et pour Peyrussette ; par

Arnaud de Malartic et de Guillaume de Noulens, rendu à Lannepax, juillet; par Othon de Massas; par Signoret de Montégut pour le château de Montégut, 11 mars, à Vic-Fezensac; par le seigneur de Laleugue pour Laleugue, Sarragachies et Montlezun sur le Midou; par André de Labarthe pour Maupas; par Amatte de Panjas tutrice de Fortaner de Panjas son fils pour Panjas; par Bernard du Gauthier seigneur de Cravensères pour Cravensères; par Arsis du Bedat et de Vital de Galaret pour Galaret près Betous; par Fortaner de Caupenne pour Caupenne; par Bernard de Bourrouilhan pour Bourrouilhan; par Géraud de Salis pour Salis près Bourrouilhan; par Pierre de St-Aubin pour St-Aubin près du Houga; témoins Arnaud Guilhem et Jean d'Armagnac seigneurs de Termes; par Othon de Clarac pour Lanux; par Leberon du Lau pour le château du Lau et celui de Magnan; par Carbonnel de Luppé pour le château de Luppé; par Raymond Guillaume de Mau pour le château de Mau près le Houga, fait au Houga; par Arnaud de Bergognan pour Bergognan; par Arnaud de Viella pour Laguian; par Pierre de Lavenère pour Camous; par Arsis de Carchet pour Carchet.

1320. Par Guillaume Bernard de Jourdain seigneur de Moutaut; par Genses de Montesquiou, témoins Auger de Baulat seigneur de Preneron, Thibaut de Peyrusse, seigneur des Anglès, 30 mars; par Othon de Montaut pour la baronnie de Montaut et le château de Ramousens, fait dans la cour de St-Frix-de-Bassoues, même jour; par Cagnard de Corneillan pour sa vicomté de Corneillan, 16 janvier; par Othon de Montaut pour la baronnie de Montaut et le château de Ramousens; par Bernard de Pardailhan pour la baronnie de Pardailhan, le 22 mars.

1321. Par Jean Mercier de Fleurance pour le terroir de Peyregues; par Pelagos de Montlezun pour la moitié ed Montastruc; par Guillaume de Montlezun pour Meilhan; par Oger de Barbazan pour le château de Sombrun, dans le cloître de Tasque, 25 mars.

1322. Par Dispan de Sariac, pour les châteaux de Sariac, de Cisos et tout ce qu'il possédait dans le Magnoac ; par Espagnol de Serignac ou Sariac pour Sariac et Cisos.

1323. Par Almace de Vesins pour le château de Vesins, 16 juillet; par Pierre de Solages et Rostain de Genis; par Guillaume de Morlhon-Lavalette, pour le Mas de Cambolières et de Najac; par Pierre de Morlhon pour le grand et petit château de Sales, pour Olc, Monteil et quatre ou cinq villages. Le lendemain il prêta un nouvel hommage pour quatre autres terres. Jean de Morlhon père de Pierre avait rendu, 1274, hommage à Henri comte de Rhodez, pour Malleville, Balayrac, Borderies, Labastide, Lagriffolière et Mont-St-Pierre.

1328. Par Pons de Bernède pour Bernède et partie de Corneillan; par Pierre de Bernède pour Bernède, septembre.

1339. Par Bernard de Jourdain seigneur de Montaut ; par les tuteurs de Montausin, Thibaut et Guillaume de Podenas fils de Pierre de Podenas, Plaisance, 25 mai. Ces tuteurs étaient Olivier de Lassus et Arnaud Raymond de Carrere, chanoine de Vic-Fezensac.

1340. Par Bernard de Marestang, pour Marestang et Montferran, témoins Odon de Montaut, Azemar de Savez, Pierre de Gière, Odon de Mauroux, Hugues de St-Jean, 18 février (Montauban).

1343. Par Aymeric de Montesquiou, pour Montesquiou, Marsan, Cailhavet et Anglés, témoins Pierre Raymond comte de Comminges, Pierre de Gière sénéchal, et Fortaner du Clerc, 26 février (Montauban).

1344. Par Hugues de Pardailhan, pour Mirepoix, Bianne et Tourrenquets, 16 février ; par Meric de Leomond, pour Labrihe, Esparbès, St-Orens, St-Germier; par Bernard de Pardailhan pour Roquefort, 26 février ; par Guillaume Arnaud de Lasseran pour Lagarde, fait dans l'église de Notre-Dame de Bretous, 9 mars ; par du Barrau du Bouzet pour le Castera du Bouzet.

1346. Par noble Agnès femme du seigneur d'Estang en Armagnac, pour Cravensère et Isaute, témoin Arnaud de Labarthe seigneur de Maupas, 22 juillet.

1347. Par Manaud de l'Isle-d'Arbechan pour la baronnie de l'Isle, témoins Aissin de Montesquiou, Jean de Pardailhan, Géraud d'Armagnac (Montauban); par Bertrand de Pouy co-seigneur de Homps, 5 décembre.

1349. Par Béraud de Faudouas pour Avensac, 1er janvier.

1350. Par Bernard Izarn de Cantobre.

1354. Par Arnaud de Lomagne pour la baronnie de Jumadois (*).

1360. Par Guy de Severac pour Chaudes-Aigues.

1366. Par Jean de Roquelaure, 17 janvier.

1370. Par Jean de Roquelaure pour la moitié de Roquelaure. Jean comte d'Armagnac lui donna l'autre moitié par son testament, 1381.

1372. Par Bernard de Mont pour Gellenave et Lartigue.

1373. Par Guillaume de Mont et par Raymond de Roquetaillade, 1er février; par Guillaume de Moret, 1er février; Par Arnaud Guilhem bâtard de Montlezun pour le manoir du Mas.

1377. Par Galin de Montaut pour des fiefs situés dans Miradoux, Poupas, Lachapelle, St-Clar et Lahitte, 29 novembre. — Par Arnaud de Bonafont pour le quart de St.-Avit; par Montolieu de Pouy pour Homps; par Pons de Lagarde pour Lagarde; par Aymeric de Preissac pour Cadeillan; par Pierre de Ferrières pour St-Martin; par Jean de Balix pour fief dans Vic-Fezensac, témoins Arnaud de Barbotan et N. de Baulat, 24 mars; par Arnaud-Guilhem de Montlezun pour Meilhan et Castin, témoin Arnaud de Malartic, 26 mars; par Bertrand de Ferrières seigneur de St-Martin en Lomagne; par André de Labarthe pour Castet, 13 mars; par Azemar de Maravat pour Lalanne, Miramont et Casteljaloux, témoins Bernard de St-Lary et Pierre de Montaut, 4 mars; par Ayssin de Montesquiou pour la baronnie des Anglés, Marsan et Basian, 9 mars;

(*) Cette baronnie se composait des paroisses d'Esparsac, de Gensac, Cumont, Lamothe et le Sahuguet.

par Arnaud Ducos tuteur d'autre Arnaud Ducos et héritier universel de Brun Ducos, 6 mars ; par Ayssin de Montesquiou pour St-Martin-Binagré ; par Othon de Pardailhan, 1er février.

1378. Par Bertrand de Jaulin pour le château de Jaulin ; par Arnaud Guilhem de Montlezun pour Meilhan et Castin, 25 mars ; par Ayssius de Lavardac pour Aumensan, à Vic, le 29 mars ; par Guillaume de Castillon pour Castelnau-d'Euzan ; par Raymond Arnaud de Sariac pour Sariac et la baronnie de Mauléon.

1379. Par Raymond de Labarthe-Giscaro pour Montcorneil ; par Arnaud de Barbotan pour Barbotan et pour des fiefs dans Cazaubon, 26 avril.

1384. Par Jean de Morlhon pour ses nombreuses terres, 16 juillet.

1385. Par Aymeric de Comminges du consentement de Jean de Toujet son tuteur, témoin, Jean de Fitte, 14 octobre.

1387. Par d'Astor seigneur de Peyre, pour Lagarde et Caudes-Aigues.

1388. Par Othon de Montaut seigneur de Grammont, 12 mai ; par Ayssin de Montesquiou, 18 mai.

1390. Par Pons de Laroquette, 2 avril ; par Louis de Faudouas pour tout ce qu'il possédait dans les vicomtés de Lomagne et d'Auvillars, 2 août ; par Pierre de Lavalette pour ce qu'il possède dans le comté de Rhodez, 23 mars.

1391. Par Bernard de Castelbajac pour Ferrabouc, 14 novembre.

1392. Par Arnaud de Baulat pour le Castera et Preneron, témoins Guillaume de Solages seigneur de Sirac, Sicard de Montaut seigneur de Terraube, Odet du Brouil, Bernard de Séailles et Bernard de Jaulin, 18 septembre ; par Géraud de Pouy pour ses terres ; par noble Guidon de Malian ; par Jean de Leomond seigneur de Mauroux, 18 août ; par Thibaud de Peyrusse pour les châteaux de Peyrusse et de Tudelle et pour Roquebrune, 24 septembre ; par Ayssin de Montesquiou pour la terre de Laveraët qu'il venait d'acquérir, 9 octobre, témoins Jean de Rolland et Jean de Murat ; par Olivier de Polastron seigneur de Montegut près d'Auch, 19 septembre ; par Odon de Pardailhan, pour Gondrin et Labastide de Pardailhan, 17 septembre ; par Odon de Massas, pour Castillon-Massas ; par Jean de Montlezun pour St-Lary et Séailles.

1393. Par Jean de Leomond co seigneur de Mauroux et capitaine du château de Tournon, présents, Raymond évêque de Lectoure, Bernard de Rivière et Fortaner de Lavalette, 16 novembre, dans la chapelle du château de Lectoure ; par Gaston de St-Léonard, pour St-Léonard ; par Ayssin de Montesquiou pour la baronnie d'Anglès, d'où dépendaient Montesquiou, Riguepeu, St-Arailles, St-Yors, Hauterive, Pouylebon et son château, et pour les honneurs que lui devaient Hugues de Marrens, pour Monclar, Arnaud de Marrens pour Montgaillard, les héritiers de Guillaume Arnaud de Montesquiou pour le St-Jean, et Bertrand de Montlezun pour ce qu'il possédait à Riguepeu, 14 novembre ; par Othon de Montaut, même jour ; par Bernard Ducos pour la moitié de Lislette, 28 janvier ; par Bernard de Castillon pour Castillon et autres terres ; par Bertrand de Pardailhan, 14 novembre ; par Bertrand de Goth pour ce qu'il possédait dans la Lomagne, 26 décembre ; par Barrau du Bouzet et Jeannet son fils pour ce qu'ils possédaient dans la Lomagne, 6 décembre.

1394. Par noble Dufaur de Riscle pour Camous et autres terres, 30 janvier.

1398. Par Jean de Vicmont pour Tournecoupe, 24 mai.

1399. Par Bertrand de Morlhon héritier de Jean de Morlhon, 14 mai. (*Tiré des registres de Montauban de la collection Doat*. etc. , etc).

NOTE 6, page 173.

ETABLISSEMENT DE LA MAIRIE DE MONT-DE-MARSAN.

In nomine Domini, Amen. Soit chose connue à tous présents et à venir, que dans la charte de Mont-de-Marsan (laquelle selon qu'il est dit, fut faite et publiée au commencement quand le maire fut fait et créé en la ville de Mont-de-Marsan) sont contenus les articles suivants, selon qu'il appert de la dite charte, laquelle commence de la manière suivante.

Ce sont les établissements du maire et des jurats des justices de Mont-de-Marsan.

Que nul homme ne présente son appellation faite par acte, s'il n'a donné caution de droit en la main du maire.

Que tout homme qui tirera arme en la rue, en travail, ou en place (publique), donne six sols au maire, s'il y a des témoins légaux. Et pour les hommes légaux qui portent témoignage qu'il ait six sols.

Que tout homme qui aura fait tort à autre homme de la cité n'y reste pas, si ce n'est du consentement de celui auquel il a fait le tort.

Que tout homme soit sauf et sûr, s'il n'a tué ou pris homme en la cité, ou s'il n'est garant d'une chose volée.

De tout homme qui a blessé ou battu, ou qui est caution d'un dommage fait, ou d'une représaille, ou de toute demande en justice où le seigneur prend amende, le maire en prend autant que le seigneur, sauf pour le serment.

Que tout homme qui amende jugée ne pourra payer, demeure en la tour autant de jours que de sols il devra payer.

Que tout homme qui injuriera le maire, faisant les affaires de la cité, paye L sols, et s'il faisait plus, qu'il paye à l'arbitrage de la cour, des juges et des justices.

Que tout homme qui aux juges ou aux justices de la cité donnera un démenti, ou les accusera de faux témoignage dans un jugement rendu par eux, ou tenant la cour de la cité, donne XX sols au maire, et LXX sols s'il y a témoin légal ; et s'il blessait ou frappait, il devra donner pour peine et amende à l'arbitrage du maire, des juges et des justices.

Tout homme qui élèvera contestation ou bataille en la cour devant le maire, et ne se taira pas quand le maire le lui dira sous son serment, payera VI sols au maire.

Tout homme qui en tuera un autre, donnera à l'instant

cent sols au maire, et il sera exilé de la cité pour toujours, et du ressort, tant que le maire exercera.

Que tout homme qui devra payer amende, l'ait payée dans huit jours, et s'il ne la pas payée le neuvième, qu'il la donne double sans miséricorde.

Que le maire ne prenne nul gage si ce n'est en argent.

Le maire et les justices, eux LX, ont témoignage et pouvoir de voir et d'entendre toute cause d'homicide et de vol.

Que nul homme ne saisisse à son voisin, ni vigne, ni verger, ni terre à blé, de manière que le fruit se perde ; mais que celui, qui saisira, se paye avec le fruit qu'il récoltera.

Que nul homme ne saisisse à boucher de la cité, *viande morte* de manière à ce qu'elle se gâte, mais qu'il se paye avec celle qu'il vendra.

Que nul boucher ne vende des viandes que pour ce qu'elles sont; s'il faisait le contraire et qu'on pût le savoir et le prouver, le maire aurait VI sols et le seigneur autant.

Que nul boucher ne prépare des viandes dans la rue, soit agneau, ni chevreau, et qu'ils n'y étendent pas non plus des cuirs; et s'ils le faisaient, le maire aura six sols et du cuir deux sols, n'importe qui l'y étendrait, boucher ou autre.

Quand un voisin de la cité vendra son vin, que nul homme ne lui fasse violence et ne s'en aille avec son vin; et si cela se faisait sans son consentement, le maire y aurait six sols, et la violence, si on portait plainte, doublerait l'amende.

Que nul homme de la cité ne vende en taverne ni sur place, la nuit après que la cloche aura sonné ; et si quelqu'un le fait, le maire aura deux sols, et le maire le (illisible) par deux témoins.

Si un homme est fugitif pour quelque méfait qu'il ait commis dans la cité, que le maire l'oblige à donner caution sans délai, là où il le trouvera.

Si le maire allant dans la rue, faisant les affaires de la cité, ordonnait à un homme de le suivre sur son serment et qu'il ne le voulût faire, il agirait contre son serment, et il lui coûterait six sols.

Que nul homme de la cité ne reçoive homme qui soit fugitif, après qu'il aura été sommé à son de trompe de fournir caution ; et qui le ferait subisse la même peine que le fugitif devrait subir.

Si un homme s'introduit dans la vigne ou dans le jardin d'autrui, il donnera pour ce méfait huit sols, savoir : deux sols au maire, deux sols à celui qui le surprendra, deux sols au seigneur et deux sols à celui auquel il aura fait le dommage, et qu'il répare le dit dommage.

Pour bœuf, âne, ou cheval qu'on trouvera dans la vigne ou le champ d'autrui, il sera dû XVI sols.

Si nul homme prend des pieux de la commune ou coupe des barres, il lui en coûtera cinq sols, et il remplacera les pieux.

Item pour étalex que voisin de la cité découvrirait et pour dommage commis par un étranger, on donnera VI sols au maire et XX sols s'il fait blessure en présence du maire et des voisins.

Le maire a pouvoir, le cas échéant, sur contestation ou querelle, de faire des défenses sous peine d'amende. Pour éviter tout inconvénient, et si on n'obéit pas à son mandement, il peut en retirer sans miséricorde, autant d'amendes qu'il aura fait de mandements, le tout à l'arbitrage de la cour.

Le Maire, s'il voit, fait, connaît, ou qu'il lui soit dénoncé par quelque partie, chose de laquelle il puisse arriver mal ou désordre, a pouvoir d'imposer peine d'amende pécuniaire, afin d'éviter ce mal, selon qu'il lui plaira ou paraîtra raisonnable, et qui outrepassera sa défense payera les amendes auxquelles le maire l'aura condamné.

Item, le maire a pouvoir d'établir des limites sous peine d'amende pécuniaire arbitrée par la cour de la cité; et qui dépassera les limites établies par le maire, payera l'amende pécuniaire que le maire aura établie dans son décret de prohibition des limites, savoir : moitié au seigneur, moitié à la cité.

Tout homme qui démentira le maire en cour, faisant les affaires de la cité, donnera VI sols.

Il est établi par la volonté de monseigneur en Gaston, de madame na Mate et de la communauté, que nul homme dans une contestation, dès que le maire a défendu une chose, puisse le démentir en face, ni l'accuser de faux témoignage comme insensé, parjure ou ladre (lépreux), et qui le ferait soit XL jours hors de l'évêché ; et en outre, s'il le frappait, qu'il soit six mois hors de l'évêché; et de plus, s'il le blessait, qu'il soit banni un an de l'autre côté des portes ou en delà de la Garonne.

Il est établi que si le maire savait qu'on fît quelque chose en la cité qui pût occasionner quelque trouble, il pourra le défendre pour un temps limité ; et qui transgressera sa défense, subira la peine susdite.

Tout homme qui ne sortira pas de la cité quand le maire le lui aura ordonné, payera XX sols pour chaque jour qu'il restera depuis que l'ordre de sortir lui aura été donné, la moitié appartenant au seigneur, et l'autre moitié à la cité.

Il est établi que si nul homme va armé de nuit dans la cité et que cela soit su, que l'armure soit saisie, et l'homme un mois hors de l'évêché.

Si nul homme s'en va de force de la taverne ou d'autre endroit sans payer le vin, ou qu'il brise le hanap, qu'il paye le dégât et qu'il soit huit jours hors des limites.

Si un homme vend *en taverne du cidre*, après que la cloche aura sonné, il payera la même amende que si c'était une taverne de vin. (*Extr. de l'Hôtel-de-Ville de Mont-de-Marsan.*)

NOTE 7, page 193.
Liste des Seigneurs convoqués par Edouard à la guerre d'Ecosse.

Bertrand de Goth vicomte de Lomagne.
Amanieu d'Albret.
Sansavarin de Pins.
Bertrand de Gallard.
Viguier de Magnaut.
Bertrand de Durfort.
Anessans de Baylens.
Bertrand de Ravignan.
Amanieu de Noaillan.
Bernard Jourdain de Lisle.
Amanieu de Fossat.
Raymond de Farges.
Guillaume de Trencaléon.
Hugues de Pujols.
Guillaume Raymond de Lort.
Gerard Dupuy.
Elie Taleyrand seigneur de Grignols.
Fergau d'Estissac.
Gaston vicomte de Béarn.
Pierre de Grailly vicomte de Benauge.
Raymond-Arnaud vicomte d'Orthe
Garcie Arnaud vicomte de Marennes.
Pierre de Gavarret.
Gérard de Taste.
Amanieu de Lamothe.
Guillaume de Formy.
Bertrand d'Escossans.
Bernard de Lesparre.
Vivien de Podensac.
Aymeric du Bourg.
Géraud vicomte du Bruilhois.
Pierre de Caumont seigneur de Manlèche.
Bernard de Latour.
Vesian de Lomagne.
Bertrand de Xaintrailles.
Gaillard de Pelet.
Pelagau de Monlezun.
Bertrand de Fourcés.
Pierre d'Estalens.
Bertrand de Savignac.
Archambaud comte de Périgord.
Bertrand de Cardeillac.
Arnaud d'Espagne.
Rudel de Séailles.
Pierre de Roquebert.
Guillaume de Biron.
Gaston de Gontaud seigneur de Badefol.
Pierre de Gontaud seigneur de Biron.
Guillaume de Biron seigneur de St-Avit.
Arn. Bern. de Preyssac.
Bertrand de Pompejac.
Gaillard de St-Geniès.
Arnaud de Marsan.
Sansarin de Poudens.
Garcie Arn. de Navailles.
Menaud de Morlanne.
Raym. Arn. de Coarrase.
Hugues de Pardaillan seigneur de Lagraulet.
Arnaud de Bouville.
Pons de Palazols.
Arnaud de St-Michel.
Raymond Bernard de Ste Foi.
Pierre de Montaut.
Bertrand de St-Germain.
Amanieu de Madeilhan.
Raymond Bernard d'Aspremont.
Arnaud de Marmande.
Reginald de Pons.
N. de Trignan.
Guttier de Mons.
N. de Charbonnière.
Arnaud de Laguerre.
Elie de Termes.
Elie de Balagnac.
Arn. Guill. seigneur de Lesparre.
Pons seigneur de Castillon.
Arnaud de Lalande.
Arn. Guilhem de Béarn.
N. de Lescun.
Gaillard de Castelpujo.
Sans d'Espiens.
N. de Caupenne.
Arnaud de Montpezat.
Bertrand de Servolles.
Arnaun de Montauriol.

(*Extrait de Bréquigny*, tome 8.)

NOTE 8, page 211.

Liste des Seigneurs auxquels Edouard écrivit le 8 février 1327.

Guillaume seigneur de Caumont.
Pierre de Ravignan, seigneur de Moncaut.
Le seigneur de Podenas.
Gaillard de Taste.
Fergau d'Estissac.
Arnaud de Durfort.
Sans Aner de Pins.
Ranfred de Durfort.
Pons Amaneu de Madailhan.
Arnaud Guill. de Marsan.
Arnaud de Lalande seigneur de Labrède.
Arnaldin de Burosse seigneur de Monferran.
Pierre Ducaillau seigneur de Poudensac.
Arn. Guill. de Malvis, vicomte de Juillac.
Pierre de Gavarret, co-Seigneur de Langon.
Ramfred de Beaumont.
Raymond Guill. de Salviac.
Guillaume Raymond de Seysses.
Arnaud de Bouville.
Assat de Sariac.
Gamberd de Tombebœuf.
Guillaume de Sevin seigneur de Rioms.
Emeric de Bourg.
Raym. Arn. de Gerderest.
Pierre de Castelnau.
Le seigneur de Castillon en Médoc.
Raymond Bernard de Ste-Foi.
Pierre Guill. de Montmusson.
Guillaume Amaneu d'Andouins.
Arnaud de Curton.
Taleyran de Grignols.
Amaneu du Fossat.
Arnaud Guillaume seigneur de Lescun.
Bernard de Béarn.
Arnaud de Montpezat.
Raymond de Pelet.
Guill. Amalric de Barbotan.
Le seigneur de Maque-Plane.
Le seigneur d'Agassat.
Bernard sire d'Albret.
Guitard vicomte de Tartas.
Pierre de Grailly vicomte de Benauges.
Guill. Arn. seigneur de Sault.
Devot seigneur de Donat.
Raymond de Bats.
Raymond Bern. de Marmande.
Amanieu de Lamothe.
Pons de Chante-Merle.
Raymond de Villeneuve.
Guill. Arnaud de Caumont.
Bertrand de Galard.
Raymond de Duran sénéchal des Landes.
Bernard de Lavardac.
Arnaud Bernard de Preissac.
Gomberd de Pellagrue.
Jean de Mauléon.
Vasco de Lomagne seigneur de Pouyguillem.
Gaillard de Gouth.

(*Extrait de Rymer*, tom. 2, seconde partie, pag. 174.)

NOTE 9, page 233.

Montre ou revue des hommes d'armes du comte de Foix, passée au Mont-de-Marsan.

Arnaud d'Espagne.
Raymond de St-Meysan.
Fortanier de Tenet.
Raymond Atton de Vivès.
Lubet de Puntis.
Pierre de Genses.
Guillaume Raim de Vianne.
Vital de Montossé.

Raymond de Comminges.
Lubet de Bordes.
Bertrand d'Espagne.
Raymond de Vergnoles.
Gaillard de Laroche.
Bertrand de Puntis.
Bertrand de Roquefort.
Andrionet Déjean.
Scot de Dreuilles.
Jean de St-Pastou.
Auger de Mauvezin.
Jean de Montpezat.
Jean de Mauléon.
Géraud de Cos.
Guillaume Arnaud Davan.
Pierre de St-Sernin.
Gaillard de Labay.
Pierre de Castelnau.
Pierre de Galard.
Bernard de Beaumont.
Arnaud G. de Lordat.
Raymond de Broqueville.
Arnaud de Larroque.
Guillaume de Nogaret.
Raymond d'Olive.
Raymond de Mélet.
Amblard de Soubiran.
Pierre de Vesins.
Guignaud d'Astafort.
Raymond d'Abadie.
Jean de Pons.
Bernard de Corneillan.
Guillaume d'Astorg.
Fortanié de Lafontan.
Gaillard de Jasses.
Boat de Lassus.
Arnaud de Pins.
Monicaut de Lapalu.
Menaut de Béon.
Guillaume d'Abadie.
Guillaume du Puy.
Jean de Cazenove.
Arnaud de Sabazan.
Raymond de Marignac.
Pierre de Peyramont.
Raymond de Cassaignac.
Jean de Levis.
Olmir de Pontac.
Pierre de Palats.
Raymond de Cazaux.
Pierre de Faget.

Guillaume de Salles.
Guillaume de Pujo.
Arnaud de Bats.
Gaillard de Laporte.
Guillaume de Bonnecase.
Pierre de Laforcade.
Monet de Lalanne.
Bernard d'Angays.
Arnaud de Lafitte.
Pierre de Lacoste.
Menaut de Puymirol.
Pierre de Lacarre.
Guillaume de Boussols.
Bernard de Bonnemaison.
Raymond de Meijeville.
Berdaut d'Estang.
Guillaume de Cortade.
Arnaud de Casemajor.
Arnaud d'Anglade.
Dominique de Baylac.
Berdaut de Pujens.
Gaillard d'Estalens.
Pierre d'Aydies.
Guillaume de Campet.
Arnaud de Prat.
Raymond de Pouy.
Pierre de Fressingues.
Raymond de Villeneuve.
Bernard de Lafont.
Bernard de Sallenave.
Arnaud de Pujo.
Géraud du Fau.
Odet de Béon.
Tuco de Gelas.
Bernard de Subervic.
Pierre de Mont.
Arnaud de Bédous.
Bernard de Sarraméa.
Gaillardet d'Auxion.
Raymond de Garros.
Bernard de Bosc.
Arnaud de Capdeville.
Guillaume du Faur.
Dominique Delort.
Guillaume de Montagut.
Vital de Frans.
Raymond de Pins.
Allamand de Lespinasse.
Guillaume de Raymond.
Pierre de Benque.
Sicard de Saillas.

Raymond de Clarac.
Menaut de Bareges.
Vital de Campan.
Domeus de Labarrère.
Pons de St-Michel.

Bernard d'Orbessan.
Auger de Lacassagne.
Bernard de Mailhos.
Bertrand de Durban.
Gaillard de Ladous.

(*Tiré de la Coll. Doat*, tom. 22, *et de dom Vaissette*, tom. 4. *Preuves*, pag. 181 et suiv.)

NOTE 10, page 269.

Pierre Raymond de Monbrun ayant assemblé son chapitre, institua vingt-six archiprêtrés dans l'étendue de son diocèse, de façon que les curés des paroisses érigées en archiprêtrés y furent créés archiprêtres. Cette assemblée fut composée de l'évêque Pierre Monbrun, de sept archidiacres et cinq chanoines : Assin de Coaraze archidiacre de Rostang, Arnaud-Guillaume de Miossens archidiacre de Rivière, Bernard de Benca archidiacre de Montanerès, Arnaud de Baussens archidiacre de Lavedan, Raymond Sance de Cazaux archidiacre de Silvis ou du Bagnerois, Raymond de Sagia archidiacre des Angles, Garcia Incasisio archidiacre de la rivière de l'Adour. L'archidiacre du Basilsguois était absent. Les chanoines qui furent présents sont nommés : Azema de Lanta sacristain, Amanieu de Barenchis précenteur, Jean de Montaut, Guillaume Garcie de Lusaguet, et Pierre de Douhan. On départit les archiprêtrés suivant l'étendue des archidiaconés, et dans ce département il y eut des archidiaconés qui comprenaient plus d'archiprêtrés l'un que l'autre, de sorte qu'on érigea dans l'archidiaconé de Lavedan les cinq archiprêtrés suivants : Sère dans la vallée d'Ea, Aucun dans la vallée d'Azun, Sales dans la vallée d'Extreme de Castesloubon, Préchac dans la vallée de la plaine de Lavedan ou de d'Avantaïgues.

On érigea de même cinq archiprêtrés dans l'archidiaconé de Rostang, savoir : Tournay, Ciutat, Campistrous, Lube et Chelle de Bas. L'archidiaconé de Silvis comprend trois archiprêtrés : Bagnères, Bourg et Banios. L'archidiaconé des Anglés en contient quatre : Ibos, Pontac, Adé et Angles.

Il y en a deux dans l'archidiaconé de Bentajeou : Montaner et Caixon. Dans l'archidiaconé de Rivière-Basse on institua deux archiprêtrés, l'un dans l'église de Castelnau-Rivière-Basse, et l'autre dans l'église de St-Pierre de Ladevèze. On érigea aussi deux archiprêtrés dans l'archidiaconé de la rivière de l'Adour, l'un dans l'église de N.-D. de la Sède de Tarbes qui est la cathédrale, l'autre à Orleix. L'archidiaconé du Bazaillaguois contient trois archiprêtrés : Monfaucon, Laguian et Andrest. Il fut ordonné dans cette célèbre assemblée que les vingt-six paroisses qu'on avait choisies et leurs recteurs jouiraient à perpétuité de l'honneur et de la dignité archipresbitrale, et que les archiprêtres veilleraient sur la conduite des prêtres et des curés de leurs archiprêtrés. Il leur fut donné pouvoir d'ouïr leurs confessions, de les absoudre et de les corriger. En ce cas on devait recevoir la correction avec respect. Néanmoins, on ne prétendait pas donner aux archiprêtres juridiction sur les prêtres et curés de leur archiprêtré. Pour donner une plus haute idée de la dignité archipresbitrale, on y ajouta des attributs honorifiques pour la préséance. Les archiprêtres devaient occuper dans les synodes les premières places après les abbés, archidiacres et chanoines de Tarbes; et dans les assemblées où l'on faisait quelque service, les archiprêtres devaient être plus honorés que les autres prêtres et percevoir le double de la rétribution. Cet établissement fut le 15 juin 1342; il fut fait en présence de Raymond de St-Martin recteur de Clarac, de Jacques André curé de Clarens et de Jacques Rossand recteur de Campan. L'acte fut retenu par Marcon notaire. (*Extrait de l'Histoire manuscrite de Bigorre*, par l'abbé Duco.)

NOTE 11, pag. 285.

Dans un tournois près de Cambrai, le père du sire de Mauny avait blessé à mort un chevalier Gascon. Pour expier ce meurtre involontaire, il fut condamné à faire le pèlerinage de St. Jacques de Compostelle ; mais en passant à La Réole, ayant voulu aller saluer le comte de Valois qui s'y trouvait, il fut surpris de nuit et égorgé par les parents de la victime. On n'osa pas ou on ne put pas reconnaître les auteurs de ce lâche assassinat. Le corps du chevalier fut enterré secrètement dans une chapelle écartée. Le sire de Mauny, durant le siège, retrouva les ossements de son père et les fit transporter dans le tombeau de sa famille. (*Froissart.*)

NOTE 12, pag. 391.

La ville de Miélan fut prise et brûlée par les Anglais l'an 1370. La plupart de ses habitants périrent en se défendant, ou furent massacrés dans la chaleur de la victoire. Le reste, tombé au pouvoir des ennemis, subit tous les outrages d'une soldatesque en délire. Les diverses chartes qui renfermaient leurs priviléges disparurent dans l'incendie. L'année suivante, la tranquillité étant un peu rétablie dans le pays, ils songèrent à relever leurs murailles. Incapables de le faire seuls, ils demandèrent au roi de venir à leur aide. Charles V non seulement acquiesça à leurs vœux, mais encore leur donna de nouveaux priviléges ou plutôt il confirma et rétablit les anciens. (*Ordonnance des rois de France de la 3ᵉ race*, tom. 5.)

NOTE 13, page 427.

Noms des seigneurs qui servirent en 1372 *sous le comte d'Armagnac.*

Géraud d'Armagnac.
Manaut d'Armagnac.
Le sire de Bergognan.
Géraud de Rivière.
Bernard de Bernède.
Le sire de St-Aubin.
Bernard de Corneillan.

Le sire de Verlus.
Fauqué de Castillon.
Le sire de Lau.
Le sire de Lupé.
Le sire de St-Martin.
Baraston de Bascous.
Peyramont de Larée.

Odet de Benque.
Jean de Bourrouilhan.
Amanieu de Fieux.
Le sire de Mau.
Le sire d'Averon.
Me Jean de *Fabrica*.
Le bâtard de Barbazan.
Le sire de Betous.
Hugon de Pardaillan.
Géraud de Lanavère.
Pierre d'Affremal.
Bernard de Lupé.
Martin de Fosses.
Ramond de Sariac.
Pierre de Betous.
Amaneu d'Antras.
Gaillard de Ferrabouc.
Le sire de Montagut.
Vital de Cos.
Géraud de St-Louboué.
Arnaud d'Esparbès.
Barrau du Bouzet.
Sire Betous de Faudouas.
Arn. R. de Bernède.
Arn. Guillaume de Montlezun.
Le bâtard de Montlezun.
Le sire de Monbardon.
Raymond Arn. de Lannes.
Bernard de Castelbajac.
Le sire de Baulac.
Arnaud de Tussaguet.
Le sire de Sanguinède.
Le sire de Ju.
Manaut de Daunian.
Amanieu de Labareille.
Raymond de Rives.
Sans de Lescout.
Jean de Garros.
Jean Gras.
Bernard de Latrousse.
Manaut de Camicas.
Jean d'Armagnac.
Géraud d'Aux.
Guillaume de Montaut.
Bernard de Seissan.
Arnaud de Perignon.
Arnaud d'Esparbès.
Arnaud Guill. de Gélas.
Le sire de Castelnau d'Arbieu.
Le sire de Montegut en Corrensaguet.
Le sire de Meillan.
Jean de Massas.
Le sire de Magnaut.
Hugues de Larroque.
Sire de St-Lanne.
Le sire de Caussade.
Le sire de l'Isle.
Guillaume Gros.
Le sire de Lupé d'Auvillars.
Othon de Campagne.
Bernadot de Corneillan.
Le sire de Peyrusse.
Galin de Montaut.
Pierre du Bouzet.
Gaillard d'Estang.
Arnaud de Lafitte.
Guillaume de Lafargue.
Guillaume de Vicmont.
Montosin d'Arcamont.
Le sire de Lagraulet.
Viguier de Galard.
Arnaud de Malartic.
Le sire de Gimat.
Jean de Gayolle.
Jean de Faudouas.
Manaut de Castera.
Sire Bertrand de Faudoas.
Pierre de Bayle.
Pierre d'Aurensan.
Le sire de Rouillac.
Bernard de Rivière, sénéchal de Bigorre.
Tolet du Trey.
Genses de Montesquiou.
Sicard de Montaut.
Othon de Caumont.
Géraud de Jaulin.
Bertrand de Léomond.
Arnaud de Doucet.
Nicolas du Bon.
Bernard de Lucruc.
Arnaud de Lagarosse de Lannepax.
Eméric de Roger d'Espax.
Nicolas de Sorbets.
Bernard de Caillau.
Géraud de Labeyrie de Nogaro.
Arnaud Barrère de Barcelonne.
Jean de Labaune de Valence.
Arnaud Ducos de Castelnau-d'Auzan.

Bernard de Labarrère.
Jean de Caillau d'Aubiet.
Martin de Grateloup.
Guillaume de Perron.
Jean de Serres.
Arnaud d'Ausans.
Vital d'Engosse.
Bertrand de Mont.
Jean de Moncaut.
Pierre de Taste.
Othon de Saubolle.
Pierre d'Espagne.
Pierre de Jordan.
Bernard de Fitte.

Raymond du Lac.
Vital de Castan.
Pierre de Belin de Vic-Fezensac.
Garsie de Marmande.
Baston de Lasserre.
Jean de Broille.
Guillaume de Cassé.
Guillaume de Lartigue.
Arnaud de Pouy.
Pierre d'Anduran de Ste-Gemme.
Vital d'Esclos.
Bernard de Carreton.
Géraud de Bayolles.
Jean de Gaure.

(*Tiré des registres de Montauban, Chartier du Séminaire*).

FIN DU TROISIÈME VOLUME.

32

ERRATA.

Page	ligne	
8	20.	Francasitias, lisez *francalitias*.
28	31.	Aigle exployée de sable, lisez *éployée de sable*.
30	32.	Jouir de biens nobles, lisez *des biens nobles*.
75	11.	Surmontées de guérites, lisez *de tourelles*.
110	15.	Abbé de Noailles, lisez *de Noaillé*.
196	27.	Dans les derniers jours, lisez *dans les premiers jours*.
238	31.	Qu'avant la Noël, lisez *avant Noël*.
239	3.	Même faute à corriger.
278	22.	S'était répandu, lisez *s'étaient répandus*.
293	26.	Eût été épargné, lisez *épargnée*.
305	22.	La comtesse de Durfort, lisez *Comtesse*.
317	6.	Interdisit, lisez *interdit*.
329	16.	Soit sauvé, lisez *soient sauvés*.
353	27.	Fesait des maux, lisez *de maux*.
365	6.	Urbain VIII, lisez *Urbain V*.
370	32.	Obscurcir sur le comte, lisez *obscurcir pour le comte*.
377	15.	Le sire de Were et de Nordwick, lisez *les sires*.
390	14.	Déjà nommés, lisez *nommés déjà*.
422	10.	Craignaient, lisez *craignirent*.

TABLE
DES MATIÈRES DU TROISIÈME VOLUME.

Livre IX.

CHAPITRE Ier.

Mort de Géraud comte d'Armagnac.—Bernard VI son successeur. — Gaston vicomte de Fezensaguet. — Coutumes du Fezensac, — du Fezensaguet, — du Pardiac, — des quatre vallées, — de Nogaro.— Fondation de Masseube,—de Pavie,— de Mirande, — de Gimont, — de Grenade, — de Fleurance, — de Viane, — de Juillac.— Mort de Bernard comte d'Astarac.—Centule son fils.—Coutumes de Bassoues et de Barran.................. 5

CHAPITRE II.

Plusieurs prétendants au comté de Bigorre. — Philippe-le-Bel s'en saisit.— Plusieurs seigneurs Gascons et les villes de Condom, de Lectoure, de Dax et de Bayonne cautionnent pour le prince de Salerne.—Le roi d'Angleterre séjourne à Condom.— Mort de Gaston vicomte de Béarn. — Marguerite sa fille et le comte de Foix lui succèdent. — Mathe d'Armagnac et son fils disputent cet héritage.—Guillemette troisième fille de Gaston. —Maison de l'Isle-Jourdain.—Marquèse héritière de la vicomté de Lomagne la cède à Elie de Talayran son père. — Hommage des seigneurs de Lomagne.—Comtes d'Astarac et de Comminges   36

CHAPITRE III.

Guerre de Gascogne.—Lettres d'Édouard Ier roi d'Angleterre aux prélats et aux seigneurs de la province.— Prise de Bayonne et de St-Sever par les Anglais.—Les Français reprennent la plupart des places. — Fondation de Marciac. — Disgrâce de Guischard de Marciac son fondateur.— Fondation de Plaisance. — Paréage de Simorre — de St-Sever de Rustan.—Fondation de Tournay — de Trie — de Barcelonne — de Cazères — de Montréal — de Cazaubon.................................. 61

TABLE

CHAPITRE IV.

Bernard VI, comte d'Armagnac, perd Isabelle d'Albret sa première femme et se remarie avec Cécile de Rhodez.—Gaston, vicomte de Fezensaguet son frère, épouse Valpurge sœur de Cécile. — Transaction entre l'archevêque Amanieu, le comte d'Armagnac et les bourgeois d'Auch.—Conciles d'Auch et de Nogaro.—Mort de Roger Bernard, comte de Foix.—Gaston son fils lui succède. Cécile, comtesse d'Armagnac, hérite du comté de Rhodez. — Philippe-le-Bel rend un arrêt sur les différents entre les maisons de Foix et d'Armagnac.—Seigneurs Gascons appelés à la guerre de Flandre. — Bertrand de Goth, pape sous le nom de Clément V, — son élection, — son couronnement. — Cardinaux Gascons. — La vicomté de Lomagne passe à la maison de Goth.. 83

Livre X.

CHAPITRE Ier.

La querelle se réveille entre la maison de Foix et d'Armagnac. — Mort de Guillemette. — Dissensions entre Gaston et le vicomte de Fezensaguet.—Famine et mortalité.—Templiers. — Clément V. — Visite au tombeau de St-Bertrand. — Évêques de Comminges, d'Aire et de Tarbes. — Cardinaux Gascons.— Divisions entre Gaston et sa mère. — Mort de Constance. — Concile de Vienne.— Condamnation des Templiers.—Comtes de Comminges. — Comtes de l'Isle-Jourdain. — Nouveaux cardinaux Gascons... 110

CHAPITRE II.

Mort de Clément V, — du vicomte de Lomagne son frère, — de Philippe-le-Bel. — Querelle du comte d'Armagnac avec l'évêque de Rhodez. — Seigneurs Gascons appelés à prendre part à la guerre d'Écosse. — Mort de Gaston Ier, comte de Foix. — Nouveau Concile de Nogaro.—Évêques de Dax, — de Bazas,— de Lescar,— de Lectoure,— d'Oleron,—de Bayonne,—d'Aire, de Couserans — et de Tarbes. — Le pape Jean XXII, — il établit plusieurs nouveaux siéges dans le Midi. — Ier évêque de Condom,—idem de Lombez.—Mort de l'Archevêque d'Auch, — du comte d'Armagnac, — de Mathe sa mère, — de Marguerite de Béarn, — de Gaston, vicomte de Fezensaguet. — Maison d'Albret. — Pastoureaux. — Mort de Philippe-le-Long..... 143

CHAPITRE III.

Charles IV roi de France. — Supplice de Jourdain de l'Isle. — Le comte de Foix reçoit l'hommage du Marsan. — Troubles dans le Pardiac. — Arnaud Guilhem III. — Arnaud Guilhem IV son fils et son successeur. — Coutumes du Pardiac. — Guillaume de Flavacourt, archevêque d'Auch. — Actes de la domination anglaise dans la Gascogne. — Longue liste de seigneurs Gascons appelés à servir en Écosse. — Guerre de Gascogne entre la France et l'Angleterre. — Lettres d'Edouard II aux Évêques, aux seigneurs et aux villes de Gascogne. — Mort de Regine de Goth femme de Jean, comte d'Armagnac. — Celui-ci lui succède dans la vicomté de Lomagne et presque tous ses domaines. — Il se remarie avec Béatrix de Clermont, princesse du sang royal. — — Concile provincial. — Comtes d'Astarac. — Mort du roi Charles IV.................................. 182

CHAPITRE IV.

Edouard III, roi d'Angleterre, traite avec les seigneurs Gascons. — Nouvelle sentence sur les différends qui armaient les maisons de Foix et d'Armagnac. — Edouard écrit de nouveau à une foule de seigneurs Gascons. — Condamnation des meurtriers de l'évêque d'Aire. — Le comte d'Armagnac passe en Italie et est fait prisonnier. — Maison de Comminges. — Chapitre de Jegun. — Nouvelle guerre de Gascogne. — L'évêque d'Aire assiégé dans son palais. — Divers actes de son pontificat..... 210

Livre XI.

CHAPITRE Ier.

Edouard III prend le titre de roi de France et attaque Philippe-de-Valois. — Il écrit aux communautés et aux nobles de Gascogne. — Noms de ces seigneurs. — Les comtes d'Armagnac et de l'Isle-Jourdain, le sire d'Albret et l'archevêque d'Auch. — Le cardinal d'Aure. — Mort de Gaston, comte de Foix. — Son fils Gaston Phœbus lui succède. — Hommage des seigneurs du Marsan. — Mort des comtes de l'Isle-Jourdain et de Comminges. — Crimes de Guy de Comminges. — Évêques de la province. 242

CHAPITRE II.

La guerre est déclarée entre la France et l'Angleterre. — Le comte de Derby débarque à Bordeaux, — prend plusieurs villes. Bertrand, comte de l'Isle-Jourdain. — Il est fait prisonnier sous les murs d'Auteroche. — Nouvelles courses des Anglais. — Siège et prise de La Réole. — Siège d'Aiguillon par les Français... 271

CHAPITRE III.

Bataille de Crécy. — Jean, comte d'Armagnac, gouverneur du Languedoc.—Il prend part, avec le comte de Foix, à l'expédition de Calais.— Arnaud Guilhem, comte de Pardiac.— Peste et famine.—Guillaume de Flavacourt, archevêque d'Auch, gouverneur du Languedoc. — Jean Ier roi de France. — Le comte d'Armagnac nommé encore gouverneur du Languedoc — Le pape travaille à rétablir la paix entre les maisons de Foix et d'Armagnac. — Mort du comte de Pardiac. — Le prince de Galles débarque à Bordeaux, — il parcourt l'Armagnac et longe le Bigorre. — Le comte de Foix ne prend aucune part à la lutte que soutient la France............................... 296

CHAPITRE IV.

Nouvelles incursions du prince de Galles. — Bataille de Poitiers gagnée en grande partie par la valeur des Gascons. — Captivité du roi Jean. — Douleur de la France à cette nouvelle. — Sacrifices qu'elle s'impose pour procurer sa délivrance.— Le comte d'Armagnac. — Nouvel archevêque d'Auch. — Évêques de Bazas, — de Tarbes, d'Aire........................... 324

Livre XII.

CHAPITRE Ier.

Mort du comte de l'Isle-Jourdain,—du sire d'Albret.—La maison de Grailly.— Les compagnies. — La Jacquerie. — La querelle entre Gaston de Foix et Jean d'Armagnac se réveille. — Jean fils du roi de France, épouse la fille du comte d'Armagnac. — Traité de Brétigny.—Retour du roi Jean en France.—Combat de Launac. — Le comte d'Armagnac fait prisonnier avec tous les siens. — Nouvelle réconciliation solennelle entre les deux maisons rivales. — Mort de Béatrix, comtesse d'Armagnac, — du roi Jean.— Le prince de Galles à Tarbes.............. 349

CHAPITRE II.

Les routiers.— Expédition d'Espagne.—Bataille de Navarret où les Gascons se signalent sous le prince de Galles. — Henri de Transtamare à Bagnères.— Le comte d'Armagnac, enfermé à Cazères, est forcé de sortir par un trou fait dans la muraille, et fait de nouveau prisonnier. — Soulèvement des seigneurs Gascons contre le prince de Galles.—Ils en appellent au roi de France. — Le sire d'Albret et le comte d'Armagnac traitent secrètement avec lui.—Lettre de Charles V au comte d'Armagnac.— Évêques de Tarbes,— de Bazas,— d'Oleron,—de Dax— de Lectoure, — de Couserans, — de Bayonne, — d'Aire,— de Lombez.. 375

CHAPITRE III.

Charles V fait citer le prince de Galles.— Il enrôle à son service la plupart des seigneurs Gascons. — Vicomtes de Fezensaguet. — Plusieurs villes passent à la France. — Ravages du Prince Noir.—Comtes de l'Isle-Jourdain.—Campagne du duc d'Anjou et du connétable Duguesclin — Le comte d'Armagnac.— Arnaud d'Aubert bâtit la tour de Bassoues. — Le comte de Foix. — Mort de Jean Ier comte d'Armagnac.— Jean II lui succède. — Le duc d'Anjou attaque le château de Mauvezin dans le Bigorre... 407

CHAPITRE IV.

Le duc d'Anjou à Bagnères, — il assiège le château de Lourdes. — il traite avec le comte de Foix. — Mort tragique de Pierre Arnaud de Béarn,— du comte de l'Isle-Jourdain.— Comtes de Pardiac.— Violences du dernier Arnaud Guilhem.— Mort du comte de Commingres.— Projet de réconciliation des maisons de Foix et d'Armagnac. — Elle s'effectue avec solennité.— Jean, fils aîné du comte d'Armagnac, épouse l'héritière du Comminges 439

Note 1re... 462
Note 2... 464
Note 3... 479
Note 4... 482
Note 5... 484
Note 6... 489
Note 7... 494
Note 8... 495
Note 9... 495
Note 10.. 497
Note 11.. 498
Note 12.. 499
Note 13.. 499

FIN DE LA TABLE DES MATIÈRES.

www.ingramcontent.com/pod-product-compliance
Lightning Source LLC
Chambersburg PA
CBHW071707230426
43670CB00008B/937